AF840217

Thuiner/Hauffe/Waltersdorfer

Praxishandbuch Rechtsabteilung

Praxishandbuch Rechtsabteilung

Ein Leitfaden mit innovativen Lösungen von Unternehmensjuristinnen

herausgegeben von

Mag. Stefanie Thuiner

Anne Hauffe, LL.M.

Mag. Irene Waltersdorfer

Linde

Zitiervorschlag: *Thuiner/Hauffe/Waltersdorfer*, Praxishandbuch Rechtsabteilung (2024) Seite

Bibliografische Information der Deutschen Nationalbibliothek
Die Deutsche Nationalbibliothek verzeichnet diese Publikation in der Deutschen Nationalbibliografie; detaillierte bibliografische Daten sind im Internet über http://dnb.d-nb.de abrufbar.

Hinweis: Aus Gründen der leichteren Lesbarkeit wird auf eine geschlechtsspezifische Differenzierung verzichtet. Entsprechende Begriffe gelten im Sinne der Gleichbehandlung für alle Geschlechter.

Das Werk ist urheberrechtlich geschützt. Alle Rechte, insbesondere die Rechte der Verbreitung, der Vervielfältigung, der Übersetzung, des Nachdrucks und der Wiedergabe auf fotomechanischem oder ähnlichem Wege, durch Fotokopie, Mikrofilm oder andere elektronische Verfahren sowie der Speicherung in Datenverarbeitungsanlagen, bleiben, auch bei nur auszugsweiser Verwertung, dem Verlag vorbehalten.

Es wird darauf verwiesen, dass alle Angaben in diesem Fachbuch trotz sorgfältiger Bearbeitung ohne Gewähr erfolgen und eine Haftung der Autorinnen oder des Verlages ausgeschlossen ist.

ISBN 978-3-7073-4996-2

© Linde Verlag Ges.m.b.H., Wien 2024
1210 Wien, Scheydgasse 24, Tel.: 01/24 630
www.lindeverlag.at

Druck und Bindung: Prime Rate Kft.,
H-1044 Budapest, Megyeri út 53
1

Vorwort

Rechtsabteilungen sind mittlerweile aus Unternehmen nicht mehr wegzudenken. Unternehmensjuristen[1] sind in internationalen Großkonzernen, mittelständischen Unternehmen und auch in aufstrebenden Start-ups tätig. Die Vorteile unternehmenseigener Rechtsabteilungen sind nicht von der Hand zu weisen: Durch ihre Eingliederung in das Unternehmen sind sie bestens mit den Entscheidungsträgern und Fachabteilungen vernetzt und verfügen über ein umfassendes Verständnis für unternehmensspezifische Chancen und Risiken, branchentypische Gepflogenheiten, interne Prozesse sowie Geschäftspartner. Diese tiefgreifenden Kenntnisse ermöglichen das frühzeitige Erkennen von kleineren als auch größeren Rechtsproblemen und deren proaktive Vermeidung.

Die steigenden Erwartungen von Unternehmen an das Aufgabenspektrum und die Rolle der Rechtsabteilungen sowie die zunehmende Komplexität der Rechtsberatung erfordern einen effizienten Einsatz von Personal- und Budgetressourcen. Der aktuelle Trend geht in Richtung interner Rechtsabteilungen anstelle von externer Rechtsberatung. Dabei liegen der Aufbau, die Leitung und Weiterentwicklung einer effizienten und kostenschonenden Service Unit im Unternehmensinteresse. Rechtsabteilungen sind daher gefordert, sich optimal im Unternehmen zu integrieren, Effizienzmaßnahmen einzuführen sowie ihre Leistung messbar und sichtbar zu machen.

In diesem Kontext überrascht es nicht, dass die Digitalisierung vermehrt Einzug in die Rechtsabteilungen hält, um sich von unnötigen Zeitfressern und Kostenbelastungen zu befreien, die durch sich wiederholende oder langwierige administrative Aufgaben und Agenden des Tagesgeschäfts entstehen.

Aktuell stehen Rechtsabteilungen daher vor der Herausforderung, gewohnte Praktiken und Prozesse kritisch zu hinterfragen und quasi die Rechtsabteilung 2.0 – mit einem neuen Leistungsspektrum und Verständnis für die Art der Dienstleistungserbringung – zu entwickeln.

Wie kann diese Transformation gelingen?

Die anhaltenden Diskussionen rund um die Digitalisierung, begleitet von Ängsten vor der Verdrängung, sowie die sich stetig verändernden Rahmenbedingungen und Erwartungshaltungen der Unternehmen haben uns dazu inspiriert, dieses Praxishandbuch zu verfassen. Wir sind überzeugt, dass die Digitalisierung keine Bedrohung für die Daseinsberechtigung der Rechtsabteilungen darstellt, sondern vielmehr eine Chance zur positiven Veränderung ist.

---

1 Trotz der Verwendung der männlichen Form bezieht sich der Buchinhalt gleichermaßen auf alle Geschlechter. Wir legen großen Wert auf Inklusion und weisen darauf hin, dass die gewählte sprachliche Form ausschließlich aus Gründen der Lesbarkeit erfolgt.

Die Rechtsabteilungen entwickeln sich von einer beratenden Einheit für Rechtsfragen hin zu einer Service Unit mit Unternehmergeist, Innovationsmotor und Problemlösungskompetenz. Als Projektleiter, Risikomanager, Stratege und Teamplayer kann der jeweilige Unternehmensjurist aktiv einen Mehrwert im Unternehmen leisten und somit Sparringspartner für Entscheidungsträger, Kollegen und externe Rechtsberater gleichermaßen sein. In diesem Transformationsprozess spielen selbstverständlich Ablaufprozesse sowie auch Legal Tech eine Rolle. So werden neben einem oft bereits bestehenden Vertragsmanagement und der elektronischen Unterschrift künftig zunehmend auch Tools eingeführt, die auf künstlicher Intelligenz basieren. Doch geht es bei der Transformation nicht nur um die Einführung effizienzsteigernder Maßnahmen unter Einsatz neuer Technologien, sondern um einen kulturellen Wandel in der Rechtsabteilung. Dieser zielt darauf ab, die betroffenen Akteure auf die Reise mitzunehmen, um Widerständen vorzubeugen. Dabei ist nicht zu vernachlässigen, dass die Transformation weitere Aufgabengebiete schafft und neue Berufsbilder wie Legal Operations Manager oder Legal Designer entstehen lässt.

Die zukunftsfähige Rechtsabteilung fokussiert sich daher auf:

- den Beitrag zum Unternehmenserfolg,
- den Einsatz von Legal Tech für effiziente Arbeitsweisen und
- die Schaffung eines fruchtbaren Umfelds für die Mitarbeiter.

Dieses Praxishandbuch bietet eine Fülle an Ideen und Anregungen, wie Sie Ihre Rechtsabteilung durch den Transformationsprozess führen und begleiten können. Dabei wurde jedes einzelne Kapitel im Sparringspartnerprinzip von mindestens zwei Autorinnen verfasst, um durch die unterschiedlichen Erfahrungen einen umfassenden Blick zu gewährleisten. Wer sich vor Einstieg in ein Buch gerne das Big Picture verschafft oder grundsätzlich immer zuerst die letzte Seite liest, findet am Ende des Buches in Kapitel 6. die Roadmap zur Rechtsabteilung 2.0 und zugleich den roten Faden durch das Buch.

Die Arbeit an diesem Buch stellte uns, ähnlich dem Transformationsprozess in der Rechtsabteilung, vor bisher unbekannte Herausforderungen, die wir durch offene und ehrliche Kommunikation und eine konstruktive Feedbackkultur meistern konnten. Wir sind dankbar für diese Erfahrung, die uns persönlich bereichert und unseren Horizont erweitert hat. Unsere Anerkennung gilt allen, die uns auf unserem Weg und im Rahmen dieses Projekts begleitet haben. Herzlichen Dank für eure Unterstützung, Ideen, Impulse und Inspirationen.

Salzburg, März 2024 *Die Autorinnen*

Die Autorinnen

Die Autorinnen verfügen gemeinsam über 40 Jahre Berufserfahrung hauptsächlich in unterschiedlichen nationalen und internationalen Unternehmen verschiedener Sparten (Anlagenbau, Verlagswesen, FMCG, Logistik) und Unternehmensgrößen (Start-up, Mittelstand, Weltkonzern). Dabei umfasst die Bandbreite der Kenntnisse nicht nur das Vertragsrecht und die Rechtsberatung in den verschiedenen Materien wie Datenschutz-, Arbeits- und IT-Recht, sondern auch Fähigkeiten im Aufbau einer Rechtsabteilung und langjährige Führungserfahrung. Die Autorinnen hegen eine Leidenschaft für effizienzsteigernde Maßnahmen und erproben in ihrer täglichen Arbeit kontinuierlich innovative Ansätze.

Von links nach rechts: Anne Hauffe, Irene Waltersdorfer und Stefanie Thuiner [© Eva Bogdanov]

Inhaltsverzeichnis

Vorwort V

Die Autorinnen VII

Abkürzungsverzeichnis XV

1. Anforderungen 1
1.1. Erwartungshaltung 1
1.2. Leitbild 2
1.2.1. Purpose 2
1.2.2. Selbstverständnis 4
1.2.2.1. Positionierung im Unternehmen 4
1.2.2.2. Rollen 5
1.2.3. Zusammenarbeit und Arbeitsweise 7
1.2.4. Umsetzungsbeispiel eines Leitbilds 8
1.3. Herausforderungen meistern 8

2. Leistungsportfolio 12
2.1. Strategiearbeit 12
2.2. Tagesgeschäft 18
2.2.1. Vertragsrecht 18
2.2.1.1. Profil Vertragsjurist 18
2.2.1.2. Tätigkeitsschwerpunkte im Vertragsrecht 19
2.2.1.2.1. Briefing 19
2.2.1.2.2. Vertragserstellung 19
2.2.1.2.3. Vertragsprüfung 24
2.2.1.2.4. Vertrags„fair"handlungen 26
2.2.1.3. Einsatz von Legal Tech im Vertragsrecht 45
2.2.1.4. Exkurs: Memorandum of Understanding und Letter of Intent 46
2.2.2. IT-Recht 47
2.2.2.1. Profil IT-Jurist 47
2.2.2.2. Tätigkeitsschwerpunkte im IT-Recht 48
2.2.2.2.1. Urheberrecht an Software 48
2.2.2.2.2. IT-Verträge und deren Verhandlung inkl Checkliste 50
2.2.2.2.2.1. Softwareentwicklungsverträge 52
2.2.2.2.2.2. Softwarelizenzvertrag 58
2.2.2.2.2.3. Software-as-a-Service-(SAAS)-Vertrag (inkl SLA) ... 58
2.2.2.2.2.4. Checkliste für IT-Verträge 60
2.2.2.2.3. Software in der Insolvenz 62
2.2.2.3. Einsatz von Legal Tech im IT-Recht 63

2.2.2.4. IT-Verträge und US-Recht ... 64
2.2.2.4.1. Copyright Laws ... 65
2.2.2.4.2. Gewährleistung und Haftung ... 65
2.2.2.4.3. Pauschalierter Schadenersatz statt Vertragsstrafen ... 66
2.2.2.4.4. Resellerproblematik und EULA ... 66
2.2.2.5. IT-Recht und Datenschutz ... 67
2.2.3. Compliance ... 68
2.2.3.1. Profil Compliance Officer ... 69
2.2.3.2. Organisatorische Ansiedlung ... 69
2.2.3.3. Tätigkeitsschwerpunkte in der Compliance ... 70
2.2.3.3.1. Compliance-Dokumente ... 70
2.2.3.3.2. Risikomanagement und Audit ... 70
2.2.3.3.3. Hinweisgebersystem ... 71
2.2.3.3.4. Schulung und Sensibilisierung in der Compliance ... 71
2.2.3.4. Einsatz von Legal Tech in der Compliance ... 72
2.2.4. Datenschutzrecht ... 72
2.2.4.1. Profil Datenschutzjurist ... 72
2.2.4.2. Organisatorische Ansiedlung ... 73
2.2.4.3. Tätigkeitsschwerpunkte im Datenschutzrecht ... 74
2.2.4.3.1. Verarbeitungstätigkeiten ... 74
2.2.4.3.2. Vertragsrecht im Datenschutzrecht ... 77
2.2.4.3.3. Betroffenenrechte ... 81
2.2.4.3.4. Data Breaches ... 82
2.2.4.3.5. Datenschutzrecht im Internet ... 84
2.2.4.3.6. Schulungen und Sensibilisierung im Datenschutzrecht ... 85
2.2.4.3.7. Datenschutzdokumente ... 85
2.2.4.4. Einsatz von Legal Tech im Datenschutz ... 86
2.2.4.5. Datenschutz im internationalen Kontext ... 87
2.2.4.6. Checkliste: Datenschutzrechtliches Audit ... 89
2.2.4.7. Anhänge ... 94
2.2.4.7.1. Anhang 1: Beispiel für ein Prozessprotokoll „Betroffenenrechte" ... 94
2.2.4.7.2. Anhang 2: Beispiel für ein Prozessprotokoll „Data Breach" ... 96
2.2.4.8. Linksammlung ... 98
2.2.5. Wettbewerbs- und Kartellrecht ... 98
2.2.5.1. Profil Wettbewerbs und Kartelljurist ... 98
2.2.5.2. Organisatorische Eingliederung ... 99
2.2.5.3. Tätigkeitsschwerpunkte im Wettbewerbs- und Kartellrecht ... 99
2.2.5.3.1. Identifikation des Risikopotenzials ... 100

2.2.5.3.2. Entwicklung von Compliance-Programmen und -Prozessen ... 103
2.2.5.3.3. Schulungstätigkeit ... 104
2.2.5.3.4. Hausdurchsuchungen ... 105
2.2.5.3.5. Koordination und Begleitung von M&A-Transaktionen ... 106
2.2.5.3.6. Durchsetzung und Abwehr von Rechtsansprüchen ... 107
2.2.5.4. Einsatz von Legal Tech im Wettbewerbs- und Kartellrecht ... 107
2.2.5.5. Wettbewerbs- und Kartellrecht im internationalen Umfeld ... 108
2.2.5.6. Checkliste: Wettbewerbs- und kartellrechtliches Audit ... 108
2.2.6. Arbeitsrecht ... 110
2.2.6.1. Profil Arbeitsjurist ... 110
2.2.6.2. Organisatorische Ansiedlung ... 111
2.2.6.3. Tätigkeitsschwerpunkte im Arbeitsrecht ... 113
2.2.6.3.1. Beratung zu arbeitsrechtlichen Fragen ... 113
2.2.6.3.2. Vertragsrecht im Arbeitsrecht inkl Checklisten ... 114
2.2.6.3.3. Arbeitsrechtliche Compliance und Arbeitsstrafrecht ... 116
2.2.6.3.4. Zusammenarbeit mit dem Betriebsrat ... 118
2.2.6.3.5. Schulungen im Arbeitsrecht ... 120
2.2.6.4. Arbeitsrechtliche Konflikte ... 121
2.2.6.5. Einsatz von Legal Tech im Arbeitsrecht ... 122
2.2.6.6. Arbeitsrecht im internationalen Umfeld ... 122
2.2.6.7. Checkliste: Arbeitsrechtliches Audit ... 123
2.2.7. Gewerberecht ... 125
2.2.7.1. Allgemeines ... 126
2.2.7.2. Tätigkeitsschwerpunkte im Gewerberecht inkl Checkliste ... 126
2.2.7.3. Link ... 129
2.2.8. Gewerbliche Schutzrechte ... 129
2.2.8.1. Markenrecht ... 129
2.2.8.1.1. Allgemeines ... 130
2.2.8.1.2. Tätigkeitsschwerpunkte im Markenrecht ... 130
2.2.8.2. Patentrecht ... 131
2.2.8.2.1. Allgemeines ... 132
2.2.8.2.2. Tätigkeitsschwerpunkte im Patentrecht ... 132
2.2.8.3. Link ... 133
2.2.9. Außergerichtliche Streitbeilegung ... 133
2.2.9.1. Schiedsverfahren ... 134

2.2.9.2. Schlichtung und Mediation 137
2.2.9.3. Einsatz von Legal Tech bei der außergerichtlichen Streitbeilegung 137
2.2.9.4. Linksammlung 138
2.2.10. Arbeiten mit ausländischen Rechtsordnungen 138
2.2.10.1. Grundkenntnisse der Rechtsordnungen 139
2.2.10.2. Vertragswesen 139
2.2.10.3. Interkulturelle Kompetenz 142
2.2.10.4. Common-Law-Verträge 142
2.2.11. Checkliste: Rechtsberatung für neue Geschäftsmodelle 146
2.3. Housekeeping 148
2.3.1. Tätigkeitsschwerpunkte im Housekeeping 148
2.3.2. Exkurs: Geschäftsführerhaftung inkl Checkliste 152

3. Effiziente Abläufe und Arbeitsweisen 155
3.1. Effizienzsteigernde Maßnahmen 155
3.1.1. Service-Level-Richtlinien 155
3.1.1.1. Allgemeines 155
3.1.1.2. Checkliste: Service-Level-Richtlinien 156
3.1.2. One-Stop-Shop versus Multi-Stop-Shop 159
3.1.3. Tandem-System 162
3.1.3.1. Organisation von Tandems 163
3.1.3.2. Vorteile 163
3.1.3.3. Nachteile 164
3.1.4. Legal Coordinator 165
3.1.4.1. Profil Legal Coordinator 166
3.1.4.2. Organisatorische Ansiedlung 166
3.1.4.3. Tätigkeiten des Legal Coordinators 166
3.1.5. Legal Tech 167
3.1.5.1. Allgemeine Überlegungen zu Legal-Tech-Projekten 168
3.1.5.2. Einführung von verschiedenen Tools inkl Checklisten 173
3.1.5.2.1. Vertragsmanagement 174
3.1.5.2.2. Ticket-System 176
3.1.5.2.3. Vertragsgenerator 179
3.1.5.2.4. Elektronische Signaturen 182
3.1.5.3. Legal Operations 186
3.1.5.3.1. Begriffe und Vorteile 186
3.1.5.3.2. Profil Legal Ops Manager 186
3.1.5.3.3. Funktionsbereiche 187
3.1.5.3.4. Aufbau einer Legal-Ops-Abteilung 189

3.1.5.4. Künstliche Intelligenz (KI) 190
3.1.5.4.1. Allgemeine Überlegungen 191
3.1.5.4.2. Praktischer Einsatz von KI in der Rechtsabteilung 193
3.1.5.4.3. Rechtsberatung zur Nutzung von KI im Unternehmen 194
3.1.5.5. Linksammlung 203
3.1.6. Legal Risk Management 204
3.1.6.1. Allgemeine Grundsätze 204
3.1.6.2. Anwendungsbeispiel 205
3.1.6.3. Checklisten: Risikoidentifikation im Einkauf und Vertrieb 209
3.1.6.4. Risikomanagement-Tools für den Vertragsabschlussprozess 210
3.1.6.4.1. Approval Rules 211
3.1.6.4.2. Vertragsmonitor 213
3.1.7. Wissensmanagement inkl Checkliste 216
3.1.7.1. Playbook 219
3.1.7.2. Handbuch 222
3.1.7.3. Schulungen 223
3.1.7.4. Legal Design 225
3.1.7.4.1. Legal Design bei Verträgen 225
3.1.7.4.2. Legal Design bei Guidelines 228
3.1.7.4.3. Umsetzungsschritte bei Legal-Design-Projekten 230
3.1.7.5. Linksammlung 231
3.1.8. Exkurs: Change Management 232
3.2. Performancemessung 236
3.3. Exkurs: Selbstmarketing 240

4. Organisation 245
4.1. Ressourcen 245
4.1.1. Interne Personalressourcen 245
4.1.1.1. Berufsprofil 246
4.1.1.1.1. Anforderungs- und Persönlichkeitsprofil 246
4.1.1.1.2. Generalist vs Spezialist 248
4.1.1.1.3. Gegenüberstellung mit Anwaltsprofil 249
4.1.1.1.4. Der Unternehmensjurist als Führungskraft 249
4.1.1.1.5. Der Unternehmensjurist als Projektmanager 254
4.1.1.2. Weitere Player in der Rechtsabteilung 255
4.1.1.3. Hiring & Talent Development 259
4.1.1.3.1. Checkliste: Stellenausschreibung 259
4.1.1.3.2. Entwicklung und Motivation von Mitarbeitern 261
4.1.2. Externe Organisation 265
4.1.2.1. Zusammenarbeit mit externen Rechtsberatern 265

4.1.2.1.1. Mandatierung einer Rechtsanwaltskanzlei ... 265
4.1.2.1.2. Secondment ... 268
4.1.2.1.3. Alternative Rechtsdienstleister ... 269
4.1.2.2. Rechtsanwaltssuche im In- und Ausland ... 270
4.1.2.3. Exkurs: Tipps für externe Rechtsberater ... 271
4.1.3. Budget ... 273
4.1.3.1. Planung ... 273
4.1.3.2. Tracking externer Kosten ... 275
4.1.3.3. Link ... 277
4.2. Organisatorische Ansiedlung und Positionierung ... 277
4.2.1. Zentrale Organisation ... 278
4.2.2. Dezentrale Organisation ... 281
4.2.3. Hybride Organisation ... 284
4.2.4. Exkurs: Vereinigung der Service Units ... 286
4.3. Strategische Überlegungen zur Organisation ... 287

5. Einblicke in die Praxis ... 291
5.1. Best Practice ... 291
5.1.1. Beispiel 1 – Der risikominimierende Geschäftsermöglicher ... 291
5.1.2. Beispiel 2 – Eine durch künstliche Intelligenz unterstütze effiziente Arbeitsweise ... 294
5.1.3. Beispiel 3 – Umstrukturierung ... 297
5.1.4. Link ... 300
5.2. Checkliste: 100-Tage-Programm ... 300

6. Anhang: Roadmap zur Rechtsabteilung 2.0 ... 305

Stichwortverzeichnis ... 307

Abkürzungsverzeichnis

Abb	Abbildung
ABGB	Allgemeines bürgerliches Gesetzbuch
ABl	Amtsblatt
AGB	Allgemeine Geschäftsbedingungen
AI	Artifical Intelligence
ALSP	Alternative Legal Service Provider
AngG	Angestelltengesetz
API	Application Programming Interfaces
ArbVG	Arbeitsverfassungsgesetz
ARG	Arbeitsruhegesetz
Art	Artikel
ASchG	Arbeitnehmerinnenschutzgesetz
ASVG	Allgemeines Sozialversicherungsgesetz
AÜG	Arbeitskräfteüberlassungsgesetz
AuslBG	Ausländerbeschäftigungsgesetz
AVRAG	Arbeitsvertragsrechts-Anpassungsgesetz
AVV	Auftragsverarbeitungsvertrag
AZG	Arbeitszeitgesetz
B2B	Business-to-Business
B2C	Business-to-Customer
BGB	(deutsches) Bürgerliches Gesetzbuch
bspw	beispielsweise
bzw	beziehungsweise
CCPA	California Consumer Privacy Act
CIPP/E	Certified Information Privacy Professional/Europe
CLM	Contract Lifecycle Management
CMS	Compliance-Management-System
COM	Commission
CRM	Customer Relation Management
D	Deutschland
D&O	Directors & Officers
DFS	Data Privacy Framework
dh	das heißt
DiReCT	Dispute Resolution Comparison Tool

DMS	Datenschutzmanagementsystem
DPDP	Digital Personal Data Protection Act
DPF	EU-US Data Privacy Framework
DPMA	Deutsches Patent- und Markenamt
DSB	Datenschutzbeauftragter
DSFA	Datenschutzfolgenabschätzung
DSG	Datenschutzgesetz
DSGVO	Datenschutz-Grundverordnung
DSM-RL	Richtlinie über das Urheberrecht im digitalen Binnenmarkt
E	Entwurf
E-Commerce	Electronic Commerce
EDSA	Europäischer Datenschutzausschuss
EES	einfache elektronische Signatur
EFZG	Entgeltfortzahlungsgesetz
EG	Europäische Gemeinschaft
eIDAS-VO	Verordnung über elektronische Identifizierung und Vertrauensdienste
E-Mail	Electronic Mail
EO	Exekutionsordnung
EP	einheitliches Patent
EPG	Einheitliches Patentgericht
E-Privacy-RL	Datenschutzrichtlinie für elektronische Kommunikation
E-Privacy-VO	Verordnung über Privatsphäre und elektronische Kommunikation
EPÜ	Europäisches Patentübereinkommen
ERP	Enterprise Resource Planning
ErwG	Erwägungsgrund
E-Signature	Electronic Signature
etc	et cetera
EU	Europäische Union
EuGH	Gerichtshof der Europäischen Union
EUIPO	Amt der europäischen Union für geistiges Eigentum
EUGVVO	Verordnung über die gerichtliche Zuständigkeit und die Anerkennung und Vollstreckung von Entscheidungen in Zivil- und Handelssachen
EULA	End User License Agreement
EUR	Euro – Währung

evtl	eventuell
EWR	europäischer Wirtschaftsraum
F&A	Frage(n) & Antworte(n)
FAQ	Frequently Asked Questions
FES	fortgeschrittene elektronische Signatur
FMCG	Fast Moving Consumer Goods
GenAI	Generative AI
GewO	Gewerbeordnung 1994
ggf	gegebenenfalls
GISA	Gewerbeinformationssystem
GlBG	Gleichbehandlungsgesetz
grds	grundsätzlich
HQ	Headquarter
HR	Human Resources
IAAS	Infrastructure as-a-Service
ICC	International Chamber of Commerce
IHK	Industrie- und Handelskammer
inkl	inklusive
IP	Intellectual Property
iSd	im Sinne des, der
ISO	Internationale Organisation für Normung
IT	Informationstechnologie
iwS	im weiteren Sinne
KI	künstliche Intelligenz
KI-VO	Verordnung über künstliche Intelligenz
KMU	kleine und mittlere Unternehmen
KPI	Key Performance Indicators
KSchG	Konsumentenschutzgesetz
LG	(deutsches) Landgericht
LL.M.	Master of Laws
LLMs	Large Language Models
LoI	Letter of Intent
LSD-BG	Lohn- und Sozialdumping-Bekämpfungsgesetz
M&A	Mergers and Acquisitions
max	maximal
mind	mindestens

MoU	Memorandum of Understanding
MSchG	Mutterschutzgesetz
NDA	Non-Disclosure Agreement
NLP	Natural Language Processing
NSchG	Nachtschwerarbeitsgesetz
Ö	Österreich
oÄ	oder Ähnliche, -s
OGH	Oberster Gerichtshof
ÖPA	österreichisches Patentamt
Ops	Operations
OSS	Open-Source Software
PAAS	Platform-as-a-Service
Para	Paragraf
PDF	Portable Document Format
QES	qualifizierte elektronische Signatur
RFP	Request for Proposal
RL	Richtlinie
ROI	Return of Investment
Rs	Rechtssache
RTR	Rundfunk und Telekom Regulierungs-GmbH
SAAS	Software-as-a-Service
SCC	Standard Contractual Clauses
SLA	Service-Level-Agreement
sog	sogenannt, -e, -er, -es
StGB	Strafgesetzbuch
SVG	Signatur- und Vertrauensdienstegesetz
TDM	Text und Data Mining
Tech	Technology
Tel	Telefon
TOM	technische und organisatorische Maßnahme
ua	unter anderem
uÄ	und Ähnliche, -s
udgl	und dergleichen
UNCITRAL	United Nations Commission on International Trade Law
UrhG	Urhebergesetz
UrlG	Urlaubsgesetz

US	United States
USA	United States of America
USP	Unique Selling Point
usw	und so weiter
uU	unter Umständen
UWG	Bundesgesetz gegen den unlauteren Wettbewerb
UX	User Experience
VDA	Vertrauensdiensteanbieter
vgl	vergleiche
VIAC	Vienna International Arbitral Centre
VKG	Väter-Karenzgesetz
vs	versus
VStG	Verwaltungsstrafgesetz
VVZ	Verarbeitungsverzeichnis
WIPO	Weltorganisation für geistiges Eigentum
WKO	Wirtschaftskammer Österreich
w/m/d	weiblich/männlich/divers
Z	Ziffer
zB	zum Beispiel
ZPO	Zivilprozessordnung

1. Anforderungen

Rechtsabteilungen gewinnen für Unternehmen seit Jahren zunehmend an Bedeutung. *Warum?*

Die Arbeit in der Rechtsabteilung hat sich in den letzten 30 Jahren massiv verändert. Noch bis zu den 1990ern waren die Themen, mit denen sich die Rechtsabteilung beschäftigte, weit weniger komplex und eine der Hauptaufgaben lag darin, externe Rechtsberater zu managen. Die Rechtsabteilung fungierte eher als Bindeglied zwischen dem Unternehmen und den Rechtsanwaltskanzleien denn als selbstständiger Rechtsberater. Ab etwa 1990 bis in die 2000er arbeiteten Unternehmen zwar immer noch überwiegend mit externen Rechtsberatern, doch die zunehmende Komplexität der Aufgaben in der Rechtsabteilung nahm, nicht zuletzt aufgrund vermehrter internationaler Fragestellungen, zu. Diese Entwicklung hatte nicht nur höhere externe Rechtsberatungskosten zur Folge, sondern führte auch zu Personalzuwächsen in der Rechtsabteilung.

In den letzten 20 Jahren hat sich die Rechtsabteilung von einer eher reaktiven, überwiegend auslagernden Abteilung zu einem aktiven Partner der Geschäftsführung gewandelt. Immer mehr agiert die Rechtsabteilung nun wie eine eigene kleine Businessunit innerhalb des Unternehmens. Hierzu ist vorausschauendes und betriebswirtschaftliches Handeln gefragt. Die Anforderungen an die Rechtsabteilung erstrecken sich daher weit über die bloße Einhaltung von Gesetzen und Rechtsberatung hinaus. Sie umfassen die Fähigkeit, Strategien für rechtliche, komplexe Fragestellungen zu entwickeln, die das Unternehmen voranbringen, geschäftliche Ziele zu unterstützen und potenzielle Rechtsrisiken rasch zu minimieren.

Dabei variieren die vom Unternehmen gestellten Erwartungen an die Rechtsabteilung je nach Branche, Größe und Rechtsmaterien. Dennoch gibt es einige grundlegende Forderungen und Erwartungen, denen alle unternehmensinternen Rechtsabteilungen gegenüberstehen. Die Rechtsabteilung entwickelt aus diesen Erwartungen ein Leitbild, das es ermöglicht, diesen Erwartungshaltungen gerecht zu werden. Dabei gilt es zusätzlich, die tagtäglichen Herausforderungen zu meistern.

1.1. Erwartungshaltung

Die Erwartungshaltungen an die Rechtsabteilung sind vielschichtig, leiten sich aus den Unternehmenszielen ab und/oder werden von Entscheidungsträgern und Fachabteilungen an die Rechtsabteilung direkt oder auch nur indirekt kommuniziert.

Die Rechtsabteilung wird nicht nur für die Rechtsberatung in alltäglichen Angelegenheiten herangezogen, sondern unterstützt auch im Rahmen der strategischen Mitwirkung bei unternehmenskritischen Entscheidungen. Dabei müssen die Unternehmensjuristen stets über aktuelle Rechtsentwicklungen informiert sein, Vertragsabschlüsse ohne unnötige Verzögerung herbeiführen, Risiken minimieren und flexibel auf die Anforderungen des Geschäftsbetriebs reagieren. Diese Erwartungen führen zu einem breiten Spektrum an Verantwortlichkeiten und Aufgaben, in deren Ausübung die Rechtsabteilung mit sämtlichen Abteilungen und Ebenen des Unternehmens interagiert.

Die Fähigkeit der Rechtsabteilung, sich an die stetig ändernden rechtlichen Anforderungen und Marktbedingungen anzupassen, ist entscheidend für ihren Erfolg und jenen des Unternehmens. In dieser Hinsicht sind wiederum Flexibilität, Reaktionsfähigkeit und Innovationsbereitschaft wichtige Erwartungen an diese Abteilung. Auch die Behandlung von grenzüberschreitenden Sachverhalten bringen unterschiedliche Erwartungshaltungen – angefangen vom lokalen Rechtsverständnis bis hin zur interkulturellen Kompetenz – mit sich.

Letztendlich werden die Erwartungen an die Rechtsabteilung eng mit ihrem Beitrag zum Gesamterfolg des Unternehmens verbunden. Ihre Fähigkeit, rechtliche Risiken zu managen, Chancen zu identifizieren und proaktiv zu agieren, trägt maßgeblich zur Wettbewerbsfähigkeit und langfristigen Stabilität des Unternehmens bei.

Die Herausforderung besteht darin, diese vielfältigen Erwartungen zu verstehen, zu priorisieren und effektiv zu erfüllen, um einen nachhaltigen Mehrwert für das Unternehmen zu schaffen.

1.2. Leitbild

Um als moderne Rechtsabteilung den vielfältigen Erwartungen gerecht zu werden, ist ein gutes Verständnis für ihre Rollen und Aufgaben essenziell.

Ein klares Leitbild ergibt sich aus den Erwartungshaltungen des Unternehmens und bildet die Grundlage für ein effektives und funktionierendes Arbeiten der Rechtsabteilung. Dieses Leitbild umfasst den Zweck der Rechtsabteilung („Purpose“), ihr Selbstverständnis („Positionierung und Rollenverständnis“) sowie die Grundsätze ihrer Arbeitsweise und Zusammenarbeit mit der Geschäftsleitung und den Fachabteilungen.

1.2.1. Purpose

Den Purpose zu definieren, entspricht im Wesentlichen der Frage nach dem „Warum“:

Warum und wofür gibt es die Rechtsabteilung?
Was ist ihr Beitrag zum gesamten Geschäftserfolg?
Was macht sie nützlich?

Ohne eine klare Vorstellung davon, warum die Rechtsabteilung existiert und welchen Mehrwert sie dem Unternehmen bietet, ist es schwierig, herausragende Leistungen zu erbringen und im nächsten Schritt ein Selbstverständnis zu entwickeln. Der Beitrag zum Unternehmenserfolg kann bspw darin bestehen, das Unternehmen vor rechtlichen Risiken zu schützen, rechtliche Hürden bei der Umsetzung von Geschäftsstrategien zu beseitigen oder sicherzustellen, dass alle Aktivitäten des Unternehmens im Einklang mit geltenden Gesetzen und Vorschriften stehen. Der Purpose kann aber auch darin bestehen, die Fachabteilungen zu befähigen, Geschäfte selbständig abzuschließen, geistiges Eigentum zu schützen oder Konflikte zu verhindern und lösen.

Praxistipp

Der Purpose ist individuell für jedes Unternehmen und somit für jede Rechtsabteilung zu entwickeln, da jede Rechtsabteilung mit unterschiedlichen Erwartungen und somit unterschiedlichen Tätigkeitsfeldern konfrontiert ist. So wird der Purpose in einem Unternehmen, das in einer stark regulierten Branche tätig ist, anders lauten als in einem Start-up oder einer Konzernrechtsabteilung.

Purposes können wie folgt lauten:

- „Die Rechtsabteilung schafft Rechtssicherheit, indem sie sicherstellt, dass sämtliche Regulatorien im Unternehmen erfüllt werden."
- „Die Rechtsabteilung setzt ihre rechtliche Expertise proaktiv ein, um rechtliche Compliance im Unternehmen zu gewährleisten und die Integrität des Unternehmens zu schützen."
- „Die Rechtsabteilung minimiert Rechtsrisiken und empowert die Kollegenschaft."
- „Die Rechtsabteilung ist Schnittstelle zwischen Unternehmen und externen Rechtsberatern."
- „Die Rechtsabteilung schafft eine einheitliche Vorgehensweise innerhalb der Unternehmensgruppe und trägt zur Minimierung externer Beratungskosten bei."

Den Purpose auch sprachlich der Unternehmenskultur anzupassen und zu verschriftlichen, unterstützt das gemeinsame Verständnis.

Ein klarer Purpose hilft, die Prioritäten der täglichen Arbeit festzulegen. Er schafft Klarheit darüber, welche Aktivitäten dazu beitragen, die übergeordneten Unternehmensziele zu erreichen. Dies fördert die Effizienz und sorgt dafür, dass die mitunter begrenzten Ressourcen der Rechtsabteilung bestmöglich eingesetzt werden.

Vorstehende Überlegungen sind allerdings nicht nur für das Funktionieren und die Effizienz der Rechtsabteilung wichtig, sondern auch für die Motivation ihrer Teammitglieder. Durch die klare Definition eines Zweckes können diese den wertvollen Beitrag erkennen, den sie zur Verwirklichung leisten, und sehen so den sinnstiftenden Zusammenhang, in dem ihre Arbeit steht.

1.2.2. Selbstverständnis

Wer sind wir und wer möchten wir sein?

Die Entwicklung des Selbstverständnisses einer Rechtsabteilung ist ein mitunter komplexer Prozess, der von verschiedenen Faktoren beeinflusst wird. Neben den Erwartungen der Geschäftsleitung und der Kollegen, welche durchaus variieren, beeinflussen zudem die individuellen Ansprüche der einzelnen Juristen an ihre eigene Tätigkeit die Identität der Rechtsabteilung maßgeblich.

Die Identitätsfindung der Rechtsabteilung erfordert daher eine bewusste Reflexion über die in diesem Kapitel aufgeworfenen Fragen und Möglichkeiten, eine offene Auseinandersetzung mit den handelnden Akteuren und eine Abstimmung mit den Unternehmens- und Abteilungszielen. Dieser Prozess unterstützt dabei, eine klare und effektive Ausrichtung der Abteilung zu schaffen, um einen wertvollen Beitrag zu Unternehmensstrategie und -zielen zu leisten.

Maßgeblich für das Selbstverständnis der Rechtsabteilung sind ihre Positionierung im Unternehmen sowie ihr Rollenverständnis als Abteilung sowie jedes einzelnen Unternehmensjuristen.

1.2.2.1. Positionierung im Unternehmen

Wie möchten wir als Abteilung in unserem Unternehmen wahrgenommen werden?

Die Vorstellung davon, wie sich eine Rechtsabteilung im Unternehmen positioniert, kann vielfältig sein. Manche Rechtsabteilungen streben danach, als eine „starke" Abteilung wahrgenommen zu werden, die proaktiv an der Gestaltung von Unternehmensprozessen beteiligt ist und deren Empfehlungen als maßgeblich im Entscheidungsprozess angesehen werden. Gleichzeitig gibt es Rechtsabteilungen, die sich eher als Risikomanager im Hintergrund verstehen und sich daher hauptsächlich auf die Einhaltung von Gesetzen und Vorschriften konzentrieren. Manche Rechtsabteilungen nehmen eine aktive Rolle an „vorderster Front" ein, bspw bei Verhandlungen mit Geschäftspartnern, während andere beratend im Hintergrund, ohne direkten Kontakt außerhalb des Unternehmens, agieren.

Immer mehr Rechtsabteilungen sehen sich als „Selbermacher", die auf ihre eigene Expertise setzen und externe Beratung lediglich in Spezialgebieten oder bei Sonderthemen in Anspruch nehmen. Ist dies aber nicht der Fall, dann sehen diese Rechtsabteilungen ihre Aufgabe darin, externe Rechtsberater zu koordinieren und deren Arbeit zu überwachen, um sicherzustellen, dass externe Ressourcen effizient eingesetzt werden.

Alle Ausgestaltungsmöglichkeiten einer Positionierung hängen auch von den vorhandenen Ressourcen (Budget + Personal) und den zugewiesenen Aufgaben ab.

1.2.2.2. Rollen

Welche Rolle(n) haben wir?

Unternehmensjuristen sind – neben der klassischen Rechtsberatung – gefordert, unterschiedliche Rollen einzunehmen, die nicht nur zum reibungslosen Funktionieren der Abteilung beitragen, sondern auch einen Mehrwert für das Unternehmen bieten. Im Folgenden werden die fünf wichtigsten Rollen, die Unternehmensjuristen einnehmen können, um erfolgreich zu arbeiten und aktiv zum Erfolg des Unternehmens beizutragen, detailliert beschrieben. Nicht in jedem Unternehmen übt der Unternehmensjurist jede dieser Rollen aus. Die Rollen entwickeln sich vielmehr aus den Erwartungen.

Unternehmergeist und Sparringspartner

Die Rechtsabteilung ist schon längst nicht mehr nur reaktiv und auf Zuruf tätig. Während die Einhaltung gesetzlicher Bestimmungen und die Schaffung von Rechtssicherheit nach wie vor zu den primären Aufgaben der Unternehmensjuristen gehören und vorausgesetzt werden, hat sich die Art und Weise, wie sie diese Ziele verfolgen, grundlegend verändert. Statt einer konservativen Umsetzung im Sinne von „Aufzeigen von Rechtsproblemen und -risiken", die oft als geschäftsverhindernd empfunden wird, lautet das Credo vieler Unternehmensjuristen daher inzwischen: *„Geht nicht, gibt's nicht!"*

Es gehört zur Aufgabe, Wege aufzuzeigen, wie das Unternehmen seine Ziele innerhalb der rechtlichen Rahmenbedingungen erreichen kann. Diese Veränderung in der Wahrnehmung und in der Art und Weise, wie die Rechtsabteilung agiert, spiegelt auch den modernen Ansatz des Risikomanagements wider, bei dem Proaktivität, präventive Maßnahmen und kreative Lösungen im Mittelpunkt stehen. Der Jurist wird dabei vom reinen Berater zum Unternehmer.

Problemlöser

Auch wenn der moderne Unternehmensjurist in der Lage ist (oder es zumindest sein sollte), komplexe Sachverhalte in kürzester Zeit rechtlich zu analysieren und deren Risko zu bewerten, gestaltet sich seine Rolle als Risikomanager oftmals äußerst anspruchsvoll. Es ist nicht immer einschätzbar, ob bestimmte Entwicklungen kommen, um zu bleiben, oder lediglich vorübergehende Trends darstellen. Die Fähigkeit, zwischen langfristigen Veränderungen und kurzfristigen Trends sowie Phänomenen zu unterscheiden, ist neben der Komplexität der zu beurteilenden Sachverhalte eine wesentliche Herausforderung für die Rechtsabteilung. Auch die Eintrittswahrscheinlichkeit von Risiken und deren Auswirkungen finanzieller Natur (Verwaltungsstrafen, Umsatzeinbußen etc), aber auch auf die Reputation des Unternehmens sind oft schwer kalkulierbar. Umso wichtiger ist es, dass der Unternehmensjurist Entscheidungsträger über das Risiko einschließlich der jeweiligen Rechtsfolgen aufklärt, risikominimierende Maßnahmen erarbeitet und damit zu einer fundierten Entscheidung beiträgt.

Der Unternehmensjurist schafft Lösungen und minimiert Risiken, anstatt lediglich rechtliche Probleme aufzuzeigen. Er ermöglicht, was für das Business notwendig ist.

Allrounder und Trendsetter

Durch die voranschreitende Digitalisierung und Internationalisierung der Märkte werden Sachverhalte und deren juristische Beurteilung immer komplexer. Es reicht definitiv nicht mehr aus, das ABGB oder das BGB wie die eigene Westentasche zu kennen und zu verstehen.

Unternehmen sind heutzutage mit einer breiten Palette von Rechtsgebieten konfrontiert, die von der Rechtsabteilung eine gewisse Vielseitigkeit erfordern. Es wird daher von den Rechtsabteilungen neben einem breiten Wissensspektrum in unterschiedlichen, auch internationalen Rechtsgebieten erwartet, dass sie mit den schnellen technologischen Entwicklungen und deren Auswirkungen auf Datenschutz, Cybersicherheit und geistiges Eigentum Schritt halten. Ein Grundverständnis für die verschiedenen Rechtsgebiete und Querschnittsmaterien ist daher unerlässlich, um angemessen auf die Anforderungen des Unternehmens und des Marktes reagieren zu können.

Es ist entscheidend, dass die Rechtsabteilung am Puls der Zeit bleibt und sich proaktiv auf neue Trends und deren rechtliche Implikationen vorbereitet.

Agiler Umsetzer und Innovationsmotor

Die zunehmende Geschwindigkeit, mit der sich Märkte, Technologien und rechtliche Rahmenbedingungen verändern, verlangt von Unternehmensjuristen des Weiteren ein zunehmend höheres (Arbeits-)Tempo. Die Digitalisierung und Globalisierung stellen die Fachabteilungen unter enormen Leistungsdruck, Produkte und Services zu entwickeln, zu verkaufen und das Unternehmen einer breite(re)n Öffentlichkeit bekannt zu machen. Schlussendlich zählt der Umsatz! Es ist daher entscheidend, dass die Rechtsabteilung in der Lage ist, Anfragen und Aufgaben dem Tempo und Rhythmus des Business anzupassen.

Dies erfordert eine durchdachte und effiziente Organisation, den gezielten Einsatz von modernen Technologien und die Fähigkeit, Prioritäten zu setzen. In einer Welt, in der Geschäftsmöglichkeiten und rechtliche Herausforderungen meist Hand in Hand gehen, ist die Fähigkeit zur schnellen, lösungsorientierten Erledigung von Angelegenheiten ein Schlüsselfaktor, um die Wettbewerbsfähigkeit des Unternehmens zu erhalten und gleichzeitig rechtliche Compliance herzustellen.

Die Rechtsabteilung wird daher immer mehr zu einem agilen Partner, der das Unternehmen darin unterstützt, Chancen zu ergreifen und neue Innovationen (auch in der Rechtsabteilung) auf Schiene zu bringen.

Leader und Teamplayer

Es ist wohl wenig überraschend, dass die Zeiten, in denen Juristen isoliert im „stillen Kämmerlein" arbeiten, längst der Vergangenheit angehören. Diese Veränderung ist nicht nur eine logische Konsequenz der zuvor erörterten Erwartungen, sondern auch eine Reaktion auf die vermehrte Einführung agiler Arbeitsweisen in Unternehmen sowie auf die Notwendigkeit, sich mit rechtlichen Querschnittsmaterien wie Datenschutz, Cybersecurity, Environmental Social Governance (kurz „ESG") und vielen anderen auseinanderzusetzen.

Die Rechtsabteilung wird so zunehmend zum aktiven Partner bei unternehmerischen Aktivitäten und übernimmt führende Rollen bei Projekten. Eine Zusammenarbeit und Vernetzung zwischen der Rechtsabteilung und den Fachabteilungen schaffen Synergien, durch die die Rechtsabteilung einen wesentlichen Beitrag zum Unternehmenserfolg beitragen kann. Als Teamplayer sollten im Rahmen der Tätigkeit von der Rechtsabteilung auch die Wissensdokumentation und deren Transfer in die Fachabteilungen nicht außer Acht gelassen werden.

1.2.3. Zusammenarbeit und Arbeitsweise

Wie wollen wir mit anderen zusammenarbeiten?
Was ist unsere Arbeitsweise?

Die Zusammenarbeit und Arbeitsweise bilden den letzten Teil des Leitbilds.

Das klassische Bild der Rechtsabteilung als „Elfenbeinturm" mit distanzierten, unnahbaren Juristen gehört definitiv der Vergangenheit an. Unternehmensjuristen sind heute vielmehr bestens vernetzte Partner, die das Unternehmen kennen und durch ihre Netzwerke einen erheblichen Mehrwert für das Unternehmen schaffen können. Dank ihrer breit gefächerten Aufgabenbereiche sind sie in ständigem Austausch mit nahezu allen Abteilungen des Unternehmens und können so frühzeitig Zusammenhänge bei verschiedenen Anliegen erkennen. Damit die Rechtsabteilung diese Leistungen erbringen kann, braucht es aber auch Spielregeln im Rahmen der Zusammenarbeit, die festlegen, bei welchen Aufgaben die Rechtsabteilung unterstützt und welche Vorarbeiten von der Fachabteilung zu übernehmen sind.

Eine effektive Vernetzung und Akzeptanz im gesamten Unternehmen ist vor allem dann gegeben, wenn die Rechtsabteilung die Sprache ihrer Kollegen spricht. Juristische Fachausdrücke, Paragraphenreiterei und Latein-Zitate sind dabei durch eine verständliche, praxisnahe Sprache zu ersetzen, die komplexe Sachverhalte klar und nachvollziehbar vermittelt. Probleme zu erörtern, wo das Gegenüber Lösungen sucht, ist wenig zielführend. Es gilt daher auch hier, wie oben bereits ausgeführt, kreative, praxisnahe Lösungen zu finden.

Die Arbeitsweise der Rechtsabteilung zeigt also, ob sie „part of the game" ist. Ist sie innovativ, anpassungsfähig und gleichzeitig agil, um den Anforderungen der sich ständig ändernden Geschäftswelt gerecht zu werden, dann ist das der Fall.

1.2.4. Umsetzungsbeispiel eines Leitbilds

Es lohnt sich, ein Leitbild für die Rechtsabteilung nicht nur im Team zu erarbeiten oder zu diskutieren, sondern dieses auch schriftlich oder grafisch festzuhalten. Dieser Prozess stellt sicher, dass alle beteiligten Personen das gleiche Verständnis von Purpose, Selbstverständnis sowie Zusammenarbeit und Arbeitsweise haben. Dies fördert die Akzeptanz im Team und erleichtert die Umsetzung der zum Leitbild erarbeiteten Grundsätze. Darüber hinaus stärken die Diskussion darüber und das gemeinsame Erarbeiten den Teamgeist und die Identifikation mit der Abteilung und dem Unternehmen.

Abb 1: Leitbild Rechtsabteilung [erstellt mit Canva]

1.3. Herausforderungen meistern

Die Anforderungen, denen die moderne Rechtsabteilung gegenübersteht, sind vielschichtig und werden zu einem großen Teil vom Unternehmen definiert. Ist sich die Rechtsabteilung dieser Anforderungen bewusst und hat darauf aufbauend ein entsprechendes Leitbild entwickelt, ist bereits ein großer Schritt in Richtung Erfolg getan. Gleichzeitig sind die Anforderungen jedoch auch durch die selbst gesetzten Erwartungen an die eigene Leistungsfähigkeit und den Mehrwert, den die Rechtsabteilung für das Unternehmen schaffen will, bedingt. Diese Kombination aus fremden und eigenen Erwartungen stellt die Rechtsabteilung in der Praxis zweifellos vor einige Herausforderungen.

Die wohl größten Herausforderungen, denen sich eine moderne Rechtsabteilung gegenübersieht, sind die zunehmende Komplexität der rechtlichen Fragestellungen, die Schnell(leb)igkeit der Geschäftswelt und des technischen Fortschritts sowie die daraus resultierende Notwendigkeit, sich mit neuen Arbeitsweisen und Technologien auseinanderzusetzen. Die Rechtsabteilung muss in der Lage sein, diesen Herausforderungen flexibel und proaktiv zu begegnen, um ihren Aufgaben und Verantwortlichkeiten gerecht zu werden.

Folgendes (nur bedingt) fiktives Beispiel verdeutlicht zunächst eine mögliche Herausforderung.

Praxisbeispiel

Im Jahr 2022 wendet sich die Geschäftsleitung mit einer Anfrage an die Rechtsabteilung: Einem aktuellen Trend folgend sollen in den kommenden Wochen weltweit hunderte von Non-Fungible Tokens (NFTs) herausgegeben werden, um mit den Konsumenten in Interaktion zu treten. Zudem ist der Kauf von Grundstücken im Metaverse mittels Kryptowährung angedacht, um sich die beste Lage für den Verkauf der eigenen Produkte in der „neuen Welt" zu sichern. Aufgrund der zeitlichen Beschränktheit wird ein grober Fahrplan für das Projekt aus juristischer Sicht bis morgen Mittag erwartet.

Auf der Stirn des bearbeitenden Unternehmensjuristen bilden sich Schweißperlen. Von derartigen Themen, geschweige denn deren rechtlicher Beurteilung hat dieser bislang weder gehört noch gelesen. Das Studium hat jedenfalls nicht auf eine derartige Anfrage vorbereitet und auch die Fachzeitschriften haben darüber noch kaum berichtet. Außerdem sind die Ressourcen in der Abteilung ohnehin wie immer knapp. Die Anfrage kommt daher maximal ungelegen.

Nach kurzer Google-Recherche weiß der Unternehmensjurist zumindest, dass diese Themen eine Vielzahl von Rechtsfragen beinhalten, die jedoch mehrheitlich noch nicht beantwortet sind.

Wie also soll er dieses Projekt binnen kürzester Zeit rechtssicher realisieren?

(Was der Unternehmensjurist zu diesem Zeitpunkt noch nicht weiß: Der Hype um NFTs und das Metaverse ist im darauffolgenden Jahr schon wieder passé.)

Mögliche Lösungsansätze, um die Herausforderungen dieses Praxisbeispiels oder einer ähnlich gelagerten Anfrage zu meistern, sind hier überblicksartig dargestellt. Im Verlauf dieses Buches werden diese und weitere Strategien sowie bewährte Praktiken für effiziente Arbeitsweisen in der Rechtsabteilung eingehend beleuchtet.

Komfortzone verlassen

Juristen wird nachgesagt, dass sie neuen Themenfeldern mitunter skeptisch gegenüberstehen, da die Beratung derartiger Themen oft sehr zeitintensiv ist, sie auch bedingt, sich einzulesen und die eigene Komfortzone zu verlassen. Die Flexibilität, sich auf Neues einzulassen, ist von entscheidender Bedeutung für den eigenen beruflichen Werdegang. Generell gilt, dass ein Denken „über den Tellerrand hinaus" nur vorteilhaft sein kann. Der Unternehmensjurist ist eine facettenreiche Mischung aus Rechtsberater, Risk-, Legal-Tech- und Projektmanager sowie Legal Designer. Alle diese Rollen werden in diesem Buch beschrieben.

Es liegt daher in der Eigenverantwortung eines jeden Unternehmensjuristen, in seinem Rechtsbereich informiert zu bleiben, erworbenes Wissen an Teamkollegen weiterzugeben und ein Netzwerk an Beratern aufzubauen, das im Notfall auch kurzfristig beratend zur Seite stehen kann. Weiterführende Überlegungen finden sich in den Kapiteln 3.1.7. „Wissensmanagement inkl Checkliste“ und 4.1.2. „Externe Organisation“.

Über Ländergrenzen hinweg denken

Fast jeder Unternehmensjurist ist mit fremden Rechtsordnungen konfrontiert. Das Eintauchen in andere Rechtskonzepte sollte daher Freude bereiten. Eine Antwort an die Fachabteilung, dass eine Beurteilung nur nach österreichischem Recht möglich ist, schafft keine Rechtssicherheit für das Unternehmen und Frust bei den Kollegen. Hier sind vielmehr Lösungsorientierung und Kreativität ebenso wie Neugierde gefragt. Tipps und Tricks zu ausländischen Rechtsordnungen finden sich in Kapitel 2.2.10. „Arbeiten mit ausländischen Rechtsordnungen“.

Am Puls der Technik bleiben

Viele scheuen (noch) davor zurück, Legal Tech in den Arbeitsalltag zu integrieren, doch wird dabei die Chance übersehen, dass standardisierbare Sachverhalte nicht mehr persönlich bearbeitet werden müssen. Durch die Automatisierung werden zeitliche Kapazitäten für komplexe Themenfelder, Recherchetätigkeiten und Fortbildung geschaffen. Wie der Einsatz von Legal Tech gelingt, ist in Kapitel 3.1.5. „Legal Tech“ näher ausgeführt.

Einen Platz am Tisch haben

Fundierte Rechtsberatung braucht Zeit. Daher ist es essenziell, den Fachabteilungen, aber auch der Geschäftsleitung zu vermitteln, dass die Rechtsabteilung vor allem in neue Themen frühzeitig einzubinden ist. Dies kann den Arbeitsaufwand für alle Beteiligten im Nachgang massiv verringern. Der rechtzeitige Austausch kann dazu führen, dass eine Idee aufgrund der potenziell auftretenden Risiken noch vor dem Pitch verworfen wird, die Zeitachse für das Projekt verlängert wird oder die Kapazitäten und finanziellen Ressourcen massiv aufgestockt werden. Eine gute Kommunikationsbasis mit den Fachabteilungen ist dafür der Schlüssel. Wie man sich als Freund und Helfer positionieren kann, wird in Kapitel 3.3. „Exkurs: Selbstmarketing“ dargestellt.

Den Blick auf Wichtiges richten

Handelt es sich bei einer Anfrage lediglich um einen Einzelfall, der nicht den „Verkauf des Familiensilbers“ beinhaltet und auch keine sonstigen erheblichen, geschäftskritischen Risiken involviert sind, kann und sollte auch das bewusste Eingehen von kalkulierten Risken mit den Entscheidungsträgern besprochen werden. Eine Blockade der Rechtsabteilung durch die Bearbeitung eines „Strohfeuers" oder eines Randthemas führt schlimmstenfalls zu einem Stillstand in anderen wichtigeren Themen oder verschlingt eine Menge an Budget für externe Berater.

2. Leistungsportfolio

Die Strategiearbeit, das Tagesgeschäft und das Housekeeping bilden zusammen die drei Säulen der Rechtsabteilung. Die Strategiearbeit ist für die Ausrichtung der Rechtsabteilung maßgeblich. Sie gibt vor, welche Ziele die Rechtsabteilung verfolgt und wie diese Ziele erreicht werden können. Das Tagesgeschäft besteht aus der Rechtsberatung der Fachabteilungen im operativen Geschäft zu verschiedenen Rechtsgebieten wie dem IT-, Datenschutz- oder Arbeitsrecht und vieles mehr. Das Housekeeping bildet das Rückgrat der Rechtsabteilung und umfasst die Einhaltung von Berichts- und Dokumentationspflichten sowie viele weitere Tätigkeiten, wie bspw die Erstellung, Aktualisierung und zentrale Bereitstellung von Vertragsmustern.

Abb 2: Die drei Säulen der Rechtsabteilung [erstellt mit Canva]

Nur mit Fokus auf jede einzelne dieser Säulen kann die Rechtsabteilung einen wesentlichen Mehrwert zum Unternehmenserfolg beitragen. Wie dies gelingen kann, wird in den nachstehenden Kapiteln vertiefend dargestellt.

2.1. Strategiearbeit

Der Wandel der Rechtsabteilung von einem Bindeglied zwischen dem Unternehmen und den externen Rechtsberatern hin zum Sparringspartner für das Business innerhalb der letzten drei Jahrzehnte bedingt auch die Entwicklung einer umfassenden Strategie für die Arbeit in der Rechtsabteilung. Die Strategiearbeit ist somit die Wegbeschreibung, wie der definierte Purpose[1] erreicht werden kann.

Die Strategieplanung ist daher ein unabdingbares Instrument für jede Rechtsabteilung, auch wenn sie hauptsächlich dem Rechtsabteilungsleiter zukommt. Für die Umsetzung der Strategie ist jedoch das gesamte Rechtsabteilungsteam gefordert. Ergeben sich aus der Strategieplanung weitereichende Veränderungen, sollte auch ein effizientes Change Management keinesfalls vernachlässigt werden. Jede noch so gute Idee ist nämlich nutzlos, wenn sie nicht von den eigenen Mitarbeitern mitgetragen wird und somit nur am Papier existiert. Wie das Change Management im Rahmen von konkreten Projekten erfolgreich gelingen kann, wird an verschiedenen Stellen dieses Buches beschrieben.[2]

Die Strategiearbeit besteht darin, die Ziele und Ausrichtung der Rechtsabteilung in Übereinstimmung mit den übergeordneten Unternehmenszielen und -strategien zu bringen. Nur durch eine strategische Ausrichtung wird gewährleistet, dass der Fokus der Rechtsabteilung sowohl mittel- als auch langfristig richtig gesetzt wird. Die Strategiearbeit ist ein Zusammenspiel der folgenden Faktoren:

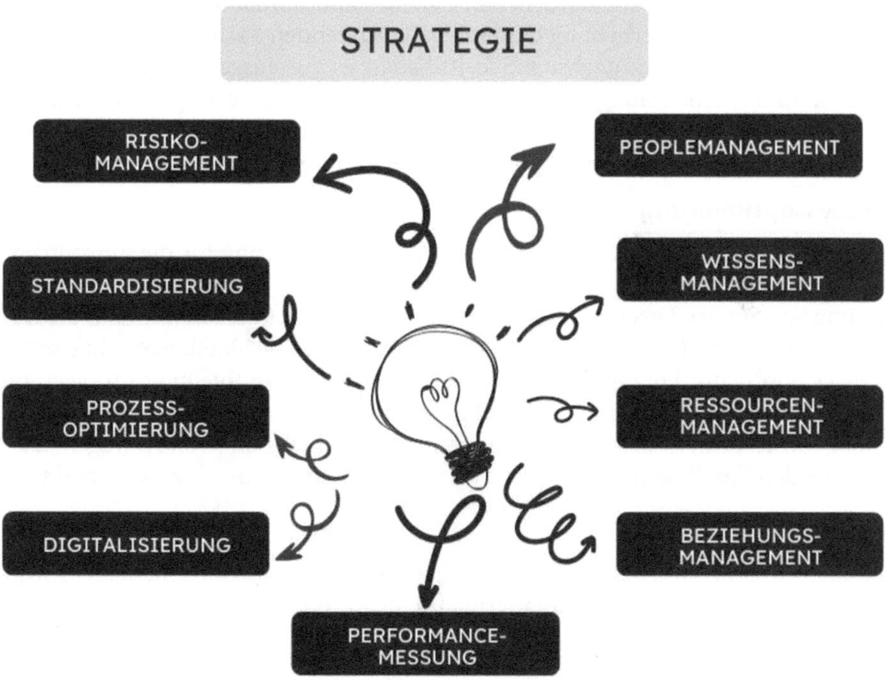

Abb 3: Faktoren der Strategiearbeit [erstellt mit Canva]

1 Siehe hierzu im Detail Kapitel 1.2.1. Purpose.
2 So zB in Kapitel 3.1.5. Legal Tech.

Risikomanagement

Ziel einer jeden Rechtsabteilung ist es, das Unternehmen vor Rechtsrisiken (zB Verwaltungsstrafen durch fehlende Genehmigungen oder Compliance-Verstöße, hohe Schadenersatzforderungen aufgrund der Verletzung von Drittrechten) optimal zu schützen. Damit diese Risiken reduziert werden oder gar nicht erst entstehen, muss sich jeder Rechtsabteilungsleiter die Fragen stellen, (i) welche risikogeneigten Sachverhalte im Unternehmen bestehen, (ii) ob die Rechtsabteilung in diesem Zusammenhang Rechtsberatungsleistungen erbringt bzw erbringen kann und (iii) ob die Ressourcen der Rechtsabteilung dem Risiko entsprechend angemessen verteilt sind. Der Unternehmensjurist agiert daher nicht nur als Rechtsberater, sondern auch als Risikomanager im Unternehmen.[3]

Standardisierung

Fachabteilungen benötigen oftmals kurzfriste Unterstützung im Tagesgeschäft. Die Rechtsabteilung hat zumeist zu wenige Kapazitäten, jede einzelne Anfrage im Unternehmen binnen weniger Tage zu beantworten. Damit die Anfragenflut in einer angemessenen Zeit bewältigt werden kann, bietet es sich an, wiederkehrende Sachverhalte zu standardisieren. Eine Bestandsaufnahme der vorhandenen Vertragsmuster und Erhebung der laufend auftretenden Sachverhalte sind daher unabdingbar. In einem nächsten Schritt bedarf es gut ausgearbeiteter Vertragsmuster und Verhandlungsguidelines, die dabei helfen, Verträge schnell abzuschließen. Schließlich führt eine Standardisierung zu einer immensen Zeitersparnis und schafft die dringend benötigten Kapazitäten für andere Aufgaben.

Prozessoptimierung

Neben der Standardisierung ist auch die Prozessoptimierung für die Ressourcenschonung essenziell. Die potenziellen Maßnahmen sind mannigfaltig. Eine Festlegung von Service Levels hilft dabei, Ressourcen effizient einzusetzen und die Zuständigkeiten der Rechtsabteilung klar festzulegen.[4] In Fachabteilungen eingesetzte Legal Coordinator können als verlängerter Arm der Rechtsabteilung Anfragen im Rahmen eines First-Level-Supports übernehmen.[5] Oder es kann ein „Legal Front Door" mittels einer Portalseite für die zentralisierte Erfassung von Anfragen etabliert werden.[6] In diesem Buch finden sich zahlreiche Ideen zur Prozessoptimierung.

Digitalisierung

Legal Tech Tools sind aus dem Arbeitsalltag jeder Rechtsabteilung nicht mehr wegzudenken. Ein Vertrags- oder Mattermanagement[7] oder eine E-Signature-Lösung[8]

3 Siehe hierzu Kapitel 3.1.6. Legal Risk Management.
4 Siehe hierzu Kapitel 3.1.1. Service-Level-Richtlinien.
5 Siehe hierzu im Detail Kapitel 3.1.4. Legal Coordinator.
6 Siehe hierzu auch Kapitel 3.1.5.2.2. Ticket-System.
7 Siehe hierzu Kapitel 3.1.5.2.1. Vertragsmanagement.
8 Siehe hierzu Kapitel 3.1.5.2.4. Elektronische Signaturen.

sind in vielen Rechtsabteilungen bereits seit einigen Jahren Standard. Auch die Einführung von Vertragsgeneratoren[9] ist auf dem Vormarsch. Es ist zudem damit zu rechnen, dass in den kommenden Jahren vermehrt künstliche-Intelligenz-(KI)-basierte Tools eingesetzt werden. In größeren Rechtsabteilungen wird die Einführung von Legal Tech durch das neue Berufsfeld der „Legal Operations Manager" begleitet, die als Bindeglied zwischen der Rechts- und IT-Abteilung fungieren und die Prozessoptimierung im Lichte der Strategieplanung vorantreiben.[10]

Peoplemanagement

Auch wenn Prozesse optimiert und Anfragen standardisiert abgearbeitet werden und Legal Tech Tools den Arbeitsalltag massiv erleichtern können, ist und bleibt die wichtigste Ressource in der Rechtsabteilung der Mensch. Es ist vor allem Aufgabe des Rechtsabteilungsleiters, neue Talente zu finden und diesen eine Möglichkeit zur Weiterentwicklung zu geben. Schulungen und Mentoring sollten eine Selbstverständlichkeit sein. Denn nur durch die Mitarbeiterförderung wird eine geringe Fluktuationsrate sichergestellt. Jüngere Kollegen sollten darauf vorbereitet werden, dass sich die Rechtsbranche aufgrund der Digitalisierung verändert und der Unternehmensjurist nicht mehr nur als klassischer Rechtsberater des Unternehmens agiert, sondern sich als Sparringspartner verstehen sollte.[11] Das Profil des Inhouse-Juristen wird abgerundet durch Kenntnisse im Projektmanagement.[12] Auch die verständliche Aufbereitung juristischer Sachverhalte unter Zuhilfenahme von „Design Thinking" wird zunehmend wichtiger. Daher sind „Legal Designer" mehr als gefragt.[13]

Gerade in kleineren, gut eingespielten Rechtsabteilungen kann jeder Personalwechsel das Team ins Wanken bringen. Daher ist unbedingt auch auf die Karriereplanung zu achten. Aufgrund der zumeist beschränkten Aufstiegsmöglichkeiten innerhalb der Rechtsabteilung kann mit einer Verbreitung des Aufgabenspektrums oder der Übertragung von mehr Verantwortung entgegengewirkt werden.[14]

Wissensmanagement

Die Dokumentation und der Transfer von Wissen sind das Sicherheitsnetz für jede Rechtsabteilung. Problematiken, dass Anfragende wochenlang auf eine Standardantwort warten oder bereits durchgeführte und aufwändige Recherchen wiederholt werden, können mit einem geeigneten Wissensmanagement[15] gezielt vermieden werden. Die Rechtsabteilung kann sich ein ineffizientes Arbeiten aufgrund der begrenzten Ressourcen schlichtweg nicht leisten.

9 Siehe hierzu Kapitel 3.1.5.2.3. Vertragsgenerator.
10 Siehe hierzu Kapitel 3.1.5.3. Legal Operations.
11 Siehe hierzu Kapitel 1.2.2. Selbstverständnis.
12 Siehe hierzu Kapitel 4.1.1.1.5. Der Unternehmensjurist als Projektmanager.
13 Siehe hierzu Kapitel 3.1.7.4. Legal Design.
14 Siehe hierzu Kapitel 4.1.1.3. Hiring & Talent Development.
15 Siehe hierzu Kapitel 3.1.7. Wissensmanagement inkl Checkliste.

Doch nicht nur die Dokumentation ist wichtig, sondern auch der Wissenstransfer sowohl innerhalb als auch außerhalb der Rechtsabteilung. Den Kollegen in der Rechtsabteilung sollte die Möglichkeit geboten werden, andere Aufgabengebiete kennenzulernen, um ihr Profil zu schärfen. Ein solcher interner Wissenstransfer stärkt nicht nur die Vielseitigkeit der Abteilung, sondern fördert auch ein tieferes Verständnis für unterschiedliche Rechtsgebiete und andere Fachabteilungen sowie deren Bedürfnisse. Kollegen in der Fachabteilung werden dabei unterstützt, einfache Sachverhalte eigenständig zu klären, ohne jedes Mal die Rechtsabteilung kontaktieren zu müssen.

Ressourcenmanagement

Für das Ressourcenmanagement spielen einerseits die Organisationsform der Rechtsabteilung und andererseits die Zuständigkeiten der Rechtsabteilung eine Rolle. Eine dezentrale Rechtsabteilung agiert anders und hat andere Anforderungen als eine zentral organisierte Rechtsabteilung. Daher ist das Ressourcenmanagement an die gewählte oder vorgegebene Organisationsform anzupassen.[16] Demgegenüber sehen sich viele Rechtsabteilungen zunehmend mit etlichen Mehraufgaben bei gleichbleibendem oder sogar reduziertem Budget konfrontiert. Daher ist das Ressourcenmanagement im Hinblick auf Personalkosten und externe Beratungskosten essenziell.[17] Der Einsatz von Unternehmensjuristen für die Betreuung der Fachabteilungen und Steuerung von Großprojekten und die zielgerichtete Beauftragung der externen Berater wie Rechtsanwaltskanzleien und „Alternative Legal Service Provider“ samt Kostenkontrolle und -verfolgung sind ein wesentlicher Teil der Strategieplanung. Nur durch ein perfektes Zusammenspiel von internen und externen Ressourcen wird das von der Geschäftsleitung genehmigte Budget effizient eingesetzt. Dies erfordert eine kluge und effektive Strategie.

Beziehungsmanagement

Die Rechtsabteilung ist tagtäglich im Austausch mit verschiedenen Stakeholdern. Diese reichen von internen Kollegen in Fachabteilungen bis hin zu Entscheidungsträgern wie die Geschäftsführung und Aufsichtsorgane. Bei Vertragsverhandlungen mit Geschäftspartnern fungiert die Rechtsabteilung auch nach außen hin als Repräsentant des Unternehmens. Dabei ist es nicht nur wichtig, dass die Rechtsabteilung einen positiven Eindruck im Hinblick auf die Qualität der Arbeitsleistung erbringt, sondern auch ihrem Ruf als Service Unit gerecht wird.[18] Es geht darum, die Bedürfnisse der Fachabteilungen zu verstehen und auch die Verbindung zu externen Partnern zu stärken. Der Aufbau von Bezie-

16 Siehe hierzu im Detail 4.2. Organisatorische Ansiedlung und Positionierung.
17 Siehe hierzu im Detail Kapitel 4.1.3. Budget.
18 Siehe hierzu ergänzend Kapitel 3.3. Exkurs: Selbstmarketing.

hungen geht oft über die Arbeit hinaus. Das Netzwerken außerhalb des Unternehmens ist hilfreich, um einen anderen Blick auf die eigene Tätigkeit zu erlagen.

Eckpfeiler des Beziehungsmanagements sind klare und offene Kommunikation, partnerschaftliches Denken, proaktives Handeln und ein tiefes Verständnis für die Geschäftsziele. Um sicherzustellen, dass diese Beziehungen effektiv bleiben, ist die regelmäßige Einholung von Feedback von entscheidender Bedeutung. Ein offener Dialog über Erwartungen, Bedenken und mögliche Verbesserungen ermöglicht es der Rechtsabteilung, ihre Leistungen kontinuierlich zu evaluieren und anzupassen. Flexibilität und kundenorientiertes Denken spielen ebenfalls eine entscheidende Rolle. Die Anpassungsfähigkeit der Rechtsabteilung und die Bereitschaft, auf individuelle Bedürfnisse der Stakeholder einzugehen, tragen dazu bei, sicherzustellen, dass der Service nicht nur juristisch korrekt erfolgt, sondern auch den operativen Anforderungen und Zielen der verschiedenen Stakeholder entspricht.

Performancemessung

Die Performancemessung innerhalb der Rechtsabteilung ist entscheidend, um die Effektivität der Arbeit zu bewerten und kontinuierliche Verbesserungen vorzunehmen. Nur durch die Einführung von Key-Performance-Indicators („KPIs") kann die Rechtsabteilung fakten- und zahlenbasiert agieren. Die Arbeit wird somit objektiv messbar.

KPIs dienen nicht nur der retrospektiven Analyse erbrachter Leistungen, sondern ermöglichen auch ein vorausschauendes Handeln. Diese Messgrößen erlauben der Rechtsabteilung, Trends und Entwicklungen frühzeitig zu identifizieren, noch bevor mögliche Probleme kritisch werden. Sie fungieren als „Frühwarnsystem", das es ermöglicht, rechtzeitig präventive Maßnahmen zu ergreifen. Dies ist besonders wichtig in einer proaktiven Rechtsabteilung, die nicht nur auf Herausforderungen reagiert, sondern auch proaktiv dazu beiträgt, diese zu verhindern.

Darüber hinaus können KPIs dazu dienen, die Erfolge der Rechtsabteilung zu dokumentieren und zu präsentieren. Ob es um die erfolgreiche Beilegung von Rechtsstreitigkeiten, schnelle Reaktionszeiten oder eine hohe Kundenzufriedenheit geht – klare Leistungskennzahlen ermöglichen es, die positiven Beiträge der Rechtsabteilung für das Unternehmen zu unterstreichen.[19]

Die kontinuierliche Überwachung und Analyse dieser KPIs schaffen nicht nur Transparenz, sondern bieten auch die Grundlage für eine ständige Anpassung der Strategie. Auf diese Weise wird die Performancemessung nicht nur zu einem Instrument zur retrospektiven Bewertung, sondern auch zu einem Werkzeug, das die Rechtsabteilung bei einem zukunftsorientierten Handeln unterstützt.

19 Siehe hierzu im Detail Kapitel 3.2. Performancemessung.

2.2. Tagesgeschäft

Neben der Strategiearbeit widmet sich der Unternehmensjurist einer Vielzahl von täglichen Aufgaben. So übernehmen Unternehmensjuristen zB die rechtliche Beratung der Fachabteilungen bei Produktentwicklung und -einführung, unterstützen beim Einhalten von Gesetzen, Verordnung und Verwaltungsakten und bilden die Schnittstelle zu Behörden, Ministerien und Aufsichtsbehörden, zudem betreuen sie auch die Gesetzgebung auf nationaler und EU-Ebene und sind teilweise in Verbänden aktiv. Ihre genauen Aufgaben variieren selbstverständlich je nach Unternehmen und Branche, weshalb eine abschließende Behandlung unmöglich ist. Das nachfolgende Kapitel beinhaltet eine Auswahl hierfür typischer Rechtsbereiche.

2.2.1. Vertragsrecht

Die meisten Unternehmensjuristen verbringen viel Arbeitszeit mit der Gestaltung, Prüfung und der Verhandlung von Verträgen (Vertragsrecht).

Dabei herrscht grundsätzlich Vertragsfreiheit. Zum Schutz von Verbrauchern sind dieser allerdings durch Gesetz und gute Sitten Grenzen gesetzt. Die Grenzen der guten Sitten werden durch die Rechtsprechung bestimmt. Die Anwendung von Gesetzen und Judikatur im Rahmen der Vertragsarbeit und im Interesse des Unternehmens obliegt den Unternehmensjuristen.

2.2.1.1. Profil Vertragsjurist

Neben ihrer spezifischen Fachkompetenz zeichnen sich Vertragsjuristen durch ausgeprägte analytische Fähigkeiten, Präzision und rasche Auffassungsgabe aus. Die Erfassung komplexer Verträge und das Erkennen der Wechselwirkungen zwischen einzelnen Klauseln erfordern eine gründliche und exakte Analyse. Sie ist notwendig, um die Auswirkungen jeder Klausel auf das Gesamtbild des Vertrags zu verstehen, potenzielle Risiken zu identifizieren und die Implikationen für das Unternehmen angemessen zu bewerten.

Im Vertragsrecht ist es wichtig, sich auf den Verhandlungspartner einstellen zu können, um die richtigen Verhandlungstaktiken[20] zu wählen und so das Beste für das Unternehmen zu verhandeln. Dafür braucht es gute rhetorische und diplomatische Fähigkeiten. Durch Empathie kann eine Verhandlung auf Augenhöhe geführt werden, was dazu beiträgt, gegenseitiges Verständnis und Vertrauen aufzubauen, um letztendlich Win-win-Lösungen zu erreichen.

---

20 Ausführlicher dazu siehe Kapitel 2.2.1.2.4. Vertrags„fair"handlungen.

2.2.1.2. Tätigkeitsschwerpunkte im Vertragsrecht

2.2.1.2.1. Briefing

Für die Erstellung, Prüfung oder Verhandlung von Verträgen benötigt der Unternehmensjurist zunächst alle relevanten Informationen der Fachabteilung. Um Desinformation oder Informationsmangel zu vermeiden, ist eine klare und umfassende Kommunikation mit den Kollegen erforderlich. Die Nutzung von Checklisten für Verträge, die genau festlegen, welche Informationen die Rechtsabteilung benötigt, um ihre Aufgaben zu erfüllen, hat sich bewährt.[21] Diese Checklisten werden von der Fachabteilung ausgefüllt und an den Unternehmensjuristen übermittelt. Der Unternehmensjurist kann daraufhin den entsprechenden Vertrag erstellen, prüfen und/oder verhandeln.

Verträge sind so zu erstellen, dass sie die tatsächlich gelebte Praxis widerspiegeln und nicht, wie Juristen sie gerne hätten. Dabei ist es wichtig, dass der Unternehmensjurist keinerlei Vermutungen anstellt, ohne sie von der Fachabteilung bestätigen zu lassen. Um einen gemeinsamen Konsens zu finden und insbesondere geltende Gesetze zu berücksichtigen, ist eine rechtliche Anleitung durch den Unternehmensjuristen erforderlich.

Ein Beispiel aus dem Arbeitsrecht verdeutlicht das:

Beispiel

Wenn die Fachabteilung einen freiberuflich tätigen Programmierer engagieren möchte, müssen einige rechtlich relevante Aspekte beachtet werden, um das Unternehmen nicht der Gefahr einer Klage wegen „Scheinselbständigkeit" auszusetzen. Dabei kommt es nicht nur auf das Vertragsverhältnis an, sondern auf das Gesamtbild der tatsächlichen Ausgestaltung. Es hilft wenig, wenn der Unternehmensjurist zwar einen Werkvertrag erstellt, der Programmierer jedoch tatsächlich vollkommen weisungsgebunden und in die Organisation des Arbeitgebers eingebunden ist, was ihn sozialversicherungsrechtlich als Arbeitnehmer qualifizieren würde.

2.2.1.2.2. Vertragserstellung

Bei der Vertragserstellung ist zwischen der Erstellung von Individualverträgen und der Erstellung von Vorlagen, welche für eine Vielzahl inhaltlich gleicher Verträge genutzt werden (sog Musterverträge oder Allgemeine Geschäftsbedingungen – AGB), zu unterscheiden:

Individualverträge sind maßgeschneiderte Vereinbarungen, die speziell für einzelne Vorgänge oder Parteien ausgearbeitet werden. Sie berücksichtigen die individuellen Bedürfnisse und Anforderungen der Vertragsparteien und sind in der Regel detaillierter sowie auf den konkreten Fall zugeschnitten. Diese Art von Ver-

21 Siehe hierzu auch Kapitel 3.1.1. Service-Level-Richtlinien sowie bspw Kapitel 2.2.2.2.2. IT-Verträge und deren Verhandlung inkl Checkliste.

trägen bietet eine höhere Flexibilität, erfordert jedoch auch mehr Zeit und Ressourcen für die Erstellung.

In langfristigen Geschäftsbeziehungen kann es sich daher empfehlen, die rechtlich relevanten Aspekte in Rahmenverträgen zu vereinbaren. Hierbei ist jedoch zu beachten, dass Rahmenverträge immer auch des Abschlusses von Einzelaufträgen bedürfen (auch als Work Orders, Statement of Work, Project Orders usw bezeichnet). Da der Rahmenvertrag grundsätzlich alle rechtlichen Punkte abdeckt, erfolgt der Abschluss der Einzelaufträge in der Folge zumeist eigenständig durch die jeweilige Fachabteilung. Leider wird in vielen Fällen der Abschluss separater schriftlicher Einzelaufträge versäumt und es erfolgt lediglich ein E-Mail-Verkehr zwischen den Fachabteilungen der Unternehmen. Abhängig von der Ausgestaltung des Rahmenvertrags beinhalten Einzelaufträge aber nicht nur die im Rahmenvertrag festgelegten Bedingungen, sondern auch spezifische Festlegungen für den konkreten Anwendungsfall.

Praxistipp

Die Anwendung einer Vorlage für die Einzelaufträge von Rahmenverträgen gewährleistet die schriftliche Festhaltung aller relevanten Punkte. In diesem Zusammenhang ist es sinnvoll, dass die Fachabteilung regelmäßig Schulungen im Umgang mit Rahmenverträgen und hierzu abzuschließende Einzelaufträge durch den Unternehmensjuristen erhält.

Dasselbe gilt auch für andere wichtige Anlagen zu Verträgen. Viele Anlagen, wie das Pflichtenheft,[22] Kalkulationen etc, sind von der Fachabteilung zu erstellen. Hierbei ist darauf zu achten, dass weder kaufmännische noch rechtlich relevante Inhalte in den Anlagen geregelt werden. Vielfach werden Verträge ohne die notwendigen Anlagen in den Unterschriftenlauf gegeben, was später zu potenziellen Streitpunkten, den Inhalt dieser Anlagen betreffend, führen kann.

Im Gegensatz zu den Individualverträgen stellen Allgemeine Geschäftsbedingungen (AGB) standardisierte Vertragsbedingungen dar, die für eine Vielzahl von weitgehend gleichen Verträgen gelten sollen. AGB sind allgemeiner formuliert und weniger auf die spezifischen Umstände eines einzelnen Vorgangs zugeschnitten. Sie werden vorab erstellt und können für wiederkehrende Geschäftsbeziehungen verwendet werden. AGB bieten Effizienz und Klarheit, da sie standardisierte Bedingungen festlegen, bergen jedoch auch das Risiko, dass sie nicht immer optimal auf die individuellen Bedürfnisse der Vertragsparteien zugeschnitten sind. AGB werden außerdem meistens zum einseitigen Vorteil des erstellenden Unternehmens formuliert, ohne dass sie die Interessen der anderen Seite ausreichend berücksichtigen. Um mögliche Streitigkeiten zu vermeiden, sollte neben einer rechtlichen Wirksamkeit grundsätzlich auch auf faire Gestaltung der AGB geach-

22 Siehe hierzu auch Kapitel 2.2.2. IT-Recht.

tet werden. Ein weiterer positiver Effekt fairer AGB ist, dass die Rechtsabteilung viel seltener in Vertragsverhandlungen involviert werden muss.

AGB in a nutshell

Im B2B-Bereich reicht ein Hinweis auf die AGB zu deren Gültigkeit aus. Eine Aushändigung erfolgt erst auf Anfrage. In vielen Verträgen oder Angeboten findet sich auch ein Link, hinter welchem die AGB eingesehen werden können. Im Falle widersprüchlicher AGB gilt das Gesetz. Regelungen, wonach keine gegenteiligen AGB akzeptiert werden (sog „Abwehrklauseln") führen nicht zur Wirksamkeit der eigenen AGB. Bei Verträgen mit Konsumenten (B2C) muss der Konsument vor Vertragsschluss über den Inhalt der AGB informiert werden, ein bloßer Hinweis reicht hier nicht aus. Zudem gelten strengere AGB-rechtliche Vorschriften.[23] Online-AGB müssen gespeichert und jederzeit abgerufen werden können.

Unternehmensjuristen arbeiten überwiegend mit Musterverträgen, die für wiederkehrende Sachverhalte erstellt und fortlaufend aktualisiert werden. Musterverträge sind effizient und effektiv, da sie Zeit und Ressourcen sparen und den Anforderungen des Unternehmens optimal gerecht werden. Im Rahmen von Verhandlungen werden diese Musterverträge dann bei Bedarf mehr oder weniger individuell angepasst. Zudem können Musterverträge auch immer hilfreich zum Abgleich von Fremdverträgen herangezogen werden. Musterverträge gelten dabei nach deutschem Recht grundsätzlich als AGB und unterliegen damit den Einschränkungen der AGB-rechtlichen Vorschriften.[24] Damit ein Mustervertrag nicht der AGB-Kontrolle unterliegt, bedarf es eines hohen Grades an Individualisierung. In Österreich ist der Individualisierungsanspruch dagegen geringer.

Ob Individualvertrag oder AGB – vielfach schreiben Juristen die Verträge für Richter und Anwälte, da im schlimmsten Fall ebendiese Anwälte oder Richter den Vertrag auslegen müssen. Häufig führt dieser Fokus aber zu langen und komplizierten Vertragswerken, in denen wesentliche Punkte schwammig und missverständlich formuliert werden. Dies kann absichtlich oder unbeabsichtigt, aus Unwissenheit oder aus der Furcht, nicht alle Eventualitäten und Szenarien abzudecken, erfolgen. Im B2B-Bereich, in dem in der Regel Rechtsvertreter auf beiden Seiten die Verträge bearbeiten, wird dies oft toleriert, obwohl häufig Frustration und Unmut bei der Prüfung unverhältnismäßig langer Verträge auftreten. Im B2C-Bereich ist dies allerdings absolut inakzeptabel. AGB unterliegen hier gesetzlich dem Transparenzgebot. Wenn sie die Rechte und Pflichten eines Verbrauchers nicht klar, verständlich und durchschaubar darstellen, sind sie unwirksam. Unabhängig davon, ob es sich um AGB im B2C- oder B2B-Bereich handelt, können vage und komplizierte Formulierungen zu Unstimmigkeiten und Konflikten führen.

23 KSchG (Ö) und §§ 305 ff BGB (D).

24 §§ 305 ff BGB.

Dabei ist es gerade im Unternehmen entscheidend, dass auch die meist nicht juristisch ausgebildeten Mitarbeiter der Fachabteilungen die Verträge verstehen. Häufig werden Standardverträge von Fachabteilungen ohne die Unterstützung von Juristen verhandelt. Außerdem ist das Verständnis auch deshalb wichtig, weil der Vertrag schließlich von der Fachabteilung erfüllt werden muss.

Nebenbei werden auch weniger Anfragen an die Rechtsabteilung nach Bedeutungen von Klauseln gestellt, je selbstverständlicher ein Vertrag formuliert ist. Eine klare Struktur und eine verständliche Sprache in Verträgen dienen also nicht nur der Vermeidung von Konflikten nach Vertragsschluss, sondern vermindern auch den (internen) Auslegungs- und Erklärungsaufwand durch die Rechtsabteilung.

Ein Prinzip, das die klare und verständliche Vertragserstellung unterstützt, ist:

Das KISS-Prinzip

Das Akronym KISS stand ursprünglich für „Keep it simple, stupid!", wird aber vor allem im Bereich des Marketings und im Zusammenhang mit dem Schreiben von Texten in der „Keep it short and simple"-Version genutzt. Im Zusammenhang mit der Erstellung von Verträgen scheint zudem „Keep it short and smart" erstrebenswert.

Das Prinzip ist immer das Gleiche: Verträge sollten einfach, verständlich und eindeutig sein – so ausführlich wie nötig und dabei so kurz wie möglich.

Tipps für die Umsetzung – generelle Tipps

- Kurze Sätze
- Keine Schachtelsätze (lange, kompliziert gebaute und mit Nebensätzen versehene Sätze)
- Keine doppelte Verneinung
- Keine nicht allgemein geläufigen juristischen Fachbegriffe ohne Erklärung
- Komplexe Vertragsbestimmungen mit Beispielen versehen (zB Kalkulationen)
- Nutzen von Legal Design[25]

Im Folgenden wird das KISS-Prinzip anhand einiger gängiger Vertragsklauseln exemplarisch erläutert:

Gängige Vertragsklauseln

Präambel

Eine Präambel enthält zumeist eine Beschreibung des „Status quo" und des angestrebten Zieles, das erreicht werden soll. Hier ist auf eine kurze und

25 Siehe hierzu ausführlich Kapitel 3.1.7.4. Legal Design.

einfache Beschreibung zu achten. Auch wenn die Präambel keine konkreten Rechte und Pflichten der Parteien zu begründen vermag, so kann sie doch als Grundlage für eine Auslegung zur Bestimmung des Willens der Parteien dienen. Sie sollte daher weder die eigentliche Vereinbarung vorwegnehmen noch dieser widersprechen. Die Präambel kann die Geschäftsgrundlage abbilden und bei Irrtum zu einer Anpassung oder sogar Auflösung und Rückabwicklung führen. Außerhalb von umfangreichen Verträgen, wo eine Präambel dem Verständnis des gesamten Vertrags dienen soll, kann man sie auch weglassen.

Begriffsdefinitionen

Definitionen von häufig genutzten Begriffen oder Begriffen, die eine besondere Bedeutung im Vertrag haben, sind sinnvoll, da sie der Vermeidung von Unklarheiten, aber auch von Wiederholungen dienen. Im europäischen Raum werden diese Begriffe zumeist an der Stelle definiert, wo diese zum ersten Mal im Vertrag genutzt werden. Hier folgt der Begriff in einer Klammer der Definition selbst (zB „Begriff"). Aus amerikanischen Verträgen setzt sich zunehmend eine komprimiertere Art der Begriffsbestimmung durch. In einem gesonderten Vertragspunkt werden alle relevanten Begriffe alphabetisch als Liste definiert und in Folge im Vertrag mit einem Großbuchstaben begonnen. Auf die Definition eindeutiger Begriffe kann getrost verzichtet werden. Einmal definiert, ist unbedingt darauf zu achten, diese Begriffe konsequent zu nutzen. Kreativität für Synonyme ist hier fehl am Platz und führt zu Spekulationen über deren Bedeutung, die es ja zu vermeiden gilt. Beide Arten der Begriffsdefinition haben ihre Vorteile. So ist bei der europäischen Variante die Begriffsdefinition im Lesefluss natürlich integriert und erspart das Vorablesen bzw parallele Lesen der Liste. Die amerikanische Variante hingegen erleichtert dem Leser das Auffinden der Begriffsdefinitionen.

Leistungen und Gegenleistungen (Kernstück)

Die Leistungen und Gegenleistungen stellen den wichtigsten Teil des Vertrags dar und erfordern daher besondere Sorgfalt vom Juristen. Je genauer, verständlicher und eindeutiger die Leistungen und Gegenleistungen beschrieben werden, desto weniger Potential für spätere Streitigkeiten besteht. Dabei sind Haupt- genauso wie Nebenpflichten und alle Eventualitäten, die bei Vertragsdurchführung bedacht werden müssen, festzulegen.

Vertragsverletzung

Trotz Vertragsfreiheit werden Verträge einem gesetzlich vorgegebenen Vertragstyp zugeordnet: Kaufvertrag, Werkvertrag, Mietvertrag etc. Das Gesetz schreibt für diese Vertragstypen die Folgen einer etwaigen Vertragsverletzung vor. Einer ausdrücklichen Regelung im Vertrag bedarf es daher nur dann und insoweit, als hiervon abgewichen werden soll. Den Rahmen für erlaubte Abweichungen gibt wiederum das Gesetz vor. So kann bspw in einem Vertrag zwischen zwei Unternehmen die gesetzliche Gewährleistungspflicht bei einem Kauf bzw Mietvertrag zeitlich verkürzt werden. Auch von den gesetzlichen Bestimmungen abweichende Haftungsbestimmungen (zB Haftungsbegrenzungen der Höhe nach) finden sich in fast jedem Vertrag.

Nähere Ausführungen machen dort Sinn, wo die Zuordnung zu einem Vertragstyp nicht eindeutig ist.[26]

Praxistipp
Ein ideales Vertragsmuster entsteht durch die Beobachtung der Durchsetzbarkeit von Bestimmungen oder Formulierungen während der Anwendung in der Praxis. Wenn sich herausstellt, dass eine Vertragsklausel oder Formulierung sich wiederholt in den Vertragsverhandlungen nicht durchsetzen lässt, sollte sie möglicherweise im Vertragsmuster ersetzt oder erklärt werden.

2.2.1.2.3. Vertragsprüfung

Das nächste Kapitel widmet sich den effizienten Arbeitsweisen für das Vorgehen bei einer Vertragsprüfung. Sie bilden die Grundlage für die im Kapitel zur Vertragsverhandlung ausgeführten notwendigen Informationen für die Bearbeitung. Es ist daher ratsam, die beiden Kapitel ergänzend zueinander zu lesen.

Es erleichtert die Vertragsprüfung erheblich, wenn das eigene standardisierte Vertragsmuster verwendet wird, da es bereits bekannt ist und die Interessen des Unternehmens optimal berücksichtigt. Allerdings ist es nicht immer möglich, dass ein Unternehmensjurist ausschließlich mit den internen Vorlagen arbeitet. Oft wird er auch Vertragsmuster des Verhandlungspartners prüfen müssen, was natürlich mit variierendem Aufwand verbunden ist.[27]

Sofern möglich, empfiehlt es sich, Vertragsänderungen direkt im Vertragsdokument vorzunehmen. Übermittelt der Verhandlungspartner sein Vertragsmuster im PDF-Format, was durchaus üblich ist, empfiehlt es sich, nach einer Word-Vorlage zu fragen. Auch wenn Verträge häufig im PDF-Format übermittelt werden, um dem Verhandlungspartner das Kommentieren so schwer wie möglich zu machen, zeigen sich der Verhandlungswille und die Konstruktivität des Gegenübers bereits in der Bereitschaft zu Übermittlung einer Word-Vorlage.

26 Siehe hierzu auch Kapitel 2.2.2.2.2. IT-Verträge und deren Verhandlung inkl Checkliste.
27 Zur Frage, wer die Vorlage stellt, siehe auch Kapitel 2.2.1.2.4. Vertrags„fair"handlungen.

Wird eine Word-Vorlage zur Verfügung gestellt, ist es wichtig, Anpassungen im Track-Change-Modus vorzunehmen, um Änderungen transparent und nachvollziehbar zu dokumentieren. Am Ende der Verhandlung können alle Änderungen im Fall der Zustimmung einfach angenommen werden. Das Festhalten von einzelnen Punkten in E-Mails oder in sog Abweichungslisten führt zu einem erheblichen zeitlichen Mehraufwand für beide Verhandlungspartner. Darüber hinaus verkompliziert ein derartiges Vorgehen den gesamten Prozess, da Vertragsmuster und Kommentare immer in Zusammenschau gelesen werden müssen. Schlussendlich müssen diese Änderungen dann wieder in den eigentlichen Vertrag integriert werden.[28]

Es ist ratsam, sämtliche Streichungen und Anpassungen im Vertrag durch Kommentare zu erläutern, um sicherzustellen, dass sie für den Verhandlungspartner nachvollziehbar sind. Diese Vorgehensweise stellt nicht nur sicher, dass der Unternehmensjurist die Logik und Absicht hinter seinen Anpassungen selbst überdenkt, sondern liefert auch bereits Argumente für eine mögliche mündliche Verhandlung in der Zukunft.[29]

Um den Prozess effizienter zu gestalten, bietet es sich an, dass der Unternehmensjurist bei der Vertragsprüfung nicht nur Kommentare für den Verhandlungspartner, sondern zugleich auch sog „interne Kommentare" macht. Diese beinhalten in der Regel Rückfragen an die eigenen Fachabteilungen zu spezifischen Punkten im Vertrag, die vor einer Anpassung für den Verhandlungspartner geklärt werden müssen. Auch Fragen zu Abweichungen von Unternehmensstandards oder anderen internen Vorgaben erfordern häufig eine Rücksprache. In der Regel wird ein zu bearbeitender Vertrag nicht ohne interne Überprüfungsrunde und Rücksprache mit der eigenen Fachabteilung auskommen. Es ist selbstverständlich, dass interne Kommentare nicht in der Version des Vertrags enthalten sein sollten, die an den Verhandlungspartner versendet wird. Gelangen interne Strategien und Argumentationen für Entscheidungsfindungen zum Verhandlungspartner, führt dies oft zum eigenen Nachteil.

Eine alternative Möglichkeit bestünde darin, sowohl eine interne als auch eine externe Version des Vertrags zu erstellen. Nachteile sind, dass die Zusammenführung im Zweifelsfall zeitaufwendig ist und Verwechslungsgefahr besteht.

28 Bei der Anwendung von internationalen Standardverträgen werden die Änderungen vielfach nicht ins Vertragsdokument eingepflegt, sondern die Abweichungen zum ursprünglichen Vertragstext in sog „Special Conditions" festgehalten. Die Vertragsprüfung und Durchführung sind in diesen Fällen komplex und das Arbeiten mit „Special Conditions" sollte daher soweit möglich vermieden werden.

29 Siehe hierzu auch Kapitel 2.2.1.2.4. Vertrags„fair"handlungen.

Praxistipp

Um sicherzustellen, dass eine enthusiastische Fachabteilung einen Vertrag mit internen Kommentaren nicht versehentlich an den Verhandlungspartner weiterleitet, haben sich zwei bewährte Maßnahmen etabliert:

- **Markierung im Vertrag**
  Kommentare können durch das Hinzufügen von „INTERN" gekennzeichnet werden. Zusätzlich oder alternativ dazu kann der Kommentar mit dem @-Symbol und dem Namen des betreffenden Kollegen versehen werden, von dem eine Antwort erforderlich ist. Diese Kennzeichnung ermöglicht es Mitarbeitern verschiedener Fachabteilungen (wie Geschäftsführung, Datenschutz, IT, Steuern, Personal usw), die für sie relevanten Kommentare leicht im Text zu finden und darauf zu antworten. Es ist essenziell, auch bei internen Kommentaren auf eine professionelle Formulierung zu achten, da es immer wieder vorkommt, dass auch sorgfältig markierte Kommentare versehentlich an den Verhandlungspartner gesendet werden.
- **Markierung in der E-Mail**
  Falls der Vertrag per E-Mail an die Fachabteilung versendet wird, sollte die E-Mail deutlich als „INTERN" im Betreff und/oder sogar über der Anrede markiert werden. Diese Kennzeichnung reduziert das Risiko, dass E-Mails unbeabsichtigt weitergeleitet werden.

Braucht es bei der Vertragsprüfung des Inputs verschiedener Experten und Fachabteilungen (Beispiel Tax, IT, Datenschutz), so erleichtert ein Filehosting-Dienst,[30] welcher eine gemeinsame Dokumentenerstellung ermöglicht, die Vertragsarbeit. Auch ein digitales Vertragsmanagement kann das ermöglichen.

2.2.1.2.4. Vertrags„fair"handlungen

Wie bereits an verschiedenen Stellen in diesem Buch thematisiert, gehört es zu den Aufgaben der Rechtsabteilung, die Fachabteilung mit allem auszustatten, was diese benötigt, um effizient und eigenständig handeln zu können. Hierzu gehören vor allem auch Vertragsvorlagen und Playbooks,[31] die Anweisungen und Alternativklauseln enthalten, um eine Großzahl von Standardverträgen unter Nutzung der Vorlagen bestenfalls allein und ohne Hinzuziehung der Rechtsabteilung zu verhandeln und abzuschließen.

Das nachfolgende Kapitel konzentriert sich auf die Fälle, in denen Unternehmensjuristen Vertragsverhandlungen führen oder an diesen beteiligt sind. Das ist vorrangig immer dann der Fall, wenn es um große und komplexe Verträge geht, aber auch dann, wenn nicht die eigene Vorlage, sondern die Vorlage des Verhandlungspartners zu verhandeln ist.

30 Bspw OneDrive.

31 Siehe auch Kapitel 3.1.7.1. Playbook.

Vertragsverhandlung durch Unternehmensjuristen im Unternehmen

Im Rahmen seiner juristischen Tätigkeit führt ein Unternehmensjurist unzählige Verhandlungen. Anders als bei einem Rechtsanwalt handelt es sich dabei allerdings nicht um Gerichtsverhandlungen, sondern in erster Linie um Vertragsverhandlungen. Der Unternehmensjurist verhandelt vor allem die rechtlichen Bedingungen einer Geschäftsbeziehung in Form von Verträgen. Nur selten verhandelt er auch die wirtschaftlichen Konditionen. Dies ist der jeweiligen Fachabteilung überlassen. Unternehmen streben zudem häufig eine langfristige Kooperation mit ihren Vertragspartnern an. Je länger die Laufzeit eines Vertrags oder je höher das Vertragsvolumen ist, desto wichtiger ist die Verhandlung von Klauseln, die die (langfristigen) Unternehmensinteressen abbilden und alle Eventualitäten berücksichtigen.

Auch wenn das Verhandeln von Verträgen einen Großteil der Arbeit eines Unternehmensjuristen ausmacht, wird im Rahmen der juristischen Ausbildung von Universitäten zu diesem Thema nur sehr wenig gelehrt. Die ersten Erfahrungen machen Unternehmensjuristen somit zumeist erst im Rahmen der beruflichen Tätigkeit selbst. Wenn sie Glück haben, dann bringt ihnen ein erfahrener Kollege das Verhandeln bei. Zumeist müssen Unternehmensjuristen ihre Kenntnisse allerdings eigenständig im „Learning by doing" erwerben.

Wie Verträge grundsätzlich verhandelt werden, kann je nach Unternehmen, aber auch Branche und Kultur sehr unterschiedlich sein. Arbeitet man für einen sog Big Player (zB ein Tech-Unternehmen in den USA), der die Vorgaben am Markt diktiert, so kann das Verhandeln eine einfache Sache darstellen. Auf der „starken" Seite sitzend, kann der Unternehmensjurist sich zurücklehnen und alle Verhandlungsversuche seines Gegenübers abschmettern. In Ermangelung einer Alternative wird dieser am Ende doch zu den vorgegebenen Bedingungen unterzeichnen. Vielfach ersparen sich Big Player Verhandlungen ganz, indem sie diese gar nicht erst zulassen. Ganz nach der Devise „Friss oder stirb!" Für den Unternehmensjuristen auf der anderen Seite bietet es sich in diesem Fall an, vorab zu klären, ob der Vertrag überhaupt verhandelbar ist. Angesehen werden sollte er aber in jedem Fall – selbst dann, wenn keine Verhandlung möglich ist, denn die Fachabteilung sollte sich immer der Risiken bewusst sein, die ein Vertragsabschluss bedeutet. Dies ist Teil der Aufgabe des Unternehmensjuristen als Risikomanager. Das nachfolgende Kapitel behandelt das Thema Vertragsverhandlungen immer mit dem Ziel der Fairness und langfristigen Kooperation auf Augenhöhe. Wie soeben am Beispiel der Big Player gezeigt, kann es sich aber auch anbieten, je nach Situation andere Arten der Verhandlung zu wählen.

Bei einer angestrebten langfristigen Kooperation ist es essenziell, bereits im Rahmen der Vertragsverhandlungen eine gute Beziehung zwischen den Unternehmen aufzubauen. Die Verhandlungen sind der Startschuss für jede weitere Kooperation. Eine als gut und fair empfundene Vertragsverhandlung kann ua dazu führen, dass sich die Vertragspartner bei Problemen zunächst zusammensetzen und versuchen, eine gütliche Einigung zu finden, statt gleich vor Gericht ziehen.

Vertragsverhandlungen werden also nicht nur durch rechtliches Wissen um Klauseln und Gesetze bestimmt, sondern vor allem durch Positionen und die dahinterliegenden Interessen sowie den zwischenmenschlichen Umgang. Um zu verdeutlichen, was damit gemeint ist, soll an dieser Stelle kurz eines der prominentesten Verhandlungskonzepte erwähnt werden: das „Harvard-Konzept".[32] Anders als grundsätzlich bei Gerichtsverhandlungen der Fall, zielt das vor mehr als 30 Jahren in den USA entwickelte Konzept darauf ab, dass bei einer Verhandlung die Interessen aller Parteien Berücksichtigung finden und grundsätzlich eine sog Win-win-Situation geschaffen wird. Demnach ist Verhandeln das Entwickeln von tragfähigen Lösungen im Interesse aller Beteiligten. Das Harvard-Konzept wurde nicht explizit für Vertragsverhandlungen entwickelt. Es stellt vielmehr eine Anleitung dar, mit der für viele verschiedene Arten von Konflikten zufriedenstellende Lösungen gefunden werden können. Nichtsdestotrotz findet es sich aber in vielen Vertragsverhandlungstipps und -tricks wieder und verdeutlicht, wie wesentlich eine gute Beziehung zwischen den Verhandlungspartnern für die Verhandlung und die nachfolgende Geschäftsbeziehung ist.

Praxistipp

Einen Hinweis darauf, wie die späteren Vertragsverhandlungen ablaufen könnten, kann bereits der Abschluss der Geheimhaltungsvereinbarung geben. Geheimhaltungsvereinbarungen sind mehr oder weniger weltweit standardisiert und bis auf Vertragsstrafen selten groß zu verhandeln. Kommt es daher bereits im Rahmen einer abzuschließenden Geheimhaltungsvereinbarung zu umfangreichen Diskussionen, zB darüber, wessen Vorlage genutzt wird, welches Recht zur Anwendung kommt, aber auch um die einzelnen Klauseln der Geheimhaltungsvereinbarung selbst, so ist dies oft ein Hinweis darauf, dass die Vertragsverhandlungen mühsam werden können. Lässt man sich auf das anwendbare Recht des Vertragspartners bei der Geheimhaltungsvereinbarung ein, so muss man sich darauf gefasst machen, dass dies als Argument für dasselbe anwendbare Recht auch im späteren Vertrag genutzt werden kann; frei nach dem Motto: „Einmal akzeptiert, immer akzeptiert!" Wird das anwendbare Recht des Partners vorerst nur in der Geheimhaltungsvereinbarung akzeptiert, dann ist das dem Partner unbedingt rechtzeitig zu kommunizieren.

Vom ersten Vertragsentwurf bis zum Abschluss der Vertragsverhandlung

In den allermeisten Fällen werden fünf Phasen vom Vertragsentwurf bis hin zur Unterzeichnung des Vertrags durchlaufen. Diese Phasen werden nachstehend ausführlich beschrieben:

32 *Fischer/Ury/Patton*, Das Harvard-Konzept[6] (2021).

1. Phase: Der Vertragsentwurf

Eine entscheidende Frage für die Vertragsverhandlungen ist, welche Partei den ersten Vertragsentwurf bereitstellt. Folgende Szenarien sind in der Praxis üblich:

- **Leistungserbringerprinzip:** In den meisten Fällen erstellt diejenige Partei den Erstentwurf eines Vertrags, die das vertragsgegenständliche Produkt oder die Dienstleistung anbietet.
- **Bestellerprinzip:** Es gibt aber auch Fälle, bei denen nicht der Leistungserbringer den ersten Vertragsentwurf legt, sondern die Vertragserstellung durch den stärkeren Vertragspartner (wie dem vorhin erwähnten Big Player) erfolgt.
- In der Praxis kommt es häufig vor, dass die Fachabteilung oder auch die Einkaufsabteilung den zukünftigen Vertragspartner im Rahmen eines Auswahlverfahrens (sog Request for Proposal; kurz „RFP“) auswählt und Konditionen, wie Inhalte, Preise und Vertragslaufzeiten, mit ihm verhandelt. Je nachdem, wie ein RFP ausgestaltet ist, kann es bereits zur Auswahlbedingung gemacht werden, dass die Vertragsbedingungen (zB in Form von AGB) vom zukünftigen Vertragspartner akzeptiert bzw größtenteils akzeptiert werden. Es bietet sich an, die AGB gleich mitzuschicken, damit der Vertragspartner sein Angebot unter Berücksichtigung dieser abgeben kann. Hat bspw ein Einkäufer die Auswahl zwischen einer Vielzahl an Lieferanten, so wird er sich bei gleichen Konditionen am Ende für denjenigen entscheiden, der die AGB ohne große Änderungswünsche akzeptiert. Geht ein Unternehmen so vor (was im Einkauf in der Praxis durchaus üblich ist), dann wird es wenig bis keine Verhandlungen führen.

In allen anderen Fällen, bei denen nicht von vornherein klar ist, wer den Vertragsentwurf erstellt, sind folgende Überlegungen anzustellen:

- Der Vertragsersteller hat die nachfolgenden Vertragsverhandlungen in der Hand. Er kann sich dazu entscheiden, einen partnerschaftlichen Vertrag zu legen, welcher kaum einer Verhandlung bedarf. Damit wird das Ziel eines schnellen Abschlusses erreicht. Es kann aber auch im Interesse des Vertragsverfassers sein, den Verhandlungspartner um viele Punkte „kämpfen“ zu lassen, damit die eigene Position gestärkt wird. Diese Entscheidung ist individuell zu treffen.
- Kennt sich der Vertragsersteller nicht mit den Gepflogenheiten des Markts und Besonderheiten des Vertrags aus und eine Erstellung ist daher nur mit unverhältnismäßig hohem Aufwand (zB nur durch Beziehung eines Anwaltes) möglich, macht es häufig keinen Sinn, den Vertragsentwurf selbst bereitzustellen. In diesem Fall sind Kosten und Nutzen sorgfältig abzuwägen. Einen Vertrag in Unkenntnis zu erstellen, schwächt die eigene Ausgangsposition zumeist mehr, als sie von Nutzen ist. Dann ist es doch klüger, mit guten Argumenten die vorgeschlagenen Klauseln des Vertragspartners zu parieren.

Wie ist damit umzugehen, wenn der Vertragspartner eine Vertragsvorlage schickt, die nicht auf den Vertragsgegenstand passt?

Es macht wenig Sinn, die erhaltene Vorlage aufwendig umzuarbeiten, ohne vorab mit dem Vertragspartner gesprochen zu haben. Eine völlig veränderte Vorlage erweckt den Eindruck einer mehr als komplizierten Rechtsabteilung und kann zu unnötigen und langwierigen Vertragsverhandlungen führen. Es gibt zwei alternative Möglichkeiten: Eine Möglichkeit ist, einen Termin zu vereinbaren und in diesem die Gründe zu erläutern, warum die Vorlage umfangreich angepasst werden muss oder weshalb das eigene Vertragsmuster besser auf den Sachverhalt passt. Die andere Möglichkeit ist, zunächst Kommentare zu den wichtigsten Klauseln hinzuzufügen und zu erläutern, warum diese umfangreich angepasst werden müssten. Ein zusätzlicher Verweis, dass der Vertrag darüber hinaus ggf weiteren Änderungen unterzogen werden muss, sollte nicht fehlen. Selbst wenn der Partner dann immer noch auf der Nutzung seiner Vorlage beharrt, besteht nun nicht mehr der Eindruck eines mühsamen Verhandlungspartners, wenn der Vertrag umfangreichen Anpassungen unterzogen wird.

2. Phase: Verhandeln im Korrespondenzweg

Vor dem ersten Verhandlungsgespräch erfolgt zumeist bereits die Bearbeitung des Vertrags in Form von Kommentaren und Anpassungen im Vertrag, welcher dem Unternehmensjuristen, wie bereits oben bei der Vertragsprüfung thematisiert, immer als Word-Dokument vorliegen sollte. So kann er seine Anpassungen im sog „Track Change" machen, die dem Verhandlungspartner im Änderungsmodus (sog „Markup") angezeigt werden. Arbeiten beide Parteien im Track Change, so sind die Anpassungen für den anderen jeweils ersichtlich. Eine Kontrolle der Dokumente (sog „Vergleichsversion") hat sich nichtsdestotrotz bewährt, denn ab und an kommt es vor, dass Anpassungen ohne Nachvollziehbarkeit gemacht werden. In einem solchen Fall sollte der Verhandlungspartner auf eine gewünschte faire und transparente Verhandlung hingewiesen werden.

Für die Bearbeitung bedarf es einiger Informationen:

- **Wer ist der Verhandlungspartner?** Für eine Verhandlung ist es unerlässlich, seinen Verhandlungspartner zu kennen. Eine Rücksprache mit der eigenen Fachabteilung und/oder eine eigenständige Suche im Internet bzw ein Blick auf die Unternehmenswebseite kann Aufschluss über die Wichtigkeit des Vertragsabschlusses für den Verhandlungspartner geben. Hat ein Verhandlungspartner etwa mehrere Unternehmenssparten und eine Vielzahl von Big-Player-Kunden, wird eine Verhandlung mit einem geringen Volumen weniger Aufmerksamkeit erhalten und weniger Verhandlungsspielraum bieten als ein Abschluss eines Vertrags mit einem Volumen von mehreren Millionen Euro mit einem hohen Bestellvolumen für mehrere Jahre. Anders könnte die Lage sein, wenn der Verhandlungspartner beabsichtigt, neue Segmente oder

Märkte zu erschließen. In einem solchen Fall könnte das Interesse am Abschluss gegeben sein. Das Big Picture zu kennen und somit die eigene Position realistisch einzuschätzen, ist von enormer Wichtigkeit für den Verhandlungserfolg.

- **Welches Recht ist anwendbar?** Juristen lesen einen Vertrag immer von hinten. Die anwendbare Rechtsordnung bestimmt den rechtlichen Rahmen.
- **Was ist die Erwartungshaltung?** Der verhandelnde Unternehmensjurist sollte wissen, wie die Erwartungshaltung sowohl des eigenen Unternehmens als auch des Verhandlungspartners ist. Agiert man zB auf der Seite des Einkäufers, sollte die Antwort auf folgende Frage bekannt sein: „Muss es genau diese Software sein oder gäbe es Alternativen?“ Verhandelt man auf Seiten des Verkäufers stellt sich zB die Frage: „Wie wichtig ist der Verkauf des Produktes an den Verhandlungspartner?“ Dazu muss die Fachabteilung befragt werden. Je nach Relevanz des Vertragsabschlusses ist die Strategie aufzubauen.
- **Wie lauten die Vorgaben im eigenen Unternehmen?** Die Vorgaben des Unternehmens sind zu berücksichtigen. Bspw legen manchen Unternehmen intern fest, dass der Vertrag nur begrenzt auf eine gewisse Zeitspanne abgeschlossen werden darf oder ein gewisses Zahlungsziel vorgegeben sein muss. Auch Compliance-Regelungen sind auf den Vertragspartner zu überbinden.
- **Wie ist die Timeline?** Die Verhandlungsstrategie ist abhängig von der Zeit, die die Rechtsabteilung hat. Drängt die Zeit zum Abschluss, dann hat der Unternehmensjurist zwei Optionen:
  - Option 1: Der Unternehmensjurist fokussiert sich auf den Abschluss in der vorgegebenen Zeit und nimmt gemeinsam mit der Fachabteilung eine Risikoeinschätzung vor. Dabei werden Punkte identifiziert, die bei ausreichend Zeit mit dem Vertragspartner verhandelt worden wären. In einem nächsten Schritt werden diese Punkte bewertet und je nach Risikobewertung bestimmt, ob diese überhaupt verhandelt werden. Wenn die Entscheidung negativ ausfällt, dann bleibt der Punkt unverhandelt und wird, wie vom Verhandlungspartner vorgeschlagen, akzeptiert. Der Vorteil dieses Prozesses ist, dass die Anzahl der zu verhandelnden Punkte auf das Minimum verringert wird. Der Nachteil ist, dass gewisse Themen wegen Zeitdrucks nicht zugunsten des Unternehmens verhandelt werden können.
  - Option 2: Die erste Option ist jedoch nicht in allen Fällen möglich. Je länger die Laufzeit oder je höher das Vertragsvolumen ist, desto wesentlicher ist es, langfristig zu denken. Derartige Verträge sind immer umfangreicher in ihrer Verhandlung und diese sollte nicht unter Zeitdruck erfolgen. Wenn die eigene Fachabteilung zu wenig Zeit eingeplant hat, sollte dies nochmals intern besprochen werden, bevor die Verhandlungen für einen wichtigen Vertragsabschluss unter Zeitdruck geführt werden. Denn das wirkt sich immer negativ auf die eigene Verhandlungsposition aus.

Praxistipp

Die Risikoabwägung kann durch kurzfristige Kündigungsmöglichkeiten erleichtert werden. Wenn ein Vertrag jederzeit kündbar ist, verringern sich auch Risiken, die mit langfristigen Verpflichtungen verbunden sind. Kurzfristige Kündigungsmöglichkeiten bieten Flexibilität und ermöglichen es den Vertragsparteien, schnell auf sich ändernde Umstände oder unerwartete Entwicklungen zu reagieren. Das Risiko einer langfristigen, unflexiblen Bindung wird somit minimiert und die Vertragsprüfung kann sich auf andere potenzielle Risikofaktoren konzentrieren.

- **Was sind die Worst-case-Szenarien?** Verträge werden nicht für einen optimalen Verlauf der Zusammenarbeit erstellt. Verträge werden dann erforderlich, wenn Unstimmigkeiten oder Konflikte zwischen den Parteien entstehen. Und für diese Fälle findet sich bestenfalls eine Regelung im Vertrag. Zu den Aufgaben eines Unternehmensjuristen gehört es, die möglichen Szenarien bei Vertragserstellung abzubilden. Je erfahrener der Unternehmensjurist und desto besser seine Branchenkenntnis ist, desto eher wird dies gelingen.

Neben diesen Themen ist auch mit der Fachabteilung zu besprechen, ob die Rechtsabteilung oder die Fachabteilung die Kommunikation übernimmt. In der Praxis hat es sich etabliert, dass die Fachabteilung, die auch die inhaltliche Entscheidungshoheit hat, die Korrespondenz mit dem Verhandlungspartner führt. Die inhaltliche Bearbeitung des Vertragsdokuments und Vorbereitung der Kommunikation werden allerdings von der Rechtsabteilung vorgenommen. Diese bereitet eine Markup-Version und bei komplexeren Verhandlungen auch klarstellende E-Mails über die durchgeführten Änderungen im Vertragsdokument zum Versand für die Fachabteilung vor.

Wie bereits bei der Verhandlung der Geheimhaltungsvereinbarung zeigen sich auch in dieser 2. Phase Indizien, wie die mündlichen Vertragsverhandlungen (siehe Phase 4) verlaufen können. Werden zB Anpassungen ohne Begründung vorgenommen oder werden in jeder Runde immer wieder neue Punkte aufgebracht,[33] dann kann auch davon ausgegangen werden, dass die mündliche Verhandlung anspruchsvoll werden wird. Werden diese Taktiken bereits auf dem Korrespondenzweg sichtbar, so sollte man diesen spätestens in einem Verhandlungsgespräch bewusst entgegentreten. Wie dies gelingen kann, wird nachfolgend in den Praxistipps für Vertragsverhandlungen erläutert.

Es hat sich bewährt, den Vertrag nicht zu häufig hin und her zu schicken, sondern relativ schnell (nach ca 1–2 Runden) einen gemeinsamen (heutzutage zumeist digitalen Termin) zu vereinbaren. In direkten Gesprächen lassen sich sehr viel effizienter Vereinbarungen treffen und offene Punkte klären.

33 Siehe zur sog Salamitaktik auch weiter unten in diesem Kapitel.

3. Phase: Die Vorbereitung auf das Vertragsverhandlungsgespräch

Eine gute Vorbereitung des Vertragsverhandlungsgesprächs ist das Um und Auf für den Erfolg. Dabei sind nicht nur die eigenen zu verhandelnden Punkte vorzubereiten, sondern es muss sich auch in die Gegenseite hineinversetzt werden. Natürlich führt Erfahrung zu einer Verkürzung der Vorbereitungszeit, allerdings ist auch erfahrenen Kollegen in jedem Fall von einer gänzlich unvorbereiteten Verhandlung abzuraten. Eine solches „Freestyle" wirkt unprofessionell und respektlos dem Vertragspartner gegenüber und verkehrt sich in vielen Fällen zum eigenen Nachteil.

Um sich auf den mündlichen Termin vorzubereiten, sollten sich die Fachabteilung und die Rechtsabteilung über folgende drei inhaltliche Fragen im Klaren sein:

- Gibt es sog „Deal Breaker" für eine der Parteien, also einen oder mehrere Punkte, die bei Uneinigkeit zum Verhandlungsabbruch führen?
- Welche Punkte sind für das eigene Unternehmen und den Vertragspartner von signifikanter Bedeutung?
- Welche Alternativen können angeboten werden bzw bei welchen Punkten kann guten Gewissens nachgegeben werden?

Zur Beantwortung dieser Fragen sind die Absprache mit der Fachabteilung sowie das Festlegen von Grenzen und Alternativvorschlägen unerlässlich. Zudem ist darauf zu achten, dass die Fachabteilung den Vertrag inkl aller rechtlich relevanten Punkte kennt. Im Idealfall klärt der Unternehmensjurist die Fachabteilung vorab über etwaige Risiken auf und legt mit ihr gemeinsam die Marschrichtung und die wichtigsten Punkte fest. So kann die Fachabteilung im Verhandlungsgespräch bei Bedarf Entscheidungen zu rechtlichen Themen treffen, da sie bereits das Risiko einer solchen Entscheidung kennt, und es kommt dahingehend zu keinerlei Überraschungen.

Bei komplexen Verträgen kann es sich aus Gründen der Übersichtlichkeit anbieten, in einer Verhandlungstabelle ein Ranking der eigenen wichtigsten Punkte und die jeweiligen Argumente zu erfassen.

Gleichzeitig ist eine Verhandlungsstrategie zu erarbeiten. Ist es vorteilhafter, Punkt für Punkt durch den Vertrag zu führen oder sollten gewisse Themen vorab thematisiert werden? Letzteres ist insbesondere dann sinnvoll, wenn es unter den zu verhandelnden Punkten „Deal Breaker" für eine oder beide Parteien gibt. „Deal Breaker" sind ein gar nicht so leichtes und doch zentrales Thema in Verhandlungen. Spricht man sie zu früh an, dann kann es schnell zu einem Abbruch der Verhandlungen kommen. Spricht man sie allerdings zu spät an, dann haben beide Verhandlungspartner viel Zeit vertan, wenn keine Einigung erzielt wird. Es gilt das richtige Gespür für die Verhandlung und ihren Verlauf zu entwickeln. Eines vorweg: Die Benennung eines Punktes als „Deal Breaker" sollte soweit möglich vermieden werden. Es sollte immer davon ausgegangen werden, dass sich eine gemeinsame Lösung findet. Aus taktischen Gründen sollte die Verhandlung mit Punkten begonnen werden, welche wesentlich für die Parteien sind und zugleich eine hohe Wahrscheinlichkeit der gemeinsamen Einigung aufweisen. So kann zunächst eine weitere Vertrauensbildung erfolgen und Verbundenheit entstehen, bevor es ans „Eingemachte", nämlich die potenziellen „Deal Breaker" geht. Zu lange hinauszögern sollte man die Verhandlung dieser Punkte allerdings nicht. Kommt es zu keiner Einigung, können sich beide Parteien weitere Verhandlungszeit ersparen. Die Interessen hinter Deal Breakern sind immer zu erklären, damit der Verhandlungspartner diese versteht. Nur so lässt sich eine Lösung finden.

Darüber hinaus ist gemeinsam mit der Fachabteilung zu entscheiden, wer die Verhandlungsführung übernimmt. Je nach Situation haben sich folgende zwei Ansätze in der Praxis bewährt:

- Die Fachabteilung übernimmt den aktiven Part während der gesamten Vertragsverhandlung, wogegen die Rechtsabteilung bei Unklarheiten oder Detailfragen zu überwiegend juristischen Themen einspringt. Dieser Ansatz bietet sich an, wenn die Fachabteilung geübt darin ist, das konkrete Vertragsmuster zu verhandeln (zB Einkaufs- oder Vertriebsverträge), oder der Verhandlungspartner selbst keinen Rechtsbeistand hat. Dieser Ansatz zeugt von einem starken Außenauftritt der Fachabteilung und schafft ein Gleichgewicht, wenn nur eine Seite rechtlich vertreten ist. Die Rechtsabteilung ist bei diesem Ansatz lediglich begleitend tätig und beteiligt sich nur, wenn Rechtsexpertise benötigt wird.
- Die Rechtsabteilung übernimmt die Verhandlungsführung federführend und führt die Parteien durch die Verhandlungen und den Vertrag. Dieser Ansatz bietet sich vor allem bei komplexeren Themen an. Kommerzielle und betriebswirtschaftliche Themen sollten bei diesem Ansatz dennoch direkt von der Fachabteilung aufgegriffen werden, da bspw eine Preisverhandlung oder die Vereinbarung von Laufzeiten und Kündigungsfristen zumeist außerhalb der Zuständigkeiten der Unternehmensjuristen liegen.

Unabhängig vom gewählten Ansatz sollte das Vorgehen mit der Fachabteilung im Vorhinein gut abgestimmt sein, damit während der Verhandlung keine „bösen" Überraschungen oder unabgestimmtes Verhalten sichtbar wird. Denn das wirkt sich negativ auf die die eigene Verhandlungsposition aus.

Neben der Verhandlungsführung kann es sich anbieten, bei komplexeren Verhandlungen gemeinsam mit der Fachabteilung eine Agenda zu erstellen. Die Agenda spiegelt die Strategie wider und ist der Fahrplan für die Verhandlung. Dabei kann eine Agenda sowohl für die Festlegung der Reihenfolge der zu besprechenden Punkte sinnvoll sein als auch aus rein organisatorischen Gründen, bspw dann, wenn viele verschiedene Abteilungen (Finance, HR, Legal etc) an der Verhandlung beteiligt sind und diese nur zur Besprechung ihrer jeweiligen

Punkte eingeladen werden sollen. Eine Agenda ermöglicht eine organisierte, effiziente und zielgerichtete Verhandlung. Sobald die Agenda feststeht, ist auch zu überlegen, ob diese entweder vorab mit dem Verhandlungspartner im Korrespondenzwege oder ad hoc im Verhandlungsgespräch abgestimmt wird. Auch hier kommt es immer auf den Einzelfall an.

Gut vorbereitet geht es dann in das erste Verhandlungsgespräch.

4. Phase: Das Vertragsverhandlungsgespräch

- **Teilnehmerkreis:** Noch vor dem Verhandlungsgespräch ist zu klären, wer an diesem überhaupt teilnimmt. Erforderlich zu wissen ist, wer auf Seiten des Verhandlungspartners teilnimmt, um sowohl zahlenmäßig, aber auch die Expertise betreffend ein Gleichgewicht schaffen zu können. Bringt der Vertragspartner beispielweise einen Kollegen aus der Finanzabteilung mit, so ist es sicher sinnvoll, ihm einen ebenbürtigen Gesprächspartner aus den eigenen Finanzreihen gegenüberzusetzen. Eine Teilnahme macht selbstredend allerdings nur dann Sinn, wenn überhaupt Finanzthemen zu besprechen sind. Es ist immer darauf zu achten, dass die „richtigen" Personen am Verhandlungstisch Platz nehmen. In der Praxis hat sich bei größerer Teilnehmerzahl bewährt, Timeslots für die verschiedenen Themengebiete und Fachexperten festzulegen, um die Zeitressourcen zu schonen. Immer teilnehmen (zumindest am ersten Verhandlungsgespräch) sollte in jedem Fall die Fachabteilung, da diese die Verantwortung und Entscheidungshoheit für den Vertragsabschluss trägt.
- **Verhandlungsort:** Wurden Verhandlungsgespräche früher vielfach persönlich geführt, so finden diese heute überwiegend digital statt. Das bringt sowohl Vor- als auch Nachteile mit sich. Auf menschlicher Ebene ist eine digital geführte Verhandlung eine Herausforderung. So gibt es nicht nur keine Chance auf einen persönlichen Kontakt, sondern auch die für die Kommunikation so essenzielle Körpersprache ist schwerer bis gar nicht zu erkennen. Auch ist es schwieriger, digital Vertrauen aufzubauen. Um zumindest ein Minimum an Mimik und Gestik mitzubekommen, sollte unbedingt die eigene Kamera eingeschaltet sein und im Zweifel auch der Partner gebeten werden, seine Kamera einzuschalten. Ein Vorteil ist sicher, dass digitale Verhandlungsgespräche schneller stattfinden, da die Parteien nicht mehr aufwändig von A nach B fahren müssen, um sich zu treffen. Daher wird es wohl aus zeitlichen und betriebswirtschaftlichen Gründen bei vermehrt digital stattfindenden Verhandlungen bleiben. Persönliche Treffen finden zumeist in den Unternehmensräumen eines der Verhandlungspartner statt. Bei weiteren Entfernungen bietet sich ein Treffpunkt mit guter Verbindung zum Flughafen in einer Räumlichkeit in einem Hotel nahe dem Ankunftsort an. Damit ein solches Treffen zielführend ist, sollte ausreichend Zeit eingeplant und vorab eine klare Agenda erstellt werden.

- **Einleitung:** Eine kurze Vorstellungsrunde sowie ein wenig Smalltalk schaffen gegenseitiges Vertrauen (auch und gerade im digitalen Umfeld) und eine positive Grundstimmung für die eigentliche Vertragsverhandlung. Diese stellt nämlich nur den Anfang einer hoffentlich langen und guten Beziehung zwischen den Unternehmen dar.
- **Verhandlungslead:**[34] Findet die Verhandlung digital statt, so bietet es sich nach der Vorstellungsrunde an, zu klären, wer durch den Vertrag führt. Dafür gibt es keine festen Regeln. Allerdings hat sich bewährt, dass der Empfänger der vom anderen Verhandlungspartner zuletzt überarbeiteten Version durch das Gespräch führt. Dabei ist es für eine effektive Verhandlung unerlässlich, dass dem Partner genügend Zeit vor dem Gespräch zur Durchsicht der zuletzt überarbeiteten Version eingeräumt worden ist. Zeitlich zu knapp vor dem Gespräch geschickte Versionen können zu Verzögerungen und Unmut in den Verhandlungen führen. Zumeist macht die Partei, die durch die Verhandlung führt, auch die Anpassungen während des Gesprächs. Es bietet sich daher an, dass sie auch den Vertrag auf dem Bildschirm teilt. Ein Vorteil der digitalen Vertragsverhandlung ist die Möglichkeit der Visualisierung des Vertragstextes und die Möglichkeit der gemeinsamen, zeitgleichen Einarbeitung des soeben Besprochenen. Durch das Ausformulieren und Fixieren von Klauseln haben die Verhandlungspartner im besten Fall bereits eine Einigung über den entsprechenden Punkt erzielt. Eine gemeinsame Formulierung bietet zudem eine sofortige Kontrolle, ob beide Partner vom Gleichen geredet haben. Anpassungen sollten auch wieder im Markup-Modus stattfinden. Noch offene Punkte, notwendige interne Rücksprachen, To-dos etc können zudem in Kommentaren abgebildet werden. Falls gewünscht, kann auch die „Annahme“ bereits geklärter Punkte stattfinden. Mit der Wordfunktion „Änderungen annehmen“ verschwindet der bunte Markup-Text und macht den Fortschritt und Erfolg der Verhandlung sichtbar.
- **Verhandlungsablauf/Agenda:** Sobald feststeht, wer den Verhandlungslead übernimmt, ist der Verhandlungsablauf zu vereinbaren. Soweit noch nicht im Vorfeld geschehen, ist nun auch die eigene Agenda mit dem Verhandlungspartner abzustimmen. Über die gesamte Verhandlung hinweg sind ein fairer und partnerschaftlicher Grundton aufrechtzuerhalten und eine offene und ehrliche Kommunikation zu pflegen.

5. Phase: Der Abschluss

Abgeschlossen werden Verhandlungen entweder mit der finalen Einigung samt Unterschriftsleistung oder durch Abbruch. Es kann immer wieder vorkommen, dass Vertragsverhandlungen abgebrochen werden müssen, wenn sich die Parteien auf wesentliche Eckpunkte nicht einigen können. In einem solchen Fall ist

34 Bei der Begrifflichkeit „Verhandlungslead“ geht es nicht um eine inhaltliche Vorreiterstellung, sondern rein um die administrative Abwicklung des Vertragsdokuments.

ein Abbruch der Verhandlungen sinnvoller, als einen halbherzigen Kompromiss einzugehen, der evtl später bereut wird.

Bei erfolgreichem Abschluss eines für das Unternehmen wichtigen Vertrags sollte dieser auch (gemeinsam mit dem Vertragspartner) gefeiert werden. Allerdings ist im Zeitalter der digitalen Vertragsverhandlungen zu erwarten, dass erfolgreiche Vertragsabschlüsse immer weniger zelebriert werden.

Das beste Kompliment an den Unternehmensjuristen und ein Zeichen dafür, dass alles richtig gemacht wurde, ist es, wenn sich der Vertragspartner nach einer erfolgreichen Verhandlung mit Worten wie *„Danke für die gute Verhandlung. Sie waren zwar hart in der Sache, aber immer freundlich uns gegenüber."* bedankt. Natürlich kann man das Kompliment auch gerne einmal selbst machen.

Praxistipps für Vertragsverhandlungen

Es gibt zahllose Verhandlungstechniken und -taktiken. Die nachfolgende Auswahl an Praxistipps aus einer Fülle von Techniken und Taktiken hat sich für eine Verhandlung von Verträgen bewährt. Es ist auf den richtigen Mix dieser Tipps und die Anpassung an den jeweiligen Verhandlungspartner zu achten. Zudem sollte man nur solche Tipps auswählen, mit denen man sich identifiziert und wohlfühlt, denn die eigene Authentizität sollte immer gewahrt bleibt. Niemand kann auf Dauer dem Gegenüber etwas vormachen. Mangelnde Authentizität wirkt nicht nur gekünstelt und unsympathisch, sondern erhöht zudem die Gefahr, Fehler zu begehen.

Das Wir-Gefühl

Das gemeinsame Ziel bei Vertragsverhandlungen sollte das Zustandekommen eines für beide Seiten vorteilhaften Vertrags sein. Gemeinsames Ziel für Unternehmensjuristen sollte es zudem sein, einen gut ausgearbeiteten Vertrag zu erstellen, der klare Bestimmungen (zu Leistungen, Terminen etc) enthält und mit anwendbaren Gesetzen übereinstimmt. Diese (und evtl weitere Ziele) sollten bei der Vertragsverhandlung immer im Hinterkopf behalten werden. Denn auch wenn Ziele normalerweise nicht ausgesprochen werden, können eine Verbalisierung und Definition gemeinsamer Ziele zum richtigen Zeitpunkt Gemeinsamkeiten schaffen und damit hitzige Diskussionen beenden. Die Erzeugung eines Wir-Gefühls erfolgt, indem das gemeinsame Ziel verbalisiert wird, zB mit den Worten: *„Wir sind uns bereits weitestgehend einig und wollen alle einen schnellstmöglich positiven Abschluss herbeiführen."*

Argumente, die keine sind

Natürlich gibt es in jedem Unternehmen interne Standards und Punkte, von denen der Unternehmensjurist durch langjährige Erfahrung weiß, dass das Management diese nie akzeptieren wird. Für die eigene Verhandlungsführung ist allerdings zu berücksichtigen, dass es bei dem Verhandlungspartner zumeist nicht gut ankommt, das Totschlagargument zu verwenden, wonach die Forderung nicht den internen Standards entspricht und/oder von den Entscheidungsträgern nicht akzeptiert wird. Der Einsatz dieser Argumente sollte daher sparsam erfolgen. Für die Argumentation sollten vielmehr geltende Gesetze, Branchenstandards, eigene Interessen etc dargelegt werden.

David gegen Goliath

Zumeist gibt es in Verhandlungen eine stärkere und eine schwächere Partei. So kann es sein, dass der Vertragspartner keine andere Wahl hat, außer den Vertrag abzuschließen, da es zB an Produktalternativen mangelt. Ein Unternehmensjurist sollte aber nicht voreilig von einer stärkeren Position ausgehen, sondern genau überlegen, ob dies wirklich der Fall ist und inwiefern es sinnvoll ist, die vermeintlich stärkere Position auszuspielen. Eine stärkere Position sollte sich nicht in arrogantem Verhalten widerspiegeln. Ein derartiges Verhalten verursacht neben Frustration und Unmut nicht selten sogar Hass beim Verhandlungspartner und schadet der Beziehung und auch den Verhandlungen massiv. Anstatt einer einfachen schroffen Verneinung könnte bspw folgendermaßen formuliert werden: „*Ich verstehe Sie, aber so wie wir arbeiten, können wir diesen Punkt leider nicht akzeptieren.*“ oder am Beispiel von gewünschten Vertragsstrafen: „*Wir akzeptieren keine Vertragsstrafen neben den bereits gewährten Schadenersatzansprüchen.*“ Durch entgegengebrachtes Verständnis und Begründungen wird Stärke souverän und auf Augenhöhe genutzt. Denn wer weiß, ob nicht auch der vermeintlich stärkere Verhandlungspartner einmal etwas vom Gegenüber benötigt. Auf keinen Fall sollte der Verhandlungspartner auf seine schwächere Position hingewiesen werden.

Aus der Sicht des schwächeren Verhandlungspartners ist es sinnvoll, sich vorab zu überlegen, was die beste Alternative zu einem Vertragsabschluss ist.[35] Eine realistische Alternative zu einem Vertragsabschluss schwächt den vermeintlichen Druck, welchen der stärkere Verhandlungspartner aufbauen kann, erheblich ab. Eine schwächere Position bedeutet auch nicht immer, dass man sich den Vorgaben der stärkeren Partei beugen muss. In Bezug auf das Beispiel oben kann es durchaus sinnvoll sein zu argumentieren, warum Vertragsstrafen in Form einer pauschalierten Schadensumme sinnvoll sind. Bei Geheimhaltungsvereinbarungen (sog „NDA“) bspw ist der tatsächliche Eintritt eines Schadens und/oder die Höhe des Schadens von der geschädigten Partei schwer nachzuweisen und ein Verstoß nicht rückgängig zu machen. Gerade bei beidseitigen NDAs entspricht die Vereinbarung einer pauschalierten Schadenssumme auch dem Interesse beider Parteien. Mit guten Argumenten erreicht zudem ein vermeintlich schwächerer Verhandlungspartner eine Verhandlung auf Augenhöhe und erhöht seine Chancen, Interessen durchzusetzen.

35 Beim Harvard-Konzept das sog BATNA („Best Alternative To Negotiated Agreement“).

Zuhören und W-Fragen – die ultimativen Geheimwaffen

Ein gut vorbereiteter Unternehmensjurist sollte unbedingt darauf achten, nicht blind seinem zuvor festgelegten Plan oder einer Strategie zu folgen. Für eine erfolgreiche Verhandlung ist es unerlässlich, dass die Verhandlungspartner offen und flexibel bleiben, was die gemeinsam zu erarbeitenden Lösungen angeht. Wesentlich und zugleich für die meisten Menschen schwierig ist es, dem Verhandlungspartner wirklich zuzuhören und dessen Argumente ernst zu nehmen, ohne gleichzeitig eigene Gegenargumente zurechtzulegen. Zumeist führen Parteien keine gemeinsame Verhandlung, sondern versuchen nur, ihre eigenen Positionen vorzubringen, ohne die Argumente und Interessen der anderen Partei überhaupt wahrzunehmen oder auf diese einzugehen. Erfahrene Verhandler reden daher, zumindest zu Beginn einer Verhandlung, sehr wenig und hören mehr zu, um so viele Informationen wie möglich vom Verhandlungspartner zu erhalten. Zudem ist den meisten Menschen Stille eher unangenehm, also tendieren sie dazu, immer weiter zu reden und verstricke sich häufig in ihren eigenen Argumenten. Auch das können erfahrene Verhandler zu ihrem Vorteil nutzen. Verhandeln durch Fragen und aktives Zuhören sind also die ultimative Geheimwaffe.

Dabei gibt es zahlreiche Fragetechniken. Eine so einfache wie wirksame Frage ist die Frage nach dem „Warum?" Diese zielt auf die Interessen hinter den Positionen ab. Als Beispiel dient folgende Frage: *„Warum haben Sie unsere Vertragsstrafen in den Service Levels gestrichen?"* oder folgende Alternativfrage: *„Wenn wir keine Vertragsstrafen in den Service Levels vereinbaren, was sind dann die Rechtsfolgen, falls Sie diese nicht einhalten?"* Beantwortet der Verhandlungspartner die gestellte Frage, so sollte ihm wirklich zugehört werden. Für das aktive Zuhören kann das vom Verhandlungspartner Gesagte mit eigenen Worten wiederholt werden: *„Habe ich Sie richtig verstanden, dass Sie keine Vertragsstrafen übernehmen können, da in diesem Fall ein über die Vertragsstrafe hinausgehender konkreter Schaden verlangt werden kann und das Risiko damit für Ihr Unternehmen nicht einschätzbar ist?"* Eine Wiederholung in Frageform gibt dem Verhandlungspartner die Gelegenheit, das Gegenüber oder sich selbst zu korrigieren. Sodann kann auf die Argumente mit eigenen Gegenargumenten eingegangen werden. Dem Beispiel oben folgend: *„Wir haben die Gründe, aus denen Sie keine Vertragsstrafen akzeptieren, verstanden und schlagen darum einen pauschalierten Schadenersatzbetrag als Rechtsfolge vor. Dies erachten wir als fair, da wir so eine Rechtsfolge vereinbart haben, die für Sie exakt bestimmbar ist, und wir gewillt sind, das Risiko zu tragen für den Fall, dass der Schaden durch Ausfall einmal höher ausfällt."*[36]

Gerade bei Uneinigkeit zu einem Punkt ist die Frage nach dem „Warum" essenziell, um die Interessen hinter der Position zu ergründen und so eine Einigung zu finden.

36 Dies soll nur eine Möglichkeit darstellen, natürlich kann man auch weiterhin für eine Vertragsstrafe plus Schadenersatz argumentieren.

Ablenkungsmanöver

Mit Fragen können zudem auch Ablenkungsmanöver entlarvt werden. Bekommt man auf die Frage nach dem „Warum" nur ausweichende oder nicht nachvollziehbare Antworten, macht der Verhandlungspartner höchstwahrscheinlich Nebenbaustellen auf, um damit etwas ganz anderes zu erreichen, ohne dies direkt anzusprechen. Ein gutes Beispiel sind Preisverhandlungen, die bereits abgeschlossen sind. Anstatt die Preise noch einmal direkt zu verhandeln und eine Ablehnung zu riskieren, versucht der Verhandlungspartner durch das Aufmachen von Nebenbaustellen den anderen Verhandlungspartner dazu zu bewegen, von sich aus einen höheren Preis anzubieten oder zu akzeptieren, um zu einer raschen Einigung zu gelangen. Gezieltes Fragen kann zur Aufdeckung der wahren Interessen führen.

Storytelling

Storytelling hilft bei der Argumentation von hinter Positionen liegenden Interessen. Dabei geht es nicht darum, Geschichten zu erfinden, sondern darum, dem Vertragspartner die eigenen Interessen begreiflich zu machen. Dabei hilft es, konkrete Beispiele zu nennen und Zukunftsszenarien zu zeichnen. Warum zB braucht das Unternehmen unbedingt lange Laufzeiten und Kündigungsfristen, wo der Verhandlungspartner lieber eine fixe und kurze Laufzeit haben möchte? Es gilt, dem Partner begreiflich zu machen, wo die eigenen Interessen liegen. Ein solches eigenes Interesse könnte zB sein, eine zuverlässige und langjährige Partnerschaft aufzubauen, um übernommene Initialkosten über die Vertragsdauer zu amortisieren und das Geschäftsmodell rentabel zu gestalten. Bestenfalls finden sich zudem Argumente, warum eine lange Partnerschaft auch im Interesse des Verhandlungspartners ist. Storytelling vermittelt die Interessen und trägt dazu bei, den Verhandlungspartner von der eigenen Position zu überzeugen.

Die Sache mit der Befugnis und der Glaubwürdigkeit

Wie viel Befugnis jeder Unternehmensjurist in Verhandlungen hat, ist unterschiedlich. So sollte er niemals Entscheidungen treffen, zu denen er nicht befugt ist. Nichts untergräbt die eigene Autorität mehr, als wenn getroffene Entscheidungen später revidiert werden müssen. Bei Unsicherheit sollte unbedingt darauf hingewiesen werden, dass eine interne Rücksprache erfolgen wird, bevor eine Entscheidung getroffen werden kann. Wird die mangelnde Befugnis allerdings von dem Verhandlungspartner als Taktik eingesetzt, indem zu allen Punkten zunächst intern Rücksprache gehalten werden muss, dann sollte man diese aufdecken und mit Hinweis auf die eigene knappe Zeit darum bitten, dass jemand an der Verhandlung teilnimmt, der Entscheidungen treffen kann.

Niemand ist allwissend und fehlerfrei. Allerdings sollte ein Jurist immer wissen, wovon er spricht, denn die eigene Glaubwürdigkeit leidet, wenn sich eine Aussage später als falsch herausstellt. Und Glaubwürdigkeit ist essenziell in Verhandlungen, um die Gegenseite zu überzeugen. Kennt sich ein Jurist nicht aus, so sollte er dies auch kommunizieren. Es ist legitim, darauf hinzuweisen, dass etwas nicht zum eigenen Fachbereich gehört, zB mit den Worten: *„Ich bin leider kein Experte in der von Ihnen angesprochenen Thematik, mein erster Gedanke dazu wäre aber …“*. Eine spätere Korrektur wird nicht als Fehler angesehen und schadet in diesem Fall nicht. Natürlich sollte diese Formulierung nicht fortwährend eingesetzt werden. Dieser Tipp ist kein Sicherheitsnetz bei genereller Unsicherheit und sollt sparsam genutzt werden.

Sich die Lorbeeren verdienen

Einem für einen Verhandlungspartner auf den ersten Blick erkennbaren wichtigen Punkt, dem der Unternehmensjurist ohne weiteres zustimmen könnte, sollte aus taktischen Gründen dennoch nicht ohne weiteres zugestimmt werden. Vielmehr sollte zunächst wieder nach dem *„Warum?“* gefragt werden. Die Erklärung des „Warum“ gibt dem Verhandlungspartner das gute Gefühl, einen für sein Unternehmen so wichtigen Punkt erfolgreich verhandelt zu haben. Zudem kann der eben errungene Sieg dazu führen, dass der Verhandlungspartner in einem anderen Punkt nun seinerseits nachgibt. Bei unwichtigen Punkten ist mit diesem Tipp aber nichts gewonnen. Hier ist eine schnelle Erledigung durch einfache Akzeptanz der Verhandlung zuträglicher. Es zeigt sich wieder, dass es gut ist, die Interessen des Gegenübers zu kennen.

Rein hypothetisch gefragt

Auf hypothetische Fragen sollte nie geantwortet werden. Fragen wie *„Würden Sie an unserer Stelle 100 % Erreichbarkeit Ihrer Software garantieren?“* sollten nicht beantwortet werden. Die Aufmerksamkeit sollte wieder auf die eigentliche Thematik gelenkt werden, zB folgendermaßen: *„Ich höre an Ihrer Frage, dass 100 % Erreichbarkeit von Ihnen nicht garantiert werden kann. Welche Erreichbarkeit könnten Sie garantieren?“* Auch ein Hinweis auf Industriestandards, Rechenbeispiele und die Ausnahme von Wartungszeiten kann in diesem Beispiel weiterhelfen.

In der Sackgasse

In Verhandlungen kommt es manchmal vor, dass über Punkte nicht auf Anhieb eine Einigung erzielt wird und sich Verhandlungspartner nach Austausch aller gegenseitiger Argumente „im Kreis drehen“. In diesem Fall hat es wenig Sinn, diese Punkte „zu erzwingen“ (zB durch Drohungen). Vielmehr ist es sinnvoll und insgesamt zielführender, diese Punkte zunächst zurückzustellen und evtl sogar einen neuen Termin auszumachen. So haben beide Parteien die Möglichkeit, die Interessen und Argumente der anderen Partei zu überdenken. Sollte es dennoch zu keiner Einigung kommen, so bleibt den Unternehmensjuristen die Möglichkeit, der eigenen Fachabteilung die Risiken darzulegen, die die Einwilligung in den Vorschlag des Verhandlungspartners hätte, und eine Entscheidung (in Form einer Einwilligung oder endgültigen Ablehnung) herbeizuführen.

Der Schiedsrichter

Wenn die Fachabteilungen beider Verhandlungspartner in einer Verhandlung anfangen zu streiten, dann tut der Unternehmensjurist gut daran, einmal mit einer einfachen Frage dazwischenzugehen, auf die die Antwort bereits bekannt ist. Er könnte bspw wie folgt beginnen: *„Ich hätte da eine schnelle Frage, damit ich auch sichergehe, dass ich es richtig verstanden habe …“*. Je nach Situation schließt sich dann eine Frage (evtl sogar zum Streitthema) an, die allerdings nicht streitig ist. Streiten sich die Parteien zB über einen Preis, dann könnte die Frage lauten: *„… über die Zahlungsmodalitäten an sich besteht bereits Einigkeit, oder?“* Eine solche Frage unterbricht das hitzige Wortgefecht, was den Parteien die Gelegenheit gibt, sich wieder zu beruhigen und zu sammeln.

Vertrauen schaffen

Bei Verhandlungen mit Verhandlungspartnern ohne Rechtsbeistand, also ohne eigenen Unternehmensjuristen an der Seite, ist es besonders wichtig, Vertrauen zu schaffen. Denn die unvertretene Partei könnte sich unterlegen fühlen und gewisse Punkte blockieren, weil sie sich der Auswirkungen nicht bewusst ist. Vertrauen zu schaffen gelingt dadurch, den Verhandlungspartner bei unklaren Bestimmungen und Rückfragen bestmöglich über den Sinn der Klausel und die Rechtsfolgen aufzuklären. So kann für ein Gleichgewicht zwischen den Parteien gesorgt werden. Wenn sehr komplexe rechtliche Themen verhandelt werden, bietet sich auch an, Vertragsverhandlungen zu verschieben, damit bei dem nächsten Termin ein Rechtsbeistand anwesend sein kann.

Schwierige Verhandlungspartner

Es gibt unzählige unangenehmen und unfaire Taktiken, mit denen ein Unternehmensjurist konfrontiert werden kann. Leider schützt auch eigenes faires Handeln davor nicht. Alle Taktikten und wie man diesen entgegentritt aufzuführen, würde den Rahmen dieses Kapitels sprengen. Dennoch soll anhand einer Taktik, nämlich der Aggressivität, erklärt werden, was auch bei vielen anderen Taktiken (wie Druckaufbauen, Unterbrechen, persönliche Angriffe etc) helfen kann. Verhält sich ein Verhandlungspartner aggressiv, so sollte der Unternehmensjurist ruhig bleiben und sich nicht provozieren lassen. Es ist geraten, sachlich zu bleiben und mit gutem Beispiel voranzugehen. Plötzliche Aggressionen müssen sich entladen und der Verhandlungspartner darf seinem Ärger Luft machen. Darauf sollte weder eingegangen noch der Verhandlungspartner beschwichtigt werden. Scheint es sich um eine Taktik zu handeln, dann kann dieser durch direktes Ansprechen der Schrecken genommen werden. Die Ansprache sollte allerdings durch Ich-Botschaft und nicht anklagend erfolgen. Eine Frage kann immer helfen: *„Ich erlebe Sie gerade als aggressiv und kann nicht nachvollziehen, warum das so ist. Vielleicht können Sie mir den Grund nennen?“* Auch wenn keine Erklärung erfolgt (vielleicht weil es sich tatsächlich um eine Taktik handelt), wird sich das Verhalten des Verhandlungspartners danach in den meisten Fällen durch das offene Ansprechen ändern. Sollte das nicht der Fall sein, dann kann ein nochmaliges Ansprechen mit der Bitte, eine sachbezogene Verhandlung zu führen, helfen. Auch die Konsequenz eines Abbruchs kann erwähnt werden. Das ist legitim. Wichtig ist, keine Drohung auszusprechen. Bspw kann folgender Satz genutzt werde: *„Es tut mir leid, aber ich erlebe Sie immer noch als aggressiv. Ich würde vorschlagen, wir konzentrieren uns auf eine sachliche und faire Verhandlungsweise. Sollte Ihnen das nicht möglich sein, dann schlage ich vor, dass wir eine Pause einlegen und uns zu einem späteren Zeitpunkt wiedertreffen."*

Das am Beispiel von aggressivem Verhalten aufgezeigte Ansprechen ist auch in vielen anderen Situationen, die als nicht fair empfunden werden, die richtige Reaktion, zB wenn das Gegenüber durch ständige Gegenfragen zu verunsichern versucht, schweigt, unterbricht, persönliche Angriffe vollführt oder Druck aufbaut.

Salamitaktik

Im Rahmen von Verhandlungen kann es vorkommen, dass von einem Verhandlungspartner immer wieder neue Themen und Punkte aufgebracht werden, welche bis dato nicht Teil der Verhandlung waren. Bei solchen Themen sollte der Darlegung des Vertragspartners geduldig zugehört werden. Ist die Verhandlung allerdings bereits fortgeschritten bzw wird mehr als einmal ein neues Thema erst sehr spät aufgebracht, dann ist es durchaus sinnvoll, das direkt anzusprechen. Erkennt man hinter dem Vorgehen eine Taktik, so sollte man den Vertragspartner wieder ruhig auf diese hinweisen: *„Uns ist aufgefallen, dass Sie wiederholt immer wieder neue und noch unbekannte Punkte aufbringen. Wir schlagen vor, dass wir uns auf die bis dato aufgebrachten Punkte konzentrieren, damit wir den Vertrag in absehbarer Zeit unterzeichnen können. Wäre dies eine für Sie gangbare Herangehensweise?"* Werden kurz vor Abschluss der Verhandlung plötzlich neue Themen aufgebracht, kann man wie folgt reagieren: *„Wenn wir jetzt noch neue Punkte aufbringen, dann müssen wir auch über bereits beschlossene Punkte noch einmal reden."* Damit wird signalisiert, dass es sich immer noch um ein Geben und Nehmen handelt und nur bei beidseitigem Vorteil neue Punkte verhandelt werden.

Verlangt der Verhandlungspartner eine sofortige Entscheidung zu einem neu aufgebrachten Punkt, so sollte diese nicht augenblicklich getroffen werden (2-Sekunden-Entscheidung). Es sollte dem Vertragspartner mitgeteilt werden, dass der neue Punkt zunächst intern besprochen werden muss und anschließend eine Entscheidung mitgeteilt wird. Dadurch wird dem Vertragspartner bewusst, dass, wenn er beliebig neue Punkte aufbringt, dies zur Verzögerung der Verhandlungen führt. Der Unternehmensjurist auf der anderen Seite kann sich die für eine fundierte Antwort benötigte Zeit verschaffen.

Die eigene Fachabteilung in der Vertragsverhandlung

Wer glaubt, dass ein Unternehmensjurist sich in einer Vertragsverhandlung nur auf den Verhandlungspartner konzentrieren muss, hat die Rechnung ohne die eigene Fachabteilung gemacht. Jede Fachabteilung ist anders und trotz langjähriger Zusammenarbeit und zahlreicher Briefings kann es immer wieder zu den unterschiedlichsten Überraschungen kommen. Grundsätzlich ist es unerlässlich, dass der Unternehmensjurist sich transparent gegenüber der Fachabteilung verhält. Ein Austausch zwischen dem Juristen und seiner Fachabteilung trägt dazu bei, dass die Fachabteilung effektiv zur Vertragsverhandlung beitragen kann. Zudem entsteht so auch in den eigenen Reihen ein Wir-Gefühl und die Fachabteilung fühlt sich dem Vertrag mehr verpflichtet.

Gemeinsam sind wir stark!

Generell sollten die Fachabteilung und ihr Unternehmensjurist in einer Verhandlung immer an einem Strang ziehen. Diskussionen zwischen beiden sind vor dem Verhandlungspartner unbedingt zu vermeiden.

Kein „Good Cop, Bad Cop" am Tisch!

Von einer „Good Cop, Bad Cop"-Strategie, bei welcher der Unternehmensjurist den „Bad Cop" gibt, ist abzuraten. Diese ist nicht nur leicht durchschaubar, sondern kann zudem die Autorität des Unternehmensjuristen schwächen. Wird dieser von der Fachabteilung, dem „Good Cop", mehrfach überstimmt, so besteht die Gefahr, dass der Verhandlungspartner sich nurmehr an die Fachabteilung wendet, da sie die Entscheidungen zu treffen scheint. Vielmehr ist anzuraten, bereits vor der mündlichen Verhandlung gemeinsam mit der Fachabteilung festzulegen, wo die Grenzen sind, und verschiedene Optionen zu erarbeiten, die dann federführend vom Unternehmensjuristen mit Rückendeckung der Fachabteilung vorgeschlagen werden. Sind Entscheidungen zu treffen, die mit rechtlichen Risiken für das Unternehmen verbunden sind, so kann es für eine Verhandlung günstiger sein, diese auszusetzen und zunächst intern zu besprechen. Dem Vertragspartner kann mitgeteilt werden, dass es einer Rücksprache mit der Geschäftsführung bedarf. Anschließend kann die Fachabteilung die getroffene Entscheidung an den Verhandlungspartner (zB als Entscheidung der Geschäftsführung) zurückmelden. Weiterer Vorteil kann sein, dass wenn der Verhandlungspartner einen schnellen Abschluss wünscht, er eher zu einem Kompromiss bereit ist, als auf die Rückmeldung zu warten. Aber wie reagiert ein Jurist, wenn die Fachabteilung im Call trotz zuvor geführter Absprachen eine falsche Entscheidung trifft oder eine Entscheidung trifft, zu der sie nicht autorisiert ist? In diesem Fall ist Ruhe angesagt und die Fachabteilung nicht vor dem Verhandlungspartner direkt zu korrigieren. Im Zeitalter von Teams und Co kann man gut mit der Fachabteilung über einen Chat kommunizieren, so dass sie sich selbst korrigieren kann. Aber Achtung:

nicht, wenn der Bildschirm geteilt wird, sonst wird es peinlich! Ansonsten tut der Jurist gut daran, im Rahmen der nächsten Punkte noch einmal auf den besagten Punkt einzugehen, bspw indem er sagt: *„Bei diesem Punkt und dem soeben besprochenen Punkt müssen wir mit der Geschäftsführung Rücksprache halten. Wenn die Geschäftsführung zustimmt, können wir bei beiden Punkten eine Einigung erzielen."* Damit wird die eigene Fachabteilung nicht direkt bloßgestellt und gleichzeitig eine Korrektur der falschen Entscheidung vorgenommen.

Lasst uns noch einmal kurz darüber nachdenken!

Kommt es allerdings zu vorschnellen Reaktionen der Fachabteilung bei neuen und noch nicht geprüften und besprochenen Punkten (siehe auch oben zur 2-Sekunden-Entscheidungen bei der Salamitaktik), ist eine etwas andere, direktere Reaktion des Unternehmensjuristen angebracht: *„Bei diesem Punkt sollten wir zunächst noch einmal intern Rücksprache halten, denn es gibt verschiedene Dinge, die ich gerne noch zu bedenken geben würde."* Indem der Unternehmensjurist sein Bedenken ausspricht, wird die Fachabteilung nicht bloßgestellt.

Niemals die eigene Handlungsmacht untergraben!

Wenn die eigene Fachabteilung in einer Vertragsverhandlung eine enge Timeline setzt, dann kann dies auch zu einem Druckmittel gegen sie selbst werden. Eine Aussage wie *„Der Vertrag muss bis Ende der Woche abgeschlossen sein oder er kommt nicht zustande."* kann sich gegen einen selbst wenden, denn auf Worte müssen Taten folgen, um glaubwürdig zu bleiben. Zudem wird der Verhandlungspartner wenig geneigt sein, die gesetzte Timeline seinerzeit zu verlängern, sollte die eigene Fachabteilung diese nun ihrerseits nicht halten können. Besser ist es, eine Timeline für eine Unterschrift zu setzen und eine Begründung zu liefern, zB wie folgt: *„Der Vertrag muss bis Ende der Woche unterzeichnet sein, ansonsten können wir die vereinbarten Fristen nicht halten." „Kommt es nicht zur rechtzeitigen Unterschrift, dann ist die einzige Konsequenz, das Fristen verschoben werden müssen."* Eine unerfahrene Fachabteilung ist vom Juristen zu briefen, was das Setzen von Timelines angeht.

2.2.1.3. Einsatz von Legal Tech im Vertragsrecht

KI-gesteuerte Vertragsmanagement-Tools ermöglichen bereits automatisierte Vertragsprüfungen, indem sie Verträge analysieren, potenzielle Risiken identifizieren und sogar auf Unternehmensstandards abgleichen, wenn sie in das Tool eingespeist werden.[37] Insbesondere bei standardisierten Verträgen wie Auftragsdatenverarbeitungsverträgen oder Geheimhaltungsvereinbarungen erleichtern

37 Siehe hierzu auch Kapitel 5.1.2. Beispiel 2 – Eine durch künstliche Intelligenz unterstütze effiziente Arbeitsweise.

sie die Vertragsarbeit erheblich. Trotz dieser Vorteile halten sie jedoch nur langsam Einzug in Rechtsabteilungen. Zukünftig werden KI-Systeme sowohl Fachabteilungen als auch Juristen bei der Vertragsprüfung unterstützen. Die klaren Vorteile liegen in der Geschwindigkeit und geringeren Fehleranfälligkeit von KI-Prüfungen im Vergleich zu manuellen Prüfungen durch Menschen. Dadurch werden Unternehmensrisiken reduziert und Kosteneinsparungen realisiert. Unternehmen können sich darauf verlassen, dass Unternehmensjuristen ihre Zeit nicht mit einer langen Bearbeitung von Standardverträgen verbringen müssen, sondern sich auf relevantere Themen konzentrieren können. Bis diese Entwicklung vollständig realisiert ist, bleibt die Vertragsprüfung jedoch nach wie vor eine anspruchsvolle „Kopfarbeit", die von Unternehmensjuristen durchgeführt wird. In diesem Kontext ist eine effiziente Arbeitsweise bei der Vertragsarbeit nach wie vor von großer Bedeutung.

2.2.1.4. Exkurs: Memorandum of Understanding und Letter of Intent

Es ranken sich viele Mythen um das Memorandum of Understanding (MoU) und den Letter of Intent (LoI). Grundsätzlich handelt es sich dabei zunächst um eine reine Absichtserklärung, die vor allem bei komplexen oder großen Projekten zwischen den Parteien abgeschlossen wird. Die Niederschrift einzelner Punkte dokumentiert den Willen zu einem späteren Vertragsabschluss und fördert das Vertrauen zwischen den Verhandlungspartnern. Trotzdem besteht häufig Uneinigkeit über die rechtliche Bindungswirkung. Bestimmte Punkte wie Exklusivität und Geheimhaltung können durchaus verbindlich sein. Doch entsteht bei Abbruch der Vertragsverhandlungen durch einen Vertragspartner nicht automatisch ein Schadenersatzanspruch des anderen Vertragspartners. Eine solche Verpflichtung besteht in der Regel nur dann, wenn nicht nur eine Absichtserklärung vorliegt, sondern bereits ein Vorvertrag zwischen den Parteien besteht.

Ein Vorvertrag wird dann aufgesetzt, wenn bereits die wesentlichen Vertragsbestandteile des späteren Hauptvertrags vereinbart wurden. Ein solcher Vorvertrag verpflichtet zur Unterzeichnung des entsprechenden Hauptvertrags, was auch rechtlich eingefordert werden kann. In manchen Fällen werden in einem LoI oder MoU Klauseln so ausführlich vereinbart, dass die Grenzen zwischen Absichtserklärung und Vorvertrag nicht eindeutig feststellbar sind. In solchen Situationen muss im Zweifelsfall eine Auslegung durch das zuständige Gericht erfolgen. Um Unsicherheiten zu vermeiden, sollte eine Absichtserklärung stets als „NICHT BINDEND" gekennzeichnet werden.

Praxisbeispiel

In einigen Branchen, zB im Anlagenbau, ist es mitunter üblich, LoIs zu unterzeichnen, die bereits einige bindende Vertragsklauseln beinhalten. Diese LoIs werden üblicherweise dann aufgesetzt, wenn der Hauptvertrag noch nicht unterschriftsreif ist, der Lieferant jedoch zB bereits Bestellungen tätigen muss und somit in Vorleistung tritt, um den bereits vereinbarten Terminplan einhalten zu können, bzw dann, wenn der Bauherr noch auf die formelle Baugenehmigung wartet, der Terminplan aber bereits fixiert wurde.

Inhalt dieser („harten") LoIs ist meist die Intention der Parteien, bis zu einem vereinbarten Zeitpunkt den Vertrag abzuschließen. Sofern dies aus irgendwelchen Gründen nicht der Fall ist, steht dem Lieferanten ein fester Betrag zur Kostendeckung zu.

Es empfiehlt sich bei dieser hybriden Lösung, der jeweils verbindlichen Klausel die Markierung „Verbindlich" voranzustellen, um Missverständnissen im Nachgang vorzubeugen.

2.2.2. IT-Recht

Das Rechtsgebiet der Informationstechnologie (IT), kurz IT-Recht, ist ein komplexes und vielseitiges Rechtsgebiet. Im Zeitalter der Digitalisierung, sozialen Medien, globalen Vernetzung und künstlichen Intelligenz („KI") bildet das IT-Recht ein sich ständig weiterentwickelndes, spannendes Rechtsgebiet, das sich an die rasanten Veränderungen der Technologien anpassen muss. Es umfasst eine breite Palette von Themen, darunter Vertragsrecht, Immaterialgüterrecht, Datenschutz, Cybersecurity, E-Commerce und vieles mehr. Das folgende Kapitel konzentriert sich auf den für eine Vielzahl von Unternehmen wichtigsten Schwerpunkt des IT-Rechts, das IT-Vertragsrecht. Zunächst soll allerdings ein kurzer Einblick in das Profil eines IT-Juristen gewährt werden.

2.2.2.1. Profil IT-Jurist

Im Zeitalter einer sich immer weiter digitalisierenden Welt, in welcher Technologie fast alle Aspekte unseres Lebens und unserer Wirtschaft durchdringt, spielt der IT-Jurist eine entscheidende Rolle bei der Bewältigung der damit verbundenen rechtlichen Herausforderungen, weil er die Schnittstelle zwischen Recht und Informationstechnologie darstellt.

Der IT-Jurist verfügt über ein breites Wissen ua in Bereichen wie Softwareentwicklung und -lizenzierung, E-Commerce, Vertragsrecht oder Datenschutz. Diese breite Expertise ermöglicht es ihm, das Unternehmen in vielen unterschiedlichen rechtlichen Angelegenheiten zu beraten. Der IT-Jurist gestaltet und verhandelt Verträge für Softwareentwicklung, Cloud-Computing-Dienste, IT-Outsourcing und andere IT-bezogene Aktivitäten. Nicht zuletzt durch den Umstand, dass viele große IT-Firmen in den USA sitzen, wird der IT-Jurist zu einem Experten in Bezug auf internationale Vertragsgestaltung. Untrennbar mit dem IT-Recht verbunden ist das Datenschutzrecht. Auch hier ist der IT-Jurist im internationalen Umfeld unterwegs, da Datenverarbeitung meist global stattfindet.[38]

Neben seinem breiten Fachwissen ist die Fähigkeit, komplexe technische Konzepte in verständliche rechtliche Sprache zu übersetzen, ein weiterer Schlüssel-

38 Ausführlicher dazu unter Kapitel 2.2.4. Datenschutzrecht.

faktor für den Erfolg eines IT-Juristen. Um komplexe, technische Konzepte zunächst zu verstehen und zu durchdringen, arbeitet der IT-Jurist in vielen Fällen mit Fachleuten wie Entwicklern, IT-Experten oder Datenschutzbeauftragten zusammen. Dafür braucht er ein hohes Maß an Teamfähigkeit und sozialer Kompetenz. Sein analytisches Denkvermögen ermöglicht es ihm, die rechtlichen Implikationen von Technologieprojekten zu identifizieren und geeignete Lösungen zu finden. Er berücksichtigt dabei sowohl die rechtlichen Anforderungen als auch die geschäftlichen Bedürfnisse des Unternehmens. Da bei ihm alle Verträge zusammenlaufen und er dadurch über ein breites Wissen aller IT-Anwendungen des Unternehmens verfügt, fungiert der IT-Jurist zudem oft als Bindeglied zwischen den verschiedenen Fachabteilungen.

Um als IT-Jurist in einem sich immer schneller ändernden Umfeld der Technologien effizient und praxistauglich beraten zu können, ist neben ständiger fachlicher Fortbildung eine fortlaufende Information über neue und sich weiterentwickelnde Technologien unerlässlich, etwa in Form von Newslettern, Fachartikeln etc.

2.2.2.2. Tätigkeitsschwerpunkte im IT-Recht

Das IT-Recht ist sehr umfangreich. So kommt es in Bezug auf den Tätigkeitsschwerpunkt des IT-Juristen im Unternehmen sehr auf das jeweilige Unternehmen an. Bei Unternehmen im Technologiebereich, der Telekommunikation und des E-Commerce liegt der Tätigkeitsschwerpunkt auf den ersten Blick auf ganz bestimmten Bereichen des IT-Rechts. Aber auch alle anderen Unternehmen (zB Finanzdienstleister, Medienunternehmen, Automobilindustrie, Gesundheitsunternehmen, Anlagenbau) setzen IT gezielt ein. In der heutigen Zeit hat (fast) jedes Unternehmen mit IT zu tun, sei es für interne Prozesse, wie der Arbeit mit Computern, dem Speichern von Inhalten und Daten auf Servern oder in der Cloud, bei der Kundenkommunikation oder dem Verkauf von Waren und Dienstleistungen, nicht nur in der digitalen Welt. Eines haben allerdings alle Unternehmen gemeinsam: Sie schließen eine Vielzahl von IT-Verträgen, vor allem rund um Software (evtl in Verbindung mit Hardware) ab. Im Folgenden wird daher der Fokus auf Software und den wichtigsten praktischen Tipps zu Verträgen rund um Software liegen. So entsteht ein Einblick in die Praxis eines IT-Juristen im Unternehmen.

2.2.2.2.1. Urheberrecht an Software

Software zählt für viel Unternehmen zu den wichtigsten Kapitalgütern. Dies gilt in erster Linie für Unternehmen, die Software entwickeln und vom Vertrieb entwickelter Software leben, aber auch für Unternehmen, die Software nutzen. Vielfach erfüllt Standardsoftware nur bedingt die Anforderungen von Unternehmen, und so ist es nicht unüblich, dass diese lieber Individualsoftware nutzen. Ein IT-Jurist sollte sich daher zumindest mit Urheberrechten an Software auskennen.

Computerprogramme[39] sind urheberrechtlich geschützt, sobald sie Schöpfungshöhe erreichen.[40] Der Urheber genießt damit den Schutz des Urheberrechts an der Software (insbesondere Softwarecode/Quellcode und ausführbaren Dateien, aber auch Layout und Grafik). Er kann Dritten Nutzungsrechte an seiner Software einräumen. Zur Einräumung von Nutzungsrechten ist zu sagen, dass grds nur dasjenige Nutzungsrecht eingeräumt wird, welches explizit im Vertrag vereinbart ist. Daher sind diese Klauseln im Vertrag bekanntermaßen sehr ausführlich. Enthält der Vertrag keine ausführliche Regelung, so greift im Zweifel der sog „Zweckübertragungsgrundsatz".[41] Aber Achtung: Entwickelt ein Angestellter im Rahmen seiner Arbeitsverhältnisses Software, so stehen die daran entstehenden Verwertungsrechte umfassend dem Arbeitgeber und nicht dem Angestellten zu. Das heißt, der Zweckübertragungsgrundsatz gilt hier nicht.

Praxistipp

Bei der Arbeit mit Freelancern (selbständige Programmierer) ist auf eine eindeutige Rechteeinräumung zu achten! Arbeitet der Freelancer aufgrund einer Vermittlung an der Entwicklung einer Software mit, so ist eine Rechteeinräumung im Vertrag mit dem Vermittler zu vereinbaren. Zudem sollte der Auftraggeber ein Einsichtsrecht in die Verträge des Vermittlers mit den Freelancern verhandeln. Diese Verträge werden zumeist geschwärzt herausgegeben, um die Bemessung der Vermittler nicht offenlegen zu müssen. Zum Nachweis sollten diese Verträge aufbewahrt werden.

Exkurs: Open Source Software

Open-Source Software (OSS)[42] ist Software, welche unbeschränkt kopiert, verbreitet und genutzt werden darf. Grundsätzlich ist bei OSS der Quellcode für alle offen, teilbar und veränderbar. Es gibt keine inhaltlichen Nutzungsbeschränkungen. Auch OSS unterliegt aber einigen wenigen Bedingungen, die sicherstellen, dass OSS für alle Benutzer offenbleibt, sog Open-Source-Lizenzen.[43]

Einige Open-Soure-Lizenzen vepflichten den Lizenznehmer dazu, Veränderungen oder Ergänzungen am Quellcode unter der ursprünglichen Lizenz der Allgemeinheit zugänglich zu machen (sog „Copyleft").[44] Wird OSS mit Copyleft in einer proprietären (im Eigentum befindlichen) Software integriert (bspw im Rah-

39 Vgl den 10. ErwG der Richtlinie 2009/24/EG des Europäischen Parlamentes und des Rates vom 23. April 2009 über den Rechtsschutz von Computerprogrammen, ABl L 2009/111, 16 (Computerprogramm-RL). Dort wird der Begriff „Software" zur Funktionsbeschreibung von Computerprogrammen genutzt.

40 § 40a–e UrhG (Ö); §§ 69a ff UrhG (D).

41 § 24c UrhG (Ö); § 31 Abs 5 UrhG (D).

42 Beispiele für OSS-Projekte von Unternehmen sind Linux (Red Hat), Git (GitHub) und MySQL (Oracle). Auch der Webserver Apache ist OSS.

43 Open-Source-Lizenzen sind bspw GNU General Puplic License, Berkeley Software Distribution (BSD), Affero General Public License, Apache Software License.

44 Bspw OSS unter GNU General Public License.

men einer Softwareentwicklung für ein Unternehmen), so ist nicht nur der Quellcode der veränderten OSS, sondern zwingend der gesamte Quellcode der proprietären Software unter derselben Open-Source-Lizenz offenzulegen.[45] Dies ist problematisch, wenn der Auftraggeber, der für die Software zahlt, regelmäßig eine ausschließliche Rechteeinräumung an der fertiggestellten Software erwartet. Der nachfolgende Praxistipp zeigt, wie dies in der Praxis normalerweise gelöst wird.

Praxistipp

Im Vertrag ist bei der Rechteeinräumung OSS von einem ausschließlichen Nutzungsrecht auszunehmen. Stattdessen ist die Geltung der Open-Source-Lizenz zu vereinbaren. Es kann auch generell ein Ausschluss der Verwendung von OSS mit Copyleft vereinbart werden. In der Praxis sollte dies allerdings überprüft werden, da sich vielfach nicht darangehalten wird bzw aus Unkenntnis nicht daran gedacht wird. Daher sollten die Open-Source-Lizenzen der genutzten/integrierten OSS von einem IT-Juristen oder entsprechend geschultem IT-Spezialisten überprüft werden.

Zum Nachweis und der Dokumentation bietet sich auf jeden Fall die Auflistung der genutzten OSS und ihrer Open-Source-Lizenzen an. Diese Auflistung erstellt typischerweise der Auftragnehmer.

Setzt ein Unternehmen OSS ein, dann erfordert dies zudem OSS-Compliance und Schulungen der Mitarbeiter.

2.2.2.2.2. IT-Verträge und deren Verhandlung inkl Checkliste

Wie bereits einführend erwähnt, liegt der Beratungsschwerpunkt eines IT-Juristen im Unternehmen in der Vertragserstellung und -verhandlung im B2B- und B2C-Bereich.

Nachfolgend findet sich eine nicht abschließende Liste der wichtigsten Arten von IT-Verträgen:

- **Softwareentwicklungsvertrag:** Der Vertrag regelt die Erstellung einer (Individual-)Software oder die Anpassung einer Standardsoftware auf die individuellen Bedürfnisse eines Kunden („Customizing").
- **Softwarelizenzvertrag:** Der Vertrag regelt die Bedingungen für die Nutzung von Software auf Dauer oder auf (un-)bestimmte Zeit.
- **Software-as-a-Service-(SAAS)-Vertrag:** Der Vertrag regelt die Nutzung von Softwareanwendungen über das Internet, ohne diese auf den eigenen Computern oder Servern zu installieren.
- **Service-Level-Agreement (SLA):** Der Vertrag definiert die Service- und Supportleistungen für IT-Dienstleistungen oder Cloud-Services und ist meist Bestandteil eines SAAS- oder Cloud-Service-Vertrags.

45 Ausnahme. Es handelt sich um ein „Aggregat", Para 5 GPLv3. Hier ist jeweils im Einzelfall zu prüfen.

- **Cloud-Service-Vertrag:** Der Vertrag regelt die Nutzung von Cloud-Services und -Ressourcen, wie Cloud-Computing etc, in Form von SAAS, aber auch Platform-as-a-Service (PAAS) oder Infrastructure-as-a-Service (IAAS).
- **Hardware-Kaufvertrag:** Der Vertrag regelt den Verkauf und die Lieferung von IT-Hardwareprodukten wie Computern, Servern, Druckern oder Netzwerkgeräten.
- **Wartungsvertrag:** Der Vertrag legt den Umfang und die Bedingungen für die Wartung und den Support von IT-Systemen oder -Geräten fest.
- **IT-Outsourcing-Vertrag:** Der Vertrag regelt die Auslagerung von IT-Dienstleistungen oder -Funktionen an einen externen Dienstleister, einschließlich Service-Level-Agreement und Verantwortlichkeiten.
- **Beratungsvertrag:** Der Vertrag legt die Bedingungen für die Beratungsleistungen im IT-Bereich, bspw IT-Beratung oder Cybersicherheitsberatung, fest.

Es hängt von der Ausrichtung des Unternehmens ab, welche IT-Verträge vorherrschend verhandelt werden und zu welchen IT-Verträgen daher die Erstellung von Mustern sinnvoll ist. Eine Standardisierung von Softwareentwicklungs- und -lizenzverträgen (evtl auch als SAAS) bietet sich bspw für Unternehmen an, deren Geschäftsmodell es ist, eigene Software zu entwickeln und/oder diese an Dritte zu lizensieren. Zumeist stellt darum der Vertragspartner, der das Produkt/die Software oder die Dienstleistung anbietet, auch das entsprechende Vertragsmuster bereit. Das Vertragsmuster wird im Sinne und zum Vorteil des Bereitstellenden ausgestaltet sein und muss vom anderen Partner in dessen Sinne verhandelt werden.[46]

Nachfolgend werden für einen IT-Juristen in der Praxis relevante Themenkomplexe bei Softwareentwicklungsverträgen, Softwarelizenzverträgen und SAAS inkl SLAs behandelt. Dabei wird der Schwerpunkt weniger auf rechtliche Diskussionen rund um Standardklauseln, wie Nutzungsrechte, Gewährleistung und Haftung, gelegt. Hierzu kann umfangreich vorhandene Fachliteratur herangezogen werden. Der Fokus soll nachfolgend auf Klauseln und Leistungen liegen, bei denen die Gefahr eines Scheiterns des Projekts besteht, wenn sie in den Verträgen nicht bedacht und/oder sodann in der Praxis nicht entsprechend umgesetzt werden.

Vorab soll aber die Aufmerksamkeit auf die verschiedenen Vertragstypen gelenkt werden. Hier wird schnell klar, dass das IT-Recht und gerade Software oft nicht ohne weiteres in die traditionellen Vertragstypen, die das ABGB in Österreich bzw das BGB in Deutschland vorsieht, eingeordnet werden kann. Für Gewährleistungsrechte hält das Gesetz bspw einige ausgesprochen komplizierte Regeln bereit, die nicht immer den Bedürfnissen von Software entsprechen. Modifikationen und Einschränkungen sind allerdings ausschließlich im B2B-Bereich rechtlich zulässig und sollten gut überlegt sein. Die Grenze ist hier bei der Sittenwidrigkeit zu ziehen, welche einzelfallabhängig ist. Es sollte also im Einzelfall gut ab-

46 Siehe zu Vertragsverhandlungen allgemein Kapitel 2.2.1.2.4. Vertrags„fair"handlungen.

gewogen werden, ob und vor allem in welchem Umfang Abweichungen von den gesetzlichen Gewährleistungsrechten vereinbart werden sollen.

2.2.2.2.2.1. Softwareentwicklungsverträge

Für die Entwicklung von Software gibt es nicht nur die „eine“ Projektmethode. Vielmehr existieren, je nach Softwareentwicklungsprojekt, viele verschiedene Methoden. Neben dem klassischen Wasserfallmodell gibt es verschiedene unterschiedlich ausgeprägte agile Modelle, wie SCRUM, Kanban, Extreme Programming (XP) etc. Sowohl Auftraggeber (zumeist große Unternehmen) als auch Auftragnehmer sind oft auf eine Projektmethode festgelegt. Gerade bei den agilen Modellen wird durch die Ausführungen weiter unten klar werden, warum das so ist.

Das Wasserfallmodell (der Klassiker)

Das Wasserfallmodell ist ein lineares und sequenzielles Modell für die Softwareentwicklung. Es folgt einem Top-down-Ansatz, bei dem jede Phase des Projekts nacheinander durchlaufen wird, bevor die nächste begonnen wird.

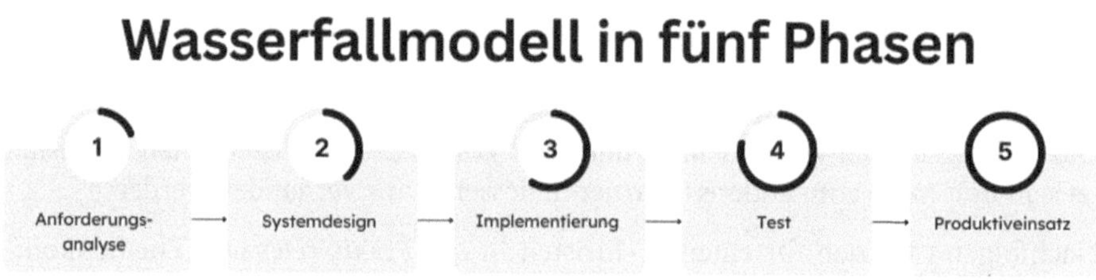

Abb 4: Wasserfallmodell [erstellt mit Canva]

Zu Beginn werden die Kundenanforderungen an das Projekt erfasst und in Form eines Pflichtenhefts (von IT-Experten auch „Lastenheft“ genannt) dokumentiert (Phase 1). Als Nächstes werden eine umfassende Systemarchitektur und Spezifikation entwickelt (Phase 2). Basierend auf diesen Spezifikationen wird die Software codiert und entwickelt (Phase 3). Sobald diese Phase abgeschlossen wurde, wird überprüft, ob die Software den Anforderungen entspricht, und werden eventuelle Fehler behoben (Phase 4). Abschließend wird die Software beim Kunden installiert und für den Produktivbetrieb bereitgestellt (Phase 5).

Einmal abgeschlossen, geht man nicht wieder zurück zu den vorherigen Phasen. Beim Wasserfallmodell kann ein klassischer Werkvertrag erstellt werden, da die Spezifikationen vor der Implementierung vorhanden sind. In der Praxis ist das Wasserfallmodell jedoch häufig problematisch. Denn genau der Umstand, dass sämtliche Anforderungen und Spezifikationen vor Implementierung festgelegt werden müssen, stellt IT-Juristen und Fachabteilungen in der Praxis vor Herausforderungen.

- **Schwerpunkt 1 – Pflichtenheft:** Die größte Herausforderung ist die Erstellung des Pflichtenhefts in der 1. Phase. Das Pflichtenheft ist für den Vertrag essenziell, da es die Anforderungen an die Software festlegt und somit die Grundlage für den gesamten Entwicklungsprozess bildet und das zu erstellende Werk definiert. Es ist für die Abnahme heranzuziehen. Das Pflichtenheft wird nicht von Juristen, sondern Fachexperten, meistens aus der IT-Branche erstellt. Die Verantwortung für die Erstellung des Pflichtenhefts liegt normalerweise beim Auftraggeber. Ein fehlendes oder lückenhaftes Pflichtenheft stellt grundsätzlich eine Pflichtverletzung des Auftraggebers dar, die Ansprüche auf Schadenersatz, Rücktritt etc auslöst. In Verträgen wird üblicherweise eine Unterstützung durch den Auftragnehmer bei der Erstellung oder eine Prüfungspflicht durch diesen aufgenommen. Dem Auftragnehmer obliegt damit eine Schadensminderungspflicht. Danach implementiert der Auftragnehmer gemäß dem Pflichtenheft. Erst nach Fertigstellung wird der Auftraggeber wieder eingebunden (siehe allerdings nachfolgenden Absatz „Change Request"). Entspricht die Software dann nicht den ursprünglichen Anforderungen, kann dies nachträglich zu hohen Kosten führen. Gerade bei großen, umfangreichen Projekten ist die Erstellung des Pflichtenhefts schier unmöglich oder erfordert sehr viel Zeit. Häufig ist dieses daher bei Vertragsunterzeichnung noch nicht fertiggestellt oder fehlt oft ganz. Ein fehlendes Pflichtenheft ist daher oft auch ein Grund für das Scheitern von Softwareentwicklungsprozessen, da bei der Abnahme eines Werks nicht klar definiert ist, was geschuldet ist.
- **Schwerpunkt 2 – Change Requests:** In den meisten klassischen Softwareentwicklungsverträgen finden sich sog „Change-Request"-Klauseln. Generell hat der Auftragnehmer die Software so zu entwickeln, wie im Pflichtenheft festgeschrieben. Dies ist die Anforderung an seine Leistung und wie oben dargestellt sehr wichtig. Was aber ist zu tun, wenn es aus verschiedenen Gründen („vergessene" Anforderungen, Meinungsänderung beim Auftraggeber oder unvermeidbare Änderungen generell etc) einer Anpassung bedarf? Generell muss der Auftragnehmer keine nachträgliche Änderung vornehmen, allerdings wird ihm dies in der Praxis nicht helfen, wenn es das Projekt zum Scheitern bringt. Daher sind die Parteien dazu übergegangen, umfangreiche „Change-Request"-Klauseln in Verträge zu integrieren. Wichtig ist darum, dass vereinbart wird,
  - wie eine Priorisierung stattfindet und wie die Change Requests gehandhabt werden,
  - wie Change Requests geprüft werden und in welchen Zeiträumen diese Prüfungen stattzufinden haben,
  - welche Auswirkung Change Requests auf evtl vereinbarte Termine haben,
  - dass diese gesondert vergütet werden,
  - welche Konsequenzen eine Ablehnung hat (zB weiter wie im Pflichtenheft und/oder Kündigungsregelungen?),
  - wie ein Eskalationsverfahren stattfindet.

- **Schwerpunkt 3 – Abnahme:** Abnahmeregelungen (Testverfahren und Abnahmeprüfung) sind in den Vertrag aufzunehmen und dann auch praktisch umzusetzen, da diese eine Reihe von Rechtsfolgen auslösen (zB Fälligkeit der Vergütung, Beweislastumkehr, Verjährungsbeginn für Gewährleistungsansprüche). Oft finden sich konkludente Abnahmeregelungen im Vertrag, bspw gilt es als Abnahme, sobald die Software in den Produktivbetrieb (sog „Launch“) geht. Sinnvoll ist es zwar, über einen gewissen Zeitraum im Produktivbetrieb zu testen, allerdings sollte danach die Abnahme explizit erklärt werden. Auch wenn diese Abnahmefiktion oft vom Auftragnehmer gefordert wird, ist sie gerade für ihn nicht zu empfehlen. Insbesondere dann, wenn sich an den Entwicklungsvertrag ein Pflegevertrag anschließt, wird er schwer oder gar nicht nachweisen können, was zu welchem Zeitpunkt vertragsgemäßer Zustand der Software war.

Exkurs: Auftragsdatenverarbeitungsvertrag

Auch bei Entwicklungsverträgen ist an den Abschluss eines Auftragsdatenverarbeitungsvertrags zu denken, wenn bei der Entwicklung eine Verarbeitung personenbezogener Daten erfolgt.[47] Das wird oft vergessen.

Vor- und Nachteile des Wasserfallmodells

Vorteile

- **Klare Planung:** Das Wasserfallmodell erfordert eine gründliche Planung zu Beginn des Projekts. Damit werden von Anfang an klare Ziele und Anforderungen festgelegt.
- **Genaue Budgetierung:** Die Gesamtkosten können aufgrund der klaren Planung viel besser eingeschätzt werden, soweit keine Abweichungen von der Planung erfolgen.
- **Geringer Abstimmungsaufwand für das Team:** Einmal festgelegte Anforderungen ändern sich selten, sodass das Entwicklungsteam sich auf die Implementierung konzentrieren kann, ohne ständig Anpassungen vornehmen zu müssen. Zudem bedarf es während der Implementierung keinerlei Abstimmung zwischen den Parteien.

Nachteile

- **Unflexibel:** Das Wasserfallmodell ist wenig flexibel, da Änderungen in den Anforderungen schwer umzusetzen sind, sobald das Projekt gestartet ist. Spätere Change Requests führen in der Regel zu Mehrkosten.
- **Lange Zeitspanne:** Da die Implementierung erst nach Abschluss der Planung beginnt, müssen Kunden uU lange auf Ergebnisse warten. Bei Fertigstellung besteht zudem die Gefahr, dass das Produkt bereits wieder veraltet ist.
- **Hohes Risiko:** Wenn Anforderungen unvollständig oder falsch verstanden werden, kann das zu schwerwiegenden Problemen führen, die erst spät im Projekt erkannt werden und dieses häufig scheitern lassen.

47 Siehe hierzu auch Kapitel 2.2.4. Datenschutzrecht.

Praxistipp

Das Wasserfallmodell eignet sich für kleine, gut planbare und vorhersehbare Projekte mit kurzen Projektlaufzeiten, bei denen die Anforderungen gut vermittelbar sind und sich nicht wesentlich verändern. Hier kann ein klassischer Werkvertrag erstellt werden, der das Pflichtenheft zum Anhang haben sollte.

Aufgrund der oben dargestellten „Inflexibilität" des Wasserfallmodells und der Tatsache, dass in der Praxis selten so strikt einzelne Phasen nacheinander abgearbeitet werden, hat sich eine weitere Methode für die Softwareentwicklung etabliert, das „Agile Modell". Dabei gibt es viele unterschiedliche Ausführungen mit spezifischen Praktiken und Vorgehensweisen. Allen gemein ist, dass sie die bei größeren Projekten benötigte Flexibilität und Effizienz in der Softwareentwicklung fördern.

Die Vertragsgestaltung ist in diesen Fällen für IT-Juristen allerdings eine Herausforderung. Sie beginnt bei der nicht eindeutigen Einordnung von agilen Softwareentwicklungsverträgen. Die Meinungen in Literatur und (deutscher) Rechtsprechung[48] reichen dabei von einer Typisierung als reiner Dienstvertrag über Mischformen aus Dienst- und Werkvertrag bis hin zum reinen Werkvertrag. Eine weitere Herausforderung kann die Leistungsbeschreibung darstellen. Die Flexibilität der agilen Modelle ergibt sich aufgrund eines nicht benötigten Pflichtenhefts. Die zu entwickelnden Funktionalitäten der Software stehen bei Vertragsschluss noch nicht fest, sondern sind vielmehr Bestandteil des iterativen Erstellungsprozesses selbst. Eines der gängigsten agilen Modelle ist:

Scrum (die Agile)

Scrum (als Beispiel für agile Modelle) bringt die für die Praxis notwendige Flexibilität und Effizienz bei der Softwareentwicklung mit. Scrum kommt anders als das Wasserfallmodell ohne umfangreiche Anforderungsanalyse und Pflichtenheft aus. Software wird nicht linear, sondern iterativ (wiederholt und schrittweise) entwickelt. Bei Scrum erfolgt dies in sog „Sprints". Ein Sprint wird auf einen überschaubaren Zeitraum von zwei bis max vier Wochen festgelegt, in welchem die Software entwickelt bzw verfeinert wird. Hierbei ist eine enge Zusammenarbeit zwischen den Parteien und Stakeholdern notwendig. Im Vertrag wird diese in Form von definierten Rollen und deren Zuständigkeiten vereinbart. Dabei gibt es Rollen wie den „Product Owner" (eine Einzelperson, die die Endverantwortung für das Produkt trägt), den „Scrum Master" (eine Einzelperson, die auf die Einhaltung des Scrum-Prozesses achtet) und das „Development Team" (Entwickler, die an der Erstellung des Produkts arbeiten). Die Zuständigkeiten dieser Rollen sind zwar definiert, allerdings müssen die Parteien für ihr Projekt individuell bestimmen, wer welche Rolle einnimmt, und dies vertraglich vereinbaren. Auch

48 LG Wiesbaden 30.11.2016, 11 O 10/15.

die Stakeholder werden immer wieder in das Projekt einbezogen. Gearbeitet wird mit sog Artefakten: Das „Product Backlog“ enthält dabei sämtliche Anforderungen des Auftraggebers, die nach Prioritäten sortiert sind. Die Anforderungen mit den höchsten Priorisierungen werden zu Beginn eines Sprints in das „Sprint Backlog“ übernommen und im Sprint umgesetzt. Die „Definition of Done“ enthält zudem eine Sammlung von Fertigstellungskriterien, die festlegen, wann ein Sprint fertig gestellt ist. Der Vorteil ist, dass, wenn man sich erst einmal mit Scrum auskennt, alle Beteiligten (von Auftraggeber über Entwickler bis hin zu Stakeholder und auch IT-Jurist) schnell ein und dieselbe Sprache sprechen.

Das agile Modell fordert die Mitarbeit des Auftraggebers mehr als das klassische Modell. Der Auftraggeber muss kontinuierlich parallel zur Spezifizierung das bereits Umgesetzte testen und sein Feedback liefern. Für das Gelingen bedarf es bei allen Beteiligten ausreichender Fachkenntnisse, Erfahrung und Kapazitäten.

Exkurs: Arbeitskräfteüberlassung und Scheinselbständigkeit

Durch die enge Zusammenarbeit von Auftraggeber und Auftragnehmer im Rahmen der agilen Softwareentwicklung ist immer auf die Abgrenzung zur (verdeckten) Arbeitskräfteüberlassung und Scheinselbständigkeit zu achten. Dabei kommt es auf die tatsächlichen Umstände an. Erbringt der Mitarbeiter eines IT-Dienstleisters oder ein Freelancer (als Auftragnehmer) eine Werkleistung im Betrieb des Auftraggebers, so ist wichtig, dass ein qualitativ individualisierbares, dem Auftragnehmer zurechenbares Werk erstellt wird. Zudem darf der Auftraggeber Mitarbeiter des IT-Dienstleisters und/oder Freelancer nicht organisatorisch in den eigenen Betrieb eingliedern, zB durch Vorgabe fester Arbeitszeiten und Weisungen. Auch darf die Softwareentwicklung nicht vorwiegend mit Materialien und Werkzeugen (zB Computer) des Auftraggebers erfolgen und der Auftragnehmer muss für seinen Leistungserfolg haften.[49] Besteht eine Arbeitskräfteüberlassung oder Scheinselbständigkeit, so hat dies neben arbeitsrechtlichen und sozialrechtlichen Folgen (etwa zu leistende Nachzahlungen von Sozialversicherungsbeiträgen und Bußgeldern) sogar auch strafrechtliche Folgen, sollte gegen das Arbeitskräfteüberlassungsgesetz (AÜG) verstoßen werden.

Vertraglich ist dafür Sorge zu tragen, dass keine Formulierungen wie „der Auftragnehmer unterstützt den Auftraggeber bei der Softwareentwicklung“ etc in den Vertrag aufgenommen werden. Auch eine Leistungsbeschreibung dient der Abgrenzung zur (verdeckten) Arbeitskräfteüberlassung, weil damit aufgezeigt wird, dass es sich bei der zu erstellenden Software um ein vom Produkt des Auftraggebers abweichendes, unterscheidbares Werk handelt. Gerade bei agilen Softwareentwicklungen kann die Leistungsbeschreibungen aber eine Herausforderung darstellen, da, wie bereits oben ausgeführt, die Funktionalitäten der zu entwickelnden Software bei Vertragsschluss noch nicht feststehen.

49 § 4 AÜG.

Praxistipp

Eine Möglichkeit für die Vertragsgestaltung ist die Erstellung eines Rahmenvertrags, in dem eine generische Leistungsbeschreibung sowie eine genaue Beschreibung der Scrum-Methodik und der Rollen der Beteiligten sowie weiterer dienstvertraglicher Elemente wie Beratung, Planung und Schulungen erfolgt. In werkvertraglichen Einzelaufträgen kann dann die Leistung präzisiert werden, indem die im Sprint Backlog festgelegten Anforderungen als verbindliche Leistungsbeschreibung qualifiziert werden.[50] Nachteil ist, dass Änderungen grundsätzlich durch gesonderte Vereinbarung erfolgen müssen, was bei den Fachabteilungen zu Unmut führen kann und der Flexibilität und Effizienz agiler Programmierungen entgegensteht. Eine weitere Möglichkeit wäre eine Mischung aus Dienst- und Werkvertrag.

Vor- und Nachteile von Scrum

Vorteile

- **Flexibilität:** Scrum ermöglicht eine hohe Anpassungsfähigkeit, da Änderungen in den Anforderungen während des Projekts leicht umgesetzt werden können.
- **Schnelle Lieferung von (Teil-)Ergebnissen:** Durch das Arbeiten in Sprints werden (Teil-)Ergebnisse rasch geliefert und es erfolgt eine schnellere Einführung des Produkts.
- **Stakeholder-Einbindung:** Die aktive Einbindung der Stakeholder während des gesamten Projekts wird gefördert, was zu einem besseren Verständnis zwischen den Parteien führen kann.
- **Fehlererkennung früh im Projekt:** Durch kontinuierliche Überprüfung, Tests und Abstimmung mit dem Kunden können Fehler frühzeitig erkannt und behoben werden.

Nachteile

- **Komplexität:** Scrum kann für einige Teams und Projekte zu komplex sein, insbesondere wenn die Teams nicht gut darauf vorbereitet sind.
- **Unsicherheit für Kunden:** Kunden, die nicht mit agilen Methoden vertraut sind, können verunsichert sein, was den Fortschritt und die Endkosten des Projekts betrifft.
- **Hoher Kommunikationsaufwand:** Scrum erfordert eine kontinuierliche Kommunikation und Zusammenarbeit zwischen den Parteien, was für einige Unternehmen eine Herausforderung darstellen kann.

50 *Lutz/Bach*, Agile Softwareentwicklung – Werkvertrag oder doch Dienstvertrag? Betriebs-Berater 2017, 3016 (3019).

Praxistipp

Als IT-Jurist sollte man dem Unternehmen von Scrum abraten, wenn hier keine ausreichende Erfahrung gegeben ist!

Hier ist anzuraten, sich zunächst das entsprechende Know-how anzueignen oder in Form von externer Beratungsleistungen einzukaufen.

2.2.2.2.2.2. Softwarelizenzvertrag

Bei einem Softwarelizenzvertrag handelt es sich um einen Vertrag, durch den Lizenzen an Software eingeräumt werden. Klassisch sind dies Lizenzen an Standardsoftware. Aber auch Individualsoftware kann natürlich lizensiert werden, zB in Form von „customized" Standardsoftware. Dabei handelt es sich um Standardsoftware, welche individuell für den Kunden angepasst wurde. Lizensiert wird auf Dauer (Kauf oder Schenkung) oder für einen bestimmten Zeitraum (Miete), gegen Entgelt (Kauf oder Miete) oder unentgeltlich (Schenkung oder Leihe). Je nach Vertragstyp hat der Erwerber die entsprechenden Rechte bei Leistungsstörung.

Im Internet und in einschlägiger Fachliteratur wird eine Vielzahl an Vertragsmustern für Software-Kauf und -Miete bereitgestellt, weshalb diese im Einzelnen hier nicht vertieft behandelt werden.

An dieser Stelle soll nur auf zwei wichtige Punkte hingewiesen werden, die in der Praxis immer wieder vernachlässigt werden:

Neue Softwareversionen

Im Vertrag ist zu regeln, ob die Weiterentwicklung der Software direkt Vertragsbestandteil wird oder ob sie Teil eines Pflegevertrags (evtl auch mit einem Dritten) ist. Hier ist regelmäßig auch an die unterschiedlichen Interessen des Lizenzgebers und Lizenznehmers zu denken. Dem Lizenzgeber ist daran gelegenen, immer nur die neueste Version zu pflegen, dem Lizenznehmer ist evtl daran gelegen, dass sich die Software gerade nicht verändert, weil zB Schnittstellen (APIs) zu anderer Software davon betroffen wären.

Preisanpassungsklausel

Preisanpassungsklauseln machen bei Dauermietverhältnissen durchaus Sinn. Hier ist auf Transparenz zu achten.

2.2.2.2.2.3. Software-as-a-Service-(SAAS)-Vertrag (inkl SLA)

„Software as a Service" (kurz: SAAS) ist ein Modell für die entgeltliche Bereitstellung von Softwareanwendungen über das Internet. Dabei werden Standardsoftware-Anwendungen von einem Anbieter zentral gehostet (auf physischen Servern oder in der Cloud) und über das Internet an Kunden zur Verfügung gestellt.

Im Gegensatz zur herkömmlichen Software, die auf den Computern der Benutzer installiert werden muss, können SaaS-Anwendungen über Webbrowser von praktisch jedem Gerät mit Internetzugang genutzt werden. Einer der Vorteile dabei ist, dass die Software vom Anbieter jederzeit gewartet und upgedatet werden kann. Zudem müssen sich Nutzer keine Gedanken ums Hosting machen und erhalten regelmäßig fachkundigen Support. Diese Vorteile machen SAAS-Lösungen immer beliebter.

SAAS-Verträge sind typenkumulierte Verträge. Dabei werden die einzelnen Leistungen (Nutzung der Software, Wartung, Pflege, Hosting und sonstige Serviceleistung) den unterschiedlichen Bereichen des Mietvertragsrechts, des Werkvertragsrechts und ggf des Dienstvertragsrechts zugerechnet.

Auch oder gerade weil die Hauptleistungspflicht die entgeltliche Überlassung von Software ist, ist es wichtig beim SAAS-Vertrag, dass der Vertragsinhalt ausführlich und präzise beschrieben ist, damit nicht im Zweifel gesetzliche Vorschriften Anwendung finden. Warum das so ist, wird im nächsten Absatz klar.

Regelmäßig wird in einem Anhang zum SAAS-Vertrag ein separates Service-Level-Agreement (SLA) abgeschlossen. Hierin werden Qualitätsanforderungen festgelegt. In diesem ist zwingend festzulegen, wann und in welchem Umfang die Software nicht unterbrechungsfrei bereitgehalten wird (zB Wartungsfenster, Updates). Enthält das SLA zu den Verfügbarkeiten und Ausnahmen keine Bestimmungen, so bestimmt das zu Grunde liegende Mietrecht nämlich die Pflicht zur ununterbrochenen Bereitstellung der Software.

In den vom SAAS-Anbieter bereitgestellten SLAs sind regelmäßig auch Definitionen zu Mängeln (meist als „Fehler“ bezeichnet) sowie Reaktions- und Behebungszeiträume für diese zu finden. Die Folgen des Nichteinhaltens der vereinbarten (Server-)Verfügungszeiten, Reaktions- und Behebungszeiten sind allerdings regelmäßig nicht enthalten. Bei der Prüfung der Verträge durch den IT-Juristen sollten die SLAs daher nicht vernachlässigt werden. Fehlen die Konsequenzen bei Nichteinhaltung von vereinbarten Verfügbarkeitszeiten, Reaktions- und Behebungszeiträumen für Fehler, so reicht es in Vertragsverhandlungen mit dem Anbieter oft aus, zu argumentieren, dass die Vereinbarung von Verfügbarkeiten sowie Reaktions- und Behebungszeiten ohne Konsequenzen wenig Sinn machen und lediglich einem einseitigen Haftungsausschluss des Anbieters dienen. Anbieter sind sich dessen zwar bewusst, missachten diese Verpflichtung aber dennoch gelegentlich. Zumeist lässt sich der Anbieter aber aufgrund dieser Argumentation auf die Vereinbarung von Rechtsfolgen, wie Vertragsstrafen in Form von sog „Credits“ (meist als Gutschriften für den Folgemonat), ein. Zudem ist hier auch unbedingt an die Vereinbarung eines Sonderkündigungsrechts zu denken. Als Kunde ist es bei wiederholter Nichteinhaltung nicht zumutbar, am SAAS-Vertrag festzuhalten.

Da SAAS ein Hosting beim Anbieter voraussetzt, bringt dies gleichzeitig auch die Speicherung von (personenbezogenen) Daten des Nutzers beim Anbieter mit sich:

- **Auftragsdatenverarbeitungsvertrag:** Bei fast allen SAAS-Lösungen ist daher ein Auftragsdatenverarbeitungsvertrag für die Verarbeitung personenbezogener Daten abzuschließen, da personenbezogene Daten von den Nutzern in der vom Anbieter gehosteten SAAS-Plattform gespeichert werden.
- **Vertragsende:** Generell ist bezüglich aller Daten unbedingt zu regeln, was nach Beendigung des Vertrags mit diesen (für den Nutzer zumeist wichtigen Daten) geschieht. Hier ist an die Rückgabe der Daten durch den Anbieter an den Nutzer sowie Löschungspflichten zu denken. In manchen Fällen kann die Vereinbarung von Regelungen für eine direkte Übertragung vom alten auf einen neuen Anbieter sinnvoll sein.

2.2.2.2.2.4. Checkliste für IT-Verträge

Nachfolgende Checkliste bietet eine nicht abschließende Auswahl an Fragen, welche bei der Vertragsprüfung helfen sollen. Sie kann zudem als Vorlage für Fragen an die Fachabteilung für Projekte und Vertragsprüfungen gelten:

Generell vorab	• Wer wird Vertragspartner? Ist ein Reseller involviert? • Wessen Vertragsvorlage wird genutzt? Handelt es sich um AGB? Wie ist die Rangfolge der Dokumente? • Ist der Vertrag verhandelbar oder wird auf Akzeptanz geprüft? • Welches ist das anwendbare Recht im Vertrag? • Handelt es sich um einen Einzel- oder Rahmenvertrag?
Leistungs-umfang	• Was für ein Projekt ist geplant/was ist das Ziel der Zusammenarbeit? *(kurze Projekt-/Softwarebeschreibung [evtl als Anhang])* • Wer leistet was, wann und wo? *(Planung/Konzeptionierung, Entwicklung, Pflichtenheft, Anpassungen, Installation, Hosting, Wartung und Pflege, Support, Lizensierung, Schulung und Einweisung etc)* • Welche Dokumente gibt es und werden diese Vertragsbestandteil? • Gibt es allgemeine Anforderungen über die Art der Zusammenarbeit? *(Agiles entwickeln [Scrum], Projektmanagement, Konfliktlösungs- und Eskalationsverfahren etc)* • Welche Mitwirkungspflichten bestehen wann und unter welchen Voraussetzungen? • Bedarf es einer Regelung zu Change Requests und falls ja, in welchem Umfang?

Abnahme	• Was wird zur Abnahme vereinbart? *(Timeline, Verzugsregelungen, Verfahren, Abnahmefristen etc)* • Was gilt hinsichtlich Funktionsprüfungen/Tests? • Gibt es allgemeine Regelungen zur Lieferung? • Was gilt zu Mängelrügen?
SLA	• Welche Verfügbarkeit wird vereinbart? • Welche Sanktionen gibt es bei Nichteinhaltung? *(Preisnachlass, „Credits“, Schadenersatz etc)* • Gibt es Fehlerkategorien? • Welche Reaktions- und Lösungszeiten für Fehler werden vereinbart?
Rechte (geistiges Eigentum, Nutzungsrechte)	• Wer hat geistiges Eigentum? *(Software, Dokumente, Entwürfe etc)* • Was gilt bezüglich des Source Codes? *(Herausgabe, Bearbeitungsrecht, Exklusivität, Vertrieb, Escrow etc)* • Gibt es Lizenzvereinbarungen? Welche Rechte werden eingeräumt? • Wie wird mit bereits vorhandenem geistigem Eigentum bei gemeinsamen Entwicklungen umgegangen? • Wird OSS genutzt und wenn ja, was soll diesbezüglich gelten? • Wer hat welche Rechte an gespeicherten (personenbezogenen) Daten?
Vergütung	• Welche Zahlungsbedingungen gelten? *(Einmalzahlung, wiederkehrend, Abrechnungszyklus, Maximalvergütung [„Cap“] vereinbart, Abrechnung nach Aufwand, Preis per User, Währung, Preiserhöhungen, Abrechnungsmodalitäten und Fälligkeiten, Verzugszinsen, Mehrwertsteuer und Quellensteuer etc)* • Gibt es eine gesonderte Verrechnung von Sonderleistungen? *(Support, Schulungen, Reisekosten etc)*
Laufzeit und Kündigung	• Wie ist die Laufzeit geregelt? • Welche ordentlichen und außerordentlichen Kündigungsmöglichkeiten gibt es? • Gibt es Rückzahlungen von vorausgezahlten Vergütungen? • Was ist nach der Kündigung wichtig? *(Hilfe bei Datenübertragung etc)*

Gewährleistung und Haftung	• Welchen Umfang hat die Gewährleistung? *(Verweis auf gesetzliche Regelungen, Beschränkungen, Verkürzung der Verjährungsfristen etc)* • Wie lauten die Haftungsregelungen? *(Haftungsbegrenzungen, -ausschluss etc)* • Erfolgt eine Freistellung bei Verletzung von Rechten Dritter? *(Umfang, Verteidigungsprozess, Unterstützung durch Freizustellenden etc)* • Gibt es eine Versicherungspflicht? *(gegen Verlust und Schäden etc)*
Vertraulichkeit und Datenschutz	• Gibt es eine allgemeine Vertraulichkeitsklausel? Existiert bereits ein NDA? • Ist datenschutzkonforme Nutzung sichergestellt? • Werden personenbezogene Daten verarbeitet? Wenn ja, wo? *(Auftragsverarbeitungsvertrag, technische und organisatorische Maßnahmen, Datentransfer in die USA [SCC] etc)* • Bedarf es der Anpassungen von Privacy Policies?

2.2.2.2.3. Software in der Insolvenz

Aufgrund der Diskussion um die Insolvenzfestigkeit von Lizenzen in der Software ist vom IT-Juristen im Einzelfall zu überlegen, wann und ob eine Hinterlegung des Quellcodes, sog Escrow, bei einem unabhängigen Dritten (sog Escrow-Agent) oder Notar/Rechtsanwalt sinnvoll erscheint. Dies kann zB sinnvoll sein, wenn der Lizenzgeber den Quellcode nicht an den Lizenznehmer herausgeben will, allerdings bereit ist, in bestimmten Fällen einen Zugriff zu gewähren, bspw wenn Individualsoftware entwickelt und in der Folge vom Lizenzgeber gewartet wird und für diesen Zeitraum Know-how und Geschäftsgeheimnisse gewahrt werden sollen. Hauptherausgabefall könnte der Eintritt einer Insolvenz sein. Andere Herausgabegründe könnten die Einstellung der Unterstützung der Software, aber auch die Nichterfüllung von vertraglich oder rechtlich festgelegten Pflichten des Lizenzgebers sein. Tritt ein vereinbarter Herausgabefall ein, so erhält der Lizenznehmer den Quellcode vom Dritten. Wichtig ist, dass im Vertrag (aufschiebend bedingt) vereinbart wird, welche Nutzungsrechte der Lizenznehmer im Herausgabefall am Quellcode erhält. Die Herausgabe des Quellcodes kann auch gegen Zahlung eines zusätzlichen Entgelts vereinbart werden. Im Vertrag selbst ist zu vereinbaren, wer die Kosten (Abschlussgebühren des Hinterlegungsvertrags, Jahresgebühren, Herausgabegebühren etc) trägt.

Die folgende Checkliste bietet eine Auswahl von Überlegungen zur Entscheidung, wann Escrow sinnvoll ist:

- Es besteht die Gefahr einer Insolvenz des Softwareentwicklers.
- Es handelt sich um ein komplexes, teures Entwicklungsprojekt mit mehreren internationalen Partnern.
- Die lizensierte Software ist systemkritisch (Gefahr von Schäden), wenn diese nicht weiter genutzt werden kann und eine Ersatzbeschaffung fraglich ist.
- Die Beschaffung einer neuen Software ist unverhältnismäßig zeit- und kostenintensiv.
- Aus verschiedenen Gründen muss damit gerechnet werden, dass der Lizenzgeber die im Vertrag zugesicherten Leistungen nicht erbringen kann oder will (zB Ressourcenknappheit).

2.2.2.3. Einsatz von Legal Tech im IT-Recht

Legal Tech und IT-Recht haben eine ganz besondere Beziehung. Legal Tech ist, ganz einfach gesagt, die Digitalisierung des Rechtssystems, und zwar unabhängig vom jeweiligen Fachgebiet. Der IT-Jurist ist derjenige, welcher sich mit den rechtlichen Aspekten zur Regulierung von Legal Tech beschäftigt. Und genau in diesem erschließt sich seit ein paar Jahren ein gewaltiges neues Aufgabengebiet. Die Möglichkeiten von Legal Tech entwickeln sich dabei viel schneller als die Gesetzgebung, was zu rechtlichen Unsicherheiten, aber auch spannenden Diskussionen führt. Wenn Legal Tech im Unternehmen eingesetzt wird, bedarf es hierfür des Wissens eines IT-Juristen. Um es kurz zu machen: Legal Tech ist Teil des IT-Rechts.

Natürlich beschäftigen sich IT-Juristen nicht erst seit gestern mit elektronischer Dokumentenverwaltung, juristischen Fachdatenbanken, E-Signatur Tools und der immer weiter zunehmenden Digitalisierung der Vertragserstellung und -prüfung sowie „Legal Due Diligence“. Im Zeitalter von KI-Systemen und Blockchain-Technologie werden allerdings vollkommen neue Fragen nach Haftung, Transparenz, Urhebern, Datenschutz und ethischer Verantwortung aufgeworfen. Mit Spannung werden daher (zum Zeitpunkt der Entstehung dieses Buches) die sog KI-Verordnung („KI-VO“), die KI-Haftungsrichtlinie sowie die Änderung der Produkthaftungsrichtlinie in der EU erwartet.

KI-Systeme werden aus einer großen Menge an juristischen Texten und Daten in Zukunft sicher Wahrscheinlichkeitsvorhersagen, zB die Wahrscheinlichkeit von Verfahrensausgängen oder sogar für zu erwartende Argumente (innerhalb von Verfahren), machen können. Auch immer wiederkehrende standardisierte Rechtsfragen (zB Ansprüche von Verbrauchern) können von KI-Systemen geprüft werden. Die Möglichkeiten erscheinen hier endlos. Allerdings basiert KI grundsätzlich immer noch auf Mathematik und kann (noch) nicht die für die Beantwortung von komplexen Rechtsfragen unerlässlich vorzunehmende Bewertung und Einzelfallbetrachtungen vornehmen.

Bis KI-Systeme komplexe Rechtsfragen beantworten und strategische Beratung übernehmen können, wird dies also weiterhin Aufgabe von Juristen sein. Es bleibt spannend, ob dies überhaupt jemals der Fall sein wird und wo hier die Grenzen von KI liegen werden. Auch wenn es in Zukunft eine Menge Anwendungsfälle für Legal Tech im IT-Recht geben wird, wird es ohne Rechtsberatung von IT-Juristen zu Legal Tech wohl nicht gehen.

Der Praxistipp für den IT-Juristen im Unternehmen lautet, sich unbedingt mit dem Thema zu beschäftigen, Wissen zu generieren und sich mit IT-Experten auszutauschen. Im Sinne des Unternehmens ist der Einsatz von Legal Tech zu prüfen und zu evaluieren, wo und wie Legal Tech sinnvoll und rechtssicher im Unternehmen eingesetzt werden kann.[51] Längst sind zB KI-Textbots oder Large Language Models (LLMs) wie ChatGPT im Arbeitsalltag angekommen und werden von Mitarbeitern über alle Abteilungen hinweg genutzt. Anstelle eines Nutzungsverbots wird zur Bereitstellung von Guidelines und Durchführung von Schulungen geraten.[52] KI-Systeme lassen sich nicht mehr aufhalten, aber Unternehmen können diese zu ihrem Vorteil nutzen, indem sie ihre Mitarbeiter entsprechend schulen. Zudem kann das Teilen von (Unternehmens-)Daten und Informationen im Internet verhindert werden, indem kostenpflichtige Zugänge erworben werden.

2.2.2.4. IT-Verträge und US-Recht

Im IT-Sektor sitzen die großen Tech-Unternehmen nach wie vor in den USA und dominieren den weltweiten Markt. Diese Konzerne bestehen überwiegend auf einen Abschluss ihrer Musterverträge, die natürlich dem US-amerikanischen Recht unterliegen. Ein IT-Jurist muss sich daher zwangsläufig mit dem US-amerikanischen Recht auskennen. Da von großen Tech-Unternehmen in den meisten Fällen keine Verhandlung der Vertragsmuster akzeptiert wird, geht es für den Unternehmensjuristen vielfach daher (nur) um eine Risikobewertung. Kommt es allerdings doch einmal zur Verhandlung eines Vertrags nach US-amerikanischem Recht, ist davon abzuraten, den Vertrag zu kürzen. Die Länge von US-Verträgen hat Berechtigung und Sinn. Entgegen den kodifizierten und überschaubaren Rechtsordnungen in der EU gilt in den USA eine Vielzahl von schwer überschaubaren Fallentscheidungen als Präzedenz und Rechtsquelle. Diese Kasuistik und der Umstand, dass keine Auslegung nach Parteiwillen bei Regelungslücken[53] vorgenommen wird, führt dazu, dass US-Juristen Verträge erstellen, die bestenfalls keiner Ergänzung oder Auslegung bedürfen und umfangreiche Regelungen enthalten.

51 Siehe hierzu im Detail auch Kapitel 3.1.5. Legal Tech.
52 Siehe hierzu Kapitel 3.1.5.4. Künstliche Intelligenz (KI).
53 Vielmehr legt die hochkomplexe „Parol Evidence Rule“ genau fest, welche Art von Beweisen Parteien bei Vertragsstreitigkeiten zur Vertragsauslegung und der Schließung von Regelungslücken beibringen können.

Nachfolgend werden, nicht abschließend, ein paar wichtige Klauseln und Themen aufgeführt, welchen Beachtung geschenkt werden muss.

2.2.2.4.1. Copyright Laws

In Verträgen mit US-Unternehmen findet man immer wieder den Begriff „work made for hire". Entgegen dem europäischen Recht kann nach US-amerikanischem Copyright Law auch ein Unternehmen Urheber eines Werks sein. Durch das sog „work made for hire" gehen die ausschließlichen Nutzungsrechte (von Arbeitnehmern oder selbständigen Auftragnehmern) zum Zeitpunkt ihrer Entstehung automatisch an den Arbeitgeber/Auftraggeber über und dieser wird faktisch zum Urheber. Dem geistig Schöpfenden stehen damit keinerlei Urheberpersönlichkeitsrechte aus seiner schaffenden Leistung mehr zu. Dies ist auch der Grund, warum US-Kollegen regelmäßig ziemlich überrascht auf den im europäischen Recht zu findenden „Bestsellerparagraphen"[54] reagieren.

In Verträgen, in welchen – bspw aufgrund von Rechtswahl – österreichisches Recht anwendbar ist, macht die Nutzung des Begriffs „work made for hire" keinen Sinn, da hier österreichisches Urheberrecht anwendbar ist und eine Übertragung von Nutzungsrechten nur im Umfang und nach österreichischem Recht erfolgt.

2.2.2.4.2. Gewährleistung und Haftung

In Verträgen nach US-amerikanischen Recht findet man zunächst (wenn überhaupt) unter „Representations and Warranties" Vereinbarungen zur Gewährleistung der Beschaffenheit, gefolgt vom Ausschluss gesetzlicher Gewährleistungsansprüche („IMPLIED WARRANTIES", „FITNESS FOR A PARTICULAR PURPOSE" etc). Diese Klauseln sind aufgrund formeller gesetzlicher Vorgaben hervorzuheben. Gewählt wird hier daher meist die Großschreibung. Zudem kommt es in US-amerikanischen Verträgen durch die Art der Formulierung häufig zu komplizierten Ausnahmen von vereinbarten Haftungsausnahmeregeln und somit doch wieder zu einer Haftung. Hierbei ist es nicht einfach, den Überblick zu bewahren, was nun tatsächlich von der Haftung umfasst ist.

Anders als im österreichischen/deutschen Recht ist primärerer Anspruch im US-amerikanischen Recht der Schadenersatzanspruch und nicht der Erfüllungsanspruch, es sei denn, es käme zu einem nicht wiedergutzumachenden Schaden („irreparable harm"). Daher muss ein Nacherfüllungsanspruch als Rechtsbehelf ausdrücklich in den Vertrag aufgenommen werden, wenn dieser vereinbart werden soll.

Da die USA das Land der unbegrenzten Schadenersatzsummen sind, sind in Verträgen (immer) Haftungsbeschränkungen und -höchstgrenzen zu finden. So werden ua indirekte Schäden („INDIRECT DAMAGES") und entgangene Gewinne

54 § 37c UrhG (Ö); § 32a UrhG (D).

(„LOST OF PROFIT“) ganz ausgeschlossen und die Haftung für Schäden der Höhe nach insgesamt begrenzt. Hier ist zu überlegen, eine Versicherungsklausel in den Vertrag zu integrieren und der Höhe nach auf die dort vereinbarten (meist im Millionenbereich liegenden) Summen zu begrenzen, anstatt sich auf eine Begrenzung der Höhe nach, zB auf die vereinbarte Jahresvergütung oÄ, einzulassen. Ausgenommen werden von einer Begrenzung sollten auch eine Haftung bei Vorsatz, Verletzung von Geheimhaltung und Datenschutz sowie die Verpflichtung auf Freistellung.

Auch in Softwareverträgen nach österreichischem/deutschem Recht finden sich vielfach sog „Representations and Warranties“-Klauseln. Diese aus dem Angloamerikanischen kommenden Klauseln haben sich im Geschäftsverkehr längst durchgesetzt. Hinter diesen Begriffen stehen, wie zuvor aufgeführt, im US-amerikanischen Recht allerdings andere Rechtsfolgen als bei der Gewährleistung im österreichischen/deutschen Recht. Je nach anwendbarem Recht sollte diese Klausel daher genau geprüft und ggf angepasst werden.

2.2.2.4.3. Pauschalierter Schadenersatz statt Vertragsstrafen

Wie in der Überschrift des Kapitels bereits ersichtlich, sind Vertragsstrafen (bspw für Verzug) in den USA nicht wirksam. Sie stellen ein unzulässiges Druckmittel dar. Zulässig ist allerdings die Vereinbarung eines pauschalierten Schadenersatzes (sog „liquidated damages“). Voraussetzung hierfür ist:

(i) Ein voraussichtlicher Schaden ist ungewiss bzw schwer quantifizierbar und
(ii) der Betrag entspricht einer objektiv angemessenen Schadensvorausschätzung.

2.2.2.4.4. Resellérproblematik und EULA

Ein Thema, das IT-Juristen Kopfschmerzen bereitet, ist die sog „Resellerproblematik“. Diese (mindestens) Dreierkonstellation der Verträge wird vor allem von großen US-Unternehmen, nicht zuletzt aus steuerlichen Gründen, genutzt. Dabei schließt ein Kunde einen Vertrag über eine Software bzw Hardware mit einem Vertriebspartner (sog Reseller) und nicht direkt mit dem Hersteller.

Unproblematisch ist dabei ein Vertrag zwischen Reseller und Kunden, wenn der Reseller im eigenen Namen und auf eigene Rechnung Vertragspartner und Verantwortlicher für den Kunden wird, also wenn der Kunde etwaige Ansprüche aus Gewährleistung etc gegen den Reseller richten kann. Hier ist nur darauf zu achten, dass der Reseller dem Kunden nur insoweit Nutzungsrechte einräumt, als er diese zuvor vom Hersteller eingeräumt bekommen hat, damit er nicht später vom Kunden in Regress genommen werden kann. In den meisten Fällen ist die Vertragskonstellation allerdings eine andere. Der Reseller übernimmt nämlich nur die Verantwortung für seine Leistung. Das ist mind eine Funktion als bloßer Vertriebspartner und Zahlungsempfänger, evtl noch 1st Level Support. Hier sind verschiedene Konstellationen möglich. Im Vertrag mit dem Reseller wird dann auf die Vertragsbedingungen des Herstellers verwiesen, meist in Form von sog EULA (End User License Agreements), welche weitere Nutzungsbeschränkungen, Gewährleistungsausschlüsse und Haftungsbeschränkungen zum Nachteil des Kunden beinhalten. Fraglich ist bereits, ob diese EULA wirksam in den Vertrag mit dem Reseller einbezogen werden. Diese Frage mit einem US-Unternehmen oder dessen Reseller zu diskutieren, wird allerdings nicht zum gewünschten Erfolg führen. Zu denken ist hier auch wieder an das Problem der Einbeziehung von Vertragsdokumenten in einen Vertrag via Verlinkung. Der Inhalt der Verlinkung ist jederzeit einseitig abänderbar.

Praxistipp

Wünschenswert wäre in diesen Fällen natürlich ein Vertragsabschluss mit nur einem Vertragspartner. Fraglich ist allerdings, inwieweit der Reseller überhaupt gewährleisten kann, da es zB bei der Software auf den Zugriff auf den Quellcode (zur Mängelbeseitigung) ankommt. Gerade beim Abschluss mit großen US-Unternehmen wird ein Vertrag nur mit dem Reseller nicht durchsetzbar sein. Versucht werden kann, ein direktes Vertragsverhältnis mit dem Hersteller anzustreben und die Chance, somit individuell zu verhandeln. Das wird allerdings nur dann möglich sein, wenn der Kunde wichtig und lukrativ für den Hersteller ist (was in den seltensten Fällen der Fall sein wird). Daher wird hier nur die Möglichkeit bleiben, die EULA zu akzeptieren und auf eine Kopplung der Verträge sowie eine klare Bestimmung und Abgrenzung der Verantwortung der jeweiligen Partei (durch Anpassung der Resellerverträge) zu achten.

2.2.2.5. IT-Recht und Datenschutz

Nicht erst die Einführung der Datenschutz-Grundverordnung (DSGVO) hat Europa dazu bewogen, auf Datenschutz zu achten, jedoch wurde im Jahr 2018 der Datenschutz unbestreitbar einmal mehr in den Fokus gerückt. Das Thema Datenschutz ist untrennbar mit IT verknüpft. An dieser Stelle soll allerdings nur auf die Rolle, welche der Datenschutz bei IT-Systemen spielt, eingegangen werden, da dem Datenschutz selbst ausführlich ein nachfolgendes Kapitel gewidmet ist.

Die datenschutzrechtliche Beurteilung von Datenströmen bei komplexen IT-Systemen ist gerade dann komplex, wenn sie aus einer Vielzahl von IT-Lösungen Dritter bestehen und im globalen Umfeld zu beurteilen sind. Soll auf einer Webseite bspw ein Tracking Tool eingesetzt werden, ist die Einordnung des Webseitenbetreibers als Verantwortlicher/Controller und des Anbieters des Tracking Systems als Auftragsverarbeiter/Processor schnell getroffen. Wenn dieses System allerdings aufgrund des Trackings in Realtime 1:n-(one to many)-Werbung an die Webseite ausliefern soll, dann bedarf es hierzu soziodemografischer Daten. Kommt hierfür ein weiterer Anbieter ins Spiel, so ist die Antwort auf die Fragen, wer Verantwortlicher ist und wie mehrere Verantwortliche zueinanderstehen, ungleich komplizierter.

Diese Beurteilung findet am anderen Ende der Zeitschiene statt, nämlich da, wo Verträge abgeschlossen und IT-Systeme zum Einsatz kommen. Hier muss der Verantwortliche darauf achten, dass die von ihm gewählten IT-Systeme dem Datenschutz entsprechen. Der Verantwortliche haftet nach der DSGVO. Diese sieht dagegen keine Haftung für Hersteller vor. Entspricht ein Produkt nicht der DSGVO, liegt wohl (nur) ein Mangel am IT-System vor.

Allerdings ist es im wirtschaftlichen Interesse des Herstellers (nicht nur, um keinen Gewährleistungsrechten ausgesetzt zu sein), Datenschutz bereits bei der Entwicklung von IT-Systemen zu berücksichtigen. Dabei wird eine Software (aber auch Hardware) so konzipiert und entwickelt, dass sie Datenschutzanforderungen technisch und organisatorisch integriert und eine datenschutzfreundliche Voreinstellung bietet (sog *Privacy by Design* und *Default*).[55] Das ist nicht nur für einen Hersteller, der einen weltweiten Vertrieb seines Produkts plant, eine Herausforderung. Für den Nutzer ist durch eine erfolgte internationale Zertifizierung[56] erkennbar, dass der Hersteller unter Berücksichtigung des Datenschutzes entwickelt hat.

Der Vollständigkeit halber sei darauf hingewiesen, dass *Privacy by Design* and *Default* auch bei Webseitengestaltung relevant ist. So gibt es eine Reihe von Anforderungen an Datenschutzbestimmungen, wie deren Transparenz und einfache Zugänglichkeit für User. Im Sinne einer Datenminimierung sollte zudem auf die Nutzung möglichst weniger nicht technisch notwendiger Cookies geachtet werden. Webshops sollten nur die Daten sammeln, welche für eine Bestellung unbedingt notwendig sind.

2.2.3. Compliance

Compliance wird in der zunehmend regulierten Geschäftswelt zu einem entscheidenden Erfolgsfaktor für Unternehmen. Weltweit verpflichten immer mehr Gesetze, Verordnungen und Standards Unternehmen dazu, durch geeignete Maßnahmen Gesetzesverstöße von vorneherein zu verhindern.

Immer stärker entwickelt sich das Verständnis von Compliance jedoch weg von der reinen Legal Compliance hin zu einem umfassenderen Konzept. Dieses ganzheitliche Verständnis legt den Fokus auf die Förderung einer Compliance-Kultur im Unternehmen, welche neben den üblichen Compliance-Themen, wie Kartell- und Wettbewerbsrecht, Geldwäsche, Korruptionsprävention, Umgang mit Geschenken, Qualitätsmanagement und Arbeitssicherheit, die Werte ethischen Handelns und Nachhaltigkeit zusätzlich hervorhebt. Dies soll das Vertrauen in das Unternehmen stärken und langfristig zum Unternehmenserfolg beitragen.

Da das Thema Compliance allerdings ein derart umfangreiches Betätigungsfeld für Juristen darstellt, das im Detail zu erörtern den Umfang dieses Praxishandbuchs sprengen würde, beschränkt sich dieses Kapitel auf einige wesentliche Aspekte.

55 Vgl § 25 DSGVO.
56 ISO 27001.

2.2.3.1. Profil Compliance Officer

Neben seinem Fachwissen zeichnet sich der Compliance Officer durch seine analytischen und organisatorischen Fähigkeiten, Integrität und sein Verantwortungsbewusstsein (moralischer Kompass) aus. Zusätzlich verfügt er über sehr gute Kommunikationsfähigkeiten und Empathie, was entscheidend ist, um in herausfordernden Investigations- und Gesprächssituationen mit Mitarbeitern, Führungskräften und anderen Beteiligten gezielt und zugleich verständnisvoll vorzugehen. Gerade diese Situationen verlangen zudem Objektivität und ein hohes Maß an Resilienz.

Da Compliance alle Bereiche im Unternehmen betrifft, ist nicht zuletzt die Fähigkeit, Beziehungen aufzubauen und sich zu vernetzen, eine wesentliche Kompetenz des Compliance Officers. Ein gutes Netzwerk im Unternehmen sowie gute Beziehungen zu den Kollegen und Führungskräften ermöglichen erst ein effektives Compliance-Management, wie nachstehend detaillierter beschrieben.

2.2.3.2. Organisatorische Ansiedlung

Durch die enge Verflechtung der Compliance-Themen mit dem Recht ist es sinnvoll, die Compliance-Agenden in der Rechtsabteilung oder zumindest in deren Umfeld anzusiedeln. Sollte der designierte Compliance Officer keine juristische Ausbildung haben – was allerdings durchaus empfehlenswert ist und wovon in der Folge ausgegangen wird –, ist eine enge Zusammenarbeit mit (internen und/ oder externen) Juristen unerlässlich.

Eine der möglicherweise wichtigsten organisatorischen Maßnahmen im Hinblick auf den Compliance Officer ist, dessen Unabhängigkeit und Weisungsungebundenheit im Unternehmen sicherzustellen. Nur so kann der Compliance Officer seine Tätigkeiten objektiv und frei von Interessenkonflikten ausüben. Zudem fördert die gelebte Unabhängigkeit das Vertrauen der Mitarbeiter und ihre Bereitschaft, Verstöße und Bedenken ohne Angst vor Repressalien zu melden.

In den heikelsten Bereichen, wie Arbeitsrecht, Datenschutz oder auch Kartell- und Wettbewerbsrecht, ist es durchaus sinnvoll, juristische Fachexperten außerhalb der Compliance-Organisation im Unternehmen zu beschäftigen, die eng mit dieser zusammenarbeiten.

Die Sicherstellung der Compliance im Unternehmen ist eine rechtliche Verpflichtung der Geschäftsleitung. Der Compliance Officer übt seine Tätigkeit zwar unabhängig und weisungsfrei, jedoch im Interesse der Geschäftsleitung aus, um die Integrität und gesetzeskonformes Verhalten des Unternehmens sicherzustellen. Sein vorrangiges Ziel ist es, durch geeignete Maßnahmen die Haftungsrisiken der Geschäftsleitung zu minimieren.

2.2.3.3. Tätigkeitsschwerpunkte in der Compliance

Ein Compliance Management System (CMS) unterstützt das Unternehmen, die rechtlichen Verpflichtungen zu erfüllen und das Risikopotenzial aufgrund von Gesetzesverstößen zu reduzieren. Das CMS setzt sich aus Dokumenten, Prozessen, definierten Verantwortlichkeiten, Kontrollen und Tools zusammen, die auf die Bedürfnisse und Risiken des jeweiligen Unternehmens maßgeschneidert sind. Der Aufbau eines wirksamen CMS ist Hauptaufgabe des Compliance Officers.[57]

Üblicherweise erfüllt das CMS die drei Grundfunktionen der Compliance: Prävention, Aufdeckung und Reaktion. Viele der nachstehend ausführlicher beschriebenen Tätigkeiten ergeben sich aus der Umsetzung dieser Grundfunktionen.

2.2.3.3.1. Compliance-Dokumente

Der Compliance Officer entwickelt proaktiv Maßnahmen und Strategien, um von vornherein Gesetzesverstöße und ethisches Fehlverhalten zu verhindern. Eine entscheidende Aufgabe besteht darin, Compliance-Richtlinien und -Verfahren auszuarbeiten und umzusetzen, die sowohl für Mitarbeiter als auch für externe Beteiligte wie Geschäftspartner und Lieferanten verbindlich sind. Dies dient dazu, Unklarheiten zu vermeiden und klare Leitlinien für das tägliche Handeln der Beteiligten festzulegen. Es ist wichtig, Compliance-Richtlinien und Verhaltensgrundsätze (Code of Conducts) zu erstellen und diese im Unternehmen sowie in den Unternehmensprozessen zu verankern.

Diese festgeschriebenen Compliance-Richtlinien (zusammen mit Schulungen und Sensibilisierungsmaßnahmen) bilden die Grundlage dafür, Interessenkonflikte, Korruption, Wettbewerbsverstöße udgl zu vermeiden und eine Compliance-Kultur, die ethische Werte, Integrität und Nachhaltigkeit fördert, zu schaffen.

2.2.3.3.2. Risikomanagement und Audit

Der Compliance Officer identifiziert und bewertet Risiken und Schwachstellen für die Organisation, die sich aus der Nichteinhaltung rechtlicher Verpflichtungen oder ethischer Normen ergeben. Auf diesen Erkenntnissen aufbauend entwickelt er geeignete Maßnahmen, um diese Risiken zukünftig zu minimieren.

Ein probates Mittel zur Identifikation solcher Risiken sind sog Risk Assessments. Dabei werden spezifische Fragestellungen an bestimmte Personengruppen oder die gesamte Belegschaft des Unternehmens gestellt, um das Risikopotenzial dieser Themen zu bewerten. Diese subjektive Bewertung von bspw Geschäftsprozessen gibt dem Compliance Officer wertvolle Einblicke in potenzielle Gefahrenquellen und zeigt vor allem auf, wo verstärkter Schulungsbedarf besteht.

57 Wie bereits erwähnt, würde die detaillierte Ausführung sämtlicher Compliance-Aufgaben den Rahmen sprengen. Aus diesem Grund werden an dieser Stelle lediglich die wichtigsten Tätigkeitsschwerpunkte des Compliance Officers umrissen.

Regelmäßige interne Audits sind ebenfalls eine wirksame Maßnahme, um Verstöße, Fehlverhalten und Schwachstellen in den Unternehmensprozessen zu erkennen. Derartige Audits erfolgen anhand eines festgelegten Katalogs, der mitunter auch Schwerpunktkontrollen beinhaltet.

2.2.3.3.3. Hinweisgebersystem

Eine zentrale Verantwortung des Compliance Officers ist es, ein effektives Hinweisgebersystem im Unternehmen zu etablieren. Dieses ermöglicht es nicht nur Mitarbeitern, sondern auch externen Beteiligten, Verstöße gegen Gesetze, Compliance-Richtlinien oder ethische Standards sicher und anonym zu melden. Sobald ein Hinweis auf ein Fehlverhalten oder einen Verstoß eingeht, führt der Compliance Officer vertrauliche Untersuchungen (Investigation) zum gemeldeten Sachverhalt durch. Gleichzeitig stellt er sicher, dass der Hinweisgeber vor möglichen Repressalien geschützt ist.

Weiters informiert er das Management über potenzielle Verstöße sowie die Ergebnisse der Investigation. Wird durch die Investigation bestätigt, dass ein Verstoß vorliegt, gibt er Handlungsempfehlungen für die Entscheidungsträger ab und arbeitet an präventiven Maßnahmen, um zukünftige Verstöße zu verhindern. Eine sorgfältige Dokumentation des gesamten Whistleblowing-Prozesses gehört ebenfalls zu den Pflichten des Compliance Officers, um eine transparente Nachverfolgung zu gewährleisten und die Integrität des Hinweisgeberprogramms zu wahren.

2.2.3.3.4. Schulung und Sensibilisierung in der Compliance

Das weitreichende Gebiet der Compliance erfordert natürlich einen erheblichen Schulungs- und Sensibilisierungsaufwand. Regelmäßige Sensibilisierungsmaßnahmen ergänzen schwerpunktmäßige Schulungen für bestimmte Personengruppen oder zu konkreten Themen. Tatsächlich erstrecken sich Compliance-Schulungen auf sämtliche Bereiche, die mit der Einhaltung von Gesetzen, Normen und Standards in Zusammenhang stehen. Zusätzlich haben Compliance-Schulungen auch Themen wie den verantwortungsvollen Umgang mit Unternehmensinformationen oder den sicheren Umgang mit IT-Systemen (IT Security) zum Inhalt und decken auch Aspekte wie eine effektive Meetingkultur, Unternehmenswerte oder Unternehmensstrategie ab.

Diese Schulungen und Sensibilisierungsmaßnahmen erhöhen nicht nur das Bewusstsein für Compliance im Unternehmen, sie tragen auch dazu bei, eine Kultur der Ethik und Integrität im Unternehmen zu fördern und so einem ganzheitlichen Verständnis von Compliance gerecht zu werden.

Der Erfolg eines CMS hängt maßgeblich von der Unterstützung und der Beteiligung der Geschäftsleitung ab. Wenn das Management ein starkes Engagement für Compliance zeigt, werden auch die Mitarbeiter und andere Führungskräfte diesem Vorbild folgen und sich an gesetzlichen und ethischen Standards orientieren.

Es ist mitunter die wichtigste Aufgabe des Compliance Officers, ein tieferes Verständnis für Compliance bei der Geschäftsleitung zu fördern. Dies schafft er durch die aktive Einbeziehung der Entscheidungsträger in die Entwicklung und Überprüfung der Compliance-Maßnahmen und -Richtlinien, regelmäßige Berichterstattung über die Fortschritte von Compliance-Initiativen, offene Kommunikation und kontinuierlichen Dialog zu den compliancerelevanten Themen.

2.2.3.4. Einsatz von Legal Tech in der Compliance

Der Einsatz von Legal Tech kann die Compliance-Prozesse wesentlich unterstützen. Spätestens seit dem Hinweisgeberschutzgesetz sind bspw Hinweisgebersysteme nicht mehr aus den Unternehmen wegzudenken. Aber auch umfassende Compliance-Softwarelösungen sind auf dem Vormarsch. Diese Systeme ermöglichen eine transparente Kommunikation und Dokumentation bei Compliance-Vorfällen, unterstützen bei der Erstellung von Compliance-Berichten, vereinfachen die Ausrollung von Risk Assessments und Fragebögen bei den Mitarbeitern, Kunden und Lieferanten, automatisieren den Freigabeprozess zur Vermeidung von Korruptionsrisiken und Interessenkonflikten (gift-approval) und unterstützen bei der Erfüllung der Lieferkettensorgfaltsverpflichtungen.

2.2.4. Datenschutzrecht

Inzwischen braucht es die Erwähnung drohender hoher Bußgelder wohl gar nicht mehr; das entsprechende Bewusstsein und die damit einhergehende Priorisierung von Datenschutzthemen sind inzwischen (hoffentlich) auch im verschlafensten Unternehmen und damit in den Rechtsabteilungen angekommen.

Obwohl er ein Teilgebiet der Compliance ist, stellt der Datenschutz ein in der unternehmensjuristischen Praxis besonders bedeutendes Fachgebiet dar, dem ein ausführliches, eigenständiges Kapitel zusteht.

2.2.4.1. Profil Datenschutzjurist

Neben der notwendigen Fachkenntnis hat der Datenschutzjurist ein gewisses Grundinteresse bzw eine Affinität zu Technik bzw IT. Technische Vorgänge, Datenflüsse und Zusammenhänge zu verstehen, erleichtert die Arbeit als Datenschutzjurist immens.

Fähigkeiten wie strategisches Denken, Prozessorientierung und Projektmanagement helfen, die im Datenschutz notwendigen Prozesse im Unternehmen zu etablieren und im Bedarfsfall umzusetzen. Da leider viele Menschen Datenschutz immer noch als „geschäftsverhindernd" empfinden, sind gute Kommunikations- und Selbstmarketingfähigkeiten vorteilhaft. Die Thematik proaktiv und positiv zu vermitteln, ist das Um und Auf. Der Datenschutzjurist ist somit Unterstützer und Coach der Kollegen, nicht die Datenschutzpolizei!

Darüber hinaus sind kreative Lösungsansätze von Vorteil, um Datenschutzanforderungen effektiv in die Unternehmenspraxis zu integrieren, ohne dabei die Geschäftstätigkeit zu beeinträchtigen.

2.2.4.2. Organisatorische Ansiedlung

Beschäftigt das Unternehmen eigene Datenschutzjuristen – und hat damit die Datenschutzhoheit nicht extern an Beratungsfirmen vergeben –, sind diese oft Teil der allgemeinen Rechts- oder Compliance-Abteilung. Eigene Datenschutzabteilungen mit mehreren Datenschutzjuristen gibt es eher in sehr großen oder datenschutzrechtlich exponierten Unternehmen, wie Automobil-, Lebensmittel- und Tech-Konzernen sowie E-Commerce-Unternehmen. In weniger exponierten Branchen oder kleineren Unternehmen sind eigene Datenschutzabteilungen hingegen selten. Wichtig sind in jedem Fall eine klare Rollenverteilung und Verantwortlichkeit für den Datenschutz.

In vielen Fällen ist die Hauptverantwortlichkeit für den Datenschutz im Unternehmen im IT-Umfeld angesiedelt, da Datenschutz auf den ersten Blick eher technisch orientiert erscheint. Nichtsdestotrotz hat es sich in der Praxis durchaus bewährt, die Verantwortung für Datenschutzangelegenheiten im Unternehmen in die Hände von Juristen zu legen. Die Datenschutzorganisation profitiert dabei vom strategischen Denken sowie der prozessorientierten Herangehensweise der Juristen. Auf dieser Grundlage gehen wir in der Folge davon aus, dass der Datenschutzjurist die führende Rolle in Bezug auf Datenschutzangelegenheiten im Unternehmen übernimmt. Unabhängig von der Größe und Komplexität der Unternehmensstruktur wird der Datenschutzjurist trotzdem eng mit der IT-Abteilung, insbesondere mit der IT-Security, zusammenarbeiten. Ganz gleich, ob die Verantwortung für den Datenschutz bei den Juristen oder im IT-Bereich liegt, die Letztverantwortung für die Einhaltung des Datenschutzes liegt immer bei der Geschäftsführung. Ein direkter Berichtsweg des Datenschutzjuristen an die Geschäftsführung ist daher anzuraten.

Darüber hinaus empfiehlt es sich, in datenschutzrechtlich kritischen Abteilungen (Personalabteilung, Marketing, Sales etc) eigene Datenschutzkoordinatoren zu etablieren. Diese Datenschutzkoordinatoren haben ein Auge auf datenschutzrechtlich relevante Prozesse und Überlegungen innerhalb der jeweiligen Fachabteilung. Weiters unterstützen sie die verantwortlichen Personen bei der Bearbeitung von Betroffenenrechten, indem sie die in der Abteilung verarbeiteten Daten sammeln, diese bzw Informationen darüber zur Verfügung stellen und sie entsprechend berichtigen oder löschen.

Innerhalb einer Unternehmensgruppe hat im besten Fall jedes Unternehmen eine eigene, ggf kleinere Datenschutzorganisation, welche durchaus zentral aus der Konzernmutter koordiniert werden kann. Die lokalen Datenschutzkoordinatoren sind für die Anpassung der globalen Vorgaben an lokales Recht, die Implementierung von Prozessen in der jeweiligen Betriebseinheit sowie die Bearbeitung rein lokaler Datenschutzvorkommnisse zuständig.

Unter gewissen gesetzlichen Voraussetzungen[58] ist ein Datenschutzbeauftragter zu bestellen. Die Position kann sowohl von einem Mitarbeiter des Unternehmens als auch von einem externen Berater oder Rechtsanwalt besetzt werden. Die DSGVO legt in Art 39 sogar einen klaren Aufgabenkatalog für Datenschutzbeauftragte fest. Zu den wichtigsten Aufgaben zählen die Bereitstellung von Informationen und Beratung des Unternehmens hinsichtlich seiner datenschutzrechtlichen Pflichten sowie die Überwachung und Überprüfung der Einhaltung derselben. Darüber hinaus ist der Datenschutzbeauftragte Ansprechpartner für die Datenschutzbehörde und übernimmt die Zusammenarbeit mit dieser. Der angeführte Aufgabenkatalog legt nahe, dass der bestellte Datenschutzbeauftragte nicht primär für die operative Umsetzung im Unternehmen verantwortlich sein sollte, um potenzielle Interessenkonflikte bei der Überwachung und Kontrolle seiner eigenen Tätigkeiten zu vermeiden.

2.2.4.3. Tätigkeitsschwerpunkte im Datenschutzrecht

Die wichtigste Aufgabe von Datenschutzjuristen ist die Sicherstellung datenschutzrechtlicher Compliance. Dies erfolgt im Wesentlichen durch datenschutzrechtliche Beratung der Unternehmensführung sowie der Kollegen aus den Fachabteilungen. Diese datenschutzrechtliche Beratung umfasst ua die Prüfung von (geplanten) Datenverarbeitungen, Applikationen und Dienstleistungen sowie Verträgen, die Erstellung von Datenschutzerklärungen, Vertragsmustern und Richtlinien, die Implementierung von Datenschutzprozessen sowie Schulungsmaßnahmen. Alle Tätigkeiten sind auf maximale Risikominimierung für das Unternehmen durch die Herstellung datenschutzrechtlicher Compliance ausgerichtet.

2.2.4.3.1. Verarbeitungstätigkeiten

Gemäß den Bestimmungen der DSGVO und der lokalen Datenschutzgesetze ist die Verarbeitung personenbezogener Daten grundsätzlich nicht erlaubt, es sei denn, es liegt ein Rechtfertigungsgrund[59] für die Datenverarbeitung vor (Prinzip der unberechtigten Verarbeitung). Eine der Hauptaufgaben des Datenschutzjuristen ist es daher, sämtliche Datenverarbeitungsvorgänge im Unternehmen zu identifizieren, ihre gesetzmäßige Durchführbarkeit zu bewerten und die entsprechenden Rahmenbedingungen für die Verarbeitungstätigkeiten festzulegen. Das stellt sicher, dass die unternehmensinternen Verarbeitungstätigkeiten den gesetzlichen Anforderungen entsprechen.

58 Art 37 ff DSGVO.
59 Art 6 DSGVO.

Dabei hat der Datenschutzjurist nicht nur bereits bestehende Datenverarbeitungen im Blick, denn neue Technologien halten in alle Fachbereiche Einzug. Die Herausforderung für Datenschutzjuristen ist es, zu prüfen, ob und wie von den Fachabteilungen gewünschte Softwareanwendungen (Applikationen) und damit verbundene Datenverarbeitungsprozesse rechtlich unbedenklich eingesetzt werden können (Stichwort: Software Due Diligence). Leider berücksichtigen viele Softwareanbieter nach wie vor die Grundsätze des Art 25 DSGVO – *privacy by design*[60] und *privacy by default*[61] – nicht im ausreichenden Ausmaß. In diesen Fällen obliegt es mitunter dem Datenschutzjuristen, erforderliche Anpassungen der gewünschten Software mit dem Anbieter zu verhandeln. Das ist notwendig, um eine DSGVO-konforme Datenverarbeitung für das eigene Unternehmen als Verantwortlicher sicherzustellen.

Insbesondere für Unternehmen in der Softwareentwicklung und Auftragsverarbeitung sind die zuvor erwähnten Grundsätze des Art 25 DSGVO im Hinblick auf ihre Produkte und Dienstleistungen von entscheidender Bedeutung. In diesem Fall berät der Datenschutzjurist über die unternehmensinternen Datenverarbeitungen hinaus auch in Bezug auf die eigenen Produkte und Dienstleistungen.

Obwohl der Softwarehersteller in vielen Fällen nicht selbst Verantwortlicher für die mit seinem Produkt durchgeführten Verarbeitungstätigkeiten ist, ist ihm bekannt, dass der Verantwortliche die Grundsätze der DSGVO einzuhalten hat. Den Kunden durch das eigene Produkt oder die Dienstleistung dabei proaktiv zu unterstützen, ist unerlässlich für die eigene Wettbewerbsfähigkeit. Darüber hinaus verhindert die Integration der oben genannten Grundsätze in Produkte und Dienstleistungen das Risiko potenzieller Gewährleistungsansprüche seitens der Kunden. Idealerweise unterstützt daher der Datenschutzjurist die Kollegen aus der Technik und Produktentwicklung von Beginn an bei der Umsetzung des Datenschutzes durch Technikgestaltung und datenschutzfreundliche Voreinstellungen im Produkt oder der Dienstleistung.[62]

Sämtliche Verarbeitungstätigkeiten, einschließlich der Verarbeitungstätigkeiten im Auftrag als Auftragsverarbeiter, sind in einem Verarbeitungsverzeichnis (VVZ) zu erfassen. Es ist zwar nicht zwangsläufig die Aufgabe des Datenschutzjuristen, dieses Verzeichnis operativ zu verwalten, der zuständige Jurist sollte trotzdem einen Überblick über die erfassten Verarbeitungstätigkeiten und die zugrunde liegenden Rechtsgrundlagen haben. Zumindest einmal jährlich sollte ein diesbezügliches internes Audit durchgeführt werden.

---

60 Datenschutzrechtliche Grundsätze sind bei der Entwicklung des Produkts bereits mitberücksichtigt. Dies ermöglicht es, Datenschutzrisiken von vorneherein zu minimieren, indem Sicherheitsmaßnahmen und Datenschutzpraktiken in die Produktgestaltung integriert werden.

61 Datenschutzfreundliche Voreinstellungen ermöglichen es auch unbedarfteren Nutzern, ihre Daten zu schützen. Dies fördert einen proaktiven Datenschutz.

62 Ausführliche Handlungsempfehlung für die Umsetzung des Datenschutzes durch Technikgestaltung und datenschutzfreundliche Voreinstellungen sind in der EDSA-Leitlinie 04/2019 zu finden.

Praxistipp

Werden VVZ in tabellarischer Form (Excel) erstellt, ist von einer sehr detaillierten, auf einzelne Verarbeitungsschritte bezogenen Ausgestaltung abzuraten. Hier empfiehlt es sich tatsächlich, sich am von der DSGVO[63] geforderten Inhalt zu orientieren, um im Fall, dass die Behörde das VVZ anfordert, den Anforderungen zu genügen. Eine Orientierungshilfe für die Erfassung der Datenverarbeitungen im VVZ bietet bspw Anlage 1 der Standard- und Musterverordnung 2004, auch wenn diese durch das Datenschutz-Anpassungsgesetz 2018 aufgehoben wurde.

Wird das VVZ hingegen softwaregestützt geführt, bietet eine detaillierte Auflistung der einzelnen Verarbeitungstätigkeiten klare Vorteile. Diese Programme führen üblicherweise eine systematische Aufzeichnung der einzelnen Datenverarbeitungen durch, was eine Übersichtlichkeit gewährleistet, die bei Excel-Tabellen leicht verloren geht. Derartig toolgestützte Verarbeitungsverzeichnisse erlauben einen gesamthaften Überblick über die Datenverarbeitungen im Unternehmen, einschließlich der verantwortlichen Ansprechpartner und einer Risikobewertung.

Die frühzeitige Einbindung des Datenschutzjuristen bei der Planung von Datenverarbeitungen ist unerlässlich, um mögliche Risiken für die betroffenen Personen aus dieser Datenverarbeitung festzustellen und ggf notwendige Datenschutzfolgenabschätzungen (DSFA) durchzuführen. Auch langjährig bestehende Datenverarbeitungsvorgänge im Unternehmen bedürfen einer kritischen Überprüfung hinsichtlich der Notwendigkeit einer DSFA. Die sorgfältige Dokumentation sowie regelmäßige Überprüfung sowie Aktualisierung der DSFAs („*Die Durchführung einer DSFA ist keine einmalige Aufgabe, sondern ein kontinuierlicher Prozess.*“[64]) liegen ebenfalls im Aufgabenbereich des Datenschutzjuristen.

Die Prüfung, ob eine DSFA notwendig ist, erfolgt nach folgendem Schema:[65]

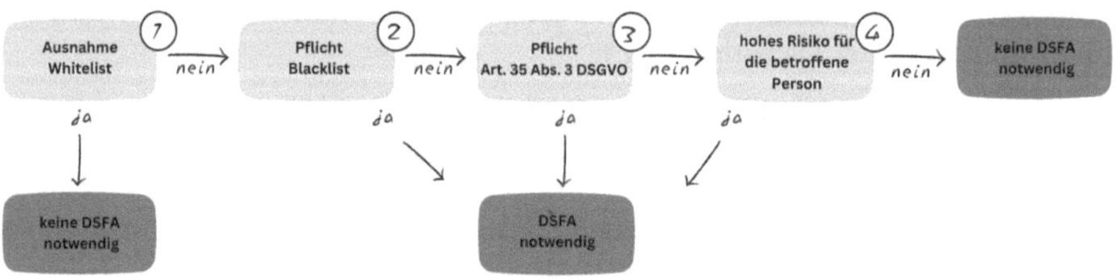

Abb 5: Prüfschema DSFA [erstellt mit Canva].

63 Vgl Art 30 DSGVO.

64 Leitlinie zur Datenschutz-Folgenabschätzung (DSFA) und Beantwortung der Frage, ob eine Verarbeitung im Sinne der Verordnung 2016/679 „wahrscheinlich ein hohes Risiko mit sich bringt“, WP 248 Rev 01.

65 Die Ausnahmen von der DSFA, sog Whitelist, wurde mit der 108. Verordnung der Datenschutzbehörde über die Ausnahmen von der Datenschutz-Folgenabschätzung (DSFA-AV), BGBl II 2018/108, veröffentlicht. Die Blacklist wurde mit der Verordnung der Datenschutzbehörde über Verarbeitungsvorgänge, für die eine Datenschutz-Folgenabschätzung durchzuführen ist (DSFA-V), BGBl II 2018/278, veröffentlicht.

Hinsichtlich der Bewertung und Erstellung einer DSFA gibt die oben zitierte Leitlinie 248 durchaus praxistaugliche Hinweise. Eine Lektüre derselben ist daher empfohlen. Auch findet man eine Vielzahl an Vorlagen und Muster-Anleitungen für die Erstellung einer DSFA im Internet (bspw WKO, IHK).

Praxistipp

Formblätter (Checklisten) für die Vorprüfung sowie Musterdokumente für die DSFA führen nicht nur durch den Prozess, sondern fördern die Effizienz.

2.2.4.3.2. Vertragsrecht im Datenschutzrecht

In der Datenschutzpraxis gehören Vertragserstellung und -prüfungen zu den Kernaufgaben der zuständigen Juristen. Art 4 DSGVO legt klare Rollen[66] für die handelnden Akteure fest und verlangt, je nach Rollenverteilung, entsprechende Vereinbarungen.

Datenschutzrechtliche Rollenverteilung – Überblick

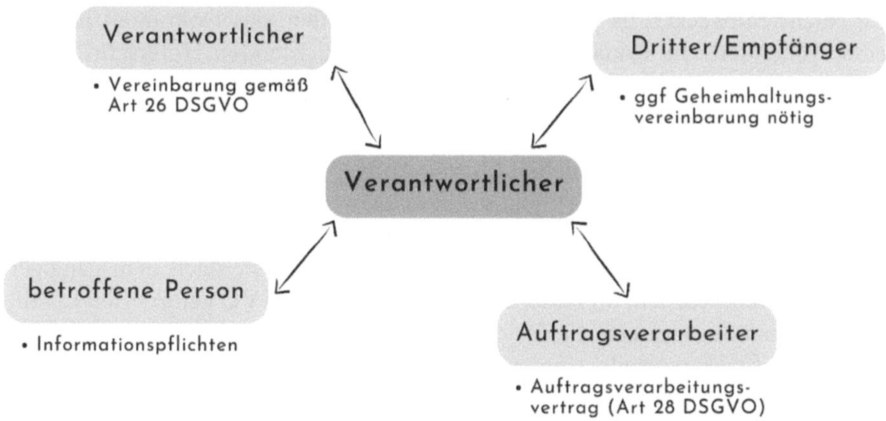

Abb 6: Rollenverteilung [erstellt mit Canva]

Die Grafik bietet einen Überblick über die verschiedenen Akteure im Kontext der DSGVO und die notwendigen Vereinbarungen, die in ihren jeweiligen Beziehungen zueinander getroffen werden müssen. Im Folgenden wird näher auf die unterschiedlichen Konstellationen eingegangen, wobei der Fokus auf der Auftragsverarbeitung sowie der gemeinsamen Verantwortung liegt. Um das Bild zu komplettieren, sei erwähnt, dass der Verantwortliche im Hinblick auf die Betroffenen natürlich in der Pflicht steht, diese umfassend über die Verarbeitung ihrer personenbezogenen Daten zu informieren.

66 Art 4 DSGVO; ausführlicher in der EDSA-Leitlinie 07/2020 zu den Begriffen „Verantwortlicher" und „Auftragsverarbeiter" in der DSGVO, Version 2.0, angenommen am 7.7.2021.

Auftragsverarbeitung

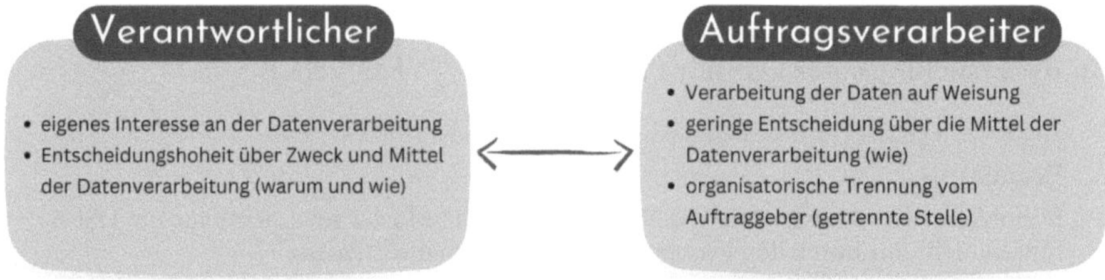

Abb 7: Verantwortlicher – Auftragsverarbeiter [erstellt mit Canva]

Werden die Geschäftspartner als Verantwortlicher und Auftragsverarbeiter identifiziert, ist ein Auftragsverarbeitungsvertrag (AVV) oder sonstiges verbindliches Rechtsinstrument als Basis für die Auftragsverarbeitung erforderlich. An diese rechtliche Grundlage der Datenverarbeitung stellt die DSGVO klare inhaltliche wie auch formelle Anforderungen. So ist ausdrücklich geregelt, dass hier Schriftlichkeit notwendig ist, wobei auch ein elektronisches Format genügt. Zu Nachweiszwecken ist jedoch dringend empfohlen, das Dokument mit den entsprechenden, die Erklärenden eindeutig verpflichtenden Unterschriften zu versehen.[67]

Aufgrund der klaren Anforderungen des Art 28 DSGVO an die Regelungsinhalte werden von verschiedenen Stellen Muster-Auftragsverarbeitungsverträge im Internet bereitgestellt. Darüber hinaus gibt es inzwischen auch Standardvertragsklauseln der europäischen Kommission,[68] denen sich die Vertragsparteien unterwerfen können. Die Praxis zeigt, dass Verträge, sofern sie nach dem gängigen Schema erstellt wurden, im Hinblick auf die von der DSGVO geforderten Inhalte kaum Verhandlungen erfordern. Sorgfältig erstellte Musterverträge bieten daher nicht nur Effizienzvorteile, sondern stellen auch sicher, dass die rechtlichen Anforderungen angemessen erfüllt werden.

Unter Umständen ist es für Auftragsverarbeiter sinnvoll, einseitig bindende Verpflichtungserklärungen nach Art 28 DSGVO für bestimmte (Standard-)Services bereitzuhalten. Dies spart zum einen Zeit und Ressourcen, insbesondere in Fällen, in denen keine individuellen Vereinbarungen für die Auftragsverarbeitung erforderlich sind. Andererseits dient eine derartige Verpflichtungserklärung als Schutzmechanismus für den Fall, dass der Auftraggeber seiner Verpflichtung, eine Vereinbarung zu treffen, nicht nachkommen möchte. Obwohl eine einseitige Erklärung nur den Auftragsverarbeiter, nicht jedoch den Verantwortlichen ver-

67 Siehe auch die Empfehlung des EDSA in der Leitlinie 07/2020.

68 Siehe Standardvertragsklauseln zwischen Verantwortlichen und Auftragsverarbeitern der europäischen Kommission: https://commission.europa.eu/publications/standard-contractual-clauses-controllers-and-processors-eueea_de (abgerufen am 19.1.2024) oder Kapitel 2.2.4.8. – Link 1.

pflichten kann, schafft sie dennoch eine rechtliche Grundlage, um die grundlegenden Datenschutzanforderungen zu definieren und die Verantwortlichkeiten der Parteien zu klären.[69] Die Pflicht nach Art 28 DSGVO gilt wohlgemerkt sowohl für den Verantwortlichen als auch den Auftragsverarbeiter und das Fehlen einer schriftlichen Basis stellt einen Verstoß gegen die DSGVO dar.

Praxistipp

Gerade im Hinblick auf IT-Dienstleistungen ist für Juristen und oft auch die Auftraggeber nicht zwingend auf den ersten Blick ersichtlich, ob tatsächlich eine Auftragsverarbeitung stattfindet. Die Rückfrage, ob auf der von der Dienstleistung umfassten Systemebene personenbezogene Daten verarbeitet werden, sollte daher unbedingt erfolgen.[70]

Findet im konkreten Auftragsfall keine Verarbeitung personenbezogener Daten statt, ist von einem AVV abzuraten. Abgesehen davon, dass Verträge ohne Notwendigkeit generell vermieden werden sollen, enthalten AVVs umfangreiche Pflichten für den Auftragsverarbeiter, wie die Implementierung von Datensicherheitsmaßnahmen, das Führen eines Verarbeitungsverzeichnisses etc, derer es eigentlich nicht bedarf.

Gemeinsame Verantwortung

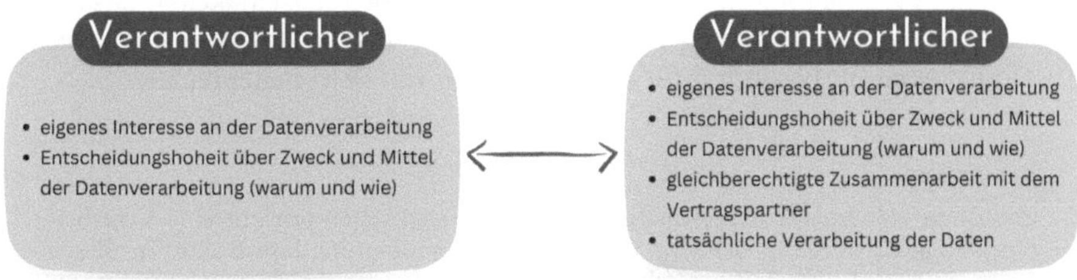

Abb 8: Verantwortlicher – Verantwortlicher [erstellt mit Canva]

Während Auftragsverarbeitungsverhältnisse in der Regel leicht als solche zu erkennen sind und standardisierte Vereinbarungen erlauben, stehen Datenschutzjuristen bei gemeinsamen Verantwortlichkeiten vor komplexeren Herausforderungen. Social Media, zentrale Datenbanken im Unternehmensverbund und Forschungs- und Entwicklungsprojekte sind nur einige Bereiche, bei denen Warnsignale aufleuchten sollten. Während die Social-Media-Thematik hinrei-

69 Die einseitige Verpflichtungserklärung des Auftragsverarbeiters ist durchaus in der Literatur diskutiert. Nicht zuletzt deswegen, da in der einseitigen Erklärung naturgemäß zwar die Rechte, nicht aber die Pflichten des Auftraggebers geregelt werden können. Dass der Auftraggeber über Zweck und Mittel der Datenverarbeitung entscheidet, kann allerdings in der Praxis mit einem Verweis auf bspw einen Dienstleistungsvertrag, in dem eben der Leistungsumfang des Auftragsverarbeiters beschrieben ist, gelöst werden.

70 Beispiel: Wird IT-Support beim Kunden nur auf Steuerungsebene erbracht, werden lediglich Maschinendaten ausgelesen, nicht jedoch personenbezogene Daten, da diese im darüberliegenden IT-System verarbeitet werden.

chend ausjudiziert ist[71] und die Betreiber dieser Plattformen inzwischen Standardverträge für die gemeinsame Verantwortung bereitstellen, fordern gemeinsame Datenverarbeitungen in Unternehmensgruppen oder mit sonstigen Dritten die Datenschutzjuristen nach wie vor.[72] In vielen Unternehmensgruppen gibt es zentrale Personal- und Kundendatenbanken, unternehmensübergreifende Forschungs- und Entwicklungsprojekte, statistische Auswertungen udgl. Da die DSGVO leider keinen Konzernvorbehalt kennt, sind verbundene Unternehmen als Dritte im Sinne der DSGVO einzuordnen.

Ergibt die Prüfung der Rollen hinsichtlich (geplanter) Datenverarbeitungen, dass die Akteure (zwei oder durchaus auch mehrere) gemeinsam als Verantwortliche agieren, ist eine Vereinbarung über die gemeinsame Verantwortung nach Art 26 DSGVO (sog Joint Controller Agreement) abzuschließen. Diese Verträge sind mitunter komplex, da sie im Gegensatz zu AVVs, die sich auf das Verhältnis zwischen den Parteien beschränken, eine klare Zuweisung von Verantwortlichkeiten, Aufgaben und Zuständigkeiten der gemeinsam Verantwortlichen im Hinblick auf sämtliche Bestimmungen der DSGVO erfordern. Eine ausführliche Regelung ist – nicht zuletzt aufgrund der durch die gemeinsame Verantwortlichkeit begründeten gesamtschuldnerischen Haftung aller gemeinsam Verantwortlichen – unerlässlich. Diese Verträge erfordern daher nicht nur von Gesetzes wegen eine genaue Aufschlüsselung der Verarbeitungstätigkeiten (Verarbeitungszweck, wer führt die Verarbeitungstätigkeiten tatsächlich durch, wie werden diese durchgeführt, Informationspflichten etc) sowie klar geregelte Zuständigkeiten (insbesondere für die Behandlung von Betroffenenrechten[73]).

Praxistipp

Gerade in verbundenen Unternehmen handelt es sich selten um nur eine Verarbeitungstätigkeit, sondern vielmehr um komplexe Verarbeitungskonstrukte. In diesen Fällen empfiehlt sich eine grafische Darstellung, welche die einzelnen Verarbeitungstätigkeiten, die daran beteiligten Unternehmen sowie ihre jeweiligen Rollen veranschaulicht. Gerade im Unternehmensverbund können unterschiedliche Rollen im Hinblick auf eine Verarbeitungstätigkeit auftreten.

Eine „Konzernvereinbarung nach Art 26 und 28 DSGVO" schafft die Möglichkeit, sämtliche Auftragsverarbeitungen wie auch gemeinsame Verantwortlichkeiten der verbundenen Unternehmen in einem Vertrag zu regeln. Zusätzlich empfiehlt es sich bei Konzernstrukturen, einen Hauptverantwortlichen zu bestimmen, der die Verantwortung für die Kommunikation mit den Datenschutzbehörden übernimmt. Damit sind grundsätzlich sämtliche Datenschutzverletzungen, welche im Zuständigkeitsbereich der gemeinsamen Verantwortlichkeit liegen, im Land des Hauptverantwortlichen zu behandeln. Diese Regelung bringt den Vorteil, dass Datenschutzverletzungen in einem Land und damit nur von einer einzigen Datenschutzbehörde und in einer Sprache behandelt werden müssen.

71 Facebook Fanpage: Siehe https://eur-lex.europa.eu/legal-content/de/TXT/?uri=CELEX:62016CJ0210 (abgerufen am 12.1.2024) oder Kapitel 2.2.4.8. – Link-2.

72 EuGH 29.7.2019, Rs C-40/17, *Fashion ID*, ECLI:EU:C:2019:629.

73 Wobei die betroffene Person ihre Rechte gegen jedes beteiligte Unternehmen richten kann.

Dritte

Neben den vorstehend ausführlich behandelten Verantwortlichen und Auftragsverarbeitern sind Dritte alle Personen oder Organisationen, die eben nicht als gemeinsam Verantwortliche oder Auftragsverarbeiter an einer bestimmten Verarbeitung von personenbezogenen Daten beteiligt sind, sondern als eigenständige Verantwortliche (sog Controller to Controller). Es kann notwendig sein, personenbezogene Daten an Dritte weiterzugeben, bspw für Flug- und Hotelbuchungen oder statistische Zwecke innerhalb einer Unternehmensgruppe. Selbst in Fällen, in denen es sich um verbundene Unternehmen handelt (leider kennt die DSGVO kein Konzernprivileg!), werden diese Dritten selbst Verantwortliche hinsichtlich der personenbezogenen Daten, die sie erhalten. Zur Gewährleistung der Datensicherheit ist es daher jedenfalls empfohlen, mit Dritten, die (beabsichtigt oder unbeabsichtigt) mit personenbezogenen Daten des Verantwortlichen in Berührung kommen (können), eine Geheimhaltungsvereinbarung abzuschließen. Alternativ, auch wenn von der DSGVO nicht vorgeschrieben, kann eine Controller-to-Controller-Vereinbarung durchaus Sinn machen, um eine klare Abgrenzung und die Wahrnehmung datenschutzrechtlicher Pflichten als Verantwortliche sowie Informations- und Kooperationspflichten festzuschreiben.

2.2.4.3.3. Betroffenenrechte

Die Bearbeitung und Beantwortung von Anfragen von betroffenen Personen können je nach Branche und Größe der Unternehmen unterschiedlich aufwändig sein. In jedem Fall ist jedoch sicherzustellen, dass die Betroffenenrechte innerhalb der gesetzlichen Frist von einem Monat erfüllt werden.

Da jeder Mensch jederzeit bei jedem Unternehmen gemäß DSGVO eine Betroffenenanfrage machen kann, ist es unerlässlich, einen standardisierten Bearbeitungsprozess im Unternehmen zu haben. Ist der Datenschutzjurist nicht für die Durchführung und Koordination selbst zuständig, obliegt ihm die rechtliche Beratung und Unterstützung der Kollegen aus den Fachabteilungen. Betreut der Datenschutzjurist den Prozess operativ, stehen ihm Datenschutzkoordinatoren mit Detailkenntnissen über die Datenverarbeitungen in den jeweiligen Fachabteilungen zur Seite.

Praxistipp: Betroffenenanfragen

- **Anfragen kanalisieren:** Grundsätzlich dürfen Datenschutzanfragen von Betroffenen in jeglicher Form gestellt werden. Eine zentrale Datenschutz-E-Mail oder sonstiger Meldekanal ist in der Datenschutzerklärung entsprechend hervorzuheben bzw auf der Website ersichtlich zu machen.
- **Frist bestimmen:** Sobald eine Betroffenenanfrage einlangt, wird sie auf Kalender gelegt, um die Einhaltung der einmonatigen Frist sicherzustellen.
- **Kenntnisnahme bestätigen:** Die Bestätigung der Kenntnisnahme erfolgt durch Antwortschreiben an die betroffene Person mit der Bestätigung des Erhalts der Betroffenenanfrage und dem Hinweis auf die gesetzliche Frist.

- **Sorgfältige Prüfung der Voraussetzungen:** Jede Anfrage sollte im Einzelfall genau geprüft werden:
  - Plausibilisierung der Identität des Anfragenden (das Einholen eines Identitätsnachweises ist nur bei berechtigtem Zweifel gerechtfertigt). Wird das Betroffenenrecht im eigenen Namen geltend gemacht?
  - Ist, gerade bei Unternehmensgruppen, das jeweilig kontaktierte Unternehmen der richtige Adressat für die Anfrage?
  - Welche(s) Recht(e) wird/werden geltend gemacht und ist/sind es/sie ausreichend begründet? (Unter Umständen werden unter dem Deckmantel der Betroffenenrechte weiterreichende Informationen und Daten angefordert. Eine eingehende Prüfung, welches Betroffenenrecht[74] nach DSGVO tatsächlich geltend gemacht wird, ist daher unverzichtbar.)
  - Stehen gesetzliche Pflichten, Rechte Dritter oder berechtigte Interessen des Unternehmens (zB Schutz von Geschäftsgeheimnissen) einer Auskunft entgegen? Wenn ja, muss die Anfrage trotzdem beantwortet werden?
  - Gibt es einen Prozess und definierte Ansprechpartner im Unternehmen?
  - Werden überhaupt Daten über die betroffene Person im Unternehmen verarbeitet?
- **Angemessene Durchführung:** Die Durchführung bzw Beantwortung eines Betroffenenrechts sollte immer entsprechend den gesetzlichen Verpflichtungen erfolgen - nicht mehr, aber auch nicht weniger! Dafür ist die vorstehend beschriebene Prüfung von immenser Wichtigkeit. Zudem erleichtert ein in der Praxis erprobter Prozess die Beantwortung einer Betroffenenanfrage und gewährleistet die fristgerechte Erfüllung.
- **Beantwortung:** Die Antwort an den Anfragenden erfolgt schließlich in geeigneter Form, wobei sich hier vorhandene Mustertexte als zeitsparend erwiesen haben. Sind Daten zu übermitteln, ist auf eine lesbare Darstellung und einen sicheren Datentransfer zu achten!
- **Dokumentation:** Betroffenenrechte sowie deren Umsetzung werden zu Nachweiszwecken dokumentiert.

Besteht keine Möglichkeit, den Prozess toolgestützt und über Workflows abzubilden, bietet sich die Verwendung eines Prozessprotokolls an. Dieses führt durch die einzelnen Prozessschritte und dient gleichzeitig als notwendige Dokumentation. Derartige Prozessprotokolle lassen sich ausgezeichnet in ein Ticket-System[75] integrieren.

Als Beispiel für ein Prozessprotokoll „Betroffenenrechte" siehe Kapitel 2.2.4.7. „Anhänge" – Anhang 1.

2.2.4.3.4. Data Breaches

Data Breaches sind ein ständiges Risiko für den Datenschutz im Unternehmen. Eine zentrale Aufgabe des Datenschutzjuristen ist es, die Mitarbeiter für das Thema zu sensibilisieren und ihnen die Ansprechpartner und Meldekanäle im Unternehmen bekannt zu machen. Es ist unerlässlich, den Mitarbeitern bewusst zu machen, dass Data Breaches nicht nur auf Hackerangriffe oder Phishing-Attacken beschränkt sind, sondern auch jede andere Form der ungewollten oder unberechtigten Daten-

74 Art 13–22 DSGVO.
75 Ausführlicher dazu in Kapitel 3.1.5.2.2. Ticket-System.

verwendung umfassen können. Dazu zählen bspw unberechtigte Datenweitergaben, fehlende oder falsche Berechtigungskonzepte, ungeschützte Datenübertragungen, versehentliche oder absichtliche Datenlöschungen und Veröffentlichungen, unzureichende Datensicherung etc. Mitarbeiter sind dazu anzuhalten, jede Art von Data Breaches zu melden, damit der Datenschutzjurist die erforderlichen Maßnahmen ergreifen kann.

Wird ein Data Breach im Unternehmen festgestellt, dessen Risikobewertung eine Meldung an die Behörde notwendig macht,[76] besteht oft die Schwierigkeit, den Beginn der 72-stündigen Meldefrist an die Behörde zu ermitteln. Diese 72 Stunden beginnen ab dem Zeitpunkt, zu dem das Unternehmen von dem Data Breach Kenntnis erlangt. Da dieser Zeitpunkt schwierig zu bestimmen sein kann, orientiert man sich an dem Zeitpunkt, zu dem ein begründetes Maß an Gewissheit vorliegt, dass der Schutz personenbezogener Daten verletzt wurde.[77] Einen effektiven Informationsfluss im Unternehmen zu etablieren, ist daher unbedingt erforderlich.

Schon die kurze Frist für die Meldung eines Data Breaches zeigt, dass neben einem effektiven Informationsfluss auch ein festgelegter und praxiserprobter Prozess innerhalb des Unternehmens unerlässlich ist. Die Zuständigkeiten der Mitarbeiter und die notwendigen Handlungsschritte und Kommunikationswege sind unmissverständlich festzulegen. Darüber hinaus empfiehlt es sich, den festgelegten Prozess vorab zu simulieren. Dabei können Schwachstellen risikolos erkannt und der Prozess für den Ernstfall optimiert werden.

Praxistipp: Data Breaches

- **Informationsfluss sicherstellen:** Erlangt eine Person Kenntnis von einem Sicherheitsvorfall, bei dem nicht ausgeschlossen werden kann, dass personenbezogene Daten betroffen sind, ist dieser Vorfall an den Datenschutzbeauftragten zu melden.
- **Prüfung des Vorfalls, Fristenlauf:** Wird festgestellt, dass personenbezogene Daten von dem Vorfall betroffen sind, beginnt die 72-stündige Frist zu laufen. Möglicherweise bestehen interne Informationspflichten an Geschäftsleitung, Informationssicherheit uÄ.
- **Durchführung unmittelbarer Gegenmaßnahmen:** Geeignete Gegenmaßnahmen sind unmittelbar zu setzen. Beispiele dafür sind: Rückruf von E-Mails bzw Aufforderung, fälschlich versendete E-Mails zu löschen, Änderung von Passwörtern, Website vom Netz nehmen, Zugänge und Dateien sperren udgl.
- **Risikoabwägung:** Es erfolgt eine Abwägung, ob die vorliegende Datenschutzverletzung ein Risiko für die Rechte und Freiheiten der betroffenen Personen darstellt. Das Ergebnis der Risikoabwägung entscheidet über notwendige Meldungen an die Behörde und/oder Informationspflichten gegenüber betroffenen Personen.

76 Art 33 DSGVO.

77 Vgl Leitlinien für die Meldung von Verletzungen des Schutzes personenbezogener Daten gemäß der Verordnung (EU) 2016/679, WP 250 Rev 01, Art 29 Datenschutzgruppe.

- **Meldepflichten/Informationspflichten:** Wird ein Risiko für die Rechte und Freiheiten der betroffenen Personen bejaht, ist dieser Data Breach der Behörde fristgerecht anzuzeigen. Wird das Risiko hoch eingeschätzt, sind – sofern nicht ohnehin schon im Zuge unmittelbarer Maßnahmen erfolgt – die betroffenen Personen über die Datenpanne zu informieren.
- **Weitere risikominimierende Maßnahmen, um das festgestellte (Sicherheits-) Risiko für die Zukunft auszuschließen:** Dies können Prozessoptimierung, Datenreduktion, neue Prozesse oder der Einsatz sicherer Tools sein.
- **Dokumentation:** Data Breaches sowie deren Meldung an die Datenschutzbehörde werden zu Nachweiszwecken dokumentiert.

Auch in diesem Fall bietet sich die Verwendung eines Prozessprotokolls an. Dieses führt durch die einzelnen Prozessschritte und dient gleichzeitig als notwendige Dokumentation und Grundlage für die Meldung an die Behörde.

Als Beispiel für ein Prozessprotokoll „Data Breach" siehe Kapitel 2.2.4.7. „Anhänge" – Anhang 2.

2.2.4.3.5. Datenschutzrecht im Internet

Datenschutzerklärungen (und Cookie-Banner) sind quasi die datenschutzrechtliche Visitenkarte eines Unternehmens, die auf keiner Website fehlen darf. Sie informieren die Nutzer darüber, welche personenbezogenen Daten der Verantwortliche über die Website verarbeitet. Dabei sind sämtliche Datenverarbeitungstätigkeiten, Speicher- und Zugriffsverfahren detailliert zu beschreiben und jeder potenzielle Datenverarbeiter (Analysetools, Social-Media-Plugins, Server-Logfiles uÄ) zu erwähnen. Dies erfordert vom Datenschutzjuristen ein tiefgehendes Verständnis für die Datenverarbeitungsprozesse auf der Website sowie deren technische Umsetzung.

Die Herausforderung – gleichzeitig auch die Empfehlung – ist daher, eine klar und verständlich formulierte Datenschutzerklärung mit einer übersichtlichen Formatierung zu erstellen. Dies schafft Vertrauen und trägt so dazu bei, das Risiko von Missverständnissen und rechtlichen Problemen mit betroffenen Personen zu minimieren.

Ein übersichtliches Einwilligungsmanagement (Consent Management) ermöglicht es Nutzern, ihre Einwilligung zur Datenerhebung und -verarbeitung einfach und transparent zu erteilen oder zu widerrufen. Dies fördert die Datenschutzkonformität und stärkt das Vertrauen der Nutzer in die datenschutzrechtlichen Praktiken des Unternehmens.

Die datenschutzrechtliche Prüfung und Beratung im Zusammenhang mit einer Unternehmenswebsite stellen unter Umständen das technische Verständnis des Juristen auf die Probe, da sie sich mit komplexen technischen Aspekten, wie zB den Mechanismen hinter der Datenerfassung, -speicherung und -verarbeitung, befasst. Diese Herausforderung erfordert eine besonders enge Zusammenarbeit zwischen dem Datenschutzjuristen und den technischen Verantwortlichen des Unternehmens.

2.2.4.3.6. Schulungen und Sensibilisierung im Datenschutzrecht

Wichtig für einen funktionierenden Datenschutz im Unternehmen sind laufende Schulungs- und Sensibilisierungsmaßnahmen aller Mitarbeiter, nicht nur der Führungsebene und der Datenschutzkoordinatoren. Datenschutzschulungen im Onboarding-Prozess zu verankern ist angeraten, jedoch sollten Hands-on-Trainings – sowohl im eLearning-Format als auch in persönlichen Sessions – regelmäßig durchgeführt und zu Nachweiszwecken dokumentiert werden.

Die Praxis zeigt, dass geplante, regelmäßige Schulungsmaßnahmen lediglich einen Teil der bewusstseinsbildenden Maßnahmen ausmachen. Kurze, durchaus anlassbezogene News im Intranet oder der Mitarbeiterzeitung, ein praktischer Zugang zum Thema im Rahmen persönlicher Gespräche oder die Diskussion konkreter Beispiele in informellen Situationen, bspw in der Kaffeeküche, tragen zusätzlich dazu bei, das Bewusstsein der Kollegen für Datenschutz zu schärfen.

Das Hauptziel all dieser Maßnahmen besteht darin, Datenschutz und datenschutzrechtliche Überlegungen fest in sämtlichen Aktivitäten der Belegschaft zu verankern.

Praxistipp

Das Need-to-know-Prinzip ist zwar kein expliziter Grundsatz der DSGVO, aber dennoch ein wesentliches Element bei der Sicherstellung von Vertraulichkeit und Integrität der Daten. Es besagt, dass jede Person nur jene (personenbezogenen) Daten verarbeiten darf, die sie zur Ausübung ihrer beruflichen Tätigkeit unbedingt benötigt! Es bietet sich daher als anschauliches und äußerst effizientes Leitmotiv im Umgang mit unternehmensinternen Daten allgemein und personenbezogenen Daten im Speziellen an.

2.2.4.3.7. Datenschutzdokumente

In seiner Funktion übernimmt der Datenschutzjurist eine entscheidende Rolle bei der Schaffung und Implementierung von Richtlinien, Prozessen und Handlungsanweisungen (Datenschutzdokumente), mit dem Ziel, die grundlegenden Datenschutzprinzipien im Unternehmen nicht nur in die Praxis umzusetzen, sondern auch nachweislich zu verankern. Die erarbeiteten Richtlinien und Prozesse sowie Handlungsanweisungen dienen als Leitlinien für das gesamte Unternehmen, um einen rechtskonformen Umgang mit personenbezogenen Daten zu gewährleisten.

Eine gute Dokumentation der Prozesse sowie das Vorliegen von Handlungsanweisungen und Richtlinien sind nicht nur für die interne Kommunikation und Umsetzung wichtig, sondern auch für die rechtliche Sicherheit. Im Fall von behördlichen Kontrollen oder Anfragen kann eine präzise und vollständige Dokumentation dazu beitragen, potenzielle Probleme mit der Behörde und betroffenen Personen zu vermeiden und so das Unternehmen vor rechtlichen Konsequenzen schützen. Darüber hinaus stellen vorhandene Datenschutzdokumente ein wertvolles Instrument zur Nachverfolgung und Überprüfung der Einhaltung datenschutzrechtlicher Bestimmungen dar. Sie bieten den sichtbaren Beweis dafür, dass das Unternehmen seine datenschutzrechtlichen Verpflichtungen ernst nimmt. Insbesondere auch im Zuge eines Audits wird die Datenschutzdokumentation häufig von den Auditoren angefordert.

Die nachstehende Liste an sinnvollen Datenschutzdokumenten versteht sich als Anhaltspunkt und Orientierungshilfe, ohne jedoch Anspruch auf Vollständigkeit zu erheben:

- Datenschutzrichtlinie, Datenschutzerklärungen (Website, Mitarbeiter, Geschäftspartner, Bewerber, Produkt etc)
- Verarbeitungsverzeichnis (als Verantwortlicher und Auftragsverarbeiter)
- Datenschutzfolgenabschätzung
- Muster: Auftragsverarbeitungsvertrag, Selbstverpflichtungserklärung
- Muster: Joint Controller Agreement
- Prozess: Betroffenenrechte (ggf inkl Mustertexte für die Beantwortung)
- Prozess: Data Breach und Sicherheitsvorfall
- Schulungs- und Awarenesskonzept
- Richtlinie: Umgang mit personenbezogenen Daten durch Mitarbeiter des Unternehmens
- Richtlinie: Umgang mit Bewerberdaten
- Richtlinie: Umgang mit personenbezogenen Daten, inkl Bild- und Videomaterial, zu Marketingzwecken (inkl Vorlagen für Einwilligungserklärungen)
- Technische und organisatorische Maßnahmen (TOMs)
- Löschkonzept
- Zutritts-, Zugriffs- und Berechtigungskonzepte, Passwortrichtlinie
- Evtl Prozessbeschreibungen für bestimmte Softwareanwendungen (CRM, Personaldatenbanken etc)

2.2.4.4. Einsatz von Legal Tech im Datenschutz

Legal Tech ist im Datenschutz gut eingesetzt. Ob es zwingend eine umfangreiche Datenschutz-Software – derer es inzwischen wahrlich viele gibt – sein muss, hängt allerdings von der Struktur und den Erfordernissen des Unternehmens ab.

Ab einer gewissen Unternehmensgröße bzw Komplexität der Unternehmensstruktur empfiehlt es sich, das Verarbeitungsverzeichnis mit einer dafür vorgesehenen Software zu erstellen. Excel-Tabellen haben dafür zwar eine Zeit lang durchaus ihre Berechtigung, können jedoch schnell unübersichtlich werden.

Vertragsgeneratoren helfen auch im Datenschutz, Zeit zu sparen und Fehler zu minimieren. Gerade, wenn bspw eine Vielzahl an Auftragsverarbeitungsverträgen erstellt werden soll, ist eine Automatisierung effizienzfördernd.

Auch die Abwicklung von Data Breaches oder Betroffenenanfragen kann programmunterstützt fristgerecht und teilweise automatisiert stattfinden. Vorteilhaft dabei ist, dass alle Parteien auf einer Plattform arbeiten, damit wird der jeweilige Fall dokumentiert und es gehen keine relevanten Informationen verloren. Hierfür eignen sich sowohl speziell konzipierte Applikationen, aber auch bereits im Unternehmen bestehende Compliance-Software (Hinweisgebersysteme) oder auch Projektmanagement-Software.

Aufgrund der mitunter hohen Dichte an rechtlichen Anfragen unterstützt auch ein Ticketing-System die Effizienz und ermöglicht einen besseren Überblick über die durchgeführten Tätigkeiten und erteilten Auskünfte. Darüber hinaus ermöglicht die strukturierte Abwicklung von Anfragen eine effektive Pflege des Wissensmanagements.

2.2.4.5. Datenschutz im internationalen Kontext

Für Datenschutzjuristen ist das Verständnis für internationalen Datenschutz unerlässlich. Nicht nur innerhalb der EU, auch in vielen anderen Staaten gibt es durchaus strenge Datenschutzgesetze. Wichtig ist daher die Auseinandersetzung mit den relevanten Gesetzen und Vorschriften in den Ländern, in denen das Unternehmen tätig ist und/oder personenbezogene Daten verarbeitet.

Im Hinblick auf den internationalen Datenschutz sind vor allem drei Aspekte wesentlich.

- **Anwendbarkeit der DSGVO im internationalen Umfeld:** Ist das Unternehmen international tätig, ist die Prüfung der Anwendbarkeit der DSGVO unerlässlich, da der räumliche Anwendungsbereich sehr weit gefasst ist. Was oft vergessen wird, ist, dass die DSGVO sich auch auf Drittstaatsangehörige erstrecken kann, wenn diese bspw in der EU aufhältig sind. Auch Nicht-EU-Unternehmen haben sich unter Umständen an die Bestimmungen der DSGVO zu halten – nämlich dann, wenn sie eine Niederlassung in der EU haben oder personenbezogene Daten von EU-Bürgern verarbeiten.
- **Internationaler Datentransfer – Schutzniveau im Zielland:** Werden Daten grenzüberschreitend verarbeitet, ist eine Vielzahl von Aspekten zu berücksichtigen. Neben den allgemeinen Grundsätzen für die Datenverarbeitung[78] ist zu prüfen, ob im Zielland ein angemessenes Datenschutzniveau besteht. Sofern dies nicht der Fall ist, sind geeignete Garantien (zB Standarddatenschutzklauseln und Transfer Impact Assessment, Binding Corporate Rules im Konzern, Einwilligung der Betroffenen etc) für die Datensicherheit bereitzustellen.

78 Siehe Art 5 DSGVO.

Praxistipp

Aufgrund bestehender **Angemessenheitsbeschlüsse**[79] sind Datenübertragungen in folgende Länder aus der EU ohne weitergehende Sicherheitsmaßnahmen möglich:

Andorra	Argentinien	Färöer	Guernsey
Israel	Isle of Man	Japan	Jersey
Kanada (nur kommerzielle Organisationen)	Neuseeland	Schweiz	Südkorea
Uruguay	Vereinigtes Königreich	USA (wenn der Empfänger im Data Privacy Framework zertifiziert ist)	

Sonderfall USA

Datentransfer in die USA gestaltet sich immer etwas komplex. Abkommen zwischen der EU und den USA wurden vom EuGH für ungültig erklärt, weil sie den Schutz der personenbezogenen Daten vor dem Zugriff der US-Behörden nicht ausreichend sicherstellten. Seit Juli 2023 ist das EU-US Data Privacy Framework (DPF) in Kraft und soll den Datentransfer wieder erleichtern. Das DPF gilt allerdings für US-Unternehmen, die sich beim US Department of Commerce selbst zertifiziert haben. Zertifizierte Unternehmen sind in der online bereitgestellten Data Privacy Framework List[80] einsehbar. Für alle anderen Unternehmen müssen die oben aufgezählten geeigneten Garantien bereitgestellt werden. Es bleibt abzuwarten, wie lange das DPF Gültigkeit behält.

- **Lokale Vorschriften beachten:** Datenschutzjuristen sollten sich mit den lokalen Vorschriften und Bestimmungen in den Ländern, in denen das Unternehmen tätig ist und/oder Daten verarbeitet, vertraut machen. Grundsätzlich ist davon auszugehen, dass die DSGVO einen international beständigen Sicherheitsstandard bietet. Setzt man die Prinzipien der DSGVO also im Drittland an, bietet dies grundsätzlich eine solide Basis. Trotzdem sehen lokale Gesetze Besonderheiten vor, die bekannt sein sollten. Die Beiziehung lokaler Rechtsexperten ist diesbezüglich empfohlen.
  Beachtenswert ist, dass bspw in den USA einige Bundesstaaten ebenfalls strenge Datenschutzgesetze haben, bspw den California Consumer Privacy Act (CCPA). Ebenfalls interessant ist, dass auch China inzwischen ein grundsätzlich strenges Datenschutzrecht kennt. Das Gesetz soll – stark verkürzt und vereinfacht formuliert – den Schutz der personenbezogenen Daten chinesischer Staatsbürger vor Missbrauch durch Unternehmen und ausländische Akteure sicherstellen. Mit September 2023 ist weiters das neue schweizerische Datenschutzgesetz in Kraft getreten, das sich zwar an der DSGVO orientiert, Details jedoch unterschiedlich regelt. Voraussichtlich im Juni 2024 tritt in Indien mit dem sog Digital Personal Data Protection Act (DPDP) ein umfassendes, extraterritoriales Datenschutzrecht in Kraft, das an die DSGVO angelehnt ist.

79 Status quo September 2023.

80 Siehe https://www.dataprivacyframework.gov/s/participant-search (abgerufen am 12.1.2024) oder Kapitel 2.2.4.8. – Link 3.

2.2.4.6. Checkliste: Datenschutzrechtliches Audit

Übernimmt ein Jurist zum ersten Mal die Datenschutzagenden im Unternehmen oder wird erstmals ein DSB benannt, sollten diese zuerst einen Überblick über den datenschutzrechtlichen Status quo, die Datenschutzorganisation und kritische Unternehmensbereiche gewinnen.

Der nachfolgende Auditleitfaden ermöglicht einen weitreichenden Einblick in den aktuellen Zustand des Unternehmens und identifiziert potenzielle Risiken, was es ermöglicht, die erforderlichen Maßnahmen umzusetzen, um die Einhaltung der Datenschutzbestimmungen sicherzustellen. Im Übrigen sollten datenschutzrechtliche Audits in regelmäßigen Abständen durchgeführt werden.

Dabei deckt der Auditleitfaden die zentralen Fragestellungen ab, ohne jedoch Anspruch auf eine vollständige Abdeckung aller möglichen (Detail-)Aspekte zu erheben. Spezifische Gegebenheiten einzelner Branchen oder Unternehmen können in diesem Leitfaden nicht explizit berücksichtigt werden. Dennoch stellt der Auditleitfaden einen soliden Ausgangspunkt dar, um den Datenschutz im Unternehmen zu evaluieren und erste Schritte in Richtung datenschutzrechtliche Compliance zu unternehmen.

Auditleitfaden	
Unternehmens-struktur	• Handelt es sich um ein Einzelunternehmen oder eine Unternehmensgruppe? • Wo befinden sich die Unternehmensstandorte? • Gibt es Standorte außerhalb der EU? Wenn ja, wo? • Was ist der Geschäftsgegenstand des Unternehmens/der Unternehmensgruppe (Produkte, Dienstleistungen)?
Datenschutz-organisation	• Gibt es eine definierte Datenschutzorganisation? • Gibt es einen (externen) Datenschutzbeauftragten? • Gibt es Datenschutzkoordinatoren (Fachabteilungen oder Konzernunternehmen)? • Gibt es einen definierten Vertrauensanwalt? • Gibt es ein Datenschutzmanagementsystem (DMS)? • Werden regelmäßig Schulungen durchgeführt und werden regelmäßig bewusstseinsbildende Maßnahmen gesetzt? Wann fand die letzte Datenschutz-Schulung von Mitarbeitern statt? Zu welchen spezifischen Themen fanden schon Datenschutzschulungen statt?

Auditleitfaden	
Datenverarbeitungen allgemein	• Gibt es ein Verarbeitungsverzeichnis? • Wie wird dieses geführt und wer ist (bislang) dafür verantwortlich? • Ist die Verarbeitung personenbezogener Daten die Kerntätigkeit des Unternehmens? • Werden besondere Kategorien personenbezogener Daten verarbeitet? • Erfolgt durch die Datenverarbeitung eine systematische, regelmäßige Überwachung betroffener Personen? • Werden Auftragsverarbeiter eingesetzt? Wenn ja, gibt es die entsprechenden Verträge und eine Übersicht über die aktuellen Auftragsverarbeiter? • Werden Daten an Dritte weitergegeben? Erfolgt eine Datenweitergabe innerhalb der Unternehmensgruppe?
Datenverarbeitungen in ausgewählten Bereichen	• Personalwesen – Welche Personaldaten werden verarbeitet und wie erfolgt die Verarbeitung (Programme, Applikationen)? – Werden über die zur Erfüllung des Arbeitsvertrags notwendigen Daten hinausgehend personenbezogene Daten verarbeitet? – Wer hat Zugriff auf diese Daten? – Gibt es eine Datenschutzerklärung für Mitarbeiter? – Welche Datenschutzdokumente sind von neuen Mitarbeitern zu unterfertigen? – Gibt es einen Betriebsrat? Wenn ja, gibt es eine Betriebsvereinbarung zum Thema Datenschutz? – Gibt es im Betrieb Kontrollsysteme, die die Menschenwürde berühren, oder Personaldatensysteme?

Auditleitfaden	
	• Website – Gibt es für das Unternehmen eine Website? – Welche Cookies werden darauf eingesetzt? Werden Analysetools eingesetzt? Gibt es ein wirksames Consent-Management? – Gibt es eine entsprechende Datenschutzerklärung und Cookie Policy? – Sind die Datenschutzerklärung und die Cookie-Einstellungen von jeder Seite erreichbar? – Gibt es ein Bewerbungsformular? Gibt es dazu eine entsprechende Datenschutzerklärung für Bewerber? – Gibt es ein Kontaktformular? – Gibt es einen Webshop? • Marketing – Werden Newsletter versendet? Wenn ja, wie ist der Prozess (Double Opt-in)? – Werden Bilder von Mitarbeitern öffentlich im Internet, in Social Media oder auf der Website verarbeitet? – Werden Einwilligungserklärungen eingeholt? Wo werden diese abgelegt? – Wird Social-Media-Marketing betrieben und wenn ja, auf welchen Plattformen? • Verkauf – Gibt es im Unternehmen ein CRM bzw wie werden Kundenkontakte erfasst und verwaltet? – Wie werden potenzielle Kunden (Leads) im Unternehmen generiert? – Wie erfolgt die Kontaktaufnahme mit potenziellen Kunden? – Findet internationaler Datenverkehr statt? – Erfolgt eine Datenweitergabe an Dritte (auch innerhalb der Unternehmensgruppe)? – Werden Daten außerhalb der EU verarbeitet bzw weitergegeben? Wenn ja, in welchen Ländern? – Gibt es Verträge, die den Datentransfer oder eine gemeinsame Datenverarbeitung regeln? Gibt es Binding Corporate Rules?

Auditleitfaden	
Datenverarbeitungen in ausgewählten Bereichen	• Sicherheits- und Kontrollmaßnahmen – Gibt es Zutrittskonzepte und Zutrittskontrollen? – Wird das Unternehmen videoüberwacht? – Gibt es Zugangs- und Zugriffskonzepte (Passwortrichtlinien, Berechtigungskonzepte etc)? – Gibt es sonstige Kontrollmaßnahmen? – – Zeiterfassung – – Telefonanlage – – Mitarbeiterbeurteilungssysteme – Gibt es dafür entsprechende Betriebsvereinbarungen oder Zustimmungserklärungen? – Werden die Sicherheitsmaßnahmen regelmäßig auf Wirksamkeit, Umsetzung und Einhaltung überprüft? – Werden die notwendigen Kennzeichnungs- und Informationspflichten eingehalten?
Prozesse und Dokumentation	• Gibt es definierte, ggf verschriftlichte Datenschutzprozesse? – Data Breach – Betroffenenrechte – Informationspflichten – Meldung neuer Verarbeitungstätigkeiten – Einwilligungsmanagement – Löschkonzept – Berechtigungskonzept – Schulungskonzept – Auftragsverarbeitungen – Datenschutzfolgenabschätzungen – Technische und organisatorische Maßnahmen (TOMs) • Gibt es entsprechende Datenschutzerklärungen? Werden diese regelmäßig auf Aktualität und Vollständigkeit überprüft? • Gibt es Datenschutzverträge (AVVs, Einwilligungen etc) und wo sind diese abgelegt?
Datenübermittlung	• Werden personenbezogene Daten an andere Personen (Dritte) übermittelt? • Wie werden personenbezogene Daten übermittelt? Welche Sicherheitsmaßnahmen werden für die Übermittlung ergriffen?

Auditleitfaden	
Datensicherheit (TOMs)	• Wer ist für den technischen Datenschutz im Unternehmen verantwortlich? • Gibt es ein IT-Sicherheitskonzept? • Ist die Einhaltung technischer Sicherheitsstandards gewährleistet? • Werden die datenschutzrechtlichen Prinzipien eingehalten?

Praxistipp

Dieser Fragenkatalog eignet sich darüber hinaus auch für die datenschutzrechtliche Evaluierung von Lieferanten und Geschäftspartnern.

2.2.4.7. Anhänge

2.2.4.7.1. Anhang 1: Beispiel für ein Prozessprotokoll „Betroffenenrechte"

Prozessprotokoll: Betroffenenrechte

1. Angaben zum Eingang der Betroffenenanfrage

Anfrage eingelangt via:	Kommunikationsweg	

2. Bearbeitungsfrist

Anfrage eingegangen am: Datum, Uhrzeit. (Start Fristenlauf)	
Ende der Bearbeitungsfrist:	Datum, Uhrzeit.
Fristverlängerung nötig, weil: Begründung für die Verlängerung.	
Information an betroffene Person über Fristverlängerung erfolgt:	Datum, Uhrzeit.

3. Identitätsnachweis

Identität zweifelsfrei festgestellt:	☐	Identitätsnachweis eingeholt:	☐
! Identitätsnachweis nur bei begründetem Zweifel an der Identität der:s Antragsteller:in einholen!			
Die betroffene Person ist: Mitarbeiter:in, Kund:in, Angehörige:r etc.			

Erfolgt die Geltendmachung des **Betroffenenrechts nicht im eigenen Namen**, wird die geltendmachende Person darüber in Kenntnis gesetzt.

☐	Information an Antragsteller am: Datum, Uhrzeit.

4. Geltend gemachte Betroffenenrechte

☐	Auskunftsrecht (Art. 15 DSGVO)
☐	Berichtigung (Art. 16 DSGVO)
☐	Löschung (Art. 17. DSGVO)
☐	Einschränkung (Art. 18 DSGVO
☐	Datenübertragung (Art. 20 DSGVO)
☐	Widerspruch (Art. 21 DSGVO)
☐	Widerruf einer Einwilligung (Art. 7 DSGVO)

5. Informationsfluss – Verantwortliche

Rolle	Name	Informiert am:	von:	mittels:	
Group Privacy Officer	Name, Bearbeiter:in	Datum, Uhrzeit.	Name, Bearbeiter:in	Medium	
Group Compliance Officer	Name, Bearbeiter:in	Datum, Uhrzeit.	Name, Bearbeiter:in	Medium	
Geschäftsleistung	Name, Bearbeiter:in	Datum, Uhrzeit.	Name, Bearbeiter:in	Medium	

6. Aktivitäten Protokoll

6.1 Eingangsprüfung

☐ Anlage Dokumentationsblatt (**markierte Bereiche sind auszufüllen**)

☐ Information Datenschutzbeauftragte:r – Übermittlung dieses Protokolls und der Anfrage

Kenntnisnahme ggü. betroffener Person:

☐ Schreiben an betroffene Person übermittelt am: Datum, Uhrzeit.

Eingehende Prüfung:

☐ Steht dem Betroffenenrecht etwas entgegen? (gesetzliche Aufbewahrungspflicht, berechtigtes Interesse der Aufbewahrung für längere Frist bei z.B. Bewerberdaten, Rechte Dritter etc.)

☐ Ansprechpartner:in intern für Behandlung des Betroffenenrechts eruieren und informieren:

Wer hilft bei der Beantwortung und Umsetzung des Betroffenenrechts?

Sonstige Anmerkungen

6.2 Rechercheergebnis

☐ keine Daten vorhanden

☐ Daten vorhanden, Betroffenenrecht kann nicht vollumfänglich nachgekommen werden

Begründung.

☐ Daten vorhanden, Betroffenenrecht kann vollumfänglich nachgekommen werden

☐ Löschung, Berichtigung durchgeführt: Datum, Uhrzeit.

☐ Einschränkung, Widerspruch durchgeführt/kommuniziert: Datum, Uhrzeit.

7. Weitere Anmerkungen

Sonstige Anmerkungen

2.2.4.7.2. Anhang 2: Beispiel für ein Prozessprotokoll „Data Breach"

Prozessprotokoll: Data Breach

1. Eingang der Data Breach Meldung[1]

Data Breach festgestellt von: Name	Datum, Uhrzeit.

2. Interne Kommunikation

☐ Datenschutzbeauftragte/r wurde informiert:	Datum, Uhrzeit.
☐ Geschäftsführung wurde informiert:	Datum, Uhrzeit.

3. Sachverhalt

Klicken oder tippen Sie hier, um Text einzugeben.

☐ Data Breach bestätigt (→Info an GF, Prozedere läuft weiter) ☐ Data Breach liegt NICHT vor (→Vorfall schließen)

4. Fristenlauf

Start 72-Stunden-Frist:	Datum, Uhrzeit.
Ende 72-Stunden-Frist:	Datum, Uhrzeit.
Fristverlängerung nötig, weil: Begründung für die Verlängerung.	

5. Unmittelbar ergriffene Gegenmaßnahmen

Klicken oder tippen Sie hier, um Text einzugeben.

6. Risikoanalyse

Beschreibung
Fazit: ☐ kein Risiko ☐ Risiko (behördliche Meldung) ☐ hohes Risiko (Information Betroffene)

[1] Hinterlegte Felder sind bei Meldung des Data Breaches anzugeben

7. Notwendige Maßnahmen zur Risikominimierung

Beschreibung der notwendigen Maßnahmen: Klicken oder tippen Sie hier, um Text einzugeben.
☐ Maßnahmen wurden umgesetzt: Datum, an dem die Maßnahmen umgesetzt wurden. ☐ Maßnahmen werden umgesetzt bis: Datum der geplanten Umsetzung ☐ Maßnahmen können nicht umgesetzt werden: Begründung

8. Meldung an die Behörde

☐ keine Meldung notwendig (Begründung: siehe 6.) ☐ Meldung an Behörde erfolgt: Datum, Uhrzeit.
☐ Rückmeldung Behörde erhalten: Datum, Uhrzeit.
☐ Verfahren eingestellt ☐ weitere Maßnahmen erforderlich: Klicken oder tippen Sie hier, um Text einzugeben.
☐ Abschlussbericht (Prozessprotokoll) an GF geschickt

9. Information an Betroffene

☐	keine Information notwendig (Begründung: siehe 6.)
☐	Meldung an Betroffene erfolgt: Datum, Uhrzeit.

2.2.4.8. Linksammlung

Link 1

Standardvertragsklauseln zwischen Verantwortlichen und Auftragsverarbeitern der europäischen Kommission [81]

Link 2

EuGH-Urteil „Facebook Fanpage“[82]

Link 3

Data Privacy Framework List[83]

2.2.5. Wettbewerbs- und Kartellrecht

Wettbewerbs- und Kartellrecht werden vielfach als sprachliche Einheit verwendet. Tatsächlich zählt der gewerberechtliche Rechtsschutz (Patentrecht, Markenrecht, Geheimnisschutz etc) genauso zum Wettbewerbsrecht iwS wie das Recht gegen unlauteren Wettbewerb (Lauterkeitsrecht) oder das Kartellrecht. Dieses Kapitel fokussiert sich auf die wesentlichsten Aspekte des Kartellrechts sowie des Rechts gegen unlauteren Wettbewerb.

2.2.5.1. Profil Wettbewerbs und Kartelljurist

Ein Jurist, der sich auf Wettbewerbs- und Kartellrecht spezialisiert hat, zeichnet sich durch analytisches Denken, Detailgenauigkeit und fundierte Rechtskenntnisse aus. Er ist in der Lage, komplexe rechtliche Fragen zu analysieren und zu lösen und gleichzeitig ethisch und integer zu handeln.

Aufgrund der vielzähligen Anknüpfungspunkte im Unternehmen (Vertrieb, Einkauf, Marketing, Compliance etc) sind neben einer effektiven Kommunikation auch die Fähigkeit zur Zusammenarbeit im Team, Flexibilität, analytisches Denken und hohe Problemlösungskompetenz von entscheidender Bedeutung.

Da kleine Fehler oder Unachtsamkeiten schwerwiegende rechtliche Konsequenzen haben können, ist in diesem Fachgebiet eine besonders hohe Detailorientie-

81 Abgerufen am 19.1.2024.
82 Abgerufen am 12.1.2024.
83 Abgerufen am 12.1.2024.

rung vorteilhaft. Ein betriebswirtschaftlicher Hintergrund rundet das Profil ab. Idealerweise werden solche Spezialisten nach einigen Jahren spezialisierter Fachexpertise von Kanzleien abgeworben.

2.2.5.2. Organisatorische Eingliederung

Obwohl die meisten Unternehmen keine eigenständige Abteilung für Kartell- und Wettbewerbsrecht benötigen, sind Juristen mit Fachwissen in diesem Bereich unverzichtbare Ressourcen für jedes Unternehmen, das in einem wettbewerbsintensiven Umfeld tätig ist, um rechtliche Risiken zu minimieren und Sanktionen wie hohe Geldbußen, Nichtigkeit von Verträgen, Schadenersatz, Imageschaden oder öffentliche Listungen zu vermeiden. Diese Experten sind in der Regel in der allgemeinen Rechtsabteilung angesiedelt, wo sie das Thema als Spezialgebiet oder zusätzlich zu anderen Rechtsthemen mitbehandeln. Wenn das Unternehmen in einem oligopolistischen Markt tätig ist oder gar eine marktbeherrschende Stellung hat, ist die Etablierung einer eigenen Abteilung angeraten.

Das Wettbewerbs- und Kartellrecht spielt eine entscheidende Rolle bei der Einhaltung der rechtlichen Compliance im Unternehmen. Aus diesem Grund ist auch eine Ansiedlung des Kartelljuristen in der Compliance-Abteilung möglich bzw notwendig, um das Gesamtbild der Compliance zu gewährleisten und rechtliche Risiken proaktiv anzugehen.

2.2.5.3. Tätigkeitsschwerpunkte im Wettbewerbs- und Kartellrecht

Das Wettbewerbs- und Kartellrecht sind zentrale Bereiche des Wirtschaftsrechts, haben starken Einfluss auf sämtliche Aspekte der unternehmensjuristischen Praxis und machen einen wesentlichen Teil der Compliance-Agenden[84] aus.

Prävention ist die Kernaufgabe des Unternehmensjuristen in diesem Rechtsbereich, um potenzielle Rechtsverstöße von Grund auf zu vermeiden. Es ist von großer praktischer Relevanz, zu wissen, in welchen Bereichen und in welchen Praktiken Kartell- und Wettbewerbsverstöße ihre Wurzel haben. Meistens entstehen derartige Verstöße durch „kreative“ Methoden, die dem an sich keineswegs verwerflichen Ziel, den Umsatz des eigenen Unternehmens zu steigern, dienen sollen. Ein potenzieller Verstoß liegt letztendlich in der Art und Weise, wie dieses Ziel erreicht werden soll.

Zudem kommt dem Unternehmensjuristen vor allem eine koordinierende und begleitende Rolle zu. Kartell- oder wettbewerbsrechtliche Verfahren ohne rechtsanwaltliche Expertise durchzuführen, ist nicht ratsam. Ebenso ist es im Bereich von Transaktionen (zB bei Fusionen und Unternehmensübernahmen) in der Praxis empfehlenswert, auf externe Fachberatung zurückzugreifen. Das Unterlassen der

84 Siehe ausführlich dazu Kapitel 2.2.3. Compliance.

Einholung einer Zustimmung zu einer anmeldepflichtigen Transaktion ist bspw kein Kavaliersdelikt mehr und wird mit immer höheren Geldbußen geahndet.

2.2.5.3.1. Identifikation des Risikopotenzials

Die konkreten wettbewerbs- und kartellrechtlichen Risiken, die in einem Unternehmen auftreten können, hängen von verschiedenen Faktoren wie der Anzahl der Marktteilnehmer, Branche und anderen spezifischen Gegebenheiten ab. Diese Risiken im Einzelfall zu ermitteln, zu bewerten und präventive Maßnahmen daraus abzuleiten, ist die Kernaufgabe des Wettbewerbs- und Kartelljuristen.

Markt- und Wettbewerbsanalysen

Bei der Einschätzung der Risiken ist, insbesondere bei der Festlegung der Vertriebs- und Marketingstrategie oder im Kontext der Fusionskontrolle, der Marktanteil des Unternehmens in seinen relevanten Märkten von erheblicher Bedeutung. Den Marktanteil zu eruieren, ist für Juristen alleine kaum möglich. Unterstützung findet sich jedoch in den Bereichen Vertrieb, Finanzen und Business Development sowie bei darauf spezialisierten Agenturen oder Wirtschaftsökonomen.

Regelmäßig durchgeführte Wettbewerbsanalysen helfen einzuschätzen, ob Werbemaßnahmen, Vertriebsaktionen oder Kooperationen mit Geschäftspartnern geeignet sind, gegen geltende Gesetze zu verstoßen. Die laufende Beobachtung direkter und indirekter Konkurrenzunternehmen dient darüber hinaus dazu, unrechtmäßiges Verhalten ebendieser aufzudecken und notwendigenfalls dagegen vorgehen zu können.[85]

Kooperationen, Mitgliedschaft in Verbänden

Ein kritischer Blick auf bestehende Kooperationen, Mitgliedschaften in Verbänden oder sonstigen Branchen-Netzwerken ist unbedingt notwendig. In diesem Zusammenhang ist zu hinterfragen, welche konkreten Ziele eine Kooperation mit anderen Unternehmen verfolgt und ob die Themen, die in den Verbandssitzungen erörtert werden, wettbewerbsrechtliche Bedenken aufwerfen könnten. Der Austausch zB zu allgemeinen Branchenentwicklungen, Gesetzes- und Normierungsplänen oder öffentlich bekannten Fusionsvorhaben kann unbedenklich sein, bedarf allerdings der eingehenden Prüfung. Besonders zu hinterfragen und prüfen sind Verbände und Arbeitsgruppen (auch auf technischer Ebene), da die Grenze zwischen der Schaffung bzw Einhaltung eines Industriestandards und einem wettbewerbswidrigen Informationsaustausch oft nicht eindeutig ist. Eine durchgehende, transparente Dokumentation erleichtert die Einhaltung und Überprüfung der Compliance mit wettbewerbsrechtlichen Bestimmungen.

---

85 Siehe dazu in diesem Kapitel 2.2.5.3.6. Durchsetzung und Abwehr von Rechtsansprüchen.

Marketing und Vertrieb

Marketing und Vertrieb sind zentrale Bestandteile der Geschäftstätigkeit eines Unternehmens. Gleichzeitig stellen sie jedoch einen Bereich dar, der in Bezug auf das Wettbewerbsrecht mitunter besonders risikobehaftet ist. Aggressive und irreführende Geschäftspraktiken,[86] Verletzung gewerblicher Schutzrechte, vergleichende Werbung,[87] undurchsichtige Preisgestaltung, Preisvergleiche, Rabatt- und Sonderaktionen sowie Schleichwerbung sind nur einige wenige potenzielle Stolpersteine, die in diesem Bereich lauern. Daher ist es von großer Bedeutung, die Marketingpraktiken und Werbeaktivitäten sowie die Vertriebsstrategien regelmäßig zu prüfen, die handelnden Akteure umfassend zu schulen sowie sicherzustellen, dass sie im Einklang mit den geltenden Wettbewerbsregelungen stehen.

In einer Zeit, in der Nachhaltigkeit und Umweltverträglichkeit immer mehr an Bedeutung gewinnen, sind auch werbewirksame Umweltclaims iSd „Greenwashings" zu bewerten. Bezeichnungen von Produkten und Dienstleistungen als „umweltschonend" und „CO_2-neutral" können eine irreführende Geschäftspraktik darstellen.

Einkauf

Auch die Einkaufsabteilung, die bei Lieferantengesprächen Preisverhandlungen führt oder Exklusivitätsvereinbarungen ins Auge fasst, ist vertärkt wettbewerbsrechtlichen Risiken ausgesetzt. Einkaufsgemeinschaften sind zwar per se nicht verwerflich. Sofern eine solche allerdings unter (potenziellen) Wettbewerbern gebildet werden soll, gibt es strenge Voraussetzungen für ihre Rechtmäßigkeit.

Verträge/Geschäftspraktiken

Geschäftspraktiken und damit zusammenhängend vertragliche Regelungsinhalte bedürfen besonders sorgfältiger und vor allem laufender Prüfung. Insbesondere nachstehende Klauseln bzw Geschäftspraktiken sind kritisch zu hinterfragen:

- **Preisabsprachen bzw Abstimmungen strategischer Informationen:** Preisabsprachen zwischen Unternehmen sind grundsätzlich illegal, da sie zu Wettbewerbsverzerrungen führen. Der Begriff „Preisabsprache" ist extrem weit und umfasst auch eine Abstimmung strategischer Informationen zwischen (potenziellen) Wettbewerbern.
- **Informationsaustausch:** Sogar ein einfacher Austausch von Wettbewerbsinformationen zwischen (potenziell) konkurrierenden Unternehmen unterliegt dem Kartellrecht, insbesondere wenn er zur Koordinierung von Wettbewerbsstrategien dient. Besondere Beobachtung erfordert ein Informationsaustausch zwischen Wettbewerbern in Zuliefer- oder Subunternehmervereinbarungen.

86 Im Anhang zum UWG werden eine Reihe von Geschäftspraktiken, die in jedem Fall als unlauter gelten, angeführt.

87 Vergleichende Werbung ist dann erlaubt, wenn der Vergleich objektivierbar und nicht in irreführender, herabsetzender oder aggressiver Art ausgestaltet ist.

- **Markt- oder Kundenabsprachen:** Die Aufteilung von Märkten oder Kunden zwischen konkurrierenden Unternehmen ist problematisch, da sie fairen Wettbewerb verhindern. Daher sind derartige Vereinbarungen in der Regel rechtswidrig. Auch Absprachen über Mengen oder Sortimente können bedenklich sein, wenn sie mit dem Ziel getroffen werden, den Marktanteil stabil zu halten.
- **Abstimmungen bei Ausschreibungen:** Dies ist de facto eine Kombination von Preisabsprache und Marktaufteilung. Bereits die (irreführende!) Kommunikation über die Tatsache, dass man kein Angebot bei einer Ausschreibung legen möchte, ist hiervon erfasst. Außerdem greifen hier strafrechtliche Bestimmungen.
- **Exklusivitätsklauseln:** Exklusivitätsklauseln jedweder Ausgestaltung können gegen das Wettbewerbsrecht verstoßen, insbesondere wenn sie den Marktzugang für andere Unternehmen einschränken.
- **Wettbewerbsverbote oder -einschränkungen:** Klauseln zur Beschränkung des Wettbewerbs, zB Wettbewerbsverbote oder Gebietsbeschränkungen, können unter Umständen gegen das Kartellrecht verstoßen. Die Auswirkung derartiger Klauseln auf den freien Wettbewerb ist in diesen Fällen sorgfältig zu prüfen.
- **Preisbindung der zweiten Hand:** Preisfestsetzungen oder die Vorgabe von Mindestpreisen an unabhängige Händler verstoßen gegen das Kartellrecht. Erlaubt sind lediglich unverbindliche Preisempfehlungen und die Vorgabe von Höchstpreisen.
- **Geheimhaltungsvereinbarungen:** Geheimhaltungsvereinbarungen oder Know-how-Schutzklauseln können unter Umständen – abhängig von den Inhalten, die sie vertraulich behandeln wollen – geeignet sein, den Wettbewerb einzuschränken oder Wettbewerber vom Markt auszuschließen. Aus diesem Grund ist eine eingehende Prüfung dieser Vereinbarungen unerlässlich.

Im Falle einer marktbeherrschenden Stellung:

- **Rückwirkende Rabattsysteme** (zB in Form von Rückvergütungen bei Erreichung von Jahreszielen, die den gesamten Bedarf umfassen): Vorsicht ist auch bei Rabatt- und Bonussystemen geboten, da diese auch als missbräuchliche Preiskalkulation angesehen werden können, wenn sie den Wettbewerb durch langfristige Kundenbindung ausschließen.
- **Geschäfts- und Lieferungsverweigerung:** Die Nichtbelieferung kann bei einer marktbeherrschenden Stellung mangels Vorliegens eines Rechtfertigungsgrunds problematisch sein, vor allem dann, wenn es sich um einen bestehenden Kunden handelt und die Belieferung für dessen Geschäftstätigkeit unerlässlich ist. Auch eine Abstimmung mit einem Wettbewerber hinsichtlich einer gemeinsamen Nichtbelieferung („Boykott") ist unrechtmäßig.
- **Koppelungsgeschäfte:** Der Verkauf eines Produkts oder einer Dienstleistung, welcher an den Kauf eines anderen Produkts oder einer Dienstleistung gekoppelt ist, kann wettbewerbswidrig sein, wenn er die Wahlfreiheit der Kunden einschränkt.

- **Diskriminierungsverbot:** Ohne sachliche Rechtfertigung darf ein marktbeherrschendes Unternehmen keine Kunden, Händler und/oder Lieferanten unterschiedlich behandeln.

Praxistipp

Ein Instrument, um das Risikopotenzial in einem Unternehmen festzustellen, ist das sog Risk Assessment. Dieses wird an die Mitarbeiter ausgespielt, um Risiken in verschiedenen Unternehmensbereichen zu identifizieren und zu bewerten. Mitarbeiter werden ermutigt, ihre Erfahrungen und Kenntnisse in Bezug auf wettbewerbsrelevante Aktivitäten und Praktiken im Unternehmen offenzulegen. Risk Assessments erfolgen üblicherweise mittels vorformulierter Fragen, bei denen eine Wahrscheinlichkeitszuordnung getroffen wird. Bei der Formulierung der Fragen ist besonderes Augenmerk auf die Verständlichkeit und Nachvollziehbarkeit der abgefragten Sachverhalte zu legen, um ein aussagekräftiges Ergebnis zu erhalten.

Die Ergebnisse eines solchen Risk Assessments ermöglicht es der Unternehmensleitung und der Rechtsabteilung, ein umfassendes Bild der wettbewerbsrechtlichen Lage des Unternehmens, aber auch der persönlichen Einstellung und Einschätzung der Mitarbeiter zu erhalten. Aus diesem Ergebnis können gezielte Maßnahmen zur Risikominimierung abgeleitet werden. Ein Risk Assessment unterstützt nicht nur die Risikoevaluierung, sondern sensibilisiert gleichzeitig die Mitarbeiter für wettbewerbsrechtliche Themen.

2.2.5.3.2. Entwicklung von Compliance-Programmen und -Prozessen

Um die Eintrittswahrscheinlichkeit der evaluierten Risiken zu minimieren, bedarf es sorgfältig ausgearbeiteter Compliance-Programme und -Prozesse im Unternehmen. Der Wettbewerbs- und Kartelljurist schafft und implementiert diese als präventive Maßnahmen im Unternehmen. Dazu verfasst er Richtlinien, Prozessbeschreibungen, Handlungsanweisungen und Code of Conducts. Dabei ist zu berücksichtigen, dass diese Thematik für den rechtlichen Laien oft sehr abstrakt wirken kann. Deshalb ist es in diesem Zusammenhang ratsam, verstärkt auf eine klare und verständliche Sprache sowie praxisnahe Beispiele zu setzen. Dies gewährleistet, dass die Compliance-Maßnahmen besser verstanden und entsprechend eingehalten werden können.

Diese Verhaltenskodizes legen ethische Standards und Regeln fest, die Mitarbeiter und das Management sowie Geschäftspartner befolgen müssen. Gerade der Code of Conduct enthält oft spezifische Richtlinien, um sicherzustellen, dass alle Handlungen im Einklang mit den geltenden Kartell- und Wettbewerbsgesetzen stehen. Mit klaren Anweisungen ausgestattet, erinnert er die Mitarbeiter daran, sich nicht an rechtswidrigen Praktiken zu beteiligen. Ebenso können sie Regeln zur korrekten Nutzung von öffentlich zugänglichen Wettbewerbsinformationen oder zur Vermeidung von unlauterem Wettbewerbsverhalten umfassen.

Praxistipp

Konkrete Handlungsempfehlungen und „Dos & Don'ts" sind effektiver als abstrakte Ratschläge im Umgang mit Geschäftspartnern. Konkrete Prozessbeschreibungen mit unmissverständlichen Anweisungen leisten in diesem Kontext gute Dienste.

Beispiele für konkrete Maßnahmen

- Über Produktpreise oder die Preisgestaltungspraktiken des Unternehmens oder die Geschäftsstrategie des Unternehmens wird mit Wettbewerbern unter keinen Umständen gesprochen.
- Sehen sich Mitarbeiter mit Versuchen von Wettbewerbern konfrontiert, diese in einen Kartellverstoß (auch in Form eines einseitigen Informationsaustausches) zu verstricken, ist das Gespräch unverzüglich mit dem Hinweis auf die Unzulässigkeit des Themas abzubrechen und im Nachgang eine schriftliche Distanzierung zu versenden. Dieses Dokument ist an einem zentralen Ort abzulegen, denn nur so kann man es als Nachweis aktiv gelebter Compliance oder Gegenbeweis wiederfinden.
- Ein Austausch von Geschäftsgeheimnissen, die Weitergabe technischer Zeichnungen udgl an Nicht-Wettbewerber erfolgt nur nach Abschluss einer Geheimhaltungsvereinbarung.

2.2.5.3.3. Schulungstätigkeit

Schulungen spielen im Kartellrecht, wie auch im Lauterkeitsrecht, eine entscheidende Rolle. Sie unterstützen bei der Einhaltung von Vorschriften und der Vermeidung von rechtlichen Risiken im Unternehmen. Diese Schulungen dienen dazu, ein grundlegendes Verständnis bei den Mitarbeitern zu schaffen und diese für konkrete, besonders relevante Aspekte zu sensibilisieren. Aus diesem Grund empfiehlt es sich, die Schulungen auf den jeweiligen Adressatenkreis (Geschäftsleitung, Verkauf, Einkauf, Marketing, Technik) abzustimmen, da eingängige Praxisbeispiele die Adressaten besser erreichen. Generell ist bei Schulungen die Protokollierung der Teilnahme ratsam. Darüber hinaus empfiehlt es sich, mit einem kurzen Wissenstest abschließen.

Weiters sind Schulungen zu Hausdurchsuchungen und dem angemessenen Verhalten in solchen Situationen von besonderer Wichtigkeit, um sicherzustellen, dass das Unternehmen effektiv auf mögliche Untersuchungen der Wettbewerbsbehörden reagieren und im Bedarfsfall den Gegenbeweis erbringen kann.

Ein weiterer wesentlicher Schulungsbestandteil ist der Umgang mit internen und externen Korrespondenzen. Die Kommunikationswege sind heutzutage vielschichtig, schnell und die Kommunikation erfolgt oft stark fragmentiert mittels kurzer Textnachrichten. Es ist daher von entscheidender Bedeutung, die Mitarbeiter darauf zu schulen, klar und bewusst zu kommunizieren, um möglichen Missverständnissen und rechtlichen Risiken vorzubeugen.

Zur Vorbeugung unlauterer Vertriebs- und Marketingpraktiken ist es ratsam, auch diesbezüglich Schwerpunktschulungen – angepasst auf das jeweilige Geschäftsmodell – zu veranstalten.

Praxistipp

Insbesondere für Führungskräfte und Mitarbeiter, die regelmäßigen Kontakt zu Geschäftspartnern haben, erweisen sich spezielle Rhetoriktrainings als äußerst wirkungsvoll. Diese Trainings simulieren realistische Situationen, die Vertriebsmitarbeiter, Einkäufer, Projektmanager und andere Mitarbeiter im Unternehmen erleben können. Dabei werden den Teilnehmern bewährte Handlungsstrategien, Formulierungen zur klaren Kommunikation und Verhaltensweisen vermittelt.

Durch das intensive Üben in diesen Trainings wird das richtige Verhalten verinnerlicht und gefestigt. Dies steigert die Wahrscheinlichkeit, dass die Mitarbeiter in realen Situationen angemessen und rechtskonform reagieren.

2.2.5.3.4. Hausdurchsuchungen

Jeder Unternehmensjurist in der Rechtsabteilung sollte darauf vorbereitet sein, dass es zu einer Hausdurchsuchung im Unternehmen durch die Bundeswettbewerbsbehörde oder Europäische Kommission kommen kann. Die Aufgabe des Wettbewerbs- und Kartelljuristen ist es, eine Guideline für den Fall der Hausdurchsuchung zu erstellen und diese Guideline im Unternehmen auszurollen. Diese Guideline umfasst in der Praxis jedenfalls folgende Punkte:

Verhalten der Mitarbeiter gegenüber den Beamten

- Sofortige Verständigung der Rechtsabteilung
- Keine Beantwortung von Fragen ohne Beisein der Rechtsabteilung oder des externen Rechtsberaters
- Keine Behinderung oder Vereitelung der Untersuchung; keine Vernichtung von Unterlagen, Löschung von elektronischen Daten (wie E-Mails, Chats)
- Zurverfügungstellung von Passwörtern, Druckern und sonstigen Hilfsmitteln
- Kooperationsbereitschaft, aber keine Weitergabe von Informationen, die nicht ausdrücklich angefragt werden oder nicht vom Hausdurchsuchungsbefehl umfasst sind
- Keine Offenlegung von Korrespondenz ohne Rücksprache mit der Rechtsabteilung, die an einen externen Anwalt gerichtet oder von diesem erstellt wurde; ggf unterliegen diese Dokumente dem Anwaltsprivileg
- Keine Zerstörung des Siegels bei Versiegelung von Räumlichkeiten
- Keine Informationsweitergabe über die Untersuchung an Dritte außerhalb des Unternehmens

Verhalten der Rechtsabteilung

- Vorlage und Prüfung des Hausdurchsuchungsbefehls auf folgende Themen: betroffene Gesellschaft, Örtlichkeit, Datum, Umfang des Befehls (zB nur gewisse Fachabteilungen/Einheiten, Produkte/Dienstleistungen, Vertriebskanäle)

- Hinzuziehung des externen Kartellrechtsexperten und eines Vertreters der IT-Abteilung, um die Zugänglichkeit zu den elektronischen Daten sicherzustellen
- Beamte sollten niemals unbeaufsichtigt sein und stets von einem Mitarbeiter (bestenfalls von der Rechtsabteilung oder einem externen Rechtsberater) begleitet werden
- Detaillierte Protokollierung des Umfangs der Durchsuchungen (Mitarbeiter, Ordner, Daten, Fragen, Stichwörter etc)

2.2.5.3.5. Koordination und Begleitung von M&A-Transaktionen

Im Rahmen von Transaktionsgeschäften (sog „M&A“) wie Asset oder Share Deals ist der Unternehmensjurist üblicherweise begleitend und koordinierend tätig. Die Haupttätigkeit führt in der Regel ein spezialisierter Rechtsanwalt durch. Der Unternehmensjurist unterstützt bei der Analyse, ob die geplante Transaktion den Wettbewerb erheblich beeinflussen könnte und ob sie den geltenden Kartell- und Wettbewerbsgesetzen entspricht, indem er unternehmensintern die Analyse der Umsatzdaten sowie der Marktanteile begleitet.

Im Hinblick auf Meldepflichten, von denen das Wettbewerbs- und Kartellrecht einige vorsieht, unterstützt der Unternehmensjurist den externen Berater bei der Kommunikation mit den beteiligten Personen aus dem Unternehmen sowie bei der Sammlung notwendiger Daten im Unternehmen.

Der Jurist begleitet bei der Kommunikation mit den Kartellbehörden und bei Fragen im Zusammenhang mit der Transaktion. Dies kann die Bereitstellung von Informationen, die Beantwortung von Anfragen und ggf Verhandlungen über Auflagen oder Bedingungen umfassen, um die Genehmigung der Transaktion zu erhalten.

Selbstverständlich ist der Wettbewerbs- und Kartelljurist auch an der Due-Diligence-Prüfung beteiligt, die im Rahmen eines Unternehmenserwerbs zumeist durch den Käufer durchgeführt wird, und hilft, mögliche Risiken in Zusammenhang mit der geplanten Transaktion zu identifizieren. Vor allem muss sichergestellt sein, dass wettbewerblich relevante Informationen nur von einem sog „Clean Team“ durchgesehen werden, dh ein Käufer – sofern er Wettbewerber ist – lediglich geschwärzte Versionen sieht.

Praxistipp

- Es empfiehlt sich, eine vertragliche Regelung vorzusehen, die das kaufende Unternehmen zur Kaufpreisminderung berechtigt, sofern es trotz Zusicherung des zu übernehmenden Unternehmens, in der Vergangenheit keine Kartellverstöße begangen zu haben, zu Schadenersatzforderungen oder Geldbußen aus diesem Titel kommen sollte.

- Nach Abschluss einer Transaktion ist ein (internes) kartellrechtliches Audit wichtig. Dies dient einerseits dazu, Kartellverstöße aufzudecken. Andererseits schaffen schwerpunktmäßige Schulungs- und Trainingsmaßnahmen für die übernommenen Mitarbeiter einen einheitlichen Status quo in der Belegschaft bezüglich der Präventionsmaßnahmen. Auch Gespräche mit den übernommenen Mitarbeitern haben sich für beide erwähnten Zwecke in der Praxis bewährt.

2.2.5.3.6. Durchsetzung und Abwehr von Rechtsansprüchen

Neben der präventiven Beratung des Unternehmens, um kartellrechtliche Konformität sicherzustellen und das Lauterkeitsrecht einzuhalten, ist der Wettbewerbs- und Kartelljurist gefragt, wenn es um die Durchsetzung oder die Abwehr von Rechtsansprüchen, vornehmlich Unterlassungs- und Beseitigungsansprüche sowie Schadenersatzansprüche, geht.[88]

Unabhängig davon, auf welcher Seite der Streitparteien der Unternehmensjurist steht, wird er in diesem Fall mit einem externen Berater zusammenarbeiten. Dabei wird der Unternehmensjurist hauptsächlich Schnittstelle zwischen Unternehmen und Anwalt sein und diesen dabei unterstützen, Beweise bzw Gegenbeweise für ein Fehlverhalten zu suchen.

2.2.5.4. Einsatz von Legal Tech im Wettbewerbs- und Kartellrecht

Wettbewerbs- und kartellrechtliche Aspekte werden üblicherweise über sog Compliance-Tools bearbeitet. Ein Hinweisgebersystem, das in den meisten Unternehmen verpflichtend zu etablieren ist, bietet gute Dienste. Über die meisten Compliance-Anwendungen können bspw auch die Risk Assessments ausgerollt und kann Dokumentationspflichten nachgekommen werden. Dies hat den Vorteil, dass ein Gesprächsprotokoll unmittelbar nach der entsprechenden Sitzung oder dem Fachmessebesuch (bestenfalls sogar mittels App) möglich ist. Wird ein relevantes Verhalten bei Erstellung des Protokolls festgestellt, wird dieses gleich ins Compliance-Management-Segment übergeführt. Dies automatisiert die Prozesse für die Compliance-Organisation und vereinfacht die Abwicklung.

Praxisbeispiel

Ein Einkäufer wird von einem Lieferanten auf eine Fachmesse eingeladen. Bevor er diese Einladung annimmt, lässt er sich diese über den im Unternehmen etablierten Geschenk-Annahme-Prozess freigeben. Unmittelbar im Anschluss an den Messebesuch steigt der Einkäufer über die App des unternehmensinternen Compliance-Systems ein und dokumentiert über die vorgesehene Dokumentationsfunktion, dass er mit den Kollegen Gelb und Blau von der konkurrenzierenden Grün GmbH in groben Zügen über die allgemein herrschende Lieferkettenproblematik und generelle Marktentwick-

88 Gerade Verstöße gegen das UWG können schwerwiegende Konsequenzen für das Unternehmen (Imageverlust, langwierige Verfahren, Schadenersatz), aber auch verwaltungs- und strafrechtliche Folgen nach sich ziehen.

lungen gesprochen hat. Als er weiters im System notiert, dass die Kollegen Rot und Weiß von der Rosa AG ihn interessiert zur Preisgestaltung seines Unternehmens befragt haben, scheint im Eingabefenster ein Hinweis auf, dass die Eingabe nun im Whistleblowing-Segment des Systems weiter erfasst wird, da ein möglicher Wettbewerbsverstoß vorliegt, der durch die Compliance-Abteilung geprüft werden muss. Gleichzeitig werden dem Einkäufer ausführlichere Fragen zum Verlauf des Gesprächs gestellt.

Auch Risikomanagement-Tools für den Vertragsabschlussprozess (wie zB Approval Rules und der Vertragsmonitor)[89] können im Hinblick auf die Prüfung kritischer Vertragsklauseln sinnvoll eingesetzt sein.

2.2.5.5. Wettbewerbs- und Kartellrecht im internationalen Umfeld

Im Wettbewerbs- und Kartellrecht sind nicht nur nationale Vorschriften zu beachten. Das EU-Recht[90] legt klare Regelungen fest, um einen unverfälschten, fairen Wettbewerb im Binnenmarkt zu gewährleisten. Dabei können Melde- und Zustimmungspflichten an die EU-Kommission sowie nationale Wettbewerbsbehörden entstehen, die für Unternehmen von Bedeutung sind.[91] Die Konsequenzen bei Nichteinhaltung können erheblich sein: Strafen, die bis zu 10 % des weltweiten Jahresumsatzes ausmachen können, und in einigen Fällen sogar strafrechtliche Konsequenzen. Ein umfassendes Verständnis und die Einhaltung dieser Vorschriften sind daher für Unternehmen, die international agieren, von entscheidender Bedeutung, um rechtliche Risiken zu minimieren und einen reibungslosen Geschäftsbetrieb zu gewährleisten.

2.2.5.6. Checkliste: Wettbewerbs- und kartellrechtliches Audit

Bei Übernahme der Zuständigkeit für kartell- und wettbewerbsrechtliche Angelegenheiten im Unternehmen ist es jedenfalls angeraten, sich einen Überblick über den Status quo im Unternehmen zu verschaffen. Dieser ermöglicht es dem Unternehmensjuristen, konkrete, auf das Unternehmen abgestimmte Maßnahmen abzuleiten und so die Compliance sicherzustellen.

---

89 Siehe hierzu im Detail Kapitel 3.1.6.4. Risikomanagement-Tools für den Vertragsabschlussprozess.

90 Insbesondere Art 101 bis 106 des Vertrags über die Arbeitsweise der Europäischen Union (AEUV) als Grundlage und darauf aufbauend Sekundärrecht, wie bspw die Fusionskontrollverordnung 13972004, die Gruppenfreistellungsverordnung, Verordnung 2022/2560 über den Binnenmarkt verzerrende drittstaatliche Subventionen (FSR – Foreign Subsidy Regulation).

91 ZB Meldepflichten im Zusammenhang mit der Fusionskontrollverordnung oder im Zusammenhang mit der Gewährung ausländischer Beihilfen (Verordnung 2022/2560 über den Binnenmarkt verzerrende drittstaatliche Subventionen).

Auditleitfaden	
Unternehmen und Markt	• Welche Geschäftstätigkeit führt das Unternehmen in welchen Branchen/Märkten aus? • Was sind die relevanten Mitbewerber? Wie ist die Marktsituation? • Was sind die Vertriebskanäle? • Gibt es spezielle wettbewerbs- und kartellrechtliche Anforderungen oder Vorschriften in der jeweiligen Branche? • Welchen Marktanteil hat das Unternehmen? • Hat das Unternehmen marktbeherrschende Stellung?
Fusionen, Kooperationen, Verbandstätigkeit	• Sind Fusionen, Unternehmenskäufe oder Kooperationen geplant? – Gab es solche in der Vergangenheit? • Ist das Unternehmen Mitglied in einem Fachverband, Interessenverband oder sonstigem Branchen-Netzwerk?
Vertragsgestaltung	• Gibt es Exklusivitätsvereinbarungen? • Gibt es gebietsmäßige Einschränkungen? • Gibt es vertragliche Konkurrenzverbote? • Gibt es Geheimhaltungsvereinbarungen?

Geschäftspraktiken	• Welche Vertriebswege werden gewählt?
	  – Sind diese dokumentiert?
	• Wie (häufig) erfolgt die Kommunikation mit dem Kunden?
	• Wie erfolgt die Preisgestaltung?
	  – Gibt es dokumentierte Richtlinien dazu?
	• Liegen Dokumentation und Aufzeichnungen zu Geschäftspraktiken vor?
	• Welcher Werbebotschaften bedient sich das Unternehmen?
	• Nimmt die Werbung Bezug auf Wettbewerber?
	• Werden Mitarbeiter von Wettbewerbern abgeworben?
	• Gibt es Verhaltensweisen, die einen fairen Wettbewerb behindern?

Auditleitfaden	
Compliance-Maßnahmen	• Gibt es unternehmensweite Schulungen? – Zu welchen Themengebieten? – In welchem Intervall? – Wer sind die Adressaten? • Werden Risk Assessments durchgeführt? – In welchem Intervall? • Welche Richtlinien und Handlungsanweisungen gibt es zu diesem Thema im Unternehmen? • Gibt es sonstige Awareness-Maßnahmen? – Regelmäßiger Austausch mit operativen Mitarbeitern – Intranetbeiträge – Code of Conducts • Welche sonstigen Maßnahmen wurden ergriffen, um die Compliance sicherzustellen? – Freigabe von Geschenken und Einladungen – Dokumentationspflichten – Gesprächsprotokolle
Konkrete Vorfälle, Verhaltensweisen	• Gab es in der Vergangenheit bereits wettbewerbs- oder kartellrechtliche Klagen, Beschwerden oder Ermittlungsverfahren gegen das Unternehmen? • Gibt es Hinweise auf wettbewerbswidriges Verhalten durch Mitarbeiter oder Geschäftspartner? – Wie werden diese dokumentiert?

2.2.6. Arbeitsrecht

Unabhängig von Größe oder Unternehmensgegenstand betrifft das Arbeitsrecht jedes Unternehmen, solange es Mitarbeiter beschäftigt. Die Beschäftigung mit und die Einhaltung von arbeitsrechtlichen Bestimmungen sind daher für jedes Unternehmen unerlässlich.

2.2.6.1. Profil Arbeitsjurist

Unternehmensjuristen im Arbeitsrecht haben ein fundiertes Wissen über die geltenden arbeitsrechtlichen Gesetze und Vorschriften. Regelmäßige sowie anlassbezogene Fortbildungen sind unerlässlich, da das Arbeitsrecht einer ständigen Weiterentwicklung unterliegt. Zudem ist eine Ausbildung im Bereich der Lohnverrechnung vorteilhaft, da viele arbeitsrechtliche Fragestellungen eng mit der Lohnverrechnung verbunden sind. Vor allem dann, wenn die Lohnabrechnung im jeweiligen Unternehmen selbst und nicht über eine Steuerberatungskanzlei erfolgt, ist eine fundierte Kenntnis der Lohnverrechnung empfohlen.

Neben dem erforderlichen Fachwissen bringen Arbeitsjuristen gute Kommunikationsfähigkeiten und Empathie mit, da sie themenbedingt verstärkt im Kontakt mit der Geschäftsleitung sowie Mitarbeitern des Unternehmens stehen. Ein gewisses Maß an Einfühlungsvermögen und Verständnis für die Anliegen und Bedürfnisse sowohl auf Arbeitgeber- als auch Arbeitnehmerseite erleichtert die Konfliktlösung und Kompromissfindung. Eine Mediations- oder Coachingausbildung kann sich zudem positiv auswirken. Arbeitsrechtliche Angelegenheiten können oft dringend und auch emotional kräftezehrend sein. Ein hohes Maß an Resilienz und Stressresistenz zeichnet einen Arbeitsjuristen daher aus.

Das Spannungsfeld zwischen Geschäftsleitung und Mitarbeitern erfordert von Arbeitsjuristen eine ausgewogene Herangehensweise, um die Rechte und Interessen beider Seiten zu schützen und eine effektive und rechtlich einwandfreie Zusammenarbeit zwischen Arbeitgebern und Arbeitnehmern zu unterstützen.

Praxistipp

Arbeitsjuristen sind oft mit unangenehmen Themen wie Verwarnungen, Kündigungen oder Wünschen von Arbeitnehmern, die das Unternehmen nicht erfüllen möchte, konfrontiert. Um nicht ins Kreuzfeuer zu geraten, ist es empfehlenswert, mit der Personalabteilung klar abzugrenzen, in welchen Themengebieten der Jurist tatsächlich mit den Mitarbeitern spricht. Gerade Kündigungen oder Verwarnungen können bzw sollen unter Anwesenheit der Führungskraft und eines Mitarbeiters der Personalabteilung bzw ggf des Betriebsrats ausgesprochen werden.

Um einen guten Umgang mit diesen oft emotional belastenden Themen zu finden, können Zusatzausbildungen im Bereich Mediation oder Coaching vorteilhaft sein.

2.2.6.2. Organisatorische Ansiedlung

Arbeitsjuristen sind aufgrund der engen thematischen Zusammenarbeit oft statt in der Rechtsabteilung direkt in den Personalabteilungen angesiedelt. Diese thematische Dezentralisierung hat im Arbeitsrecht, einem relativ in sich geschlossenen Rechtsgebiet, durchaus seine Vorteile:

- **Spezialisierung:** Durch die intensive Auseinandersetzung mit nur einem Rechtsgebiet bauen die Arbeitsjuristen eine hohe Fachexpertise auf. Dieses Fachwissen kann in der Folge gezielt und effizient eingesetzt werden, um maßgeschneiderte Beratung und zielgerichtete, fundierte Lösungen zu bieten.
- **Integration in Personalprozesse:** Arbeitsjuristen arbeiten direkt und eng mit den Personalverantwortlichen zusammen. Dies ermöglicht eine direkte Integration arbeitsrechtlicher Aspekte in alle Personalprozesse.
- **Effizienz:** Durch die Nähe zur Personalabteilung können arbeitsrechtliche Fragen und Anliegen schnell und unkompliziert bearbeitet werden. Dies fördert die Effizienz und ermöglicht zeitnahe Lösungen.

- **Vertraulichkeit:** Vertraulichkeit ist im Personalwesen und in arbeitsrechtlichen Belangen in hohem Maß erforderlich. Die direkte Ansiedlung der Arbeitsjuristen im Personalwesen unterstützt die Einhaltung der Vertraulichkeitsgrundsätze, da die Daten und Informationen innerhalb einer Abteilung verbleiben.
- **Mitarbeiterorientierung und Praxisbezug:** Die enge Zusammenarbeit mit der Personalabteilung verschafft den Arbeitsjuristen ein besseres Verständnis für die konkreten Herausforderungen und Bedürfnisse der Mitarbeiter. Dies ermöglicht es ihnen, praxisnahe Lösungen zu entwickeln und für eine gerechte und ausgewogene Umsetzung der arbeitsrechtlichen Vorschriften zu sorgen.

Viele Unternehmen bevorzugen einen zentralisierten Ansatz in Bezug auf die organisatorische Ansiedlung der Rechtsabteilung in das Unternehmen. Das bedeutet, dass es eine Rechtsabteilung gibt, die das gesamte Unternehmen bzw die Unternehmensgruppe serviciert.[92] Eine ähnliche zentralisierte Herangehensweise bietet auch die Integration der Arbeitsjuristen direkt in die Rechtsabteilung. Die Vorteile dieser Organisationsform sind:

- **Synergieeffekte:** Die Integration von Arbeitsjuristen in die Rechtsabteilung ermöglicht eine bessere Zusammenarbeit und Nutzung von Synergieeffekten mit anderen Rechtsexperten im Unternehmen. Dadurch können verschiedene rechtliche Fragestellungen ganzheitlich und effizient bearbeitet werden.
- **Kompetenzaustausch:** Die enge Zusammenarbeit mit Experten aus anderen Rechtsgebieten bietet eine Möglichkeit zum breiten fachlichen Austausch. Dieser Wissensaustausch führt zu einer gegenseitigen Stärkung der Kompetenzen.
- **Ganzheitliche Betrachtung rechtlicher Angelegenheiten:** Die Rechtsabteilung betrachtet das Unternehmen aus einer ganzheitlichen rechtlichen Perspektive und hat einen umfassenderen Blick auf alle rechtlichen Belange des Unternehmens. Durch diesen umfassenden Zugang wird es den Arbeitsjuristen ermöglicht, arbeitsrechtliche Entscheidungen in den größeren Kontext anderer rechtlicher Anforderungen und Risiken des Unternehmens zu stellen.
- **Schnittstellen zu anderen Abteilungen:** Die Zusammenarbeit mit den Fachabteilungen ist leichter möglich, da die Rechtsabteilung aufgrund ihrer gesamtunternehmerischen Tätigkeit ein gut ausgebautes Netzwerk besitzt. Die Einbeziehung der Arbeitsjuristen in Verträge, die auch arbeitsrechtlich relevante Inhalte aufweisen, ist gewährleistet.
- **Effektive Ressourcennutzung:** In einer zentralen Struktur ist die Nutzung von Ressourcen effizienter möglich, da Redundanzen vermieden werden. Dies spart Kosten und ermöglicht effizientere Prozesse.

92 Siehe im Detail hierzu Kapitel 4.2. Organisatorische Ansiedlung und Positionierung.

Wo Arbeitsjuristen tatsächlich eingegliedert werden, hängt von der Struktur und den Bedürfnissen des jeweiligen Unternehmens ab. Einige Unternehmen entscheiden sich auch für Mischformen aus beiden Varianten. Dies ist oft abhängig von ihrer Unternehmensgröße und der Komplexität der arbeitsrechtlichen Anforderungen. Unabhängig von der gewählten Organisationsform ist eine enge Zusammenarbeit mit der Personal- bzw Rechtsabteilung von entscheidender Bedeutung. Dadurch wird sichergestellt, dass das Unternehmen die arbeitsrechtlichen Vorschriften einhält und die Unternehmensrisiken im Zusammenhang mit der Beschäftigung von Mitarbeitern minimiert werden.

2.2.6.3. Tätigkeitsschwerpunkte im Arbeitsrecht

Die wichtigsten Aufgaben von Arbeitsjuristen in Unternehmen sind die Umsetzung und Sicherstellung arbeitsrechtlicher Bestimmungen, die arbeitsrechtliche Beratung, Vertrags- und Richtliniengestaltung, das Fungieren als Schnittstelle zum Betriebsrat (sofern vorhanden), die Minimierung arbeitsrechtlicher Risiken sowie der Umgang mit arbeitsrechtlichen Konflikten.

2.2.6.3.1. Beratung zu arbeitsrechtlichen Fragen

Die rechtliche Beratung ist ein wesentlicher Bestandteil der täglichen Berufspraxis der Arbeitsjuristen. Die regelmäßige Beratung der Geschäftsleitung fördert die Einhaltung gesetzlicher und kollektivvertraglicher Bestimmungen (arbeitsrechtliche Compliance[93]) und dient der Vermeidung arbeitsrechtlicher Konflikte.

Viele Anfragen an Arbeitsjuristen stammen aber auch von Mitarbeitern und nehmen häufig einen beträchtlichen Teil der Beratungsleistung in Anspruch. Die Beratung der Mitarbeiter durch Arbeitsjuristen erfordert eine klare Absprache mit der Geschäftsleitung bezüglich des Umfangs und deren Einstellung zu arbeitsrechtlichen Themenstellungen. Die gesetzliche Fürsorgepflicht erfordert auf jeden Fall eine gewisse Informationspflicht der Mitarbeiter als Teil des Aufgabenspektrums. Im Sinne der effektiven Ressourcennutzung sollte von einer detaillierten Einzelfallberatung aber abgesehen werden.

Arbeitsjuristen sind in erster Linie Vertreter der Geschäftsleitung und nicht Interessenvertreter der Arbeitnehmer. Um mögliche Interessenkonflikte zu vermeiden und um im schlimmsten Fall nicht zwischen die Fronten zu geraten, empfiehlt es sich, wie bereits oben zur effektiven Ressourcennutzung angeführt, auf konkret Einzelfallberatungen der Kollegen zu verzichten. Arbeitnehmervertretungen, wie ein Betriebsrat oder die Arbeiterkammer, bieten Beratungsdienstleistungen an. An diese können die Kollegen bei Bedarf weiterverwiesen werden.

93 Ausführlicher dazu in Kapitel 2.2.6.3.3. Arbeitsrechtliche Compliance und Arbeitsstrafrecht.

Praxistipp

Die Beantwortung arbeitsrechtlicher Standardfragen kann durchaus durch Mitarbeiter der Personalabteilung (Recruiting, Payroll) erfolgen, sofern diese in diesem Bereich geschult sind. Die Arbeitsjuristen werden dann erst in Sonderfällen hinzugezogen. Dies erlaubt den Arbeitsjuristen, sich auf Spezialthemen zu fokussieren.

Auch Factsheets und Infoblätter zu wiederholten Fragestellungen haben sich in der Praxis bewährt. Zentrale Ablageorte im Unternehmen, wie das Intranet oder ein allgemein zugängliches Laufwerk, als Informationsplattform zu nutzen, ist empfehlenswert. Auf diese Weise sind die Informationen für alle Mitarbeiter leicht zugänglich, in der jeweils aktuellen Version verfügbar und die durchaus zeitraubende Auskunftstätigkeit wird auf ein Minimum reduziert.

2.2.6.3.2. Vertragsrecht im Arbeitsrecht inkl Checklisten

Obwohl das Arbeitsrecht eine hohe Vertragsdichte aufweist, ist ein hohes Maß an Standardisierung möglich. Trotz der Vielzahl von verschiedenen Vertragstypen ist der Individualisierungsgrad der einzelnen Vertragsmuster in der Regel nicht sehr hoch, sodass sehr gut mit Standardvorlagen gearbeitet werden kann.

Es ist ratsam, auch bei arbeitsrechtlichen Verträgen das KISS-Prinzip[94] anzuwenden. Der Erstellungs- und Pflegeaufwand für die Vertragsmuster ist mitunter erheblich. Allerdings kann die Verhandlung der Verträge durch Mitarbeiter der Personalabteilung (Recruiting, Personalentwicklung) erfolgen. Die punktuelle Rückfrage bei Änderungswünschen ist in diesem Bereich jedenfalls ausreichend.

Praxistipp

Die Mitarbeiter im Vertragsmuster direkt anzusprechen, hat den Vorteil, dass dadurch die Erstellung und Pflege von Mustern in einer geschlechterspezifischen Form entfällt! Das reduziert die Anzahl der zu verwaltenden Musterdokumente oder den Zeitaufwand für die Anpassung auf die jeweils notwendige Form.

Der Vorteil im Arbeitsrecht ist, dass diese Rechtsmaterie alle Unternehmen gleichermaßen trifft. Besondere Vertragsformulierungen stellen wenig bis keinen Wettbewerbsvorteil dar, was den fachlichen Austausch mit Kollegen aus anderen Unternehmen wesentlich erleichtert. Aus diesem Grund werden auch zahlreiche arbeitsrechtliche Vertragsmuster von Institutionen wie WKO oder IHK, aber auch von Anwälten, im Internet zur Verfügung gestellt. Diese Muster 1 : 1 zu nutzen, ist zwar nicht ratsam, dennoch bieten sie wertvolle Formulierungsvorschläge und Anregungen für die eigene Vertragserstellung.

94 Ausführlicher dazu siehe Kapitel 2.2.1.2.2. Vertragserstellung – das KISS-Prinzip.

Die wichtigsten Verträge, deren Standardisierung jedenfalls ratsam ist, sind:

- Arbeitsvertrag (Arbeiter, Angestellte, Praktikant/Ferialmitarbeiter, freier Dienstvertrag)
- Karenzierungsvereinbarung (Elternkarenz, Bildungskarenz)
- Vereinbarung über Teilzeitarbeit (Elternteilzeit, Bildungsteilzeit)
- Home-Office-Vereinbarung
- Ausbildungskostenrückersatz
- Einvernehmliche Auflösung, Kündigung

Die Erstellung standardisierter Musterverträge für gewisse Verträge und Vereinbarungen erleichtert und beschleunigt nicht nur den Prozess der individuellen Vertragsgestaltung, sondern stellt auch sicher, dass alle relevanten rechtlichen Aspekte angemessen berücksichtigt werden.

Checkliste: Arbeitsvertrag

Neben den gesetzlich festgelegten Mindestinhalten[95] enthalten Arbeitsverträge oft eine Vielzahl anderer Regelungen. Doch Vorsicht, nicht alles, was sich in Arbeitsvertragsmustern findet, sollte ohne zu hinterfragen übernommen werden. Gerade bei gewachsenen Vertragsmustern finden sich häufig folgende Stolpersteine:

- **Versetzungsvorbehalt:** Keine (einseitige) Versetzung ohne Vorbehalt! Eine sorgfältige Formulierung eines Versetzungsvorbehalts sowie eine weitgefasste Tätigkeitsbeschreibung ermöglichen im Falle notwendiger Versetzungen, als Arbeitgeber (einseitig) flexibel zu agieren, und beugen etwaigen Hemmnissen (oder schlimmstenfalls auch Änderungskündigungen) vor.
- **Urlaub:** Vorsicht bei umgestelltem Urlaubsjahr! Wurde im Unternehmen das Urlaubsjahr auf Kalenderjahr umgestellt, steht im Rumpfjahr grundsätzlich der volle Urlaubsanspruch zu. Bei Eintritten in der zweiten Jahreshälfte darf der Anspruch allerdings aliquotiert werden, sofern eine diesbezüglich vertragliche Vereinbarung besteht.
- **Kündigungsfristen:** Keine Schlechterstellung des Arbeitnehmers! Obwohl die Kündigungsfristen sich aus Gesetz bzw Kollektivvertrag ergeben, werden Kündigungsfristen für Arbeitnehmer gerne verlängert. Grundsätzlich ist dies auch – im Rahmen der Gesetze und Kollektivverträge – möglich. Eines gilt aber unumstößlich: Der Arbeitnehmer darf nicht schlechter gestellt werden als der Arbeitgeber.
- **Konkurrenzklausel:**[96] Vorsicht mit dem Gießkannenprinzip bei (nachvertraglichen) Wettbewerbsverboten! Aufgrund der gesetzlichen Einschränkungen für Konkurrenzklauseln empfiehlt sich eine betriebsinterne Regelung, für welche Positionen Wettbewerbsverbote tatsächlich vereinbart werden. Dies

95 § 2 AVRAG.
96 Nicht zu verwechseln mit dem Konkurrenzverbot während eines aufrechten Dienstverhältnisses.

erspart neben unwirksamen Klauseln auch Diskussionen mit Mitarbeitern, die für Positionen vorgesehen sind, die nicht unbedingt ein Wettbewerbsverbot erfordern.

- **Ausbildungskosten:** Keine unbestimmten Vereinbarungen über Ausbildungskostenrückersatz! Steht einer Rückerstattungsklausel keine konkrete Ausbildungsmaßnahme gegenüber, ist diese Klausel unwirksam und hat daher im Arbeitsvertrag nichts verloren.
- **Datenschutz:** Vorsicht bei datenschutzrechtlichen Einwilligungserklärungen[97] im Arbeitsvertrag! Diese Kopplung wird aufgrund des Machtgefälles zwischen Arbeitgeber und Arbeitnehmern sehr kritisch gesehen und kann zur Unwirksamkeit der Einwilligung führen.

Praxistipp

Je nach Internationalisierungsgrad des Unternehmens und den Ländern, in denen das Unternehmen tätig ist, werden die Verträge auch in anderen Sprachen benötigt. Ist die Personalabteilung zentral in Österreich angesiedelt und betreut die ausländischen Einheiten mit, empfiehlt es sich jedenfalls, die Vertragsmuster zweisprachig zu erstellen. Dies gewährleistet das Verständnis des Vertragsinhalts sowohl des Arbeitnehmers als auch der abwickelnden Sachbearbeiter in der Personalabteilung. In einem internationalen Umfeld mit unterschiedlichen Sprachanforderungen tragen zweisprachige Vertragsmuster dazu bei, Missverständnisse zu minimieren, und gewährleisten eine reibungslose Kommunikation und Vertragsabwicklung.

2.2.6.3.3. Arbeitsrechtliche Compliance und Arbeitsstrafrecht

Der Begriff arbeitsrechtliche Compliance bezieht sich auf die Einhaltung aller relevanten arbeitsrechtlichen Vorschriften, Gesetze und Bestimmungen durch Arbeitgeber und Arbeitnehmer. Die Einhaltung derartiger Vorschriften und deren Sicherstellung in Prozessen und Dokumenten dienen dem Schutz der Rechte und Interessen sowohl der Arbeitnehmer als auch des Arbeitgebers und können (arbeitsstraf-)rechtliche Konsequenzen, finanzielle Verluste und Imageschäden verhindern.

Eine der Hauptaufgaben von Arbeitsjuristen ist es, diese arbeitsrechtliche Compliance im Unternehmen sicherzustellen. Dafür ist es essenziell, ständig über geplante Gesetzesänderungsvorhaben auf nationaler wie auch EU-Ebene informiert zu bleiben.

Das Arbeitsstrafrecht ist somit ein wichtiger Bereich, mit dem sich Arbeitsjuristen befassen müssen. Es umfasst (verwaltungs-)strafrechtliche Bestimmungen, die darauf abzielen, Verstöße gegen arbeitsrechtliche Vorschriften und Gesetze zu sanktionieren. Neben gerichtlicher Strafbarkeit (zB bei Nichtabführung von

97 Ausführlicher zum Thema Datenschutz siehe Kapitel 2.2.4. Datenschutzrecht.

Dienstnehmerbeiträgen zur Sozialversicherung, nach Arbeitsunfällen, bei illegaler Beschäftigung) ist vor allem der verwaltungsstrafrechtliche Teil von großer praktischer Bedeutung für die Unternehmen.

Besonders kritische Bereiche im Hinblick auf (verwaltungs-)strafrechtliche Bestimmungen sind für Unternehmen:

- Lohn- und Sozialdumping (LSD-BG)
- Verstöße gegen das Arbeitszeitgesetz (AZG)
- Nichtgewährung von Pausen und Ruhezeiten (ARG)
- Nichtgewährung von Urlaubstagen (UrlG)
- Verletzung von Aufzeichnungspflichten (AZG, ARG, EFZG, UrlG, VKG etc)
- Verstöße gegen das Arbeitnehmerinnenschutzgesetz (ASchG)
- Nichtbeachtung von Kündigungsschutzbestimmungen (ArbVG, AngG)
- Verstöße gegen das Mutterschutzgesetz (MSchG)
- Verletzung des Gleichbehandlungsgesetzes (GlBG)
- Missachtung von Kollektivverträgen
- Illegale Beschäftigung von Personen (AuslBG, LSD-BG, ASVG)
- Datenschutz (DSG, DSGVO)

Praxistipp

Geteilte Verantwortung ist halbes Leid! Es dient der persönlichen Risikostreuung der Geschäftsführung, verantwortliche Beauftragte[98] für einzelne Bereiche zu ernennen. Dadurch werden bestimmte Verantwortlichkeiten und daraus resultierende Haftungen an Führungskräfte übertragen. Das Risiko eines alleinigen oder übermäßigen persönlichen Haftungsanspruchs der Geschäftsführung wird damit reduziert. Darüber hinaus können durch die Verteilung der Verantwortlichkeiten die Fähigkeiten und Expertisen der Beauftragten effektiv genutzt und Risiken in einzelnen Bereichen besser kontrolliert werden.

Die Umsetzung der gesetzlichen Vorschriften und arbeitsrechtlichen Bestimmungen, somit die Sicherstellung der arbeitsrechtlichen Compliance, findet in den Unternehmensprozessen und Unternehmensdokumenten statt. Dazu gehören maßgeblich die Arbeitsverträge, aber auch Zusatzvereinbarungen, Richtlinien, Verfahrensanweisungen und/oder Betriebsvereinbarungen.

Praxistipp

Ein guter Überblick über die im Unternehmen geltenden Richtlinien, Verhaltens- und Verfahrensanweisungen sowie sonstigen Policies sowie den jeweiligen Adressatenkreis dient der Sache.

98 Ausführlicher dazu in Kapitel 2.2.7.2. Tätigkeitsschwerpunkte im Gewerberecht inkl Checkliste.

Arbeitsrechtlich relevante Regelungen finden sich nicht nur in Dokumenten der Personalabteilung, sondern durchaus auch in jenen der Fachabteilungen. Die Juristen in einen Freigabeprozess einzubinden, kann sich vorteilhaft auf die arbeitsrechtliche Compliance auswirken.

2.2.6.3.4. Zusammenarbeit mit dem Betriebsrat

Sofern im Unternehmen ein Betriebsrat errichtet ist, ist eine enge Zusammenarbeit der Arbeitsjuristen mit dem Betriebsrat erforderlich. Ein gutes Einvernehmen ermöglicht es, gemeinsame Lösungen zu erarbeiten, die sowohl die Interessen und Ziele des Unternehmens als auch der Mitarbeiter berücksichtigen.

Die Aufgaben der Arbeitsjuristen im Hinblick auf den Betriebsrat variieren je nach Unternehmen. Grundidee ist, dass die Arbeitsjuristen eine gute Zusammenarbeit zwischen Geschäftsleitung und Betriebsrat fördern, arbeitsrechtliche Compliance im Unternehmen herstellen und so zu einem fairen und konstruktiven Arbeitsumfeld beitragen.

Das Tätigkeitsspektrum der Arbeitsjuristen erstreckt sich daher in Betriebsratsangelegenheiten von der reinen Rechtsberatung der Geschäftsleitung bis zur aktiven Rolle als verlängerte Arm der Geschäftsleitung betreffend die Kommunikation mit dem Betriebsrat. Die Arbeitsjuristen stellen sicher, dass die rechtlichen Rahmenbedingungen eingehalten und die Interessen des Unternehmens gewahrt bleiben. Je nach im Unternehmen gelebter Ausprägung obliegt es den Arbeitsjuristen, Betriebsvereinbarungen zu erstellen, zu prüfen und/oder für die Geschäftsleitung zu verhandeln. Mit einer transparenten Informationsstrategie stellen Arbeitsjuristen sicher, dass der Betriebsrat alle für seine Aufgaben und Mitwirkungspflichten wesentlichen Informationen erhält. Außerdem vermitteln Arbeitsjuristen in Konfliktsituationen zwischen Betriebsrat und Geschäftsleitung, um sicherzustellen, dass eine rechtlich konforme Einigung erzielt wird.

Überblick: Betriebsvereinbarung

Arten von Betriebsvereinbarungen

Das Arbeitsverfassungsgesetz (ArbVG) sieht unterschiedliche Arten von Betriebsvereinbarungen vor. Das Gesetz listet abschießende Maßnahmen auf, die mittels Betriebsvereinbarung geregelt werden dürfen, inwieweit die Zustimmung des Betriebsrats ersetzt werden kann und ob bzw wie eine Auflösung derselben möglich ist. Ein kompakter Überblick erleichtert die tägliche Arbeitspraxis.

- **Notwendige Betriebsvereinbarung** (§ 96 ArbVG): Die abschließend aufgelisteten Maßnahmen bedürfen zu ihrer Rechtswirksamkeit der Zustimmung des Betriebsrats. Notwendige Betriebsvereinbarungen können nicht erzwungen oder mittels Einzelvereinbarung oder Weisung umgesetzt werden.

Die Zustimmung des Betriebsrats ist jedenfalls notwendig bei der Einführung von:
- einer betrieblichen Disziplinarordnung
- Personalfragebögen, die nicht nur Angaben zur Person und fachlichen Voraussetzungen enthalten
- Kontrollmaßnahmen und technischen Systemen zur Kontrolle, die die Menschenwürde berühren
- Akkord-, Stück- und Gedingelöhnen sowie akkordähnlichen Prämien und Entgelten unter gewissen Voraussetzungen

• **Notwendige Betriebsvereinbarung mit Zwangsschlichtung** (§ 96a ArbVG): Stimmt der Betriebsrat nicht zu, kann diese Zustimmung durch Entscheidung der Schlichtungsstelle ersetzt werden. Diese kann ersetzt werden für die Einführung von:
  - Personaldatensysteme
  - Arbeitnehmerbeurteilung
• **Erzwingbare Betriebsvereinbarung** (§ 97 Abs 1 Z 1 bis Z 6a ArbVG): Kommt eine Einigung zwischen dem Unternehmen und dem Betriebsrat nicht zustande, so entscheidet – insoweit weder Kollektivvertrag noch Satzung eine diesbezügliche Regelung vorsehen – die Schlichtungsstelle auf Antrag eines der Streitteile. Eine gültige Regelung kann in Fällen der erzwingbaren Betriebsvereinbarung auch durch Einzelvereinbarung oder Weisung getroffen werden. Betriebsvereinbarungen (oder Änderungen bereits bestehender) sind erzwingbar im Hinblick auf:
  - allgemeine betriebliche Ordnungsvorschriften
  - Auswahl der Mitarbeitervorsorgekasse
  - generelle Festsetzung von Beginn und Ende der täglichen Arbeitszeit, Dauer und Lage der Pausen, Verteilung der Arbeitszeit auf einzelne Wochentage
  - Grundsätze der betrieblichen Beschäftigung von Arbeitnehmern im Rahmen von Arbeitskräfteüberlassung
  - Art und Weise der Gehaltsabrechnung, Zeit und Ort der Auszahlung von Bezügen
  - Sozialplan
  - Art und Umfang der Teilnahme des Betriebsrats an der Verwaltung von betriebs- und unternehmenseigenen Schulungs-, Bildungs- und Wohlfahrtseinrichtungen
  - Maßnahmen zur zweckentsprechenden Benützung von Betriebseinrichtungen und Betriebsmitteln
  - Maßnahmen zur Verhinderung, Beseitigung, Milderung oder zum Ausgleich von Belastungen der Arbeitnehmer durch Arbeiten im Sinne des Art VII des Nachtschwerarbeitsgesetzes (NSchG), einschließlich der Verhütung von Unfällen und Berufskrankheiten
• **Freiwillige Betriebsvereinbarung** (§ 97 Abs 1 Z 7 bis Z 27 ArbVG): Freiwillige Betriebsvereinbarungen sind nicht erzwingbar und können durch Einzel-

vereinbarung oder Weisung ersetzt werden. Freiwillige Betriebsvereinbarung werden ua abgeschlossen für:

- vorübergehende Verkürzung oder Verlängerung der Arbeitszeit
- betriebliche Sozialleistungen
- flexiblere Arbeitszeitmodelle (Gleitzeit, Teilzeit, Homeoffice)
- Mitarbeiterbeteiligungsmodelle
- Weiterbildungs- und Karriereentwicklungspläne
- Maßnahmen zur Förderung des Betriebsklimas und der Arbeitszufriedenheit

Beendigung von Betriebsvereinbarungen (§ 32 ArbVG)

Betriebsvereinbarungen können durch Zeitablauf, Kündigung, einvernehmliche Auflösung, Ende kraft Gesetzes, vorzeitige Auflösung aus wichtigem Grund, Wegfall der gesetzlichen oder kollektivvertraglichen Ermächtigung zum Abschluss der Betriebsvereinbarung enden oder automatisch erlöschen, wenn zB der Betrieb stillgelegt wird.

Unter gewissen, gesetzlich normierten Umständen wirken Betriebsvereinbarungen über ihr Erlöschen hinaus nach.

2.2.6.3.5. Schulungen im Arbeitsrecht

Die Durchführung regelmäßiger arbeitsrechtlicher Schulungen der Mitarbeiter sowie der Geschäftsleitung ist ein maßgeblicher Aspekt der arbeitsrechtlichen Compliance. Ferner dienen zB Schulungen der Führungskräfte betreffend den rechtskonformen Umgang mit Mitarbeitern der Vermeidung von arbeitsrechtlichen Konflikten und tragen zu einem positiven Unternehmensklima bei.

Praxistipp

Es empfiehlt sich, Schulungen thematisch an den Teilnehmerkreis anzupassen bzw den Teilnehmerkreis organisatorisch oder sachlich zu definieren. Führungskräfte haben oft andere Fragestellungen und Anliegen als ihre Mitarbeiter. Daher ist es sinnvoll, ihre Schulungsbedürfnisse separat zu behandeln und entsprechend zu beantworten.

Beispiel

Besonders bei der Prävention von Konflikten spielt die Schulung von Führungskräften im Umgang mit Mitarbeitern eine entscheidende Rolle. Die Vermittlung angemessener Verhaltens- und Vorgehensweisen, wie bspw das korrekte Aussprechen von Verwarnungen, kann dazu beitragen, dass potenzielle Kündigungsanfechtungen durch gut dokumentierte Beweise zugunsten des Arbeitgebers entschieden werden.

Wesentliche arbeitsrechtliche Schulungskomplexe sind:

- Arbeitszeiten und Meldepflichten, Erklärung Gehaltszettel
- Arbeiten im Ausland, Meldepflichten bei Behörden

- Arbeitsrecht für Führungskräfte (Rechte und Pflichten des Arbeitgebers und Arbeitnehmers, Weisungs- und Kontrollrechte, arbeitsrechtliche Konsequenzen, Beendigung von Arbeitsverhältnissen, Mitarbeitergespräche, Bewerbungsverfahren, Bildungs- und Elternteilzeit bzw -karenz, Papamonat, Freelancer und Scheinselbstständigkeit, Haftung von Führungskräften, Datenschutz)

2.2.6.4. Arbeitsrechtliche Konflikte

„Wo gehobelt wird, fallen Späne“. In kaum einem Unternehmen wird man ohne Konflikte zwischen Arbeitnehmern und Arbeitgeber auskommen. In diesen Fällen gilt es, zur Konfliktlösung beizutragen bzw arbeitsgerichtliche Streitigkeiten auf Seiten des Unternehmens zu begleiten.

Die arbeitsrechtliche Beratung, regelmäßige Schulungen und die arbeitsrechtliche Compliance sind entscheidende Elemente zur Vermeidung von arbeitsrechtlichen Konflikten. Die Kooperation und Vernetzung mit anderen Unternehmensabteilungen tragen ebenfalls zu einer effektiven und umfassenden Präventionsstrategie bei, da schwelende Konflikte frühzeitig erkannt werden können. So kann rechtzeitig interveniert werden, bevor sich Fronten verhärten und möglicherweise zu langwierigen Gerichtsstreitigkeiten werden.

Praxistipp

Die Dokumentation spielt eine entscheidende Rolle bei der Durchsetzung und Abwehr von arbeitsrechtlichen Ansprüchen und ist daher ein zentraler Bestandteil von Führungskräfteschulungen. Führungskräfte sind oft die ersten Empfänger wichtiger Informationen (E-Mails oder Gespräche), die für künftige Konfliktsituationen maßgeblich sein können. Das Erstellen von Gesprächsprotokollen und die Aufbewahrung kritischer E-Mails sind Verhaltensweisen, die den Führungskräften bekannt sein sollten.

Interventionen in Streitigkeiten zwischen Arbeitgeber und Arbeitnehmer sollten immer zumindest im 4-Augen-Prinzip erfolgen. Dieses Vorgehen dient der Absicherung und Beweissicherung für den Fall zukünftiger Gerichtsverfahren. Allerdings ist nicht zwingend der Arbeitsjurist Teil des Krisenteams. Bei einer gut geschulten Personalabteilung bzw Führungskräfteriege reicht es oft, wenn die Juristen punktuell bzw in Härtefällen an der Front zum Einsatz kommen.

Nicht vergessen: Die Mitwirkungspflichten des Betriebsrats dürfen nicht außer Acht gelassen werden!

Trotz aller präventiven Maßnahmen können gerichtliche Auseinandersetzungen nicht in jedem Fall vermieden werden.

Häufig vor Gericht landen Streitigkeiten im Zusammenhang mit Kündigungen (Kündigungsanfechtungen, Wiedereinstellungsklagen), Arbeitszeiten und Entgeltansprüchen (Nichtgewährung von Überstunden, Pausen und Ruhezeiten) sowie Diskriminierung und Arbeitssicherheit. Die Beiziehung eines erfahrenen Rechtsanwalts empfiehlt sich in diesen Fällen.

2.2.6.5. Einsatz von Legal Tech im Arbeitsrecht

Der Einsatz digitaler Lösungen (Legal Tech) im Arbeitsrecht ist sinnvoll. Dank der hohen Standardisierung von Arbeitsverträgen hilft bspw der Einsatz von Vertragsgeneratoren, Zeit zu sparen und Fehler zu minimieren. Zudem kann sichergestellt werden, dass immer das aktuell gültige Vertragsmuster verwendet wird. Dies trägt wiederum zur Schaffung von Rechtssicherheit bei und gewährleistet die arbeitsrechtliche Compliance.

Darüber hinaus macht auch der Einsatz von KI-basierten Tools, wie Chatbots, im HR-Umfeld definitiv Sinn. Ein Chatbot-Assistenzsystem kann eine sinnvolle Anwendung sein, um Mitarbeitern ihre Fragen zu Unternehmensrichtlinien, Betriebsvereinbarungen, Arbeitszeiten oder anderen unternehmensrelevanten Informationen zu beantworten. Ebenso können allgemeine rechtliche Fragestellungen bspw zu Arbeitszeiten, Meldepflichten bei Wochenendarbeit usw effizient und benutzerfreundlich durch ein solches System beantwortet werden.

2.2.6.6. Arbeitsrecht im internationalen Umfeld

Das Tätigkeitsfeld der Arbeitsjuristen erweitert sich erheblich, wenn Mitarbeiter eines Unternehmens im Ausland tätig sind, sei es auf Dienstreisen, Montageeinsätzen oder im Rahmen eines Expat-Programms. Eine klare Definition im Unternehmen, welche Themen mit Auslandsbezug tatsächlich von den Arbeitsjuristen übernommen werden (reine Recherchetätigkeit, Steuerthemen, Erstellung der Meldungen etc), ist aufgrund der Themenfülle unerlässlich.

In diesen Fällen sind auch die zwingenden arbeitsrechtlichen Bestimmungen des jeweiligen Einsatzlandes zu berücksichtigen, was die Auseinandersetzung mit ausländischen Rechtsordnungen notwendig macht. Gleichzeitig behalten die arbeitsrechtlichen Bestimmungen des Heimatlandes ihre (unmittelbare) Anwendbarkeit. Dabei gilt das sog Günstigkeitsprinzip, wonach die für den Mitarbeiter günstigeren Bestimmungen aus den verschiedenen Rechtsordnungen zur Anwendung kommen.

Praxistipp

Eine überblicksmäßige Recherche betreffend die zwingenden arbeitsrechtlichen Bestimmungen (Arbeitszeiten, Ruhezeiten, Mindestlohn, Meldepflichten udgl) ist jedenfalls mittels Internets möglich. Institutionen wie die WKO, IHK oder große Rechtsanwaltskanzleien stellen überblicksmäßige Zusammenfassungen zur Verfügung. Für gewisse Berufsgruppen gibt es in manchen Ländern eigene Interessenvertretungen, die teilweise eine rechtliche Beratung anbieten. Für Detailfragen ist es auf jeden Fall empfehlenswert, einen lokalen Rechtsberater hinzuzuziehen, um Risiken zu vermeiden.

Es hat sich durchaus bewährt, reisenden Mitarbeitern Länder-Kurzportraits mit den nötigen arbeitsrechtlichen Grundinformationen zur Verfügung zu stellen. Darin sollten auch die Notwendigkeit und Anleitung zur Meldung von Arbeitszeitüberschreitungen enthalten sein. Durch das Schaffen von Bewusstsein für diese Angelegenheit wird das Risiko von Verwaltungsstrafen und Unannehmlichkeiten im Ausland erheblich verringert.

Ein nettes Goodie ist es, örtliche Gepflogenheiten, Geschwindigkeitsbeschränkungen und Vignettenerfordernisse sowie sonstige Dos and Don'ts mitaufzunehmen. Die Kollegen werden es danken.

Beachte

Sozialversicherungs- und steuerrechtliche Aspekte werden in diesem Kapitel nicht behandelt. Bei längeren Auslandsaufenthalten sollte jedenfalls ein Rechts- und Steuerberater hinzugezogen werden, um steuerliche, aber auch versicherungsrechtliche Risiken zu vermeiden.

2.2.6.7. Checkliste: Arbeitsrechtliches Audit

Insbesondere bei Übernahme der arbeitsrechtlichen Verantwortung in einem Unternehmen ist es ratsam, ein arbeitsrechtliches Audit durchzuführen. Dadurch erhält man einen gründlichen Überblick über den aktuellen Zustand des Unternehmens, die bestehenden Risiken und darüber, welche Maßnahmen erforderlich sind, um eine arbeitsrechtliche Compliance zu gewährleisten.

Die Durchführung eines arbeitsrechtlichen Audits in periodischen Abständen reduziert jedenfalls das unternehmerische Risiko in diesem Bereich. Das Risiko von Konflikten und rechtlichen Problemen wird minimiert und das Unternehmen besser vor potenziellen finanziellen und rechtlichen Konsequenzen geschützt. Darüber hinaus werden Schwachstellen und Mängel identifiziert und darauf basierend können gezielte Schritte zur Verbesserung und Einhaltung der arbeitsrechtlichen Bestimmunen gesetzt werden. Ein arbeitsrechtliches Audit ist daher eine wichtige proaktive Maßnahme, um die arbeitsrechtliche Compliance zu gewährleisten und das Unternehmen abzusichern.

Auditleitfaden[99]	
Arbeitsverträge	• Haben alle Mitarbeiter Arbeitsverträge, die die relevanten rechtlichen Bestimmungen enthalten? • Gibt es Leiharbeitnehmer? • Gibt es Freelancer?
Richtlinien und Weisungen	• Stimmen die im Unternehmen geltenden Richtlinien und Weisungen mit den geltenden gesetzlichen Vorschriften überein?

99 Dieser Auditleitfaden deckt zentralen Fragestellungen ab, ohne jedoch Anspruch auf eine vollständige Behandlung aller möglichen (Detail-)Aspekte zu erheben. Spezifische Gegebenheiten einzelner Branchen oder Unternehmen können in diesem Leitfaden nicht explizit berücksichtigt werden.

Auditleitfaden	
Mindestlohn	• Werden die Mitarbeiter entsprechend dem jeweils anzuwendenden Mindestlohn vergütet? • Werden die Einstufungen in das Gehaltsschema richtig vorgenommen? • Gibt es geschlechts- oder ethnisch bedingte Gehaltsunterschiede?
Arbeitszeiten und Überstunden	• Werden die Arbeitszeiten gesetzeskonform aufgezeichnet? • Werden Überstunden richtig erfasst und abgegolten? • Werden etwaig notwendige Meldungen an das Arbeitsinspektorat erstattet? • Wird jährlich eine Deckungsprüfung durchgeführt?
Pausen und Ruhezeiten	• Werden Pausen im gesetzlich vorgesehenen Ausmaß gewährt? • Werden die Ruhezeiten gesetzmäßig berechnet und zustehende Ersatzruhezeiten gewährt?
Urlaub	• Erfolgt die Anrechnung von Vordienstzeiten im gesetzlich vorgesehenen Ausmaß und sind die Aufzeichnungen darüber vorhanden? • Wird sichergestellt, dass den Mitarbeitern das gesetzlich zustehende Ausmaß an Urlaub gewährt wird? • Wurde das Urlaubsjahr auf Kalenderjahr umgestellt? Wenn ja, wird das richtige Urlaubsausmaß im Rumpfjahr gewährt?
Dienstreisen	• Werden Reisezeiten gesetzeskonform erfasst und abgerechnet? • Werden die für Dienstreisen ins Ausland ggf notwendigen Einreisemeldungen, Visa, Arbeitsbewilligungen udgl berücksichtigt?
Kündigungen	• Werden die Kündigungsschutzvorschriften eingehalten? • Werden die Kündigungsfristen und -termine eingehalten?
Sozialversicherung	• Werden sozialversicherungsrechtliche Meldungen ordnungsgemäß durchgeführt? • Beschäftigt das Unternehmen (Schein-)Selbstständige?

Auditleitfaden	
Datenschutz	• Wie werden Mitarbeiterdaten verarbeitet? • Wer hat Zugriff auf Mitarbeiterdaten? • Werden die vorgesehenen Löschfristen eingehalten und die Löschungen durchgeführt? • Ist die Vertraulichkeit von Mitarbeiter- und Bewerberdaten gewährleistet?
Arbeitssicherheit	• Werden die geltenden Bestimmungen zur Arbeitssicherheit eingehalten?
Arbeitnehmervertretung	• Gibt es eine Arbeitnehmervertretung? • Gibt es eine Betriebsratspflicht? • Sind notwendige Betriebsvereinbarungen vorhanden?
Informationspflichten, Aushangpflichten	• Werden die Mitarbeiter im vorgeschriebenen Ausmaß informiert? • Wird den Aushangpflichten nachgekommen? • Sind alle Richtlinien, Weisungen und Unternehmensvorgaben für die Mitarbeiter zugänglich? • Welche Dokumente werden im Onboarding-Prozess bereitgestellt?
Schulungsmaßnahmen	• Werden regelmäßig Schulungen der Mitarbeiter durchgeführt? • Gibt es darüber hinaus Sensibilisierungsmaßnahmen im Hinblick auf ihre Rechte und Pflichten?
Betriebliche Übungen	• Gibt es im Unternehmen Gepflogenheiten, die bereits betriebliche Übungen sein könnten?

2.2.7. Gewerberecht

Das Gewerberecht ist eine breit gefächerte Materie des öffentlichen Rechts, die nicht vollumfänglich in diesem Buch dargestellt wird. Neben der Gewerbeanmeldung, die jedes Unternehmen beschäftigt und daher auch nachfolgend in den Grundzügen abgehandelt wird, können sich aus der Gewerbeordnung noch weitere Verpflichtungen für das Unternehmen ergeben. Bspw bedarf es einer Betriebsanlagengenehmigung, wenn durch eine örtlich gebundene Einrichtung Gefährdungen oder Belästigungen für Nachbarn oder die Umwelt auftreten können.[100]

100 Vgl §§ 74 ff GewO.

Neben der klassischen Gewerbeordnung können im Einzelfall auch andere Rechtsmaterien für das Unternehmen eine Rolle spielen (zB Postmarktgesetz, Veranstaltungsgesetze oder auch andere landesgesetzlich geregelte Tätigkeiten). Diese Einzelfälle werden nicht abgebildet.

2.2.7.1. Allgemeines

Grundsätzlich ist die Dokumentation der erteilten Gewerbeberechtigungen Teil des Housekeepings.[101] Der für das Housekeeping zuständige Unternehmensjurist hat in zentral organisierten Rechtsabteilungen auch sicherzustellen, dass die erforderlichen Genehmigungen vorliegen. Ist die Rechtsabteilung dezentral[102] organisiert (zB mehrere [ausländische] Tochtergesellschaften), ist klar zu definieren, wer für die Einholung der Genehmigungen im Einzelfall verantwortlich ist.

2.2.7.2. Tätigkeitsschwerpunkte im Gewerberecht inkl Checkliste

Für jede gewerbliche Tätigkeit[103] wird eine Gewerbeberechtigung benötigt, die von der Gewerbebehörde ausgestellt wird. Werden mehrere Gewerbe ausgeübt, muss jedes einzelne angemeldet werden. Die Ausübung des Gewerbes beginnt grundsätzlich mit der Gewerbeanmeldung.[104] Bei Vorliegen der Voraussetzungen (siehe sogleich unten) wird das Gewerbe in das Gewerbeinformationssystem (kurz „GISA") eingetragen. Eine Abfrage im GISA ist jederzeit und kostenlos ohne Anmeldung über das Internet möglich.[105] Das reglementierte Gewerbe erfordert im Unterschied zum freien Gewerbe einen Befähigungsnachweis des Gewerbetreibenden. Für die jeweilige Gewerbeberechtigung kann immer nur ein gewerberechtlicher Geschäftsführer bestellt werden. Bestehen Unklarheiten darüber, welches Gewerbe für das Unternehmen angemeldet werden soll, bietet sich eine Abstimmung mit der Wirtschaftskammer an.

Klärt der Unternehmensjurist im Rahmen der Gewerbeanmeldung entweder die Geschäftsführung oder den zu bestellenden gewerberechtlichen Geschäftsführer über die damit einhergehenden Rechtsfolgen und Verpflichtungen auf, sind folgende Informationen hilfreich:

101 Siehe hierzu im Detail Kapitel 2.3. Housekeeping.

102 Siehe zur zentralen und dezentralen Organisation im Detail Kapitel 4.2. Organisatorische Ansiedlung und Positionierung.

103 Vgl § 1 Abs 2 GewO: Um ein Gewerbe handelt es sich, wenn eine Tätigkeit selbstständig, regelmäßig und mit Gewinnerzielungsabsicht ausgeübt wird.

104 Ausgenommen davon sind nur noch die Rechtskraftgewerbe, die einen rechtskräftigen Bescheid der Gewerbebehörde voraussetzen.

105 Siehe hierzu www.gisa.gv.at (abgerufen am 10.1.2024) oder Kapitel 2.2.7.3. – Link 4.

Umfang der Haftung des gewerbe-rechtlichen Geschäftsführers	• **Haftung gegenüber Gewerbeinhaber:** Fachlich einwandfreie Ausübung des Gewerbes; ansonsten Schadenersatzansprüche • **Haftung gegenüber der Behörde:** – Einhaltung der gewerberechtlichen Vorschriften gegenüber der Gewerbebehörde – Beispielhafte Aufzählung von verwaltungsstrafrechtlichen Tatbeständen: – – Ausübung eines Gewerbes ohne erforderliche Gewerbeberechtigung – – Überschreitung der Gewerbeberechtigung – – Errichtung und/oder Betrieb einer Betriebsanlage ohne erforderliche Genehmigung – – Betrieb einer geänderten Betriebsanlage ohne erforderliche Genehmigung – Teilweise strafrechtliche Verantwortlichkeit bei Umweltstraftatbeständen[106] • **Haftung gegenüber Dritten:** In Einzelfällen möglich, sofern einem Dritten ein Schaden im Rahmen einer deliktischen Haftung entsteht und den gewerberechtlichen Geschäftsführer ein Verschulden an der Pflichtverletzung trifft

106 Vorsätzliche Beeinträchtigung der Umwelt (§ 180 StGB), fahrlässige Beeinträchtigung der Umwelt (§ 181 StGB), schwere Beeinträchtigung durch Lärm (§ 181a StGB), vorsätzliches umweltgefährdendes Behandeln und Verbringen von Abfällen (§ 181b StGB).

Anmeldevoraussetzungen	Der gewerberechtliche Geschäftsführer hat folgende Voraussetzungen zu erfüllen: • Staatsangehörigkeit: Österreich, EWR-Vertragsstaat, Schweiz • Wohnsitz im Inland, in einem EWR-Staat oder in der Schweiz • Eigenberechtigung: ab 18 Jahren • Keine Gewerbeausschlussgründe (Finanzstrafdelikt, gerichtliche Verurteilung) • Vorliegen des Befähigungsnachweises bei reglementierten Gewerben • Entsprechende Position im Unternehmen: entweder Vertretungsbefugnis (= Geschäftsführer) oder ein mindestens zur Hälfte der wöchentlichen Normalarbeitszeit im Betrieb beschäftigter, voll sozialversicherungspflichtiger Arbeitnehmer[107] • Entsprechende tatsächliche Betätigung im Betrieb: Der gewerberechtliche Geschäftsführer muss in der Lage sein, seinen Kontroll- und Überwachungsaufgaben nachzukommen (insbesondere durch physisch entsprechende Anwesenheit) • Nachweisliche Zustimmung zur Erteilung der selbstverantwortlichen Anordnungsbefugnis und zur Bestellung
Haftungsübernahme durch die Gesellschaft	• Vereinbarung eines Haftungsausschlusses oder der Übernahme einer Geldstrafe durch die Gesellschaft gegenüber der Behörde sind ungültig. • Gegenüber dem Gewerbeinhaber ist ein Ausschluss der Haftung für leichte Fahrlässigkeit jedoch möglich; ein gänzlicher Ausschluss ist allerdings sittenwidrig. • Übernimmt der Gewerbeinhaber die gegen den gewerberechtlichen Geschäftsführer verhängte Verwaltungsstrafe, liegt ein steuerpflichtiger Vorteil aus dem Dienstverhältnis vor. • Sofern der gewerberechtliche Geschäftsführer auch vertretungsbefugtes Organ ist, bedarf es für die Übernahme der Verwaltungsstrafe eines einstimmigen Gesellschafterbeschlusses.[108] • Die Haftungsübernahme durch eine D&O-Versicherung ist abzuklären, insofern eine solche im Unternehmen abgeschlossen wurde.

107 Bei freien Gewerben kann dies sogar nochmals reduziert werden.
108 Ansonsten liegt der Tatbestand der Untreue gemäß § 153 StGB vor.

Pflichten des Geschäftsführers	Die Haftung des gesellschaftsrechtlichen Geschäftsführers bleibt ua bestehen, wenn • die Verletzung der gewerberechtlichen Vorschriften wissentlich geduldet oder vorsätzlich veranlasst wird;[109] • ein Verschulden bei der Auswahl im Hinblick auf die Person des gewerberechtlichen Geschäftsführers besteht; • er sich eines gewerberechtlichen Geschäftsführers bedient, der die Voraussetzungen der Gewerbeordnung nicht (mehr) erfüllt;[110] • unterlassen wurde, rechtzeitig einen (neuen) gewerberechtlichen Geschäftsführer zu bestellen.

2.2.7.3. Link

Link 4

Gewerbeinformationssystem Austria[111]

2.2.8. Gewerbliche Schutzrechte

Gewerbliche Schutzrechte umfassen Patente, Gebrauchsmuster, Marken und Designs. Abhängig von der Ausrichtung des Unternehmens wird die Rechtsabteilung hauptsächlich mit dem Marken- und/oder Patentrecht in Berührung kommen, wobei diese Rechtsgebiete ein tiefgreifendes Verständnis für die Materie und vielfach jahrelanger Praxiserfahrung bedürfen.

2.2.8.1. Markenrecht

Das Markenrecht ist ein umfassendes Rechtsgebiet, das bei einer Vielzahl von eingetragenen Marken etliche administrative Tätigkeiten erfordert. Neben dem personellen Aufwand bedarf eine professionelle Markenverwaltung auch eines gewissen Budgets für externe Amtsgebühren und Rechtsberatungskosten. Gerade bei einem großen Portfolio braucht es eine Markenstrategie, die im Einzelfall für das Unternehmen zu erarbeiten ist. Insbesondere werden im Rahmen der Strategieerstellung die Fragen erörtert, für welche Logos überhaupt eine Marke angemeldet wird und für welche bereits eingetragenen Marken der Schutz weiterhin aufrechterhalten werden soll.

109 Vgl § 370 Abs 3 GewO.
110 § 367 Z 5 und Z 7 GewO.
111 Abgerufen am 10.1.2024.

2.2.8.1.1. Allgemeines

Abhängig vor der Größe des Markenportfolios werden entweder auf das Markenrecht spezialisierte Unternehmensjuristen eingestellt oder diese Tätigkeit an externe Spezialisten ausgelagert.

Bei größeren Portfolios macht es Sinn, ein ganzes Team für die Abwicklung von Markenrechtsangelegenheiten zu engagieren. Auch die Einstellung von Paralegals[112] für diverse Tätigkeiten ist empfehlenswert, damit die auf das Markenrecht spezialisierten Unternehmensjuristen bei repetitiven oder administrativen Tätigkeiten unterstützt werden und somit auch das Rechtsabteilungsbudget entlastet wird.

Bei nur wenigen Markenanmeldungen sollte diese Tätigkeiten an eine externe Rechtsanwaltskanzlei abgegeben werden, da dieses Rechtsgebiet Praxiserfahrung erfordert und zumeist kosten- und ressourcenschonender durch externe Spezialisten abgewickelt werden kann.

2.2.8.1.2. Tätigkeitsschwerpunkte im Markenrecht

Nachfolgend werden Tätigkeiten überblicksartig beschrieben, die in diesem Rechtsgebiet anfallen.

Markenanmeldung

Folgende Schritte sind bei der Anmeldung zu berücksichtigen:

- Anmeldeumfang definieren:
  - Markenform: Wortmarke, Wortbildmarke, Bildmarke, Slogans, Farbmarken etc[113]
  - Festlegung des Waren- und Dienstleistungsverzeichnisses[114]
  - Länder: national, EU-Marke (Unionsmarke), international
- Recherche nach Kollisionsmarken (sog „Clearance“)[115] sowie Bewertung des Rechercheergebnisses
- Warenklassifikation gemäß Nizza-Klassifikation anhand des Waren- und Dienstleistungsverzeichnisses
- Registrierung bei der betreffenden Behörde (zB ÖPA, DPMA EUIPO, WIPO), insbesondere Einreichung der Dokumente sowie Bezahlung der Anmeldegebühren

112 Siehe hierzu im Detail Kapitel 4.1.1.2. Weitere Player in der Rechtsabteilung.
113 Hierbei stellt sich die Frage, ob das vorgeschlagene Wort oder Logo überhaupt als Marke schutzfähig ist.
114 Die Anmeldung sollte nur in jenen Klassen erfolgen, in denen die Marke auch tatsächlich benutzt wird.
115 Hierfür bietet sich auch ein Pre-Check beim Österreichischen Patentamt an.

Praxistipp

Aufgrund der vielen administrativen Tätigkeiten für Markenrechtsangelegenheiten (wie Verwaltung der Eintragungsurkunden, Fristenmanagement für Verlängerungen, Bezahlung der Jahresgebühren etc) bietet es sich an, entweder eine Person im Unternehmen eigens für Markenrechtsangelegenheiten zu benennen oder einen externen Berater hinzuzuziehen. Bei einem größeren Markenportfolio sollte auch die Einbindung einer Datenbank angedacht werden. Derartige Datenbanken werden häufig von externen Beratern zur Verfügung gestellt.

Markenüberwachung und Verteidigung

Damit das Markenrecht nicht verwässert und die Verteidigung der eigenen Marke gewährleistet wird, sollte auch die Markenüberwachung (sog „Markenmonitoring") nicht außer Acht gelassen werden. Denn Markenämter prüfen nicht, ob bestehende Markenrechte bei der Neueintragung verletzt werden. Dies kann in der Praxis automatisiert durch eine professionelle Überwachungssoftware geschehen, die direkt im Unternehmen eingeführt wird, oder das Monitoring erfolgt durch spezialisierte externe Rechtsberater. Je größer das Portfolio, desto sinnvoller wird ein Insourcing. Findet eine vermeintliche Markenverletzung statt, sind weitere Schritte wie Widerspruchsverfahren und Löschungen, Unterlassungs- sowie Schadenersatzklagen in Betracht zu ziehen.

Markenverwertung

Die eigene Marke ist ein sehr wichtiger Vermögenswert. Daher spielt neben der Anmeldung und Verteidigung auch die Verwertung der Marke eine Rolle. Im Tagesgeschäft werden Markenrechte häufig lizenziert. In diesem Zusammenhang stellt sich die Frage nach dem Lizenzumfang. Vor allem die Einräumung von unbefristeten Lizenzen, Sublizenz- oder Übertragungsrechten sollte gut überdacht und in Folge dokumentiert werden. Manchmal wird auch eine exklusive Lizenzeinräumung angefragt. Gerade in solchen Fällen ist die Frage zu stellen, weshalb der Vertragspartner die Marke des Markeninhabers exklusiv verwenden möchte. Wenn ein berechtigter Grund vorliegt, empfiehlt es sich, die Exklusivität jedenfalls zeitlich, räumlich und/oder sachlich zu beschränken, damit die eigenen Markenrechte nicht zu stark eingeschränkt werden. Wiederkehrende Schulungen der Mitarbeiter stellen sicher, dass die vereinbarten Lizenzbedingungen im Einklang mit der Markenstrategie stehen.

Die Ermittlung des Markenwerts kann bei Unternehmenstransaktionen relevant sein.

2.2.8.2. Patentrecht

Das Patentrecht ist eine Spezialmaterie, die nur in Unternehmen mit technischen Erfindungen zum Tragen kommt. In Unternehmen, die viele Patente anmelden, ist eine Patentstrategie zu erarbeiten, in der festgelegt wird, welche Erfindungen überhaupt zum Patent angemeldet werden sollen. Patentanmeldungen sind kostspielig. Neben den Anmeldegebühren sollten die externen Kosten für Patentanwälte gut kalkuliert und dokumentiert werden. Zudem ist im Vorhinein festzulegen, ob die Rechtsabteilung oder die Fachabteilung derartige Kosten übernimmt. Auch die administrativen Tätigkeiten (wie Fristenverwaltung und Bezahlung von laufenden Gebühren etc) spielen, wie auch im Markenrecht, eine Rolle.

2.2.8.2.1. Allgemeines

Die Rolle der Rechtsabteilung im Rahmen von Patentangelegenheiten ist zumeist eine untergeordnete. Vielfach agiert der Unternehmensjurist als Schnittstelle zwischen der Fachabteilung und dem externen Patentanwalt. Patentanwälte sind in den meisten Fällen keine Rechtsanwälte. Sie haben einen technischen, mathematischen, natur- oder ingenieurswissenschaftlichen Hintergrund und sind durch ihre juristische Zusatzausbildung Experten für Patentangelegenheiten. Die Mehrzahl der Unternehmen kaufen sich externe Expertise durch spezialisierte Kanzleien ein.

2.2.8.2.2. Tätigkeitsschwerpunkte im Patentrecht

Bei der Beratung im Patentrecht ist wichtig, dass der Unternehmensjurist die folgenden drei Anmeldevoraussetzung zum Patent kennt:[116]

- **Neuheit:** Die Erfindung gehört noch nicht zum derzeitigen Stand der Technik.
- **Erfinderische Tätigkeit:** Die Erfindung ergibt sich für den Fachmann nicht naheliegenderweise aus dem Stand der Technik; hebt sich also vom Stand der Technik ab.
- **Gewerbliche Anwendbarkeit:** Der Gegenstand kann auf irgendeinem gewerblichen Gebiet hergestellt oder benutzt werden.[117]

Neben der Anmeldung zum Patent kann der Unternehmensjurist auch mit der Verwertung von Patenten (entweder Lizenzierung oder Verkauf) befasst sein. Es gelten in diesem Zusammenhang die Ausführungen zum Markenrecht.

Praxistipp

- Wird im Unternehmen an Entwicklungen, die womöglich zum Patent angemeldet werden sollen, gearbeitet, ist darauf hinzuweisen, dass bei Offenlegung an Dritte Geheimhaltungsvereinbarungen abzuschließen sind. Diese Geheimhaltungsvereinbarung verhindert, dass die Erfindung als veröffentlicht gilt, und stellt so sicher, dass zum Zeitpunkt der Patentanmeldung Neuheit gegeben ist. Vor allem im Einkauf werden häufig Skizzen und Pläne an Lieferanten offenlegt. Hier bietet es sich an, einen Prozess zum Abschluss und laufender Überwachung von Geheimhaltungsvereinbarungen zu etablieren.

116 Vgl § 1 Patentgesetz.
117 Siehe hierzu Art 57 EPÜ.

- In der Praxis ist der Unternehmensjurist oftmals damit konfrontiert, dass die Fachabteilung reine Ideen zum Patent anmelden wollen. Vielfach liegt jedoch (noch) keine erfinderische Tätigkeit vor. Da Ideen grundsätzlich nicht schutzfähig sind, ist mit der Fachabteilung zu besprechen, wie der Schutz der Idee anderweitig erreicht werden kann (zB Abschluss einer Geheimhaltungsvereinbarung bei Offenlegung von derartigen Ideen).
- Wird mit anderen Unternehmen gemeinsam geforscht und entwickelt, ist unbedingt eine Kooperationsvereinbarung (sog Forschungs- und Entwicklungsvereinbarung) abzuschließen, in der festgelegt wird, welche Altschutzrechte in das Projekt eingebracht werden, wem die (gemeinsamen) Projektergebnisse zukommen und wie jeweils die Nutzungs- und Verwertungsrechte ausgestaltet sind. Auch das Anmeldeprozedere und die Kostentragung für Patente sind klar zu definieren.
- Seit Juni 2023 gibt es die Möglichkeit der Anmeldung eines Europäischen Patents mit einheitlicher Wirkung („Einheitspatent") für alle Mitgliedstaaten, die das Übereinkommen über ein Einheitliches Patentgericht (EPG) unterzeichnet und ratifiziert haben.[118] Die Vor- und Nachteile, die sich hiermit ergeben, sollten vor Anmeldung genau abgewogen werden. Für bestehende Patente ist zeitnah über die Einreichung eines Opt-Out Antrags zu entscheiden, um EP-Bündelpatente von der Gerichtsbarkeit des EPG auszuschließen.[119]
- Die Anmeldung zum Patent ist keine Entscheidung, die leichtfertig getroffen werden sollte. Einmal angemeldet, ist die Erfindung öffentlich zugänglich und der Schutz auf maximal 20 Jahre begrenzt, sodass danach die Erfindung von jedermann verwertet werden kann.

2.2.8.3. Link

Link 5

Der Weg zum Patent[120]

2.2.9. Außergerichtliche Streitbeilegung

Kommt es zwischen zwei oder mehr Parteien zum Streit, landen die Parteien im schlimmsten Fall vor Gericht und unterwerfen sich (im Extremfall nach Durchlauf mehrerer Instanzen) einem rechtskräftigen Gerichtsurteil. In diesem Fall gibt es einen – durch einen oder mehrere Richter bestimmten – Gewinner und einen Verlierer. Meistens gehen danach alle Beteiligten auseinander und wollen nie wieder etwas miteinander zu tun haben. Das Verhältnis ist irreparabel zerrüttet. Ein Gerichtsverfahren kostet zudem Nerven, Zeit und Geld und ist in den meisten Fällen der Öffentlichkeit zugänglich. Gerade im Geschäftsverkehr suchen die

118 Siehe hierzu auch im Detail unter https://www.epo.org/de/new-to-patents/how-to-apply-for-a-patent (abgerufen am 10.1.2024) oder Kapitel 2.2.8.3. – Link 5.

119 Dieser ist mindestens sieben und längsten vierzehn Jahre möglich, solange das Patent nicht Gegenstand eines Klageverfahrens vor Gericht ist.

120 Abgerufen am 10.1.2024.

Parteien daher nach Alternativen zur Lösung von Konflikten und Streitigkeiten. Aber welche Alternativen sind das und wie kann man herausfinden, welches Verfahren sich für welchen konkreten Fall anbietet?

2.2.9.1. Schiedsverfahren

Das Schiedsverfahren ist die wohl am häufigsten gewählte Alternative zum Gerichtsverfahren. Dabei handelt es sich nicht um staatliche, sondern private (teilweise ad hoc eingerichtete) Entscheidungsorgane. Der Schiedsspruch ist allerdings genauso verbindlich für die Parteien wie ein Gerichtsurteil.[121] Schiedsverfahren sind flexibler: So können die Parteien ua ihre Schiedsrichter und deren Anzahl bestimmen. Gerade bei komplexen Streitigkeiten bietet sich hier die Wahl von Experten aus der Praxis oder von Universitätsprofessoren an. Auch die Verhandlungssprache und der Verhandlungsort können von den Beteiligten festgelegt werden. Die Verfahren sind vertraulich, da die Öffentlichkeit auch ohne Antrag ausgeschlossen ist. Mangels Instanzenzugs haben Schiedsverfahren auch den Ruf, schneller abgeschlossen zu werden, wobei das maßgeblich vom Verfahrensumfang und den gewählten Schiedsregeln abhängt. Zu den Kosten ist zu sagen, dass es für die Bestimmung, ob diese niedriger oder höher als bei einem Gerichtsverfahren sind, auf den Streitwert ankommt. Je höher der Streitwert, desto günstiger sind die Kosten des Schiedsverfahrens im Vergleich zu einem staatlichen Gerichtsverfahren mit mehreren Instanzen. Allerdings schlagen sich ua evtl benötigte Gutachten in den Kosten nieder. Hier ist im Einzelfall abzuwägen, ob ein Schiedsverfahren die bessere Wahl ist.

Neben all diesen Vor- und Nachteilen gibt es auch pragmatische Gründe, warum sich Parteien für ein Schiedsverfahren entscheiden. Dies ist dann der Fall, wenn bei internationalen Streitigkeiten ein im eigenen Land erwirktes Urteil im Land der unterlegenden Partei nicht oder nur mit hohem Aufwand vollstreckbar ist.

Folgender Entscheidungsbaum gibt eine Orientierung über die zwischen Österreich und Drittstaaten bestehenden Abkommen zur Anerkennung und Vollstreckung österreichischer Gerichtsurteile:[122]

121 Gemäß § 1 Z 16 EO sind Schiedssprüche und Schiedsvergleiche Vollstreckungstitel. Eine derartige Entscheidung wird nur unter sehr engen Voraussetzungen der staatlichen Kontrolle unterzogen.

122 Stand: Dezember 2023.

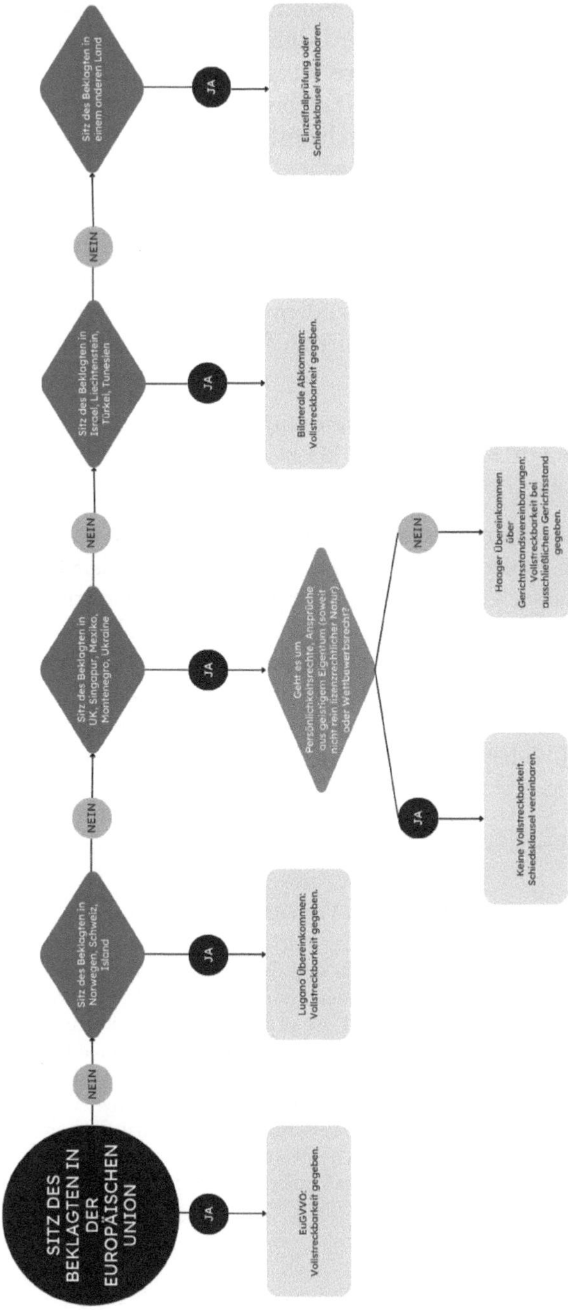

Abb 9: Vollstreckbarkeit: Sitz des Beklagten [erstellt mit Canva]

Wie oben dargestellt, ist eine Anerkennung und Vollstreckung von Gerichtsurteilen in der Europäischen Union durch die Verordnung über die gerichtliche Zuständigkeit und die Anerkennung und Vollstreckung von Entscheidungen in Zivil- und Handelssachen (EUGVVO) geregelt. Daneben gibt es mit einigen wenigen Ländern bilaterale Abkommen. Die dadurch bestehende Rechtssicherheit ist aber bei vielen anderen Drittstaaten nicht gegeben. Dazu zählen bspw auch die USA.

In den USA kommt es für die Vollstreckung von Urteilen bspw auf die Anerkennung des zuständigen US-Bundesstaates an, in welchem die Vollstreckung stattfinden soll. Im Zweifel ist ein (nochmaliges und zudem aufwendiges) Verfahren im entsprechenden Drittstaat, wie den USA, durchzuführen. Eine Alternative hierfür bietet das Schiedsverfahren.

Das New Yorker Übereinkommen über die Anerkennung und Vollstreckung ausländischer Schiedssprüche vom 10.6.1958 haben bis heute[123] 172 Länder unterzeichnet. Dazu gehören auch die USA.

Voraussetzung für ein Schiedsverfahren ist allerdings, dass die Parteien eine gültige Schiedsvereinbarung (sog Schiedsvertrag) treffen. Sie wird meist als Klausel im Vertrag integriert, kann aber auch durch Übermittlung von E-Mails etc erfolgen. Die Schiedsinstitute bieten auf ihren Webseiten zahlreiche Musterklauseln an. Gängige Schiedsregelungen sind zB die „Wiener Regeln“ der Schiedsinstitution der Wirtschaftskammer (VIAC), Regeln der Internationalen Handelskammer (ICC), Schiedsregeln der Kommission der Vereinten Nationen für internationales Handelsrecht (UNCITRAL) oder die häufig in den USA zu findenden JAMS-Schiedsregeln.

Praxistipp

Folgendes ist zur Wirksamkeit von Schiedsklauseln in Verträgen zu beachten:

- Vorab ist zu prüfen, ob die Gesetze des Landes, in welchem anerkannt bzw vollstreckt werden soll, eine Schiedsgerichtsbarkeit für den Gegenstand des zugrunde liegenden Vertrags ausschließen. Auch die geltenden Gesetze des Schiedsorts sind auf einen Ausschluss der Schiedsgerichtsbarkeit zu prüfen. In Österreich und Deutschland gilt dies bspw für Strafverfahren sowie familienrechtliche oder mietrechtliche Streitigkeiten.
- Wird anstelle der gängigen Gerichtsstandsklausel eine Schiedsklausel in einen Vertrag aufgenommen, so gilt in Österreich[124] und Deutschland[125] das Schriftformerfordernis. Soll hierfür anstelle von Originalunterschriften eine elektronische Signatur genutzt werden, so ist aus Gründen der Beweisbarkeit einer ordnungsgemäß unterzeichneten Schiedsvereinbarung zur QES zu raten.[126]

123 Stand: Januar 2024.
124 § 583 ZPO.
125 § 1031 ZPO.
126 Siehe Kapitel 3.1.5.2.4. Elektronische Signaturen.

- Vorsicht ist geboten, wenn neben dem anwendbaren Recht auch der Schiedsort spezielle Formalanforderungen an die Vollmacht des Unterzeichneten der Schiedsklausel stellt. In Österreich bedarf es entweder einer schriftlichen Handlungsvollmacht,[127] einer Spezialvollmacht[128] oder einer Unterfertigung durch ein vertretungsbefugtes Organ oder einen Prokuristen.
- Neben der Rechtswahl im Vertrag ist eine Rechtswahl in der Schiedsklausel ebenfalls empfehlenswert, da teilweise strittig ist, ob die Rechtswahl im Hauptvertrag auf die Schiedsklausel im Zweifelsfall Anwendung findet.

2.2.9.2. Schlichtung und Mediation

Entgegen dem Gerichtsverfahren und auch dem Schiedsverfahren, bei welchen eine Entscheidung durch Dritte getroffen wird, geht es bei der Schlichtung und Mediation im Kern um eine eigenverantwortliche Lösungsfindung durch die Parteien.

Der Schlichter unterbreitet den Parteien im Rahmen des Schlichtungsverfahrens einen Vorschlag. Bindend ist dieser jedoch nicht. Für eine Wirksamkeit des Schlichtungsspruchs bedarf es der Akzeptanz beider Parteien. Die Schlichtung ist vor allem im Rahmen von Verbraucherschlichtungsstellen ein Begriff.

Dementgegen unterbreitet der Mediator den Parteien keinen Vorschlag, sondern unterstützt sie beim Finden einer eigenen Lösung. Er ist unparteiisch und fördert hauptsächlich die Kommunikation und Interessenklärung zwischen den Parteien. Von allen Methoden zur Streitbeilegung ist die Mediation diejenige, die auf die Zukunft gerichtet ist und oft als Win-win-Ergebnis für beide Parteien empfunden wird. Sie ist zu jeder Zeit freiwillig und aus der Abschlussvereinbarung kann nicht vollstreckt werden. Allerdings kann ein gerichtlicher Vergleich über den Inhalt der in der Mediation erzielten schriftlichen Vereinbarung geschlossen[129] oder eine notarielle Beurkundung erreicht werden. Vielfach ist dies für die Parteien aber gar nicht mehr notwendig.

Im Vertrag kann eine Klausel zur Mediation aufgenommen werden.

2.2.9.3. Einsatz von Legal Tech bei der außergerichtlichen Streitbeilegung

Legal Tech macht auch vor der Streitbeilegung nicht halt.

Ein präsentes Beispiel bietet die OS-(Online-Streitbeilegungs-)Plattform.[130] In der EU niedergelassene Unternehmen, welche Online-Kaufverträge und -Dienstleistungsverträge abschließen, sind gesetzlich verpflichtet, auf diese zu verlin-

127 Vgl OGH 17.1.2018, 6 Ob 195/17w.
128 § 1008 ABGB.
129 § 433a ZPO.
130 Online-Dispute Resolution.

ken.[131] Zumeist erfolgt dies im Impressum der Webshops etc. Die OS-Plattform stellt die zentrale Online-Abwicklungsstelle für Verbraucher und Unternehmen bei Streitigkeiten aus diesen Verträgen dar.

Praxistipp

Falls nach der Lektüre dieses Kapitels die Wahl der Verfahrensart immer noch schwerfällt (oder sogar noch schwerer als zuvor), gibt es eine Legal-Tech-Lösung vom Round Table Mediation und Konfliktmanagement der deutschen Wirtschaft (RTMKM). Das DiRect – Dispute Resolution Comparison Tool ist kostenfrei im Internet[132] abrufbar und hilft im B2B-Bereich, das für die Beilegung des konkreten Konflikts am besten geeignete Verfahren auszuwählen.

2.2.9.4. Linksammlung

Link 6

Offizielle Website der EU zur Online-Streitbeilegung[133]

Link 7

DiReCT – Dispute Resolution Comparison Tool[134]

2.2.10. Arbeiten mit ausländischen Rechtsordnungen

Ist das Unternehmen international tätig, kommt der Unternehmensjurist auch mit anderen Rechtsordnungen in Berührung. Ein Nachteil am Jusstudium ist, dass – mit wenigen Ausnahmen – ausschließlich nationales Recht gelehrt wird. Rechtsvergleichende Fächer sind bislang eher wenig verbreitet und auch die Fächer des „internationalen Rechts“ helfen im Unternehmenskontext oft wenig weiter. Trotzdem sind die Berührungspunkte mit anderen Rechtsordnungen im Unternehmen zahlreich, sei es im Arbeitsrecht, im grenzüberschreitenden Warenverkehr, Markenrecht, bei M&A oder dem Zukauf von Dienstleistungen oder IT-Applikationen,[135] um nur einige Anknüpfungspunkte zu nennen.

131 Siehe https://ec.europa.eu/consumers/odr (abgerufen am 8.1.2024) oder Kapitel 2.2.9.4. – Link 6.

132 Siehe https://www.rtmkm.de/2019/03/18/direct-dispute-resolution-comparison-tool/ (abgerufen am 8.1.2024) oder Kapitel 2.2.9.4. – Link 7.

133 Abgerufen am 8.1.2024.

134 Abgerufen am 8.1.2024.

135 Siehe hierzu auch im Speziellen Kapitel 2.2.2.4. IT-Verträge und US-Recht.

Dieses Kapitel gibt einen Einblick und Empfehlungen im Umgang mit ausländischen Rechtsordnungen in der unternehmensjuristischen Praxis.

2.2.10.1. Grundkenntnisse der Rechtsordnungen

Es ist wichtig, sich grundlegende Kenntnisse über die ausländischen Rechtsordnungen anzueignen, mit denen das eigene Unternehmen zu tun hat. Dabei sind insbesondere die Unterschiede in den Rechtssystemen, im Vertragsrecht, Unternehmensrecht, Arbeitsrecht und anderen relevanten Bereichen zu berücksichtigen. Überblicke und Zusammenfassungen über andere Rechtsordnungen finden sich im Internet. Empfehlenswert sind die Zusammenfassungen der WKO sowie IHK, aber auch Regierungsseiten und Rechtsanwälte stellen grundlegende Informationen kostenlos zur Verfügung. Ist man mit der jeweiligen Landessprache vertraut, ist zudem eine tiefergehende Eigenrecherche sinnvoll. Zusätzlich bieten viele Weiterbildungsanbieter länderspezifische Seminare an, die eine umfassende Vorbereitung auf internationale Geschäftstätigkeiten ermöglichen.

Ein so erworbenes Grundverständnis ermöglicht eine grobe Ersteinschätzung des Sachverhalts und unterstützt bei der Entscheidung, ob externe Anwälte hinzuzuziehen sind. Außerdem hilft ein gutes Basiswissen dabei, potenzielle Risiken zu erkennen und Compliance-Standards zu wahren. Darüber hinaus erlauben Kenntnisse der ausländischen Rechtsprinzipien auch die Begleitung, Beurteilung und das Monitoring der Beratungsleistung externer Rechtsberater. Gerade beim Erstkontakt mit einer fremden Rechtsordnung, bei besonders komplexen Geschäften oder im öffentlichen Sektor ist die Beiziehung externer Anwälte unerlässlich. Im Kontakt mit den Anwälten wird weiteres Wissen über die fremde Rechtsordnung erworben.

Praxistipp

Wissensmanagement ist von wesentlichem Wert. Das erworbene Grundwissen sollte für die Zukunft und die Kollegen dokumentiert werden. Dies erlaubt es den Unternehmensjuristen mit der Zeit, vermehrt ohne externe Berater auszukommen und Kosten einzusparen.

2.2.10.2. Vertragswesen

Gerade im Vertragswesen sind die Berührungspunkte mit ausländischen Rechtsordnungen verbreitet, da selten ausschließlich Geschäfte in nur einem Land getätigt werden. Beim Zukauf von Dienstleistungen oder Produkten wird zB oft ein Auslandsbezug hergestellt. Vor allem im B2B-Bereich[136] bieten sich im Vertragsrecht viele Freiheiten an, die es zu nutzen gilt:

136 Im B2C-Bereich gibt es vielfach Konsumentenschutzbestimmungen, die von Land zu Land unterschiedlich sind und vor allem die Vertragsfreiheit drastisch zu Gunsten der Konsumenten einschränken. Im B2C-Bereich ist daher die Beiziehung entsprechender Rechtsberater erforderlich.

Rechtswahl

Um es nicht dem internationalen Recht zu überlassen, welchem Recht ein Vertrag unterliegt, ist eine Rechtswahlklausel empfehlenswert. Dabei ist es (soweit beide Vertragsparteien unterschiedlichen Rechtsordnungen unterliegen) im eigenen Interesse, eine bekannte Rechtsordnung zu vereinbaren; bestenfalls natürlich jene Rechtsordnung, die im Sitzstaat des eigenen Unternehmens gilt. Ist dies nicht möglich, wird entweder das Recht des Vertragspartners gewählt oder ein Recht vereinbart, dem weder das eigene Unternehmen noch der Vertragspartner unterliegt, sog „neutrales" Recht.

Praxistipp

Wird nach einem Recht kontrahiert, in dem sich der Unternehmensjurist nicht oder nur bedingt auskennt, empfiehlt es sich, die vertraglichen Regelungen mitunter ausführlicher zu gestalten und klare, unmissverständliche Formulierungen zu wählen, um Interpretationsspielräume zu vermeiden.

Zudem sollte bei der Anwendung eines fremden Rechts verstanden werden, welche Rechtsfolgen eine bestimmte Klausel nach sich zieht. Im Zweifel sollte bei der Prüfung des Vertrags immer ein vertrauenswürdiger Anwalt vor Ort hinzugezogen werden. Soweit in großen, international tätigen Unternehmen mit weltweiten Standorten möglich, lohnt es sich in jedem Fall, einen in der entsprechenden Rechtsordnung kundigen Kollegen hinzuzuziehen.

Gerichtsstand

Zwar treffen die Regelungen des Internationalen Privatrechts (IPR) auch diesbezüglich Vorkehrungen, trotzdem bietet sich eine klare Regelung über den Gerichtsstand an. Dabei ist es wichtig, die Risiken etwaiger Unvollstreckbarkeit von Urteilen, lange Verfahrensdauern oder auch unfaire Prozesse zu bedenken und in die Entscheidung einfließen zu lassen. Alternativ empfiehlt sich die Vereinbarung von Schiedsgerichtsbarkeit.[137]

Sprachversionen

Bei der Vertragserstellung im internationalen Kontext stellt sich früh die Frage nach der Vertragssprache – vor allem, wenn die Vertragspartner nicht die gleiche Sprache sprechen. Es ist üblich, Verträge in englischer Sprache zu verfassen. Alternativ werden Verträge aber auch bilingual erstellt, wobei jeweils eine Sprachvariante im Zweifel Vorrang genießt.

---

137 Siehe hierzu im Detail Kapitel 2.2.9. Außergerichtliche Streitbeilegung.

Praxistipp

Auch wenn Unternehmensjuristen Verträge erstellen, die bestenfalls kein Richter je zu Gesicht bekommt, bei den Fragen der Rechtswahl, des Gerichtsstands und der Sprache sollte die Möglichkeit eines Rechtstreits dennoch berücksichtigt werden. Es ist ratsam, Rechtswahl und Gerichtsstand nicht zu trennen und den Gerichtsstand in dem Land zu wählen, dessen Recht vereinbart wird (mit Ausnahme von Schiedsgerichtsbarkeit). Es ist dem Prozessfortschritt nicht dienlich, wenn Richter nach einer fremden Rechtsordnung, in der sie sich üblicherweise nicht vertiefend auskennen, entscheiden müssen.

Gleiches gilt auch hinsichtlich der Sprache: Der Richter, der den Vertrag im Worst Case auslegen soll, sollte diesen auch lesen können.

Generell ist bei der Wahl fremden Rechts und Gerichtsstands weiters zu berücksichtigen, dass im Falle eines Rechtsstreits ggf Reisekosten, Übersetzungs- und Dolmetscherkosten auf das Unternehmen zukommen. Darüber hinaus ist die Verhandlungsweise oft unbekannt, sodass die Vertretung durch einen lokalen Anwalt jedenfalls notwendig ist.

Begrifflichkeiten

Im Hinblick auf die Sprache ist noch ein weiterer Punkt relevant, nämlich dass juristische Ausdrücke oft nicht 1 : 1 übersetzbar sind. Dies erschwert erfahrungsgemäß die Vertragsarbeit, da auf Basis unterschiedlicher Voraussetzungen gerne aneinander vorbeigeredet wird. Hier gilt es, achtsam zu sein und derartige Situationen frühzeitig zu erkennen, bevor die Fronten schlimmstenfalls verhärten. Klare Begriffsdefinitionen im Vertrag sind in diesen Fällen besonders hilfreich. Zudem ist davon abzuraten, spezielle Rechtsbegriffe aus Verträgen, die dem Common Law unterliegen (zB *indemnity* oder *warrranty*), in englischsprachigen Verträgen unter österreichischem oder deutschem Recht zu verwenden, da dies zu massiven Auslegungsschwierigkeiten führen kann. Siehe hierzu auch die Ausführungen unten zu Common-Law-Verträgen.

Internationale Standardverträge

Im internationalen Rechtsverkehr haben sich sog Standardverträge etabliert. Vor allem im Maschinen- und Anlagenbau sind Musterverträge wie FIDIC, MF/1, Orgalime, NEC und ABA99 durchaus verbreitet. Darüber hinaus stellt auch die ICC eine Reihe von Standardvertragsmustern für unterschiedliche Branchen zur Verfügung. Die Verwendung internationaler Standardverträge ist grundsätzlich zu befürworten, da sie von Experten der jeweiligen Branche erstellt wurden. Allerdings ist zu beachten, dass diese Vertragsmuster oft besonders komplex ausgestaltet sind und zudem keine Kommentierung und direkte Bearbeitung des Vertragstextes üblich ist. Vielmehr ist mit abweichenden Bedingungen (*special conditions*) in einem separaten Dokument zu arbeiten, was der Übersichtlichkeit nicht zuträglich ist. Die Beiziehung von Experten bei diesen Verträgen oder die ausführliche Lektüre und Studium derselben sind daher unerlässlich.

2.2.10.3. Interkulturelle Kompetenz

Das Recht ist zwar grundsätzlich emotionslos, allerdings sind die Personen, mit denen verhandelt wird, dies nicht. Aus diesem Grund ist es gerade im internationalen Geschäftsverkehr wichtig, auch die kulturellen Nuancen und Gepflogenheiten des jeweiligen Landes zu kennen. Was in einem Land als höflich gilt, mag im anderen als unhöflich empfunden werden. Das notwendige Fingerspitzengefühl, Empathie und Aufmerksamkeit sind daher für den sich im internationalen Umfeld bewegenden Unternehmensjuristen essenziell.

2.2.10.4. Common-Law-Verträge

Obwohl im Studium grob die Unterschiede zwischen Civil Law (kodifiziertes Recht) und Common Law (Case Law) erörtert werden, stellt man oft erst im praktischen Umgang mit Common-Law-Verträgen die tiefgreifenderen Unterschiede fest. Da viele Unternehmensjuristen mit Verträgen nach Common Law befasst sind, behandelt dieses Kapitel überblicksartig die wichtigsten Aspekte, die es in diesem Zusammenhang zu wissen gibt.

Weitreichendere Vertragsfreiheit

Da es im Common Law nur wenige gesetzliche Bestimmungen zum Vertragsrecht gibt (zumeist mit Ausnahme von Konsumentenschutzbestimmungen), ist die Vertragsfreiheit grundsätzlich weitreichender als in Civil-Law-Rechtsordnungen.

Eingeschränkte *Principles of good faith*

Im Civil Law wird überwiegend ein immanenter Gute-Sitten-Maßstab angelegt, der bei einem Verstoß zur Nichtigkeit führt. Ein vergleichbares Prinzip ist der Grundsatz nach Treu und Glauben,[138] der allerdings im Common Law nicht auf alle kommerziellen Verträge anzuwenden ist. *Relational Contracts*[139] unterliegen jedoch auch im Common Law den *Principles of Good Faith.*

Deed oder *Contract*

Verträge nach Common Law können formlos als *Contracts* oder als *Deeds* mit strengen Formerfordernissen abgeschlossen werden. *Deeds* erfordern – im Gegensatz zu Verträgen – nicht zwingend eine vertragliche Gegenleistung. Sie werden bei Schenkungen, Testamenten, Hypotheken, aber auch Immobiliengeschäften oder sonstigen Geschäften, die eine hohe rechtliche Sicherheit erfordern, abgeschlossen. *Contracts* hingegen beinhalten notwendigerweise den gegenseitigen Austausch von Werten oder Versprechungen (*Consideration*).

---

138 Einen kodifizierten Grundsatz nach Treu und Glauben gibt es im österreichischen Recht im Vergleich zum deutschen Recht nicht.

139 *Relational Contracts* sind typischerweise langfristige Vereinbarungen, die auf kontinuierlichen und interdependenten Beziehungen zwischen den Vertragsparteien beruhen. (zB Lieferverträge, Franchiseverträge, Joint Ventures, Serviceverträge).

Unterschiedliche Arten von Vertragsklauseln

Verträge nach Common Law enthalten unterschiedliche Typen von Vertragsklauseln: *Terms* und *Conditions*, *Implied Terms* sowie *Representations* und *Warranties*. Je nach Klauseltyp, der verletzt wird, zieht dies unterschiedliche Rechtsfolgen nach sich.

Terms und Conditions

Die Verletzung von *Terms* berechtigt den Vertragspartner zu Schadenersatz, nicht jedoch zur Vertragsbeendigung (Auflösung). Verletzt man hingegen eine *Condition* (Bedingung), führt dies entweder zu Schadenersatz oder Vertragsbeendigung. Dieser Unterschied relativiert sich in der Praxis allerdings, da die Gründe für eine Vertragsbeendigung in der Regel im Vertrag festgeschrieben sind.

Implied Terms

Implied Terms sind Vertragsbedingungen, die nicht ausdrücklich vereinbart wurden, sondern durch Gesetze, Rechtsprechung (Case Law), branchenübliche Praktiken oder vorherige Geschäftsabläufe festgelegt werden. Es ist wichtig, die impliziten Bedingungen zu verstehen, da sie die Rechte und Pflichten der Vertragsparteien in einem Vertrag beeinflussen können.

Representations und Warranties

Representations sind bloße Tatsachenbehauptungen, die sich jedoch auf gegenwärtige oder vergangene Aspekte, die wesentlich für den Vertragsabschluss waren oder sind, beziehen. Unwahre Representations (*Misrepresentation*) berechtigen zum Vertragsrücktritt sowie Schadenersatz und haben ggf eine deliktische Haftung zur Folge. Im österreichischen Recht gibt es hierfür kein Äquivalent. Auf *Representations* sollten daher in Verträgen nach Civil-Law-Rechtsordnungen vollständig verzichtet werden.

Warranties hingegen sind auf die Zukunft ausgerichtete Versprechen oder Garantien. Üblicherweise sind diese ausdrücklich formuliert (*express*). Je nach Art des Vertragsgegenstands oder der Transaktion können sie jedoch auch automatisch (*implied*) gelten. Die Nichterfüllung einer *Warranty* wäre ein Vertragsbruch, der normalerweise zu einer Schadenersatzklage führt, aber nicht zur Vertragsbeendigung berechtigt. In englischsprachigen als auch übersetzten Verträgen wird der Betriff oft als Synonym für Gewährleistung (Mängelhaftung) verwendet, was aufgrund der potenziellen Verwirrung grundsätzlich vermieden werden sollte – schon weil ein *Breach of Warranty* im Gegensatz zum österreichischen Sachmängelgewährleistungsrecht kein Verschulden voraussetzt. Nutzt man dennoch in diesem Kontext den Begriff „*Warranties*", so sind Umfang und Rechtsfolgen unbedingt eindeutig zu vereinbaren.

Praxistipp

In englischsprachigen Civil-Law-Verträgen bietet es sich zur Klarstellung an, in Klammern den jeweils entsprechenden Begriff in der Landessprache festzuhalten. Wird bspw der Begriff *Warranty* verwendet und ist damit im konkreten Fall Gewährleistung gemeint, wird in Verträgen nach österreichischem oder deutschem Recht der deutschsprachige Begriff „Gewährleistung" samt einem Verweis auf die gesetzlichen Bestimmungen aufgenommen. Selbiges gilt für den Fall, dass mit *Warranty* eine Garantieerklärung gemeint ist.

Liability und Indemnity

Liability (Haftung) regelt die tatsächliche Verantwortung für Schäden und Verluste einer Vertragspartei, ähnelt also dem österreichischen Schadenersatzrecht. Das Common Law unterscheidet dabei zwischen *tort* (deliktisch), *strict* (verschuldensunabhängig) und *contractual* (vertraglich) *Liability.* Die vertragliche Haftung ergibt sich üblicherweise aus *breach of contract* (Vertragsverletzung). *Liability* wird zumeist limitiert, sog *Limitation of Liability.*

Indemnity ist im Gegenzug dazu die vertragliche Vereinbarung, bei der sich eine Partei verpflichtet, die andere Partei unter bestimmten Umständen und Bedingungen schad- und klaglos zu halten. Die meisten *Indemnification Clauses* lauten so oder ähnlich: *„The Party shall indemnify, defend and hold harmless the other party from and against all loss or damage, including reasonable attorneys' fees, costs and expenses."* Sie legt also die Bedingungen und Umstände fest, unter denen eine Partei die andere – über den Schadenersatz hinausgehend – entschädigt, schützt oder schadlos hält. Anders als in der *Liability* sind von der *Indemnity* auch (oder vor allem) Schäden und Ansprüche Dritter – mitunter auch ohne nachzuweisendes Verschulden – umfasst. So kann etwa die *Indemnity Clause* in manchen Rechtsordnungen (so zB UK) dazu führen, dass die zu entschädigende Partei keine Verletzung einer vertraglichen Verpflichtung nachweisen muss. Darüber hinaus kennen manche Rechtsordnungen (zB USA) keinen gesetzlichen Kostenersatz bei Prozessverlust. Ein derartiger Ersatz wird erst durch eine *Indemnity Clause* explizit geschaffen und kann das Haftungspotenzial des Indemnitors erheblich erhöhen.

Keine Pönalen

Das Common Law erlaubt keine Pönalen oder Vertragsstrafen. Der Fokus liegt vielmehr auf der Wiedergutmachung von tatsächlich entstandenen Schäden. Die Vereinbarung sog *Service Credits* bei Nichterreichung von vereinbarten KPIs kann eine Alternative zu Pönalzahlungen darstellen. In bestimmten Fällen ist die Vereinbarung sog *Liquidated Damages* möglich, die einen pauschalierten Schadensersatz darstellen.

Einfachere Beendigungsmöglichkeiten

Aufgrund fehlender allgemeiner gesetzlicher Bestimmungen ist das Auflösen von Verträgen nach Common Law grundsätzlich einfacher möglich, da das strenge Prinzip der Vertragsbindung nicht verankert ist. Wesentliche Vertragsbrüche ziehen so bspw unmittelbare Beendigungsrechte nach sich, wo nach Civil Law oft zunächst Nachfristen und Verbesserungsmöglichkeiten gewährt werden müssen.

Praxistipp für Common-Law-Verträge

- **Definitionen**: Da es im Common Law kaum gesetzliche Legaldefinitionen und Wörter mit implizierter rechtlicher Bedeutung gibt, sind Begriffsdefinitionen von wesentlicher Bedeutung für die Vertragssicherheit.
- ***Importance of the written word***: Was im Vertrag geschrieben steht, gilt grundsätzlich, da es nur wenige Gesetze gibt, die gewisse Sachverhalte außerhalb der Verträge regeln.
- **Vorsicht mit Standardverträgen und Klauseln**: Diese können für die Anwendung nach Common Law oft nicht ausführlich genug sein.

Vorsicht bei diesen fünf Klauseln

- ***Fitness for purpose***: Gibt es eine *Fitness for Purpose Clause* im Vertrag, ist es essenziell, dass der „Purpose" klar und vollständig beschrieben ist. Ist dies nicht der Fall, kann die daraus entstehende Verantwortung sehr weitreichend sein.
- ***Time is of the essence***: Diese Klausel hat weitreichende Auswirkungen auf vereinbarte Fristen und Termine. Ist diese Klausel im Vertrag enthalten, wird das Nichteinhalten von Fristen und Terminen automatisch zu einem schwerwiegenden Vertragsbruch, der die verletzte Partei zu Schadenersatz und anderen rechtlichen Schritten berechtigt.
- ***Exclusive Remedy Clauses***: Diese Klauseln kommen häufig in Verträgen nach Common Law vor, da sie die Grundsätze des Deliktsrechts (*tort law)* und bestimmte stillschweigende Vertragsbedingungen aus dem Vertrag ausschließen können. Verträge nach Common Law beruhen größtenteils auf dem geschriebenen Wort und daher sind solche Klauseln in den meisten Fällen[140] rechtlich durchsetzbar und gültig. Wird eine *Exclusive Remedy Clause* (abschließende Rechtsbehelfe) verwendet, ist es wichtig, sicherzustellen, dass alle gewünschten Rechtsbehelfe im Vertrag geregelt sind.
- ***Entire Agreement:*** Diese Klausel besagt, dass der Vertrag die abschließende Vereinbarung zwischen den Parteien darstellt und alle vorherigen Verhandlungen, Zusagen, Erklärungen oder Vereinbarungen ersetzt. Diese Klausel soll die Vertragsabsicht der Parteien klarstellen und verhindern, dass eine Partei sich auf außervertragliche Absprachen beruft, um den Vertrag zu ändern oder anzufechten. Die Klausel ist mitunter nicht wirksam, wenn eine Vertragspartei betrogen oder getäuscht hat oder bei Unvollständigkeit oder Mehrdeutigkeit.[141]

140 Wichtig dabei ist, dass der Ausschluss etwaiger gesetzlicher Rechte klar und ausdrücklich niedergeschrieben ist, die Klausel vor Vertragsabschluss oder Vertragsbruch in den Vertrag einbezogen wurde, nicht gegen den Unfair Contract Terms Act 1977 verstoßen und der Billigkeitskontrolle der Gerichte standhält. Im B2B-Bereich sind derartige Klauseln daher üblich.

141 In Civil-Law-Ländern ist eine derartige Klausel meist unnötig, da es gesetzliche Regelungen zur Vertragsauslegung nach dem objektiven Parteiwillen sowie den äußeren Umständen gibt.

- ***Best Endeavours:*** Eine *Best Endeavours Clause* ist eine Vertragsklausel, die eine Vertragspartei verpflichtet, alle Anstrengungen zu unternehmen, um das vertragliche Ziel zu erreichen. Dabei hat sie sogar die eigenen wirtschaftlichen Interessen hinter die Zielerreichung zurückzustellen. Derartige Klauseln bergen daher vor allem für Lieferanten ein großes Risiko, wenn sie in Verzug geraten. Besteht der Vertragspartner darauf, sollte zumindest auf *Reasonable Endeavours* ausgewichen werden. Dies eröffnet mehr Spielraum, die eigenen wirtschaftlichen Interessen bei der Vertragserfüllung zu berücksichtigen.

2.2.11. Checkliste: Rechtsberatung für neue Geschäftsmodelle

Durch die frühzeitige Einbindung der Rechtsabteilung bei der Weiterentwicklung des Unternehmens, vor allem bei der Einführung von neuen Produkten oder Dienstleistungen, können die damit verbundenen Rechtsrisken rechtzeitig erkannt, reduziert oder sogar gänzlich vermieden werden. Zudem hilft die Einschätzung der Rechtsabteilung bei der Beurteilung der Fragen, ob die Umsetzung des neuen Geschäftsmodells (dem Aufwand entsprechend) rentabel ist, welche Kapazitäten für die Umsetzung erforderlich sind und welcher Zeithorizont für die Umsetzung realistisch ist. Die Rechtsabteilung ist somit ein unverzichtbarer Akteur.

Nachfolgend werden einige Rechtsgebiete beleuchtet, die bei der Beratung von Innovationen zu berücksichtigen sind:

Rechtliche Compliance	Die Aufgabe der Rechtsabteilung besteht darin, die Konformität der Geschäftsidee mit den geltenden Gesetzen und Vorschriften zu prüfen. Vor allem bei der Erschließung neuer Märkte ist die Einbeziehung eines externen, lokalen Rechtsanwalts erforderlich.
Datenschutz	Vor allem seit der Einführung der DSGVO im Jahr 2018 sind datenschutzrechtliche Überlegungen essenziell, wenn personenbezogene Daten betroffen sind. Oft besteht die Möglichkeit, Sachverhalte derart zu strukturieren, dass datenschutzrechtliche Risiken minimiert oder sogar gänzlich ausgeschlossen werden. Primäre Frage sollte sein, ob die Verarbeitung der Daten überhaupt erforderlich ist („Datenvermeidung"). Sofern eine Datenverarbeitung erforderlich ist, sollte die Fachabteilung dazu angehalten werden, nur die absolut notwendigen Daten zu verarbeiten („Datenminimierung"). Gerade im Bereich der Softwareentwicklung sollte Augenmerk auf die Prinzipien *Privacy by Design* und *Privacy by Default* gelegt werden.[142]

142 Siehe hierzu Kapitel 2.2.2.5. IT-Recht und Datenschutz sowie Kapitel 2.2.4.3.1. Verarbeitungstätigkeiten.

Geistiges Eigentum	Ggf hat sich die Fachabteilung mit der Frage zu beschäftigen, ob für die Innovation ein Patent angemeldet werden soll. Bei der Einführung von neuen Produkten und Dienstleistungen ist auch die Anmeldung einer Marke denkbar. Die Rechtsabteilung unterstützt, indem sie prüft, ob in bereits bestehende Rechte eingegriffen wird. In diesem Fall agiert die Rechtsabteilung oft auch als Bindeglied zwischen der Fachabteilung und dem externen Marken- und/oder Patentanwalt und unterstützt bei der internen Entscheidungsfindung.
Haftungsrisiko	Die Rentabilität eines Geschäftsmodells hängt stark mit dem potenziellen Haftungsrisiko und dessen Eintrittswahrscheinlich zusammen. Neben Überlegungen zum Schadenersatzrecht und Produkthaftungsgesetz sind aber auch die steuerrechtlichen Implikationen nicht zu vernachlässigen. Die Einbeziehung der Finanz-/Steuerabteilung in einem frühzeitigen Stadium ist daher ebenfalls angebracht. Die Rechtsabteilung sollte generell auch Überlegungen anstellen, ob die Möglichkeit besteht, gewisse Risiken auf Dritte zu überbinden.
Wettbewerbsrecht	Oft werfen neue Ideen wettbewerbsrechtliche Fragestellungen auf. Vor allem bei Marktaufteilungen, aggressiven Preisgestaltungsmodellen, Exklusivitätsabreden und Koppelungsgeschäften ist eine Involvierung der Rechtsabteilung geboten.

Handelsvertreter-thematik	Gerade bei der Einführung von neuen Vertriebsmodellen spielt das Handelsvertretergesetz oft eine Rolle und sollte im Detail geprüft werden. Der Ausgleichsanspruch nach Beendigung spielt eine nicht zu vernachlässigende Rolle bei der Beurteilung der Rentabilität und kann in vielen Konstellationen auftreten, ist oft aber nicht auf den ersten Blick erkennbar. Der Ausgleichsanspruch ist gesetzlich zwingend zu leisten und kann grundsätzlich auch vertraglich nicht abbedungen werden. Dennoch gibt es Ideen zur Vermeidung/Reduktion des Anspruchs. Nachstehend einige Gestaltungsmöglichkeiten zur Vermeidung und/oder Reduktion des Anspruchs: 1. Keine Vermittlung von Geschäftsabschlüssen, sondern bloße Kontaktherstellung mit potenziellen Kunden 2. Provision nur für die erstmalige Vermittlung des neuen Kunden 3. Höhere Provisionen als Anzahlung auf den Ausgleichsanspruch 4. Löschung von Kundendaten nach Vertragsende 5. Provision beinhaltet einen administrativen Anteil 6. Fortzahlung der Provision nach Vertragsende

Sofern eine neue Geschäftsidee zur Umsetzung gelangt, hat die Rechtsabteilung ausreichende Kapazitäten für die Umsetzung einzuplanen. Häufig werden Ressourcen für die Unterstützung im Tagesgeschäft, die Erstellung neuer Vertragsmuster sowie Schulungen benötigt.

2.3. Housekeeping

2.3.1. Tätigkeitsschwerpunkte im Housekeeping

Neben der Strategiearbeit und dem Tagesgeschäft hat die Rechtsabteilung genügend Kapazitäten für das sog Housekeeping einzuplanen. Das Housekeeping beschränkt sich nicht nur auf die Einhaltung der Berichts- und Dokumentationspflichten (sog „Corporate Housekeeping“), sondern umfasst auch eine Vielzahl von weiteren Aufgaben (wie etwa das Fristenmanagement oder die Bereitstellung von Vertragsmustern). Auch aus der Compliance-Ecke[143] ergibt sich eine Vielzahl an weiteren Aufgaben.

143 Siehe hierzu Kapitel 2.2.3. Compliance.

Das Corporate Housekeeping ist eines der Kernstücke der Administrativtätigkeiten und umfasst folgende Aufgaben:

- die Archivierung der Gründungsdokumente (Gesellschaftsvertrag, Anmeldungen im Register, Nachweise der Kapitalaufbringung, Beschlüsse, Bestellung von Geschäftsführern etc) und sonstigen gesellschaftsrechtlich relevanten Dokumente (zB Kapitelerhöhung, Sitzverlegung, Bestellung von Prokuristen, Gesellschafterwechsel),
- die Protokollierung von Gesellschafter-, Aufsichtsrats- und/oder Beiratsversammlungen,
- die Einholung von Umlaufbeschlüssen nach der Geschäftsordnung (sog „zustimmungspflichtige Geschäfte"),
- das Beteiligungsmanagement, insbesondere die Schaffung einer Übersicht über die Unternehmensstruktur und Beteiligungen (sog „Stammdatenpflege"),
- die Ausstellung von Vollmachten,
- die Anmeldung von Gewerben und Ablage der Berechtigungen,
- die Bestellung von gewerberechtlichen Geschäftsführern und verantwortlichen Beauftragten.

Für das Unternehmen ist das Corporate Housekeeping rechtlich geboten. Ua werden Entscheidungen und Weisungen der gesellschaftsrechtlichen Organe dokumentiert. Dies führt zur Vermeidung und Reduktion der Haftung der Geschäftsführer, Aufsichtsräte und/oder Beiräte. Zudem beschleunigt ein sauberes Corporate Housekeeping auch Investoren- und Verkaufsprozesse, vor allem im Hinblick auf eine durchzuführende Due-Diligence-Prüfung. Dies spielt insbesondere für Start- und Scale-ups eine enorme Rolle. Eine Protokollierung der Sitzungen durch den Leiter der Rechtsabteilung stellt nicht nur eine Unterstützung dar, sondern dadurch erfolgt auch eine Information der Rechtsabteilung über wesentliche Unternehmensentscheidungen aus erster Hand. Mit diesen Informationen kann die Rechtsabteilung von Beginn an strategische Überlegungen anstellen und für die Entscheidungsträger als Sparringspartner zur Verfügung zu stehen, was sich positiv auf das Vertrauen in die Rechtsabteilung auswirkt.

Praxistipp

- Sofern eine Einbindung der Rechtsabteilung in sensible Bereiche erfolgt (zB Teilnahme an Aufsichtsratssitzungen), ist die Verschwiegenheit der Rechtsabteilung unabdingbar, insbesondere um die eigene Reputation nicht zu gefährden. Es ist den Entscheidungsträgern vorbehalten, direkt alle gewünschten und notwendigen Informationen an die Kollegenschaft weiterzugeben. Auch im Tagesgeschäft stellt sich für Rechtsabteilungen häufig die Frage, welche Informationen an die Fachabteilungen weitergegeben werden sollen/dürfen. Generell gilt das „Need-to-know"-Prinzip. Im Zweifelsfall ist Rücksprache mit den Entscheidungsträgern zu halten.
- Das Corporate Housekeeping kann, abhängig von der Unternehmensgröße, sehr viel Zeit in Anspruch nehmen. Daher bietet sich an, Dokumente zu standardisieren. Dies hat neben der Zeitersparnis auch den positiven Effekt, dass Formfehler vermieden werden.

Das klassische Housekeeping umfasst zudem auch noch:

- das Fristenmanagement, insbesondere bei Gerichts- und Behördenverfahren,
- die Administration der Teilnahme an Compliance-Programmen (zB Datenschutz, Anti-Korruption oder Wettbewerbsrecht),
- die Einhaltung von Meldepflichten (zB Register der wirtschaftlichen Eigentümer, Datenschutzbeauftragter, Einrichtung von internen Meldekanälen) sowie
- die Dokumentation der Beratung im Tagesgeschäft. Diese unterscheidet sich maßgeblich von der Tätigkeit als Rechtsanwalt. Als externer Berater werden sämtliche Gespräche mit der Mandantschaft in Aktenvermerken, vor allem aufgrund von Haftungsrisiken dokumentiert. Im Unternehmen ist die Dokumentation zumeist nicht derart ausgeprägt und es wird nicht für jedes Gespräch eine Aktennotiz erstellt. Dies entbindet die Rechtsabteilung aber nicht von der Dokumentation. Insbesondere die folgenden Maßnahmen stehen Unternehmensjuristen für die Bewältigung der Aufgabe zur Verfügung:
  - Übermittlung einer Zusammenfassung eines Gesprächs im Wege der E-Mail-Korrespondenz an die Fachabteilung oder den Vorgesetzten in der Rechtsabteilung,
  - Vertragsfeedback mittels Word-Kommentarfunktion,
  - Eintragungen in Kollaborationsplattformen (wie zB Confluence oder Jira),
  - Aktennotiz für die Geschäftsführung vor der Unterschriftsleistung mit Hinweis auf die Rechtsrisiken,
  - Erstellung eines Handbuchs für Großprojekte.[144]

Praxistipp

Damit derartige Administrativaufgaben nicht zu viel Kapazität in Anspruch nehmen, ist der Einsatz von Legal Tech in Betracht zu ziehen. Vor allem für das Beteiligungs- und Fristenmanagement werden Lösungen angeboten. Auch externe Anbieter können vor allem kleineren Rechtsabteilungen bei derartigen Herausforderungen unter die Arme greifen. Bspw können IP-Anwälte die Fristenverwaltung für das Marken- und Patentportfolio übernehmen oder sogar benutzerfreundliche IP-Management-Plattformen zur Verfügung stellen. Auch standardisierte Online-Schulungen samt Wissenstest[145] werden am Markt für verschiedene Rechtsgebiete vor allem für Compliance offeriert und somit wird die regelmäßige Teilnahme sichergestellt und auch automatisch getrackt.

Auch die Erstellung, Aktualisierung und zentrale Bereitstellung von Vertragsmustern zählen zu den Tätigkeiten der Rechtsabteilung. Sofern wiederkehrend auftretende Sachverhalte identifiziert werden, die von der Ausprägung identisch oder ähnlich sind, bietet sich die Erstellung von Vertragsmustern an.[146] Sowohl

144 Siehe hierzu Kapitel 3.1.7.2. Handbuch.

145 ZB über lawpilots.

146 Siehe hierzu Kapitel 2.2.1. Vertragsrecht.

die Erstellung als auch die Aktualisierung derartiger Dokumente sind zumeist sehr zeitintensiv. Jedoch schafft die Einführung von Mustern langfristige Zeitersparnis. Sofern man vor der Herausforderung steht, Muster zu entwerfen, empfiehlt sich folgende bewährte Methode:

- Im Rahmen von Gesprächen mit den Fachabteilungen werden geeignete Sachverhalte identifiziert. Je konkreter die Gespräche sind, desto eher kann die Rechtsabteilung ein Muster erstellen, das den Anforderungen der Fachabteilungen entspricht und auch von den Vertragspartnern akzeptiert wird. Es ist nicht sinnvoll, dass die Rechtsabteilung hierzu Überlegungen im „stillen Kämmerchen" anstellt. Jedoch ist eine gute Vorbereitung auf die Gespräche essenziell. Eine stichwortartige Liste mit Themen, die im Vertrag abgebildet werden sollen, bietet sich als Gesprächsgrundlage an. Die Erstellung der ersten Vertragsversion sollte nicht überstürzt werden. Wiederkehrende Überarbeitungen helfen dabei, dass das Dokument die gewünschten Inhalte korrekt wiedergibt und die jeweiligen Geschäftsrisiken ausreichend abgedeckt sind. Sofern bereits ein Muster aus der Vergangenheit besteht, sollten bei der Überarbeitung nicht sämtliche bisherigen Überlegungen über Bord geworfen, sondern kritisch hinterfragt werden. Es sind auch alle erforderlichen Stakeholder einzubinden. Der Inhalt des Vertragsmusters sollte sich grundsätzlich am KISS-Prinzip orientierten.[147]
- Bevor es zu einer großflächigen Ausrollung des Vertragsmusters kommt, ist es sinnvoll, das Dokument für einige wenige Fälle heranzuziehen, um zu überprüfen, ob der Inhalt bei Vertragsverhandlungen Bestand hat. Ein versierter Kollege aus der Fachabteilung kann dabei als „Versuchskaninchen" dienen. Dies hilft der Rechtsabteilung auch, dass das Vertragsmuster im Anschluss von den servicierten Einheiten angenommen wird.
- Sofern die Pilotphase zeigt, dass das Muster dem gewünschten Zweck entspricht, kann dieses im Unternehmen ausgerollt werden. Auch Übersetzungen in verschiedene Sprachen oder Anpassungen der Muster für andere Länder sind möglich.
- Vertragsmuster sollten zentral zur Verfügung gestellt werden, damit verhindert wird, dass die Fachabteilungen mit alten Vertragsmustern aus der eigenen Schublade hantieren. Bei häufig wiederkehrenden Sachverhalten (zB Geheimhaltungserklärungen) kann die Einführung eines Vertragsgenerators eine Möglichkeit zur Effizienzsteigerung darstellen.[148]
- Im Laufe der ersten Monate sollten einzelne Klauseln, die bewusst zugunsten des eigenen Unternehmens verfasst wurden, auf dem Prüfstand stehen. Wenn eine Klausel bei 90 % der Verhandlungen zu Schwierigkeiten geführt hat, indem sie den Geschäftsabschluss massiv verzögert oder sogar die Partnerschaft ge-

147 Siehe hierzu Kapitel 2.2.1.2.2. Vertragserstellung – das KISS-Prinzip.
148 Siehe hierzu Kapitel 3.1.5.2.3. Vertragsgenerator.

fährdet hat, kann ein Umdenken gefordert sein und das Muster in diesem Punkt ggf angepasst werden Wenn sich allerdings herausstellt, dass die jeweilige Klausel ohnehin in 85 % der Fälle akzeptiert wird, sollten der Fachabteilung geeignete Fallback-Klauseln für die restlichen 15 % der Fälle zur Verfügung stehen, die dem Partner ad hoc als Alternative angeboten werden können.
- Generell sollten auch Kapazitäten für wiederkehrende Überarbeitungen eingeplant werden. Nur durch eine rollierende und geplante Revision ist sichergestellt, dass das Muster nach wie vor den Bedürfnissen der Fachabteilung entspricht.

Praxistipp

Sofern mehrere Stakeholder in den Erstellungs- und/oder Revisionsprozess des Vertragsmusters eingebunden sind, sollte man eine Dokumentation pro Dokument anlegen. Diese Dokumentation ist vor allem hilfreich, wenn wesentliche Entscheidungen getroffen werden und/oder Ansprechpersonen häufig wechseln. Generell bietet sich auch an, das Feedback der betreffenden Stakeholder schriftlich einzuholen.

Diese Dokumentation kann folgende Inhalte haben:

- Nennung des Vertragstitels samt Anwendungsgebiet
- ggf Anführung des Datums der letzten Revision und des aktuellen Revisionsdatums
- Nennung der involvierten Abteilungen und Personen (insbesondere Fachabteilung, Rechtsabteilung, Steuerabteilung etc)
- Verweis auf die schriftlichen Rückmeldungen (wann und welches Medium)
- ggf Anführung der Versionierungen und verfügbaren Sprachen
- ggf Dokumentation von problematischen Klauseln
- Dokumentation von wesentlichen Entscheidungen zu bestimmten Klauseln

Insbesondere wenn die Rechtsabteilung nicht ständig mit der Verhandlung des jeweiligen Musters betraut ist und somit die Stärken und Schwächen der einzelnen Klauseln nicht bekannt sind, bietet sich eine Umfrage an. Diese Umfrage ermöglicht den Anwendern, Feedback an die Rechtsabteilung zu geben. Damit dieses Unterfangen einen positiven Eindruck bei den internen Kunden hinterlässt und effizient abgewickelt wird, empfiehlt sich eine benutzerfreundliche Online-Umfrage (zB über Microsoft Forms). Um aussagekräftige Ergebnisse zu erzielen, ist es wichtig, eine ausreichend große Teilnehmerzahl zu erreichen. Das Anbieten von Auswahlmöglichkeiten bei den Antworten erhöht die Bereitschaft zur Teilnahme.

2.3.2. Exkurs: Geschäftsführerhaftung inkl Checkliste

Die Rechtsabteilung in einem Unternehmen ist für die Rechtsberatung der Gesellschaft verantwortlich. Die Rechtsabteilung vertritt daher immer die Unternehmensinteressen und nicht die Interessen einzelner Mitarbeiter oder Organmitglieder. Nichtsdestotrotz sollte die Rechtsabteilung folgende Mechanismen kennen, die dazu dienen, die persönliche Haftung der Geschäftsführer[149] zu mini-

149 Die nachstehenden Ausführungen beziehen sich auf eine Gesellschaft mit beschränkter Haftung, da die meisten Unternehmen mit Rechtsabteilung als GmbH organisiert sind.

mieren, Awareness zu schaffen und die Geschäftsführung bei der Umsetzung verschiedener Risikominimierungsmaßnahmen zu unterstützen:

Ressortverteilung	Wird die Ressortverteilung durch Gesellschafterbeschluss festgelegt, haftet der jeweilige Geschäftsführer nur für jene Ressorts, die er auch laut Ressortzuständigkeit verantwortet. Ausgenommen hiervon sind jene Fälle, die von Gesetzes wegen zwingend die Gesamtverantwortung für alle Geschäftsführer vorsehen.[150] Selbst wenn eine Ressortzuständigkeit besteht, bleibt allerdings die Pflicht zur Überwachung und Kontrolle des/der anderen Geschäftsführer bestehen.
Weisungen	Schriftliche Weisungen der Gesellschafter stellen den Geschäftsführer von der Haftung frei, sofern sie nicht rechtswidrig sind. Nichtige Weisungen sind bspw Verstöße gegen Kapitelerhaltungsvorschriften oder Gläubigerschutzbestimmungen.
Entlastung	Die Entlastung im Rahmen der Prüfung und Feststellung des Jahresabschlusses entbinden den Geschäftsführer für erkannte und allenfalls erkennbare Ansprüche. Voraussetzung dafür ist aber, dass der Geschäftsführer über alle kritischen Geschäftsfälle berichtet hat. Daher ist die Protokollierung im Rahmen von Gesellschafterversammlungen oder Aufsichtsrats- und/oder Beiratssitzungen essenziell. Generell ist die Einhaltung aller Bestimmungen des Gesellschaftsvertrags (insbesondere zustimmungspflichtige Geschäfte) geboten.

150 ZB Firmenbuchanmeldungen, ordnungsgemäße Buchhaltung, konkrete Aufstellung des Jahresabschlusses, Beantragung eines Insolvenzverfahrens.

Einhaltung der Überwachungs- und Kontrollfunktionen	• Vermeidung des Organisationsverschuldens durch Etablierung von geeigneten Betriebsabläufen in folgenden Bereichen: – Rechnungswesen – Abführung von Abgaben und Steuern – Internes Kontrollsystem – Budgetierung – Ausreichende Kapitalisierung der Gesellschaft – Sicherstellung der Vermeidung von verdeckten Gewinnausschüttungen und In-sich-Geschäften – Effiziente Entscheidungsfindung samt Dokumentierung • Vermeidung des Auswahlverschuldens durch Besetzung von geeigneten Mitarbeitern in leitenden Positionen
Weitere Maßnahmen	• Bestellung von gewerberechtlichen Geschäftsführern und/oder verantwortlichen Beauftragten nach § 9 VStG • Abschluss einer D&O-Versicherung • Sicherstellung der Compliance durch Einführung von Schulungen und Guidelines • Sicherung des Privatvermögens durch Eintragung eines Belastungs- und Veräußerungsverbots im Grundbuch

150 ZB Firmenbuchanmeldungen, ordnungsgemäße Buchhaltung, konkrete Aufstellung des Jahresabschlusses, Beantragung eines Insolvenzverfahrens.

3. Effiziente Abläufe und Arbeitsweisen

Der effiziente Umgang mit den im nachfolgenden 4. Kapitel thematisierten Ressourcen ist entscheidend für den Erfolg der Rechtsabteilung. Das folgende Kapitel beschäftigt sich mit einer Liste an konkreten effizienzsteigernden Maßnahmen. Derartige Maßnahmen beschränken sich dabei nicht nur auf Abläufe und Arbeitsweisen in der Rechtsabteilung, sondern wirken auch über die Rechtsabteilung hinaus, etwa bei Vereinbarung von Kooperationsregeln (sog „Service Levels") mit den Fachabteilungen. Ein weiterer Schlüsselfaktor für die Steigerung der Effizienz ist das Wissensmanagement. Dadurch wird gewährleistet, dass Wissen dokumentiert und innerhalb des Unternehmens geteilt wird. Die strategische Beherrschung von Risiken, die durch ein Legal Risk Management samt innovativer Risikomanagement-Tools sichergestellt wird, ist ebenfalls eine zentrale Effizienzmaßnahme. Darüber hinaus nimmt der Einsatz von Legal Tech eine zunehmend vorherrschende Stellung in den Rechtsabteilungen ein und ermöglicht nicht nur die Automatisierung wiederkehrender Aufgaben, sondern trägt auch zur Beschleunigung von Prozessen und Reduzierung menschlicher Fehler bei.

Im Kontext der Effizienz spielen Key Performance Indicators eine entscheidende Rolle. Sie bieten die Möglichkeit, die Performance der Rechtsabteilung zB in Bezug auf Auslastung, Reaktionszeit oder Kundenzufriedenheit zu messen. Eine datenbasierte Bewertung der Arbeitsleistung hat zweifellos viele Vorteile. Gleichzeitig bedingt die Einführung aber auch eine Überprüfung der Zweckmäßigkeit und der Datenquelle im Hinblick auf die festgelegten Kennzahlen.

Die Sichtbarkeit der effizienten Rechtsabteilung im Unternehmen wird durch gezieltes Selbstmarketing erreicht. Dabei ist die Art der Kommunikation der entscheidende Erfolgsfaktor, um benötigte Ressourcen wie Personal oder Budget zu erhalten.

3.1. Effizienzsteigernde Maßnahmen

3.1.1. Service-Level-Richtlinien

3.1.1.1. Allgemeines

Ziel interner Kooperationsregeln, sog „Service-Level-Richtlinien", ist es, eine Vereinbarung für die Zusammenarbeit zwischen der Rechtsabteilung und der jeweiligen Fachabteilung zu treffen. Die Vereinbarung von klaren und transparenten Zuständigkeiten, Bearbeitungszeiten und Prozessen ist die Grundvoraussetzung für eine effiziente Zusammenarbeit: So können sowohl die Fachabteilung als auch die Rechtsabteilung ihre Ressourcen entsprechend planen. Die Fachabteilung weiß genau, was und in welchem Zeitraum sie von ihrer Rechtsabteilung an

Leistungen erhält, und die Fachabteilung weiß auch, was sie zu leisten hat und wofür sie eigenständig verantwortlich ist. Service-Level-Richtlinien sorgen so dafür, dass die Erwartungshaltungen der Fachabteilung und der Rechtsabteilung übereinstimmen. Dabei wird es auf der einen Seite Regeln geben, die für alle Fachabteilungen gleich sind, wie bspw Bearbeitungszeiten (sog Turn-around-Zeiten) durch die Rechtsabteilung, damit diese durch die Fachabteilungen von vorneherein bei ihrem Zeitplan mitberücksichtigt werden können. Auf der anderen Seite gibt es aber natürlich auch ganz individuell zu regelnde Punkte, wie fachabteilungsspezifische Workflows und Freigaben etc. Hier ist zu überlegen, inwiefern es sinnvoll ist, individuelle Service-Level-Richtlinien für die einzelnen Fachabteilungen zu erstellen oder generell eine Service-Level-Richtlinie für alle Fachabteilungen des Unternehmens zu vereinbaren. Je nach Zielgruppe sind Service-Level-Richtlinien in verschiedenen Sprachen bereitzustellen.

3.1.1.2. Checkliste: Service-Level-Richtlinien

Nachfolgend findet sich eine Liste mit einer Auswahl an allgemeinen Fragen und Beispielantworten, die sich als Grundlage für die Erstellung individueller Service-Level-Richtlinien bewährt hat. Die Liste hat keinen Anspruch auf Vollständigkeit oder Passgenauigkeit. Das kann sie auch nicht, denn die zu regelnden Punkte einer Service-Level-Richtlinie sind, wie bereits oben besprochen, sehr individuell.

Frage	Beispielantwort
Was ist das Ziel der Richtlinie?	Die Vereinbarung von Zuständigkeiten, Bearbeitungszeiten und Prozessen zwischen Abteilung *[x]* und der Rechtsabteilung für eine effiziente und effektive Zusammenarbeit.
Wer ist der oder sind die Ansprechpartner in der Rechtsabteilung (für was) und wie kann man ihn (diese) am besten erreichen?	Mag. Max Mustermann Kontakt per E-Mail und Tel, Ticketsystem etc
Gibt es Kommunikationsregeln?	Es gibt immer einen von der Fachabteilung bestimmten „Projektverantwortlichen". Dieser ist Ansprechpartner für die Rechtsabteilung.

Frage	Beispielantwort
Wann ist die Rechtsabteilung unbedingt zu involvieren?	• Verhandlung von Verträgen (auch Click-Through), Erweiterungen etc • Erstellung und Anpassung von Guidelines, Vorlagen und Allgemeinen Geschäftsbedingungen • M&A-Anfragen • Patentanmeldungen • Eingang von Anwaltsschreiben, Klagen etc • Arbeitskräfteüberlassung • Datenschutzthemen • Erstellung von Webseiten
Welche Voraussetzungen müssen erfüllt sein, bevor die Fachabteilung die Rechtsabteilung für eine Vertragsprüfung kontaktiert?	• Budgetfreigaben (Details integrieren) • Prüfung der Validität der ausgewählten zukünftigen Vertragspartner • Freigaben und Abgrenzungen, die andere Abteilungen vornehmen (bspw HR bei Freiberuflern) (Listen, Links und Kontaktinformationen integrieren) • Ausfüllen von Checklisten, die die wichtigsten Punkte für die Vertragserstellung enthalten (als Anhang in die Richtlinie integrieren) • Verhandlung aller essentialia negotii • Vorausfüllen von Vertragsvorlagen (Link, wo diese auffindbar sind, integrieren) • Soweit erforderlich: Vereinbaren einer Geheimhaltungsvereinbarung (Link, wo diese auffindbar ist, integrieren)
Welche Zuständigkeiten übernimmt die Fachabteilung, ohne die Rechtsabteilung zu involvieren?	• Vertragsabschlüsse mit Standard-AGB oder Standardaufträge • kleine Verträge unter einer bestimmten Vergütung und ohne Datenschutzrelevanz • Unterschriftenlauf (bis zu einem Vertragswert von *[x]*) • Kündigungen von Verträgen (Link zu Kündigungsvorlagen integrieren)

Frage	Beispielantwort
Wie viel Bearbeitungszeit hat die Rechtsabteilung wofür?	• *[x]* Businesstage, um eine Vertragsvorlage zu erstellen • *[x]* Businesstage, um eine fremde Vertragsvorlage zu prüfen • *[x]* Businesstage, um Anpassungen des Vertragspartners in der eigenen Vertragsvorlage zu prüfen • *[x]* Businesstage für andere Anfragen • Abweichungen werden im Einzelfall zeitnah mit Grund und Zeitrahmen an die Fachabteilung kommuniziert
Was ist betreffend die Vertragsfinalisierung zu berücksichtigen?	• Die Fachabteilung übermittelt eine vom Vertragspartner freigegebene, finale Version an die Rechtsabteilung (ohne Markup und Kommentare) • Benennung des Vertragsdokuments erfolgt wie folgt: VERTRAG_PARTNER_DATUM_FINAL. • Regelungen und Details wer, wie, wann den Unterschriftenlauf macht (Original oder DocuSign) • Regelungen zu Verantwortung, Form und Ort der Vertragsablage und der Fristenverwaltung
Welche allgemein wichtigen Regeln gelten für Vertragsverhandlungen?	• Regeln zum Abschluss von Geheimhaltungsvereinbarungen • Regeln zu den Zahlungsmodalitäten und -bedingungen • Regelungen zu Letter of Intents (LOIs) • Regelungen zu max Vertragslaufzeiten und Kündigungsregelungen • Regelungen zu Exklusivitäten • Regelungen zu Vertragsstrafen

Praxistipp

Die Service-Level-Richtlinien

- sollten so umfangreich wie nötig und zugleich so kurz und klar wie möglich sein.
- sind ein „lebendes Dokument" und sollten regelmäßig auf Aktualität überprüft und ggf angepasst werden.
- sollten, wo sinnvoll, auf bereits vorhandene oder vertiefende Workflows, Tools und Vertragsvorlagen verlinken.
- können Workflows und Guidelines als Anhänge beinhalten (zB eine ausführliche Darstellung des Unterschriftenprozesses).

Bei der Erstellung der für jedes Unternehmen sehr individuellen Service-Level-Richtlinien macht es durchaus Sinn, diese nicht allein von der Rechtsabteilung bestimmen zu lassen, sondern als gemeinsames Projekt mit den Fachabteilungen zu erarbeiten. So müssen sich alle Beteiligten Gedanken über die Zusammenarbeit machen und gelangen zu ihrer eigenen gemeinsamen Vereinbarung.

3.1.2. One-Stop-Shop versus Multi-Stop-Shop

Im Rahmen der Gestaltung effizienter Abläufe stellt sich auch die Frage nach dem Aufbau der Rechtsabteilung selbst. Wie sollen Fachabteilungen im Unternehmen von der Rechtsabteilung beraten werden? An wen in der Rechtsabteilung kann sich die Fachabteilung mit welchen rechtlichen Belangen wenden?

Hierbei gibt es zwei unterschiedliche Möglichkeiten:

One-Stop-Shop und Multi-Stop-Shop

Der Unterschied ist, dass beim Multi-Stop-Shop ein Kollege aus der Fachabteilung je nach Thema unterschiedliche Ansprechpartner in der Rechtsabteilung hat, während er beim One-Stop-Shop zunächst mit allen seinen rechtlichen Belangen zu einem Ansprechpartner in der Rechtsabteilung geht.

Bei kleinen Rechtsabteilungen bzw Ein-Mann-Rechtsabteilungen stellt sich die Wahl nach einer der Möglichkeiten (Multi-Stop-Shop oder One-Stop-Shop) zumeist nicht, da die Ansprechpartner von Haus aus bereits begrenzt und klar sind.

Anders sieht es in großen Unternehmen mit einer Vielzahl an Juristen und damit auch Spezialisten in verschiedenen Rechtsgebieten aus.

Beim Multi-Stop-Shop wendet sich ein Kollege der Fachabteilung je nach Anfrage an den entsprechend zuständigen Kollegen aus der Rechtsabteilung.

Beispiel

Ein Kollege aus der Marketing- und Eventabteilung wendet sich mit einer Frage zu einer Markenanmeldung an einen Juristen mit Expertise im Markenrecht, während er mit einer Frage zum Datenschutz direkt zu dem Juristen geht, der für den Datenschutz zuständig ist.

Voraussetzung für einen Multi-Stop-Shop ist, dass der Kollege aus der Fachabteilung einschätzen kann oder weiß, wohin er sich mit welcher Frage wenden kann. Manchmal gelingt das nicht auf Anhieb – sei es, dass eine Fehleinschätzung des Kollegen aus der Fachabteilung vorlag oder gerade diese Frage doch von einem anderen Juristen der Rechtsabteilung beantwortet wird. Die Gefahr beim Multi-Stop-Shop ist, dass die Kollegen aus der Fachabteilung den Eindruck gewinnen können, sie wären auf der Suche nach dem berühmten Passierschein A38,[151] wenn sie von einem Ansprechpartner zum nächsten weitergereicht werden. Diesen Unmut bekommen dann auch die Kollegen in der Rechtsabteilung zu spüren. Ganz zu schweigen von der zeitlichen Ineffizienz, die die Suche nach dem richtigen Ansprechpartner bedeutet.

Im Gegensatz dazu hat der Kollege aus der Fachabteilung beim One-Stop-Shop für alle seine Belange zunächst nur einen Ansprechpartner in der Rechtsabteilung. Der One-Stop-Shop folgt dem sog Businesspartnerprinzip. In größeren Rechtsabteilungen erleichtert ein One-Stop-Shop dem Kollegen aus der Fachabteilung die Arbeit mit der Rechtsabteilung sehr.

Der so für eine Fachabteilung zuständige Jurist wird einen Großteil der Anfragen selbst bearbeiten, da er zumeist die entsprechende Fachkenntnis mitbringt. So wird die IT-Abteilung eines Unternehmens einen im IT-Recht (und im günstigsten Fall auch Datenschutzrecht) versierten Juristen zum Ansprechpartner haben.

Der Jurist, der Ansprechpartner für die Fachabteilung ist, holt sich das benötigte Spezialwissen von seinen entsprechend spezialisierten Kollegen oder durch externen Rechtsbeistand. Dasselbe gilt für Expertenwissen aus anderen Fachabteilungen (zB Tax- und Finanzabteilung). Voraussetzung für One-Stop-Shops ist, dass es innerhalb der Rechtsabteilung klare interne Absprachen betreffend alle Zuständigkeiten gibt. Diese sind je nach Unternehmen sehr unterschiedlich und individuell ausgestaltet.

Wichtig ist, dass beim One-Stop-Shop der Ansprechpartner für die Fachabteilung immer derselbe ist. Dieser kümmert sich als alleiniger Ansprechpartner um die rechtliche Beratung und holt sich bei Bedarf bzw je nach Zuständigkeiten internen (oder externen) rechtlichen Rat.

Praxisbeispiel

Als Beispiel sei der Datenschutz genannt. Die meisten Unternehmen beschäftigen inzwischen Juristen, die sich auf Datenschutz spezialisiert haben. Gerade in großen Unternehmen sind diese Datenschutzjuristen mit der Strategie zur Informationssicherheit, der Aufbereitung von Themen und Entscheidungen für den Datenschutzbeauftragten und der Unterstützung des Managements bei Entscheidungsfindungen zuständig und beschäftigt.[152] Landen im Rahmen von Vertragsverhandlungen datenschutzrechtliche

151 „Asterix erobert Rom" (ein Film von 1976).

152 Siehe auch Kapitel 2.2.4. Datenschutzrecht.

Themen bei einem für eine Fachabteilung zuständigen Juristen, wird dieser sich, je nach interner Absprache zu den Zuständigkeiten, mit der entsprechenden Frage an die Datenschutzrechtsabteilung wenden.

Im Idealfall ist er, gerade im Zusammenhang mit Datenschutz in Verträgen, von den Kollegen aus der Datenschutzrechtsabteilung auf die Rollenbestimmung und Abschluss der entsprechenden Verträge (wie zB eines Auftragsdatenverarbeitungsvertrags) geschult. Er wendet sich somit nur mehr mit „High-Level"-Fragen und soweit er Expertenrat benötigt an die Experten aus dem Datenschutz.

Handelt es sich bei einer Anfrage dann doch einmal um eine schwerpunktmäßig in einem anderen Spezialgebiet liegende Frage, zB eine Marken- oder Patentanmeldung, für welches es im Unternehmen Expertise gibt, so kann in diesen Fällen, wiederum aus Gründen der Effizienz, eine vollständige Übergabe an die Kollegen aus der Spezialabteilung erfolgen. Eine Koordination durch einen „Mittelsmann" wäre in diesem Fall ineffizient.

Grundsätzlich gewährleistet ein in einem Unternehmen so etablierter One-Stop-Shop eine effiziente und effektive Arbeitsweise, sowohl für die Juristen der Rechtsabteilung als auch für die Fachabteilungen. Soweit sich alle Unternehmensjuristen an die vereinbarten Zuständigkeiten halten, verhindert dies nämlich das ansonsten in Unternehmen gerne vorkommende sog „Anwaltsshopping". Dabei wählt ein Kollege aus der Fachabteilung selbständig einen Juristen für seine Anfrage aus; dies zumeist aufgrund persönlicher Präferenzen und/oder Freundschaften/Bekanntschaft. So wird zudem verhindert, dass die Fachabteilung dieselbe Frage auch an andere Kollegen stellt, wenn es ihnen bei ihrem Ansprechpartner einmal zu lange dauert oder ihr dessen Antwort nicht gefällt.

Ein weiterer Vorteil ergibt sich für die (Rechts-)Experten aus der eigenen Rechtsabteilung und auch anderen Abteilungen (bspw der Steuerfachabteilung). Juristen, die als Ansprechpartner fungieren, lernen bei immer wiederkehrenden Sachverhalten und Expertenfragestellungen oder werden, wie im Praxisbeispiel genannt, bestenfalls auf diese geschult. Damit muss ein Hinzuziehen der Experten in diesen Fällen nicht mehr erfolgen. Im Idealfall wird Wissen also von der Expertenabteilung an die Kollegen an „vorderster Front" weitergegeben und werden so Ressourcen für andere Aufgaben geschaffen.

Vorsicht ist dann geboten, wenn der Kollege, welcher als Ansprechpartner dient, sich (aus welchem Grund auch immer) nicht wie vereinbart intern abstimmt. Hier gilt es, innerhalb der Rechtsabteilung eine gute Kommunikation und regelmäßigen Wissensaustausch zu etablieren und zu pflegen. Das muss vom Leiter der Rechtsabteilung, aber auch von allen Kollegen der Rechtsabteilung gemeinsam gewollt und gelebt werden. Die Haltung „Wissen ist Macht" ist leider unter Juristen immer noch verbreitet. Gerade Unternehmensjuristen haben oft die Sorge, sich zukünftig entbehrlich zu machen, wenn sie ihr Wissen teilen. Trotzdem zahlt sich eine kooperative Einstellung langfristig sowohl für das Unternehmen als auch für den Einzelnen aus, denn geteiltes Wissen bedeutet doppeltes Wissen. Der Austausch unter Kollegen ist von grundlegender Bedeutung, da die Erfahrungen und Erkenntnisse anderer einem selbst neue Blickwinkel und Lösungsmöglichkeiten eröffnen oder eine effizientere Arbeitsweise ermöglichen. Um Juristen dazu zu bewegen, verstärkt auf Zusammenarbeit zu setzen, ist ein geschütztes Umfeld entscheidend, in dem ihnen die Vorteile des Wissensaustauschs aufgezeigt werden und die Angst vor der eigenen Überflüssigkeit genommen wird.[153]

Zu guter Letzt sei aber noch angemerkt, dass bei der One-Stop-Shop-Methode darauf geachtet werden muss, dass es nicht zu einer unausgewogenen Arbeitsbelastung der Juristen kommt, wenn sie immer mehr (auch Expertenfragen) in Eigenregie beantworten. Auch hier gilt es, im Rahmen eines regelmäßigen Austauschs ein Auge darauf zu haben und ggf durch Umverteilung der Zuständigkeiten, weitere Headcounts etc zu reagieren.

Praxistipp

Um einen effektiven One-Stop-Shop zu etablieren, der für alle Beteiligten die genannten Mehrwerte bietet, ist eine sorgfältige Organisation unerlässlich. Klar definierte Zuständigkeiten und Verantwortlichkeiten sowie festgelegte „Eskalationsschritte" zu Fachexperten sind der Schlüssel für das reibungslose Funktionieren eines One-Stop-Shops. Zusätzlich sind klare Vertretungsregeln notwendig, die sowohl innerhalb der Abteilung als auch nach außen hin transparent kommuniziert werden. Dies gewährleistet eine schnelle Übernahme von Aufgaben bei Abwesenheit oder Kapazitätsengpässen. Die Einführung eines Tandem-Systems, bei welchem immer zwei Kollegen zusammenarbeiten, kann das unterstützen.[154] Sowohl One-Stop-Shop als auch Multi-Stop-Shop lassen sich zudem gut durch ein Ticket-System ergänzen.[155]

3.1.3. Tandem-System

Um effiziente Abläufe innerhalb der Rechtsabteilung sicherzustellen, sind klare Strukturen und Rollen im Team unerlässlich. Die optimale Nutzung von Fachwissen und Ressourcen kann durch die Implementierung eines sog Tandem-Systems unterstützt werden. Ähnlich wie bei einem Fahrrad für zwei (oder auch mehrere) Personen arbeiten in diesem System stets zwei Juristen mit unterschiedlichem Fachwissen und/oder Erfahrung eng zusammen, wobei einer davon das Steuer übernimmt (Tandem-Lead), während der zweite ihn unterstützt (Tandem-Partner). Das Tandem-System hat sich sowohl für einzelne, zeitlich begrenzte Projekte als auch im Tagesgeschäft bewährt.

153 Siehe hierzu auch Kapitel 3.1.7. Wissensmanagement inkl Checkliste.
154 Siehe hierzu Kapitel 3.1.3. Tandem-System.
155 Siehe im Detail hierzu Kapitel 3.1.5.2.2. Ticket-System.

3.1.3.1. Organisation von Tandems

Ein Tandem-System kann unterschiedlich gestaltet sein. Entweder werden zwei Juristen als Tandem festgelegt oder die Tandems ergeben sich aufgrund thematischer Überschneidungen in den Arbeitsbereichen von selbst. Ein effizientes Tandem-System verbindet jeweils die beiden Juristen, die aufgrund ihrer Fachkenntnisse und Erfahrungen das bestmögliche Ergebnis für das jeweilige Projekt oder die jeweilige Aufgabe erzielen können.

Auch im Tagesgeschäft können sich Tandems bilden. Diese Partnerschaften entstehen oft auf natürliche Weise. Kollegen, die bspw zur gleichen Zeit im Unternehmen angefangen haben, sich gut verstehen oder sich mit ähnlichen Fragestellungen befassen, dienen sich im täglichen Ablauf als Sparringspartner und bilden so natürliche Tandems.

Unabhängig von der Art des Tandem-Systems ist es wichtig, klare Verantwortlichkeiten, Aufgabenverteilungen und Vertretungsregelungen zu definieren. Das Ziel eines beruflichen Tandems besteht nicht darin, dass beide Juristen gleichwertig an einer Agenda arbeiten, sondern vielmehr darin, dass sie sich ergänzen und unterstützen.

Die Implementierung eines Wissensmanagementsystems und die Nutzung geteilter Ablageorte gewinnen in diesem Zusammenhang noch mehr an Bedeutung. Diese Maßnahmen gewährleisten, dass der jeweilige Tandempartner problemlos auf die erforderlichen Ressourcen und Informationen des anderen zugreifen kann, um eine laufende Angelegenheit zu übernehmen. Darüber hinaus kann auch Legal Tech erheblich dazu beitragen, eine kooperative Arbeitsweise zu unterstützen. Ordnerstrukturen, lokale Laufwerke und geteilte Kalender allein stoßen oft an ihre Grenzen, wenn es darum geht, die Effizienz und Effektivität eines Tandems zu steigern. Die richtige Technologie kann hierbei eine entscheidende Rolle spielen.[156]

3.1.3.2. Vorteile

Tandems sind äußerst dynamisch, sodass sich die Tandem-Partner, der Tandem-Lead oder sogar die Zielsetzung im Verlauf eines Projekts oder einer Aufgabe, wenn nötig, auch verändern können. So wird die Ressourcennutzung optimiert und der Wissenstransfer im Team gefördert.

Die Vorteile des Tandem-Systems sind:

- **Ressourceneffizienz:** Da Tandems auf die optimale Ressourcennutzung für eine spezifische Aufgabe ausgerichtet sind, wird vermieden, dass Personen für Aufgaben eingesetzt werden, die nicht die für die Bewältigung der Aufgabe notwendigen Stärken aufweisen. Weiters minimieren die klare Aufgabenverteilung

156 Siehe hierzu zB Kapitel 3.1.5.2.2. Ticket-System.

und der Aspekt, dass sich jeder Tandem-Partner auf spezifische Aufgaben konzentriert, Redundanzen. Ein positiver Nebeneffekt eines Tandems ist, dass für den Notfall ein bereits mit dem Thema befasstes Back-up parat steht.

- **Synergien:** Durch die Zusammenarbeit von Juristen mit unterschiedlichem Fachwissen und Erfahrungen, die sich für das jeweilige gemeinsame Ziel (Projekt) optimal ergänzen, können Aufgaben schneller und strukturierter erledigt werden.
- **Kreative Lösungsfindung:** Die wechselseitige Unterstützung und Beratung zwischen den Tandem-Partnern sind, insbesondere bei komplexen Fragestellungen und unvorhergesehenen Herausforderungen, besonders vorteilhaft. Dies führt zu einer effizienten Problemlösung. Der kreative Ideenaustausch wird gefördert, indem die Mitglieder unterschiedliche Perspektiven und Lösungsansätze wie auch kritische Anmerkungen einbringen.
- **Wissensaustausch:** Tandems ermöglichen den Austausch von Fachwissen und begünstigen die kontinuierliche Weiterentwicklung der Fähigkeiten der Teammitglieder, indem sie voneinander lernen können.
- **Effektive Kommunikation:** Tandems erfordern eine enge Kommunikation zwischen den Partnern, um sicherzustellen, dass sie auf dem richtigen Weg sind. Die Partner sind so in der Lage, etwaige sich ergebende Herausforderungen frühzeitig anzugehen. Zudem verhindert eine enge Abstimmung Missverständnisse und gewährleistet zugleich effiziente Arbeitsabläufe.
- **Qualitätssicherung:** Die Möglichkeit der kontinuierlichen Überprüfung der Arbeit durch beide Partner des Tandems verbessert die Qualität der Arbeit, da Fehler und Ungenauigkeiten eher erkannt und behoben werden können.
- **Teamspirit:** Die enge Zusammenarbeit in Tandems stärkt die Arbeitsbeziehungen zwischen den Kollegen. Durch das Tandem lernen sie sich besser kennen und bauen Vertrauen auf, was sich wiederum positiv auf die Teamdynamik auswirkt.

3.1.3.3. Nachteile

Neben den vielen Vorteilen gibt es beim Tandem-System allerdings einen entscheidenden Nachteil: Sind nicht beide Partner des Tandems bereit oder in der Lage, ihren Teil beizutragen, kann das System nicht wie beabsichtigt funktionieren. Ähnlich wie bei dem Fahrrad, bei dem beide Fahrer zusammenarbeiten müssen, um vorwärtszukommen, erfordert ein Tandem-System die aktive Beteiligung und Zusammenarbeit beider Partner. Lehnt sich einer der beiden zurück, ist das Tandem nicht mehr manövrierfähig.

Eine weitere Gefahr besteht darin, dass das Tandem zu einer reinen Back-up-Lösung verkommt. In diesem Fall ist der einzige Vorteil, dass eine Vertretung ohne Verzögerung möglich ist. Dies stellt allerdings eine reine Doppelarbeit dar und widerspricht dem Sinn eines Tandems.

Um den Nachteilen proaktiv entgegenzutreten, bedarf es einer fortlaufenden Beobachtung durch die Tandem-Partner selbst und auch durch die Führungskraft sowie einer vertrauensvollen Feedbackkultur. Tritt der Fall ein, dass das Tandem nicht planmäßig verläuft, kann es notwendig sein, Alternativen zu erwägen oder die Partnerschaften im Tandem anzupassen, um sicherzustellen, dass der Sinn des Tandems erfüllt wird und Ressourcen nicht verschwendet werden.

Praxisbeispiel

Die Vertragsjuristin ist für die Verhandlung eines Anlagenbauvertrags im Lead. Da aber bereits in der Verkaufsphase bekannt ist, dass auch ein Wartungsvertrag abgeschlossen werden soll, holt sie sich die Kollegin[157] mit Schwerpunkt After Sales ins Boot, die sie bei den Vertragsverhandlungen mit ihrer Expertise unterstützt. Die beiden bilden ein Tandem. Nachdem die Vertragsverhandlung fast abgeschlossen ist, verlässt die Kollegin vom After Sales das Tandem und die Vertragsjuristin bildet mit dem Kollegen aus dem Claim Management ein neues Tandem. Mit diesem klärt die Vertragsjuristin etwaige „lessons learned" aus vorhergehenden Projekten ab, die noch in den Anlagenbauvertrag einfließen. Nach Vertragsunterzeichnung übergibt die Vertragsjuristin die Verantwortung an die After-Sales-Kollegin, die nun den Lead im Tandem mit dem Kollegen aus dem Claim Management für die weitere Wegstrecke übernimmt.

3.1.4. Legal Coordinator

Juristische Fragestellungen treten in nahezu allen Unternehmensbereichen auf, weshalb die Arbeitsbelastung in der Rechtsabteilung üblicherweise hoch ist. Die wenigsten Rechtsabteilungen haben allerdings die Ressourcen, für jede Fachabteilung einen eigenen Unternehmensjuristen abzustellen. Oft stehen nur wenige Unternehmensjuristen hunderten von Mitarbeitern in den Fachabteilungen gegenüber. Die Rechtsabteilung wird dadurch schlimmstenfalls zum „Bottle-Neck", was es zu vermeiden gilt.

Die Rechtsabteilung benötigt aus diesen Gründen allerdings (nichtjuristische) Mitstreiter in den einzelnen Fachabteilungen, die sich als verlängerter Arm der Rechtsabteilung verstehen und als sog „Legal Coordinator(s)" agieren. Legal Coordinators stellen grundsätzlich den First-Level-Support für alle rechtlichen Belange in der jeweiligen Fachabteilung dar. Die Ausgestaltung der Rolle hängt vom Aufbau der jeweiligen Fachabteilung und den individuellen Fähigkeiten der agierenden Personen ab. Die Praxiserfahrung zeigt, dass selbst der Einsatz von einigen wenigen Legal Coordinators die Arbeitsbelastung der Rechtsabteilung drastisch reduzieren kann.

---

157 In diesem Fall holt die Juristin ihre Kollegin proaktiv ins Boot. Sind die Kolleginnen in dieser Form der Zusammenarbeit noch nicht so geübt, kann auch die Führungskraft die jeweiligen Kolleginnen zu einem Tandem zusammenspannen.

3.1.4.1. Profil Legal Coordinator

Ein Legal Coordinator verfügt zwar nicht zwingend über eine juristische Ausbildung oder sogar ein rechtswissenschaftliches Studium, bringt jedoch ein generelles Interesse für juristische Tätigkeiten mit. Idealerweise hat der Legal Coordinator einen guten Überblick über die geschäftlichen Vorgänge in der jeweiligen Fachabteilung und ist bestens über die Themen und Bedürfnisse der Fachabteilung informiert. Rechtliche Fragestellungen zu erkennen, ist eine Grundvoraussetzung für den Legal Coordinator, damit dieser die Rechtsabteilung bei Bedarf gezielt einbinden kann. Denn nur so werden Risiken vermindert und die Rechtsabteilung entlastet.

Die Rolle des Legal Coordinators erfordert eine gute Vernetzung in der Fachabteilung sowie enge Zusammenarbeit mit der Rechtsabteilung, um ein angemessenes Verständnis für die rechtlichen Anforderungen zu gewährleisten und zugleich einen reibungslosen Arbeitsablauf in der jeweiligen Fachabteilung sicherzustellen. Es bietet sich an, dass der Legal Coordinator auch mit dem Budget der Fachabteilung betraut ist, sodass die rechtlichen Verpflichtungen, die sich aus abzuschließenden Vertragsverhältnissen ergeben, auch im Rahmen des Fachabteilungsbudgets berücksichtigt und ggf die notwendigen Freigaben eingeholt werden können.

3.1.4.2. Organisatorische Ansiedlung

Die Ansiedlung des Legal Coordinators in der Fachabteilung empfiehlt sich nicht nur aufgrund des tiefen Einblicks in die Abteilungsabläufe und -projekte. Anfragen und Vertragsabschlüsse werden beschleunigt und die Rechtssicherheit für die Fachabteilung wird verbessert. Die Position kann mit einem bestehenden Mitarbeiter aus der Fachabteilung besetzt werden. Bspw bietet es sich an, eine Assistenzkraft des jeweiligen Abteilungsleiters als Legal Coordinator zu bestellen. Findet sich keine geeignete Person in der jeweiligen Fachabteilung, kann auch die Schaffung einer derartigen Stelle angedacht werden.

Die Ansiedlung des Legal Coordinators in der Rechtsabteilung ist zwar grundsätzlich möglich, mangels Einblicks in die spezifischen geschäftlichen Abläufe der jeweiligen Fachabteilung ist dies jedoch nicht die präferierte Variante. Zudem wird durch eine Ansiedlung direkt in der jeweiligen Fachabteilung dadurch das Budget der Rechtsabteilung nicht belastet.

3.1.4.3. Tätigkeiten des Legal Coordinators

Der Legal Coordinator übernimmt eine Vielzahl an Aufgaben, um die Arbeitslast der Rechtsabteilung zu mindern und eine effiziente Bearbeitung rechtlicher Anliegen in der Fachabteilung zu gewährleisten. Er übernimmt Routine- und Standardtätigkeiten. Er filtert Anfragen aus der eigenen Fachabteilung, priorisiert und leitet diese bei Bedarf an die Rechtsabteilung weiter. Zudem unterstützt er seine

Kollegen, indem er auf vordefinierte Vertragsmuster verweist und einfache rechtliche Fragen eigenständig beantwortet.

Hat die Rechtsabteilung bereits Playbooks[158] für die verschiedenen Standardverträge erstellt, kann der Legal Coordinator anhand dieser auch Vertragsprüfungen im vorgegebenen Rahmen durchführen und eine Erstkommentierung des Vertrags vornehmen. Bei ungewöhnlichen oder komplexen Fragen steht die Rechtsabteilung als Unterstützung zur Verfügung. Darüber hinaus gehört es zu seinen Aufgaben, Verträge abzulegen, Fristen zu verwalten und Vertragsverlängerungen oder -beendigungen einzuleiten.

In Fällen, in denen eine solche Rolle vorgesehen ist, kann der Legal Coordinator auch die Funktion eines Datenschutzkoordinators[159] übernehmen.

Die Übernahme dieser Rolle als Legal Coordinator erfordert eine intensive Schulung und Vorbereitung durch die Rechtsabteilung. Diese stellt Schulungsprogramme und ein umfangreiches „Legal Survival Kit" mit ausreichendem Schulungsmaterial zur Verfügung. Zudem ist eine laufende Abstimmung zwischen der Rechtsabteilung und dem Legal Coordinator unabdingbar, damit allfällige Fehlerquellen schnell identifiziert und behoben werden können.

Neben den fachlichen Anforderungen und Aufgaben spielt auch das Beziehungsmanagement eine entscheidende Rolle. Als Bindeglied zwischen Fach- und Rechtsabteilung ist der Legal Coordinator für eine reibungslose Kommunikation und Koordination zwischen diesen verantwortlich und trägt so zu einer verbesserten und effizienteren Zusammenarbeit bei.

3.1.5. Legal Tech

Der Einsatz spezifischer Informationstechnologie zur Durchführung juristischer Tätigkeiten (kurz „Legal Tech") hält in den Rechtsabteilungen Einzug und wird auch die nächsten Generationen von Unternehmensjuristen zunehmend beschäftigen. Doch wie geht man dieses Thema an? Vielfach ist die erste Hürde die Ressourcenfrage. Die Auslastung in Rechtsabteilungen ist oft bereits mit dem Tagesgeschäft mehr als erreicht und auch das Budget ist häufig knapp. Aber genau da beißt sich die Katze in den Schwanz. Die Gefahr, dass sich Rechtsabteilungen administrativen Aufgaben vor der inhaltlichen Rechtsberatung widmen oder zu einem Großteil mit wiederholenden Anfragen überschwemmt werden, ist hoch. Dies führt zudem oft zur Frustration aller Beteiligten. Die Fachabteilungen sind mit dem Service der Rechtsabteilung unzufrieden, wenn Anfragen lange unbeantwortet bleiben. Den Mitarbeitern der Rechtsabteilung wird es langfristig an Motivation fehlen, wenn sie ständig mit repetitiven und administrativen Aufgaben betraut sind.

158 Siehe hierzu Kapitel 3.1.7.1. Playbook.
159 Siehe hierzu Kapitel 2.2.4. Datenschutzrecht.

Eine klare Strategie für den Einsatz von Legal Tech kann diesen Teufelskreis durchbrechen. Sie ermöglicht es, tägliche Zeitfresser zu reduzieren und einheitliche Qualitätsstandards im gesamten Unternehmen einzuführen. Eine derartige Strategie hat zudem das Potential, die Kommunikation zwischen den Abteilungen zu verbessern sowie die Effizienz und Qualität der rechtlichen Arbeit zu erhöhen.

Der Irrglaube vieler Unternehmensjuristen und auch der Unternehmen selbst ist, dass Legal Tech nur durch den Einsatz von hohen personellen und finanziellen Ressourcen implementiert werden kann. Dabei wird jedoch übersehen, dass sich Legal Tech nicht ausschließlich auf die Anschaffung von kostenintensiven Softwarelösungen namhafter Anbieter für den Rechtsbereich beschränkt, sondern bereits im Kleinen Fortschritte erzielt werden können. Derartige Quick-Wins helfen dabei, den Ruf der Rechtsabteilung als effiziente Service Unit zu etablieren und Budget für neue Projekte zu erhalten.

3.1.5.1. Allgemeine Überlegungen zu Legal-Tech-Projekten

Noch bevor man ein Legal-Tech-Projekt angeht, sollte man sich bewusst machen, dass es keine „One-size-fits-all Solution“ am Markt gibt, da die Anforderungen von Unternehmen und die bereits etablierten Prozesse individuell sind. Im Rahmen eines derartigen Projekts gilt es daher herauszufinden, was die internen Anforderungen sind und welche Funktionalitäten die einzelnen Anbieter zu welchem Preis versprechen. Vorwegzunehmen ist, dass es für jedes Budget eine Lösung gibt. Die vier gängigsten Möglichkeiten sind folgende:

1. Sofern die Rechtsabteilung ein sehr geringes Budget hat oder der Funktionsumfang des Produkts klar feststeht (zB elektronische Signatur), bietet sich ein „Produkt von der Stange“ an. Vorteil ist, dass man die finanziellen Ausgaben ohne Mehrkosten kalkulieren kann und der Produktumfang von Beginn an klar definiert ist. Bei der Auswahl sollte darauf geachtet werden, ob die Lösung in bereits bestehende (oder sogar zukünftig anzuschaffende) Anwendungen integriert werden kann (zB Integration der elektronischen Signatur in ein Contract-Life-Cycle-Management). Der Nachteil liegt klar auf der Hand: Die Umsetzung eigener Wünsche ist kaum bis gar nicht möglich.
2. Eine zweite, aber mit Bedacht zu wählende Lösung ist ein Standardprodukt den eigenen Bedürfnissen anzupassen (sog „Customization“). Aber Achtung, es ist davon abzuraten, dieses derart umzugestalten, dass der ursprüngliche Nutzungsumfang völlig verfremdet wird. Dies führt nämlich häufig dazu, dass Lösungen nicht mehr zielgerichtet einsetzbar sind oder umfassende Fehlerbehebungen notwendig werden. Auch die Wartung wird erschwert. Es besteht die Gefahr, dass am Ende höhere Kosten entstehen als für eine gänzlich individuell entwickelte Lösung. Daher ist dieser Ansatz nur für Fortgeschrittene geeignet.

3. Sofern das Unternehmen eine starke IT-Mannschaft hat, kann auch die „Marke Eigenbau“ angedacht werden. Wie schon bei der Customization ist dieser Ansatz nur dann ratsam, wenn ausreichend Kapazitäten und Fachwissen zur Verfügung stehen. Ein Projekt auf der grünen Wiese zu starten, hat vor allem in Bezug auf die gewünschten Funktionalitäten viele Vorteile, birgt jedoch auch Gefahren, da jeder einzelne Schritt gut durchdacht werden muss, um gängige Fehlerquellen zu vermeiden. Etablierte Anbieter von Standardprodukten haben dabei einen Vorsprung, denn sie wissen, welche Themen häufig auftreten.
4. Ein gänzlich anderer Weg ist der zweckentfremdende Einsatz von Tools, die für andere Einsatzgebiete konzipiert wurden. So kann bspw ein Projektierungstool im Anlagenbau oder ein Customer-Relationship-Management (kurz „CRM“) bzw Enterprise Resource Planning-Tool (kurz „ERP“) (zB Microsoft Dynamics) auch als Vertragsablage dienen, sofern dieses entsprechend den Anforderungen angepasst werden kann und rechtlich darf. Die Erfahrung zeigt jedoch, dass den Anpassungen zumeist technische Grenzen gesetzt sind. Diese Lösung hat allerdings den großen Vorteil, dass die Fachabteilungen bereits gewohnt sind, mit diesen Lösungen zu arbeiten, und auch die Entscheidungsträger eher gewillt sind, Budget für Anpassungen bestehender Lösungen zu genehmigen. Diese Lösung eignet sich daher auch für Rechtsabteilungen mit kleinem Budget.

Unabhängig davon, welcher Weg eingeschlagen wird, ist eine wichtige Erkenntnis, dass kein Tool mangelnde oder fehlerhafte Prozesse retten kann. Das beste Werkzeug ist nur so gut, wie der Handwerker, der es benutzt. Damit ein Projekt (zielführend) umsetzbar bleibt, sind das Ziel, der Umfang, die zur Verfügung stehenden Ressourcen und Geldmittel sowie die Timeline zu bestimmen. Zudem ist die Unterstützung der Entscheidungsträger (vor allem Geschäftsführung bzw oberes Management) in jedem Fall unabdingbar. Diese sind bereits vor Projektbeginn ins Boot zu holen.

Die nachfolgenden vier Punkte stellen das kleine 1 × 1 für jedes Legal-Tech-Projekt dar. Sie zeigen auf, wie derartige Projekte gelingen können. Von der zeitlichen Abfolge gesehen, beginnt jedes Projekt mit der Konzeptionierung und Budgetierung und geht in der Folge in eine Umsetzungsphase über.

Know your project aim

Für die Wahl der richtigen Lösung braucht es zuallererst eine Evaluierung der in der Rechtsabteilung anfallenden Tätigkeiten und des damit verbundenen Zeitaufwands. Die Analyse der erhobenen Daten dient der Erarbeitung einer digitalen Strategie und daraus lassen sich auch die Maximalanforderungen an die Softwarelösung ableiten, die in einem nächsten Schritt noch zu gewichten und zu priorisieren sind. Auch die Erwartungen der Fachabteilungen und die übergeordneten Unternehmensziele sollten Berücksichtigung finden. Neben diesen Stakeholdern ist es essenziell, dass die Mitarbeiter der Rechtsabteilung von Anfang bis zum Schluss in den Prozess eingebunden werden, da sie zumeist hauptsächlich von den Veränderungen betroffen sind.

Umsetzungstipps

- Generell sollte bei der Evaluierung der Fokus auf zeitintensive, häufig auftretende Tätigkeiten gelegt werden, welche sich digitalisieren lassen. Hierfür bietet sich an, eine repräsentative Auswertung der Arbeitszeit des Rechtsabteilungsteams (sog Time Tracking) aufzustellen. Allen Mitarbeitern der Rechtsabteilung wird dabei die Aufgabe gestellt, eine Stundenaufzeichnung für einen gewissen Zeitraum (max drei Wochen) zu führen. Dafür werden verschiedene Kriterien vorgegeben. Um eine Auswertungsqualität zu erreichen, sollten zumindest gewisse Tätigkeitstypen (zB E-Mail-Check, Vertragsablage, Unterschriftenlauf, Teambesprechungen, Rechtsberatung, Sonstiges) und auch die jeweilige Fachabteilung sowie die Bearbeitungszeit festgehalten werden. Die Auswertung der Time-Tracking-Übung wird zwei maßgebliche Fragen beantworten:
  - Womit beschäftigen sich die Mitarbeiter?
  - Welche Tätigkeiten nehmen die meiste Zeit in Anspruch (sog Zeitfresser)?
- Zeigt die Analyse bspw, dass Mitarbeiter innerhalb der Rechtsabteilung viel Zeit mit der Ablage bzw Suche von Dokumenten beschäftigt sind, ist ein Handeln dringend erforderlich. Kapazitäten von Assistenten können sinnvoller eingesetzt werden und Juristen sollten sich nicht mit Administration, sondern rechtlichen Fragestellungen beschäftigen.
- Ein weiterer Schritt kann die Befragung der Mitarbeiter in der Rechtsabteilung sein. Häufig machen sich diese, soweit ihnen die Angst der Wegrationalisierung genommen werden kann, selbst konstruktive Gedanken über ihren Arbeitsalltag und etwaige Effizienzmaßnahmen. So kann es sein, dass sich durch eine Befragung zeigt, dass der Unterschriftenlauf aufgrund der örtlichen Abwesenheit der Unterschriftsleistenden massiv verzögert wird, was zu wiederholter Unmutsäußerung durch andere Fachabteilungen und Vertragspartner führte.
- Auch eine Zufriedenheitsumfrage zum Service der Rechtsabteilung bei den Fachabteilungen kann dazu führen, dass die Rechtsabteilung eine digitale Lösung außerhalb der eigenen Abteilung zur Verfügung stellt. Das Umfrageergebnis kann bspw sein, dass der physische Unterschriftenlauf und Ablageprozess sehr zeitintensiv sind oder gar der Überblick über die Fristen verloren gegangen ist.

Know your resources

Sofern in der ersten Phase des Projekts evaluiert wurde, welche Lösungen grundsätzlich im Unternehmen gebraucht werden, sollten auch die zeitlichen Kapazitäten der umsetzenden Abteilungen und der damit verbundene Nutzen („Kosten-Nutzen-Analyse") nicht außer Acht gelassen werden.

Praxisbeispiel

Die Einführung eines automatisierten Vertragserstellungstools (sog „Vertragsgenerator") mit hunderten von Vertragsmustern und Sprachübersetzungen kann ein Team von mehreren Personen über mindestens ein Jahr beschäftigen, wogegen die Einführung einer elektronischen Signatursoftware für einzelne Länder deutlich schneller erfolgen kann. Jedoch sollte hier eine Kosten-Nutzen-Analyse bei der Einführung von auf den ersten Blick zeitaufwendigen Softwarelösungen nicht unterschätzt werden. Wenn bspw eine Vielzahl von Mitarbeitern weltweit mit den gleichen Vertragsmustern arbeitet, kann durch die Einführung eines automatisierten Vertragserstellungstools sichergestellt werden, dass die Mitarbeiter im Unternehmen selbständig Zugriff auf die immer aktuelle Version der Vertragsmuster haben. Dadurch werden nicht nur das Problem und Risiko, welches durch die Nutzung veralteter Vertragsmuster für das Unternehmen bestand, gelöst, sondern auch der Arbeitsaufwand innerhalb der Rechtsabteilung erheblich verringert. Anstelle der ständigen Beantwortung von Anfragen nach Übermittlung von Vertragsmustern und der komplizierten Kommunikation von Aktualisierungen pflegt die Rechtsabteilung ihre Aktualisierungen einmal direkt in den Vertragsgenerator ein und jeder Mitarbeiter erhält beim nächsten Zugriff automatisch das aktuelle Vertragsmuster zur Nutzung. Zudem entfallen die zeitaufwendigen und fehleranfälligen Kontrollen und Anpassungen veralteter Versionen in Vertragsverhandlungen.

Schlussendlich entscheidet das Budget über die Einführung und den Umfang der betreffenden Softwarelösung. Der Rechtsabteilungsleiter sollte darauf vorbereitet sein, das Projekt und den damit verbundenen Mehrwert im Unternehmen zu verkaufen und zu folgenden Themen pitchen zu können:

- Herausforderungen, mit denen die Mitarbeiter und/oder Fachabteilungen tagtäglich konfrontiert sind (zB Vorlage der Time-Tracking-Ergebnisse, wonach 50 % der Kapazitäten in der Rechtsabteilung auf die Ablage und den Unterschriftenlauf entfallen),
- ggf aktuell bestehende Risiken (zB Fristenversäumnis durch fehlenden Gesamtüberblick über Verträge und/oder fehlendes Fristenmanagement),
- Auflistung der Probleme, die mit der Lösung behoben werden sollen (zB Unterstützung und Entlastung der Fachabteilungen), und Vorteile, die die Einführung mit sich bringt (zB Kosten- und Zeitersparnis durch elektronische Unterschrift im Vergleich zum physischen Postlauf, dadurch Ressourcenschaffung für Fokus der Rechtsabteilung auf geschäftskritische Projekte) und
- langfristige Auswirkungen auf das Unternehmen, wenn die Lösung nicht umgesetzt wird (zB geringerer Kaufpreis bei Veräußerung des Unternehmens).

Umsetzungstipps

Nach der Evaluierung des Umfangs der digitalen Strategie und der dafür zur Verfügung stehenden Ressourcen sollte eine Must-have-Liste erstellt werden, damit der Überblick im Dschungel der Angebote nicht verloren geht. Diese Liste beinhaltet die Anforderungen an die Softwarelösung. Mit dieser kann dann die Suche nach dem richtigen Anbieter am Markt beginnen. Sofern ein Anbieter nicht die gewünschten Minimalanforderungen erfüllt, sollte man sich nicht von verlockenden Funktionalitäten beeindrucken lassen. Steht auf der Must-have-Liste, dass dringend eine funktionierende Ablage mit einfacher Suchfunktion benötigt wird, sollte man der Versuchung eines benutzerfreundlichen KI-basierten Reportingtools mit nicht benötigten Extrafeatures, das aber keine einfache Suchfunktion aufweist, widerstehen.

Know your timeline and prioritise

Nachdem der Projektumfang definiert wurde, ist in einem nächsten Schritt eine Priorisierung vorzunehmen. Generell ist es ratsam, sich auf Funktionalitäten zu konzentrieren, die das meiste Risiko und/oder den meisten Arbeitsaufwand minimieren. Sogar kleinere, dafür aber schneller ausführbare Schritte können dabei langfristig zu Erfolgen führen und dabei helfen, die Frustration aller Beteiligten schnell zu reduzieren. Das oberste Credo ist daher: „Weniger ist mehr". Es empfiehlt sich, einen klaren Projektplan festzulegen, der auch mit den Fachabteilungen, die bei der Umsetzung behilflich sind (zB IT), abgestimmt ist.

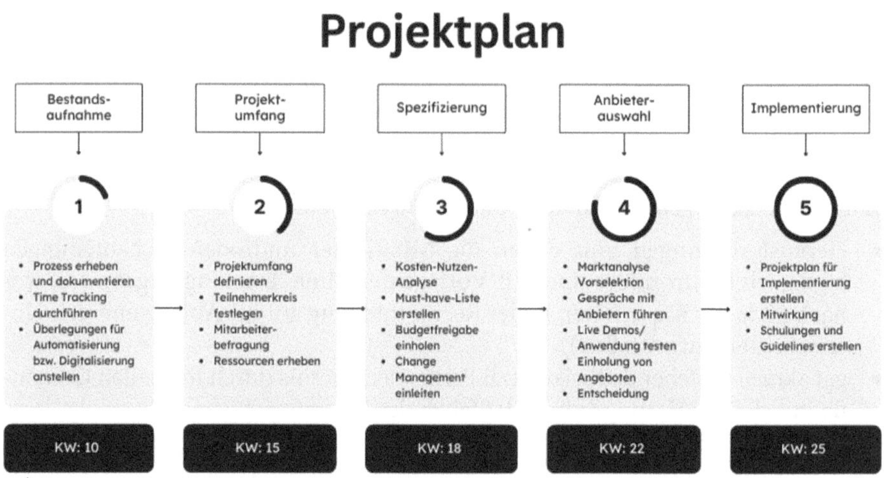

Abb 10: Beispiel eines Projektplans [erstellt mit Canva]

Know your customer

Es ist essenziell, die Nutzer von Beginn an in den Mittelpunkt zu rücken. Eine Toolimplementierung kann nur dann erfolgreich sein, wenn die Nutzer die Bereitschaft haben, dieses zu verwenden. Dabei ist es grundsätzlich wichtig, die Erwartungshaltungen zu managen. Den Anwendern muss bewusst gemacht werden, welche Funktionen, Lösungen und evtl sogar Arbeitserleichterungen die Einführung des jeweiligen Tools mit sich bringt. Bereits erwähnte Befragungen, aber auch die Bereitstellung von Testumgebungen und Erfahrungsumfragen nach einem Test können hierzu positiv beitragen.

Dies sind weitere wichtige und nicht zu vernachlässigende Schritte und Teil des Change-Managements. Die Bereitstellung intuitiver Softwarelösungen (Stichwort: User Experience; kurz UX) erhöht zudem die Bereitschaft zur Nutzung erheblich. Vernachlässigt man die Nutzer, kann die Ernüchterung nach Implementierung hoch sein. Nach der Implementierung ist eine effektive Kommunikation im Wege von Schulungen und Guidelines entscheidend. Das Kommunikationsmedium hängt davon ab, wie intuitiv das System ist. Bei einer benutzerfreundlichen eSignature-Lösung wird der Schulungsaufwand überschaubar sein, wogegen bei einem umfangreichen Vertragsmanagement eine ausführliche Einschulung in Präsenz erforderlich sein wird.

3.1.5.2. Einführung von verschiedenen Tools inkl Checklisten

Der Erfahrung nach ist der Vergleich von unterschiedlichen Anbietern nicht immer leicht zu bewerkstelligen. Wichtig ist, das Projektziel nicht aus den Augen zu verlieren und klar danach zu entscheiden, ob die angebotene Lösung die Must-haves beinhaltet. Die Checklisten in den nachfolgenden Kapiteln helfen bei der Aufstellung der Kriterien und der Entscheidungsfindung.

Praxistipp für die Anbieterauswahl

Anbieter versprechen im Rahmen der Angebotsphase viele Funktionalitäten, die manchmal nur zum Teil oder schlimmstenfalls gar nicht in der besprochenen Form umgesetzt werden können. Dies liegt daran, dass das Vertriebsteam oft nicht mit dem Entwicklungsteam in Kontakt steht oder einen Abschluss dringend benötigt. Vielfach ist es für potenzielle Kunden auch schwer, den Nutzungsumfang des Tools durch Eigenstudium des Internetauftritts des Anbieters zu eruieren. Eine Vorführung der Funktionalitäten im Rahmen eines Videocalls muss auf jeden Fall gegeben sein. Besser noch ist eine Demoversion, die für eine gewisse Zeit selbständig getestet werden kann. Bei maßgeschneiderten Lösungen sollten die Must-haves zur Leistungsbedingung im Vertrag gemacht werden und deren Nichterfüllung zur Auflösung des Vertrags und evtl Rückzahlungen berechtigen. Neben den Funktionalitäten spielen im Rahmen der Anbieterauswahl folgende Kriterien eine Rolle:

- **Reputation und Referenzen:** Welchen Ruf genießt der Anbieter am Markt? Welche Projekte hat der Anbieter bereits abgewickelt und gibt es Ansprechpartner, die für ein Gespräch zur Verfügung stehen?
- **Kundensupport:** Welche Unterstützungsleistungen werden angeboten und sind diese im Preis inkludiert? Was sind die Reaktions- und Fehlerbehebungszeiten?
- **Skalierbarkeit und Weiterentwicklung der Produkte:** Gibt es noch weiterführende Funktionalitäten, die im Laufe der Zeit zugekauft werden können? Werden die Produkte laufend verbessert und neue Funktionalitäten entwickelt? Hat der Anbieter ein eigenes Entwicklerteam zur Verfügung und wenn ja, wo ist dieses angesiedelt?
- **Individualisierbarkeit von Produkten:** Werden maßgeschneiderte Funktionalitäten angeboten? Werden diese intern durch den Anbieter oder extern erbracht?
- **Schulungen und Dokumentation:** Welches Material steht zur Verfügung?
- **Kostenstruktur:** Wie hoch sind die Lizenzgebühren, Implementierungskosten und die Gebühren für die laufende Wartung und den Support? Ist mit etwaigen Preissteigerungen zu rechnen?
- **Multilingualität:** Hat der Anbieter die Möglichkeit, verschiedene Sprachfassungen zu offerieren?

3.1.5.2.1. Vertragsmanagement

Die Etablierung eines Vertragsmanagements stellt Rechtsabteilungen vor ungeahnte Herausforderungen. Es fängt damit an, dass unklar ist, was das Vertragsmanagement eigentlich umfasst. Ist damit lediglich die Vertragsablage oder eher ein sog Contract-Life-Cycle-Management gemeint, das neben der Ablage auch noch einen lückenlosen Genehmigungsprozess samt elektronischer Unterschrift abbildet? Die Bestimmung des Umfangs und der Anforderungen bleibt jeder Rechtsabteilung selbst überlassen. Wichtig ist, dass vor Projektbeginn klar ist, welche Themenfelder im Rahmen des Projekts behandelt werden sollen.

Es besteht auch ein Unterschied zwischen dem Vertragsmanagement und dem Matter Management. Beim Vertragsmanagement geht es darum, die Vertragsdokumente samt Details zu erfassen, um zB Termine oder Fristen zu überwachen oder ein Reporting zu erstellen. Das Matter Management hingegen zeichnet alle von der Rechtsabteilung behandelten Angelegenheiten in einer zentralen Datenbank auf. Das in Kapitel 3.1.5.2.2. beschriebene Ticket-System ist eine Form des Matter Managements.

Die nachstehende Checkliste bietet einen Überblick über gängige Funktionalitäten des Vertragsmanagements, die aktuell am Markt angeboten werden, und dient zur Unterstützung für die Erstellung der Must-have-Liste.

Dokumentenmanagement	• Erstellung von Akten mit diversen Metadaten (zB Vertragspartner, Laufzeit, Vertragstyp) • Einfache Anpassung und Ergänzung von Metadaten • Einsatz von KI für Extraktion von Vertragsdaten (zB automatisierte Erstellung von Vertragsakten) • Möglichkeit einer schnellen Wiederauffindbarkeit von abgeschlossenen Verträgen über Metadaten • Volltextsuche (zB automatische Texterkennung durch Integration von OCR- und NLP-Technologie) • Dashboard samt Konfigurationsmöglichkeit • Filter und Sortieroptionen
Reporting	• Generierung von diversen benutzerdefinierten Berichten (zB Matteranzahl, Verteilung der Vertragsakte nach Abteilungen) • Benötigte Zeit (Time Tracking) • Möglichkeit des Exports in Excel-Tabellen • Visualisierung von Vertragsdaten für diverse Entscheidungen (zB Ressourcen, Risikostreuung) • Einsatz von KI für Reporting (zB Erstellung einer Risikoanalyse)

Fristenverwaltung	• Benachrichtigung für wichtige Termine und Fristen durch manuelle Fristvormerke (zB mittels E-Mail-Erinnerung, Reporting) • KI-basierter Ansatz für automatische Generierung und Überwachung von Fristen • Eskalationsmechanismen für versäumte Fristen (zB Einbindung einer höheren Instanz bei Nichtbeachtung der Frist)
Vertragserstellung[160]	• Vertragserstellung über vordefinierte Fragestellungen • Automatische Vertragserstellung über bereits vorhandene Metadaten • Kollaborative Erstellung von Verträgen online • Einsatz von KI für effiziente Abläufe (zB Chatbot für einfache Anfragen)
Vertragsverhandlung	• Kollaborative Bearbeitung von Verträgen online • Nachvollziehbarkeit von Änderungen im Rahmen von Vertragsverhandlungen • Kommentierungsfunktion für Entwürfe • Vertragshistorie durch Ablage von Versionen • Einsatz von KI für automatische Vertragsprüfung samt Abgabe von Empfehlungen für Verhandlungen oder Darstellung von Vertragsrisiken
Vertragsdurchsetzung	• Eskalationsmechanismen für Vertragsverletzungen • KI-basierte Überwachung der Einhaltung von Vertragsverpflichtungen
Contract-Life-Cycle-Management („CLM")	• Standardisierter und automatisierter Workflow für den gesamten Vertragszyklus • Darstellung des Genehmigungsprozesses samt Dokumentation • Automatische Benachrichtigungen betreffend zu erledigende Aufgaben
Schnittstellenfähigkeit	• Integration mit Unternehmenssystemen wie CRM oder ERP, um einen nahtlosen Informationsfluss sicherzustellen • Import und Export von Vertragsdaten/API-Unterstützung für Datenintegration

160 Siehe nächstes Kapitel 3.1.5.2.3. Vertragsgenerator.

Sicherheit und Datenschutz	• Möglichkeit der Festlegung von Zugriffsbeschränkungen (Stichwort: „Need-to-know"-Prinzip) • Protokollierung von Zugriffen und Aktivitäten • Datenschutzrechtliche Compliance und DSGVO-konformes Hosting • Verschlüsselung von Vertragsdokumenten und -daten
User Experience	• Benutzerfreundliche und intuitive Oberfläche sowie Navigation • Benutzerdefinierte Ansichten und Dashboards

3.1.5.2.2. Ticket-System

Der erste Eindruck ist entscheidend. Das gilt auch für den Kontakt mit der Rechtsabteilung. Andere Service Units wie bspw die IT oder HR haben bereits erkannt, dass Anfragen, die über ein Ticket-System gestellt werden, dazu führen, den Workflow zu organisieren, die Kommunikation zu dokumentieren, Transparenz zu schaffen und die Effizienz zu steigern. Doch warum sind viele Rechtsabteilungen bislang noch nicht auf diesen Zug aufgesprungen? Überspitzt gesagt, sitzen viele Rechtsabteilungen im Elfenbeinturm und hoffen, nur mit den rechtlichen Sahnestücken konfrontiert zu werden. Die Scheu, eine Anfragenflut nicht bewältigen zu können, kommt hinzu. Doch dabei leiden oft die Kundenzufriedenheit und die Rechtssicherheit im Unternehmen. Rechtsabteilungen können sich zudem den Vergleich mit dem Elfenbeinturm heute nicht mehr erlauben, da sie schon längst eine proaktivere Rolle einnehmen müssen, die sich ua aus der Pflicht, zur Umsetzung der Unternehmensziele beizutragen, ergibt. Ein Ticket-System kann dabei helfen, eine Vielzahl von Anfragen von Beginn an zu kanalisieren und schnell zu bearbeiten. Deshalb wird dies oft als „Legal Front Door" oder „Legal Help Desk" bezeichnet und stellt eine Art des „Matter Managements" dar. Im Gegensatz zu anderen Legal-Tech-Projekten kann ein derartiges System aufgrund der meist sehr simplen Implementierung als „Low Hanging Fruit" bezeichnet werden. Doch wie funktioniert ein derartiges System nun aus Sicht aller Beteiligten?

Vorab ist festzuhalten, dass ein Ticket-System keinen persönlichen Kontakt mit der Rechtsabteilung ersetzt oder die Rechtsberatung durch den Unternehmensjuristen obsolet wird. Das Ticket-System ist eine Kommunikationsplattform zwischen der Fachabteilung und der Service Unit. Im Grunde ersetzt ein Ticket-System die häufig gängige E-Mail-Korrespondenz.

Der Startpunkt ist die Anfrage. Ticket-Systeme ermöglichen einer Service Unit, vordefinierte Formulare für Anfragen anzubieten. Im Formular gibt die Rechtsabteilung also vor, welche Informationen und Unterlagen für die Bearbeitung eines Sachverhalts erforderlich sind, und gestattet der Fachabteilung auch, ein Startdatum, eine Priorität und ein Fälligkeitsdatum zu vergeben. Bestenfalls hat der bearbeitende Unternehmensjurist nach Erhalt des Tickets alle Informationen zur Verfügung, die zur Erledigung erforderlich sind. Dies spart allen Beteiligten Zeit. Auch die Zuteilung eines Tickets an den Ansprechpartner kann entweder bereits beim Formular oder bei Erstellung der Anfrage hinterlegt werden. Zumeist kann der Anfragende auch noch Sicht- und Bearbeitungsrechte für andere Mitarbeiter vergeben. Über das Ticket kann der Anfragende den Bearbeitungsstatus und diverse Entwicklungen (zB Zuweisung an andere Ansprechpartner) laufend verfolgen. Zusätzlich wird über das Ticket auch eine Kommunikationsmöglichkeit geboten.

Praxistipp

- Sofern die Fachabteilungen gewohnt sind, Anfragen über E-Mail, per Microsoft Teams oder sogar am Gang zu stellen, ist bei Einführung eines Ticket-Systems mit Widerstand zu rechnen. Die Fachabteilungen sind daher Schritt für Schritt an das neue System heranzuführen. Da die UX dabei eine enorme Rolle spielt, kann man neben der Etablierung von Formularen auch die Option andenken, das Ticket-System mit gängigen Kommunikationsmitteln (zB E-Mail) zu verknüpfen, sodass Anfragen nicht nur über das Ticket-System selbst gestellt werden können.[161]
- Zudem sind die Inhalte der Formulare gut zu überdenken. Je mehr Felder ausgefüllt werden müssen, desto eher ist davon auszugehen, dass der Prozess über das Ticket nicht eingehalten werden wird. Es bietet sich daher an, verschiedene Formulare für verschiedene Anfragen zur Verfügung zu stellen. Je mehr Zeit in die Erstellung des Formulars investiert wird, desto höher ist die Kundenzufriedenheit und die Chance, dass das System von Anfang an gut angenommen wird.

Aus Sicht der Service Unit besteht die Möglichkeit, bereits vordefinierte und automatische Antworten zurückzuschicken. Bspw kann auf das Self-Service-Angebot (zB FAQ, Vertragsmuster, Vertragsgenerator) oder auf Service Levels[162] verwiesen werden. Die Einbindung eines Chatbots für häufig auftretende Anfragen ist der Goldstandard, da damit eine Antwort in Echtzeit erfolgt. Über ein Dashboard kann der Unternehmensjurist auf sehr einfache Weise seinen Arbeitsalltag, basierend auf Dringlichkeit und Wichtigkeit der Anfragen einteilen. Geschäftskritische Anfragen können schnell identifiziert, markiert und vorgezogen werden. Dies erspart die Erstellung einer handschriftlichen To-do-Liste, welche binnen Minuten durch den Erhalt weiterer Anfragen (zB über E-Mail) überholt ist. Ein weiterer positiver Effekt eines Ticket-Systems ist, dass Tickets ohne eine mühsame Übergabe einfach an einen anderen Kollegen in der Rechtsabteilung weitergegeben werden können, da im Ticket sämtliche Informationen samt den dazugehörigen

161 Eine Verknüpfung mit Outlook ist zB über Jira Service Management möglich.
162 Siehe Kapitel 3.1.1. Service-Level-Richtlinien.

Dokumenten hinterlegt sind. Dies ist hilfreich, wenn sich Zuständigkeiten innerhalb der Rechtsabteilung ändern oder eine Vertretung infolge Krankheit oder Urlaub erforderlich wird. Zudem haben die Mitglieder der Rechtsabteilung die Möglichkeit, eine einheitliche Beratungslinie zu etablieren, indem sie andere Tickets zu ähnlich gelagerten Fällen einsehen können. Dies trägt wiederum zum Aufbau eines Wissensmanagements[163] bei.

Über das Ticket-System können zudem weitere Informationen über die Leistung der Rechtsabteilung, wie bspw Reaktions- sowie Bearbeitungszeit, Kundenzufriedenheit etc erfasst werden. Dies ermöglicht wiederum die Erhebung von Daten, die für die Einführung von KPIs[164] notwendig sind. Da damit eine zumeist ungewohnte Transparenz in Bezug auf die Arbeitsweisen geschaffen wird, ist das Rechtsabteilungsteam bei geplanter Einführung unbedingt frühzeitig einzubinden.

Wird die Einführung eines Ticket-Systems angedacht, sollte zunächst einmal im Unternehmen eruiert werden, ob es bereits ein Ticket-System in anderen Bereichen gibt, das bestenfalls auch die Anforderungen der Rechtsabteilung erfüllt. Für die Erstellung der Must-have-Liste helfen nachfolgende Punkte:

Ticket Management	• Erstellung von verschiedenen Ticket-Formularen mit diversen Metadaten (zB Fachabteilung, Beschreibung, Anfragetyp, Priorität, Fälligkeitsdatum, Startdatum) • Einfache Anpassung und Ergänzung von Metadaten • Möglichkeit von Pflichtangaben oder optionalen Feldern • Anhang von Dokumenten (zB mittels drag & drop) • Vergabe von Sicht- und Bearbeitungsrechten • Möglichkeit der Festlegung von Zugriffsbeschränkungen (Stichwort: „Need-to-know“-Prinzip) • Erstellung von Verknüpfungen oder Unteraufgaben • Kommunikationsmöglichkeit im Ticket • Möglichkeit, Updates per E-Mail zu erhalten • Möglichkeit, Ticket auch über anderen Kommunikationskanal (zB E-Mail) zu stellen

163 Ausführlich siehe dazu Kapitel 3.1.7. Wissensmanagement inkl Checkliste.

164 Wie derartige Kennzahlen sinnvoll eingesetzt werden können, wird in Kapitel 3.2. Performancemessung ausführlich behandelt.

Task Management	• Generierung von vordefinierten und automatischen Antworten • Einsatz von KI für effiziente Abläufe (zB Chatbot für einfache Anfragen) • Einschränkung des Schreibzugriffs nach Übermittlung der Anfrage • Möglichkeit, Ticket an andere Person zuzuweisen (oder Zugriff auch für externe Rechtsberater herzustellen) • Möglichkeit, Tickets, Updates oder Fristen automatisch per E-Mail zu erhalten • Dashboard für zu erledigende Anfragen samt Fristen • Möglichkeit, Dashboard nach eigenen Wünschen zu konfigurieren • Möglichkeit einer schnellen Wiederauffindbarkeit von abgeschlossenen Tickets • Filter- und Sortieroptionen
Reporting	• Generierung von diversen (benutzerdefinierten) Berichten (zB Anzahl der Tickets, Anzahl je Abteilungen) • Erhebung der Reaktionszeit bzw Bearbeitungsdauer • Erhebung der Kundenzufriedenheit • Möglichkeit des Exports in Excel-Tabellen
Schnittstellenfähigkeit	• Integration mit Aktenverwaltung • Bereitstellung oder Anbindung an CLM
Sonstiges	• Siehe Kapitel 3.1.5.2.1. Sicherheit und Datenschutz sowie User Experience

3.1.5.2.3. Vertragsgenerator

Im Hinblick auf die Vertragserstellung ist vor Beleuchtung der Anforderungen an eine Softwarelösung zunächst abzuklären, ob ein derartiges Tool im konkreten Fall überhaupt sinnvoll ist. Hierzu wurden bereits zuvor ein paar wichtige Vorteile des Vertragsgenerators im Rahmen der Erläuterung der Kosten-Nutzen-Analyse aufgezeigt.[165] Auch weitere Faktoren könnten im Rahmen einer Evaluierung der Sinnhaftigkeit Einfluss haben: Sofern die Rechtsabteilung bspw keine flexiblen, sondern (falls überhaupt nur unveränderbare) Vertragsmuster an die Fachabteilungen zur Verfügung stellt, fällt eine Kosten-Nutzen-Analyse höchstwahrscheinlich nicht zugunsten der Implementierung aus. Auch für einmalige, spezielle Einzelfälle wird der Vertragsgenerator nicht in Erwägung zu ziehen sein. Insofern aber Sachverhalte wiederholt auftreten und eine Vielzahl an Vertrags-

165 Siehe hierzu auch das Beispiel zu „Know your resources" in Kapitel 3.1.5.1.

mustern für die Fachabteilungen zur eigenen Bearbeitung bereitsteht, sollte man sich damit auseinandersetzen, ob die Einführung einer technischen Lösung geboten sein könnte. Aktuell gehört eine Software für die Vertragserstellung aber (noch) nicht zum Standardrepertoire.

Aus Sicht der Fachabteilung ist die Generierung eines Vertragsentwurfs mittels einer Software sehr benutzerfreundlich. In nur wenigen Minuten wird das Dokument durch Beantwortung von vordefinierten Fragen erstellt. Manche Anbieter bieten auch die Möglichkeit eines Vorschaufensters. Damit kann leicht nachvollzogen werden, welche Änderungen vorgenommen werden. Neben der bereits an verschiedenen Stellen erläuterten Effizienz, welche der Vertragsgenerator mit sich bringt, hat dieser auch ganz pragmatische Vorteile: Fast jeder Unternehmensjurist kennt die Situation, dass ein Vertragsmuster mit internen Kommentaren, Auswahlmöglichkeiten etc, welche nicht für Dritte bestimmt sind, an den Vertragspartner ausgeschickt wird und damit teilweise auch Verhandlungsstrategien offengelegt werden. Dies kann mit dem Vertragsgenerator leicht vermieden werden, da sich der Nutzer nicht mehr durch ein Dokument mit Lückentext und Erklärungen sowie Auswahlmöglichkeiten und Kommentierungen arbeiten muss. Vielmehr können verschiedene Fallkonstellationen durch gezielte Fragestellungen abgebildet werden und je nach Antwort wird nur der entsprechende Text im Vertragsdokument geliefert. Kommentare und die Notwendigkeit manueller Löschungen fallen somit (fast gänzlich) weg.

Aus Sicht eines Effizienzgedankens ist der Goldstandard die Übernahme bereits vordefinierter Metadaten aus einem CRM-Tool, die automatisch in eine Vertragsvorlage eingefügt werden. Damit werden wiederum Ressourcen geschont und Fehler reduziert.

Der mit einem derartigen Projekt verbundene Aufwand für die Rechtsabteilung hängt auch maßgeblich davon ab, ob eigene Vertragsvorlagen in das Tool eingespielt werden oder ob der Anbieter diverse Muster zur Verfügung stellt und inwiefern die Vorlagen individualisierbar sein sollen. Je mehr Vertragsmuster und je umfangreicher diese sein sollen, desto zeit- und kostenintensiver ist ein solches Projekt. Langfristig gesehen wird sich ein solcher Aufwand jedoch bezahlt machen. Strategisch macht es hierbei auf jeden Fall Sinn, mit Textbausteinen zu arbeiten. So können immer gleichlautende Klauseln (wie Geheimhaltungsklauseln, Gerichtsstand) als jeweils nur ein Textbaustein für eine Vielzahl von Vertragsmustern hinterlegt werden. Dies führt dazu, dass Änderungen nicht mehr an einzelnen Vertragsmustern vorgenommen werden müssen, sondern nur die jeweilige Passage einmalig abgeändert werden muss.

Die nachstehende Checkliste bietet einen Überblick über gängige Funktionalitäten, die aktuell am Markt angeboten werden, und dient zur Unterstützung für die Erstellung der Must-have-Liste.

Vorlagen-verwaltung	• Bereitstellung von Vorlagen durch den Anbieter und Möglichkeit der Anpassung • Möglichkeit der Erstellung und Wartung von benutzerdefinierten Vorlagen (durch eigene Mitarbeiter) • Komplexität der Handhabung bei Anpassung von Vorlagen (zB benutzerfreundliche Oberfläche zur internen Bedienung oder Anpassung über Quellcode) • Möglichkeit des Downloads der Vertragsvorlage ohne Auswahl von Optionen • Vorlagenerstellung durch zentrales Repository (= Klauselbibliothek) und entsprechendes Reporting für einzelne Vertragsvorlagen
Dokumenten-erstellung	• Manuelle Dateneingabe der Vertragsdaten und/oder Schnittstelle zu anderen Anwendungen (zB CRM) • Nachvollziehbarkeit von Änderungen bei Erstellung eines Vertrags (zB mittels Vorschaufenster) • Endprodukt nach Erstellung (Word und/oder PDF) • Möglichkeit der Speicherung von Zwischenergebnissen • Möglichkeit einer schnellen Wiederauffindbarkeit von erstellten Verträgen über Metadaten
Schnittstellen-fähigkeit	• Integration mit Unternehmenssystemen wie CRM oder ERP, um einen nahtlosen Informationsfluss sicherzustellen • Integration mit digitaler Unterschrift • Bereitstellung oder Anbindung an CLM
Sonstiges	• Siehe Kapitel 3.1.5.2.1. zu Sicherheit und Datenschutz sowie User Experience

Praxistipp

Die Vorteile eines derartigen Projekts liegen klar auf der Hand. Bei sauberer Integration mit anderen Anwendungen reduziert man die Fehleranfälligkeit massiv und spart Kapazitäten für mühevolle administrative Tätigkeiten ein. Für die Fachabteilung stellt ein Vertragsgenerator ein „Self-service Tool" dar, wofür nicht einmal eine Einschulung benötigt wird. Durch Beantwortung von Fragen wird das Dokument in kürzester Zeit erstellt. Die Rechtsabteilung wird erst bei den Vertragsverhandlungen involviert. Gerade für größere Konzerne ist ein Vertragsgenerator ein unerlässliches Tool. Aber auch für kleinere Unternehmen kann eine derartige Anwendung hohes Einsparungspotenzial haben. Damit der Mehrwert für die Entscheidungsträger sichtbar wird, bieten einige Anbieter auch einen „Zeit- und Kosteneinsparungsrechner" an, der den Mehrwert in Zahlen verdeutlicht.[166]

166 ZB der „Time and cost-saving calculator" von Thomson Reuters oder der ROI-Kalkulator von Precisely.

3.1.5.2.4. Elektronische Signaturen

Spätestens seit der Etablierung von Remote Working sind elektronische Signaturen ein unverzichtbares Instrument. Sofern eine Internetverbindung besteht, können Verträge so jederzeit und ortsunabhängig unterschrieben werden, womit eine physische Anwesenheit im Büro für Geschäftsabschlüsse nicht mehr erforderlich ist. Derartige Lösungen tangieren nicht nur den Unterschriftenlauf, sondern auch weiterführende Prozesse. Sie bieten die Möglichkeit, dass versendete Dokumente jederzeit verfolgbar sind, und beschleunigen den Ablageprozess, da das Dokument nach Unterschriftsleistung nicht mehr gescannt werden muss, sondern direkt in die gewünschte Ablage verschoben werden kann. Manche Anbieter[167] ermöglichen auch ein Contract-Life-Cycle-Management, sodass neben der Unterschriftsleistung insbesondere auch ein Genehmigungsprozess und das gesamte Vertragsmanagement abgebildet werden können. Neben der Prozessoptimierung ist die Kostenreduzierung ein weiterer wesentlicher Faktor.

Aus juristischer Sicht gilt für Rechtsgeschäfte vielfach „Formfreiheit". Dies bedeutet, dass sie nicht mittels eines handschriftlichen Vertrags, einer notariellen Beglaubigung oder sogar eines Notariatsakts abgeschlossen werden müssen. Es würde sogar oft ein mündlicher Vertragsabschluss ausreichen. Da im geschäftlichen Alltag allerdings vielfach auf die Beweisbarkeit Wert gelegt wird, haben sich Abschlüsse über E-Mails, „Tick Boxen" (zB bei Softwarelizenzierungen) oder Bestellformulare etabliert. Schriftliche Verträge, bei denen Formfreiheit besteht, sind mit jeder Form der elektronischen Signatur gültig.

Bei jenen Dokumenten, bei denen rechtlich die Schriftform vorgeschrieben ist, bestehen vielfach immer noch Unsicherheiten bezüglich der Rechtsgültigkeit elektronischer Signaturen. Ob diese berechtigt sind, wird nachstehend beantwortet.

Jeder Unternehmensjurist, der schon einmal einem Prozess vor einem österreichischen Gericht beigewohnt hat, kennt die Floskel: *„Echt, zur Richtigkeit wird auf das eigene Vorbringen verwiesen!"* Sofern die Echtheit des Dokuments (und somit der Unterschrift) von der gegnerischen Partei bestritten wird, muss belegt werden, dass das vorgelegte Beweisstück vom Aussteller stammt. Bei handschriftlichen Verträgen wird ein graphologisches Gutachten eingeholt. Doch was passiert bei Verträgen, die elektronisch unterschrieben wurden? In diesem Zusammenhang unterscheidet man drei Hauptarten von elektronischen Signaturen:

167 ZB DocuSign oder Precisely.

Qualifizierte elektronische Signatur („QES“)	Die QES kann grundsätzlich als Äquivalent zur handschriftlichen Unterschrift gewertet werden.[168] In manchen Fällen schließt das Gesetz allerdings die Möglichkeit aus, die Schriftform durch die QES zu ersetzen.[169] Bei der QES wird die Identität des Unterschreibenden durch einen offiziellen Zertifizierungsdienst (sog Vertrauensdiensteanbieter; kurz **„VDA“**) garantiert.[170] Zudem werden die im Signaturprozess erzeugten Daten (zB IP-Adresse, Datum, Uhrzeit, Ort) in einem digitalen Prüfpfad gespeichert. Man kann sich daher bei der QES sicher sein, dass die Unterschrift auch wirklich vom Aussteller stammt, und legt im Rahmen eines Gerichtsverfahrens das Zertifikat des VDAs vor. Die Prüfung der Gültigkeit der QES kann für österreichische VDAs online durchgeführt werden.[171] Am 5.12.2023 wurde die Handy-Signatur von der ID Austria ersetzt. Über dieses Portal ist die Unterfertigung mittels QES kostenfrei für Privatpersonen möglich.
Einfache Elektronische Signatur („EES“)	Im Gegensatz dazu lässt die EES keine eindeutige Personenidentifizierung zu. Im Grunde eignet sich die EES immer dann, wenn kein Schriftformerfordernis gesetzlich vorgeschrieben ist, allerdings, im Gegensatz zu einem Rechtsgeschäft via E-Mail oder „Tick Box“, eine Unterschrift geleistet werden soll. EES bietet zudem den Vorteil, dass Änderungen des Dokuments nach Unterschriftsleistung aufgrund einer Verschlüsselung nicht mehr möglich sind.
Fortgeschrittene elektronische Signatur („FES“)	Die FES erfüllt das Schriftformerfordernis nicht, aber ermöglicht eine eindeutige Identifikation des Unterzeichners durch E-Mail oder Telefonnummer. Die FES bietet daher ein etwas höheres Sicherheitslevel als die EES.

168 Vgl § 4 Abs 1 SVG (Bundesgesetz über elektronische Signaturen und Vertrauensdienste für elektronische Transaktionen) bzw Art 25 Abs 2 eIDAS-VO. ZB (nach deutschem Recht): Zeitarbeitsverträge, Verbraucherdarlehensverträge, Mietverträge über Wohn- und Gewerberäume, Gesellschafterbeschlüsse von Gesellschaften mit beschränkter Haftung, die nicht zum Handelsregister angemeldet werden.

169 ZB § 623 BGB, wonach Kündigungen oder Auflösungen von Arbeitsverträgen nicht in der elektronischen Form wirksam sind, oder § 4 Abs 2 SVG, wonach letztwillige Verfügungen nicht in elektronischer Form wirksam errichtet werden können.

170 In Österreich zB A-Trust; in Deutschland zB D-Trust.

171 Signatur-Prüfung der RTR https://www.rtr.at/TKP/was_wir_tun/vertrauensdienste/Signatur/signaturpruefung/Pruefung.de.html (abgerufen am 10.1.2024) oder Kapitel 3.1.5.5. – Link 8.

Praxiserfahrung

Der europäische Gesetzgeber hat bereits im Jahr 2014 bei Verabschiedung der eIDAS-VO[172] den Weg für die Einführung der digitalen Signatur geebnet und es steht außer Frage, dass die QES die gleiche Rechtswirkung hat wie eine handschriftliche Unterschrift.[173]

Dennoch scheitert die Anwendung der QES in der Praxis häufig an fehlender Akzeptanz durch die Anwender. Vertretungsbefugte Organe, wie Geschäftsführer etc, die es gewohnt sind, Verträge in einer Unterschriftenmappe von ihrem Sekretariat vorgelegt zu bekommen, müssen sich über einen offiziellen Zertifizierungsdienst online mittels Vorlage eines Ausweisdokuments und Videotelefonie verifizieren, um für zwei Jahre mit QES unterschreiben zu können. Anbieter, wie zB DocuSign, bieten neuerdings auch bereits eine KI-basierte Lösung über Vergleich eines Selfies mit dem Foto des Ausweisdokuments an. Obwohl dieser Prozess nur wenige Minuten dauert, wird die Vorlage eines Papierdokuments zur Unterschrift in vielen Fällen als weniger aufwendig empfunden und daher immer noch bevorzugt.

Demgegenüber steht die unkomplizierte EES, die keine Verifizierung verlangt. Zudem benötigt der Unterfertigende, der ein Dokument zur Unterfertigung erhält, zumeist auch keinen Account bei dem jeweiligen Anbieter. Derjenige, der das Dokument zur Signatur bereitstellt, kann auch bereits die Felder vordefinieren, die eine Aktion des Signierenden erfordert (zB Initialen, Signatur, Name, Position im Unternehmen), was eine Signatur mit nur wenigen Klicks ermöglicht.

Will ein Unternehmen eine elektronische Signatur einführen, braucht es ein gut durchdachtes Projektmanagement in der Rechtsabteilung. Neben der Auswahl des Dienstleisters und der Kostenkalkulation sind auch die Umsetzungsschritte genau zu planen. Die nachstehende Checkliste listet die wichtigsten zu evaluierenden Punkte auf und soll bei der Planung und Wahl des richtigen Dienstleisters helfen:

Anbieter-auswahl	• Benutzerfreundlichkeit des Backends • Zugang und Speicherort der Dokumente (auch bei Vertragsbeendigung) • User Experience für Vertragspartner und Anwender • Einsetzung eines offiziellen Zertifizierungsdiensts für QES gemäß EU-Liste[174] • Datenschutzrechtliche Compliance und DSGVO-konformes Hosting • Entwicklungspotential durch hohen Marktanteil des Anbieters • Vertrauenswürdigkeit des Anbieters am Markt

172 Verordnung (EU) 910/2014 über elektronische Identifizierung und Vertrauensdienste für elektronische Transaktionen im Binnenmarkt.

173 Vgl Art 25 Abs 2 eIDAS-VO.

174 Siehe eIDAS Dashboard (europa.eu): https://eidas.ec.europa.eu/efda/tl-browser/#/screen/home (abgerufen am 10.1.2024) oder Kapitel 3.1.5.5. – Link 9.

Budget	• Überlegungen anstellen, wie viele Dokumente pro Jahr elektronisch signiert werden • Einholung von Angeboten für QES bzw EES • Kosten für QES-Identifikation und zeitliche Gültigkeit der Identifikation • Gegenüberstellung mit den Kosten des physischen Postlaufs
Umsetzung	• Flächendeckende Ausrollung vs einzelfallbezogene Anwendung (siehe Praxistipp) • Erstellung einer eSignature-Guideline[175] – Festlegen von Dokumenten, die gesetzlich zwingend mit QES unterzeichnet werden müssen – Unzulässigkeit für bestimmte Sachverhalte, für die gesetzlich keine elektronische Unterschrift (auch nicht QES) zulässig ist – Vorbehalt der einzelfallbezogenen Prüfung für diverse Sachverhalte[176] – Ausschluss von Ländern, die elektronischen Signaturen nicht als gültig anerkennen – Festlegung von Benutzergruppen (je nach Position) im Unternehmen für EES und QES

Praxistipp

Folgende drei Praxistipps sollten bei der Einführung einer elektronischen Signatur berücksichtigt werden:

1. Jene Verträge, die mittels EES oder FES unterschrieben werden, bedürfen der Anpassung, sofern der Vertrag das Schriftlichkeitsgebot vorsieht.[177] Die folgende Formulierung bietet sich an:
   „Die Parteien vereinbaren, dass der Vertrag sowie sämtliche Änderungen bzw Ergänzungen mittels Unterzeichnung und Übermittlung in Form eines PDF-Scans oder via ein elektronisches Signatursystem wirksam geschlossen werden können. Die so erfolgte Unterzeichnung ist der handschriftlichen Unterschrift gleichgestellt.“
2. Sofern massive Bedenken im Unternehmen (insbesondere bei der Geschäftsführung) bestehen, bietet sich eine schrittweise Einführung an. Die Rechtsabteilung kann in diesen Fällen mit diversen Fachabteilungen Pilotprojekte aufsetzen und die konkreten Sachverhalte, die sich für die elektronische Unterschrift eigenen, prüfen. Diese Vorgangsweise ist vertrauensbildend, da damit aufgezeigt werden kann, wel-

175 Immer abhängig von der anwendbaren Rechtsordnung.

176 Bietet sich zB bei grenzüberschreitenden Sachverhalten oder im arbeitsrechtlichen Kontext an.

177 Erklärung: EES und die FES erfüllen im Gegensatz zur QES das Schriftformerfordernis nicht. Vereinbaren die Parteien daher vertraglich die Schriftform, muss klargestellt werden, dass EES der vertraglich vereinbarten Schriftform entspricht.

che Zeit- und Kostenersparnis möglich ist. Dieses Vorgehen hilft somit langfristig bei der großflächigen Ausrollung. Zudem können Bedenken mit einem sauberen Projektmanagement sowie einer gut ausgearbeiteten und mit der Geschäftsführung abgestimmten Guideline ausgeräumt werden.

3. Die am Markt etablierten Anbieter haben bereits sehr viel Erfahrung mit diversen Rechtsordnungen und stellen online Informationen für die diversen Länder zur Verfügung, sodass keine aufwändigen und kostenintensiven Prüfungen durch lokale Rechtsanwaltskanzleien erforderlich sind.

3.1.5.3. Legal Operations

3.1.5.3.1. Begriffe und Vorteile

Im Zusammenhang mit innovativer und effektiver Rechtsberatung hat sich neben Legal Tech für digitale Tools ein weiterer Begriff geprägt: „Legal Operations". Aber was ist eigentlich Legal Operations (kurz: „Legal Ops") und was ist der Unterschied zu Legal Tech?

Rechtsabteilungen beschäftigen sich neben der klassischen juristischen Beratung mit einer Vielzahl weiterer Themen, zB Standardisierung und Digitalisierung. Hier kommt Legal Ops ins Spiel. Legal Ops optimiert interne Prozesse der Rechtsabteilung, um eine effektive rechtliche Beratung zu gewährleisten. Denn auch eine Rechtsabteilung muss heute mit dem ihr zugeteilten Budget die maximale Effizienz bieten. Dabei ist Kernaufgabe von Legal Ops, die Effizienz von administrativen Aufgaben zu steigern, aber auch standardisierte Arbeitsabläufe zu automatisieren und die Digitalisierung voranzutreiben.

Um diese Ziele zu erreichen, bedient sich Legal Ops Legal Tech. Legal Tech sind digitale Tools wie Vertragsmanagement, Vertragsgenerator oder E-Signatur.[178] Die Kollegen von Legal Ops wählen also für die Verbesserung von Prozessen Legal Tech Tools für Rechtsabteilungen aus und implementieren diese im Rahmen von Legal-Tech-Projekten[179] im Unternehmen. Dabei sind die Kollegen von Legal Ops aber keine Informatiker, sondern vielmehr das Bindeglied zwischen der Rechts- und IT-Abteilung.

3.1.5.3.2. Profil Legal Ops Manager

Das Berufsbild des Legal Ops Managers ist noch neu, wird sich aber in den nächsten Jahren zunehmend etablieren. Legal Ops Manager haben vielfach einen juristischen Background. Für Legal Ops Manager ist dieser zwar nicht zwingend erforderlich, Juristen bringen aber das Wissen um die Funktionsweise einer Rechtsabteilung mit und tun sich daher evtl leichter, andere Juristen von ihren Ideen zu

178 Siehe hierzu auch Kapitel 3.1.5.2. Einführung von verschiedenen Tools inkl Checklisten.

179 Siehe hierzu auch Kapitel 3.1.5.1. Allgemeine Überlegungen zu Legal-Tech-Projekten.

überzeugen. Unabhängig davon, ob Jurist oder nicht, sollte der Legal Ops Manager in jedem Fall auch vertiefte Kenntnisse im Datenschutzrecht mitbringen.

Wichtige Qualifikationen für den Legal Ops Manager sind:

- fundierte wirtschaftliche Kenntnisse,
- Projektmanagement-Erfahrung,
- analytische und strategische Fähigkeiten (insbesondere Ideenentwicklung für bessere und effizientere Arbeitsweisen),
- technologisches Verständnis (bestenfalls grundlegende IT-Kenntnisse),
- Kenntnisse im Datenschutzrecht,
- zukunftsorientiertes Denken (Identifikation und Bewertung neuer Trends, zB KI) und Veränderungsbereitschaft sowie
- Kommunikationsfähigkeit.

Im Einzelnen kommt es auf die individuellen Bedürfnisse des Unternehmens an, welchen Background der jeweilige Legal Ops Manager mitbringen soll. Entscheidet sich das Unternehmen, eigene Juristen zum Legal Ops Manager fortzubilden, sollte es unbedingt darauf achten, den Kollegen nicht zusätzlich weiterhin als Jurist zu beschäftigen, sondern eine klare Positionierung und Konzentration auf seine Aufgaben als Legal Ops Manager zu gewährleisten.

Der Vollständigkeit halber ist auch der Legal Engineer (oder Legal Technologist) zu erwähnen, da diese berufliche Bezeichnung gerne (fälschlicherweise) als Synonym verwendet wird. Der Legal Engineer ist ein Informatiker und seine Aufgaben sind die Umsetzung und Entwicklung von Legal Tech. Der Legal Ops Manager ist die Schnittstelle (sozusagen Übersetzer) zwischen dem Juristen und dem Legal Engineer.

3.1.5.3.3. Funktionsbereiche

Wie oben bereits angesprochen ist es Aufgabe von Legal Ops, interne Prozesse der Rechtsabteilung zu optimieren, um im Rahmen der Strategiearbeit festgelegte Ziele zu erreichen. Die Funktionsbereiche von Legal Ops richten sich stark nach der individuellen Strategie. Nachfolgend findet sich eine Auswahl wichtiger Funktionsbereiche von Legal Ops.[180] Es wird zudem aufgezeigt, welche Ziele in einem „Best-Case-Szenario" erreicht werden können. Dabei spielt der Einsatz von Technologie in jedem Funktionsbereich eine wesentliche Rolle.

180 Siehe generell zu Legal-Ops-Funktionen bspw auch die „Core 12" des Corporate Legal Operations Consortium (CLOC) https://cloc.org/what-is-legal-operations/ (abgerufen am 11.1.2024) oder Kapitel 3.1.5.5. – Link 10.

Funktionsbereich	Worst Case	Best Case	Technologie[181]
Beratermanagement	• Auswahl externer Dienstleister/Kanzleien basierend auf persönlicher Präferenz • Individuell verhandelte Preise	• Klare datengestützte Strategie zur Auffindung externer Dienstleister/Kanzleien, die die eigene Expertise ergänzen • Optimierung der Leistung von Rechtsanwälten/Kanzleien für ein besseres Preis-Leistungs-Verhältnis	• Vendor Management Tools
Arbeitsabläufe	• Juristen erledigen einfache wiederkehrende oder gar administrative Aufgaben • Aufgaben, die nicht strategisch aufgrund von Fachwissen zugewiesen werden	• Juristen wird es ermöglicht, sich auf kritische, juristische Themen zu konzentrieren • Zuteilen von Aufgaben je nach Fachwissen	• Legal Front Door (zB Ticket-System[182]) • Vertragsmanagement • Vertragsgenerator • Aufgaben- und Workflow-Management-Tool
Berichts- und Dokumentationspflichten	• Mangelndes Corporate Housekeeping (zB fehlende Übersicht über gesellschaftsrechtliche Dokumente) • Fehlende Compliance (zB nicht vollständiges Verarbeitungsverzeichnis, mangelnde Dokumentation im Rahmen der Lieferkette)	• Lückenloses Corporate Housekeeping für alle Gesellschaften, die zum Unternehmen gehören • Vollständige Compliance-Dokumentation	• Beteiligungsmanagement • Compliance-Software (zB Datenschutz oder Lieferkettengesetz)
Wissensmanagement[183]	• In einem Mitarbeiter begründetes „Inselwissen" • Kein Wissensaustausch unter Mitarbeitern • Kosten durch Verlust von Wissen, wenn Mitarbeiter die Position wechseln oder ganz aus der Rechtsabteilung ausscheiden	• Zentrale und transparente Aufbereitung und Zurverfügungstellung von Wissen an alle Mitarbeiter • Fördern einer Kultur des Austauschs und der Unterstützung	• Knowledge Management Tools

181 Siehe ergänzend auch www.legaltechnologyhub.com (abgerufen am 10.1.2024) für Tools oder Kapitel 3.1.5.5. – Link 11.
182 Siehe hierzu auch Kapitel 3.1.5.2.2. Ticket-System.
183 Siehe hierzu auch Kapitel 3.1.7. Wissensmanagement inkl Checkliste.

Funktionsbereich	Worst Case	Best Case	Technologie
Finanzmanagement	• Unklare und unvorhersehbare Budgetierung mit der Gefahr von unerwarteten Kosten	• Transparente und konsistente Planung und Überwachung von Legal Budgets • Verständnis aller Mitarbeiter, wie Ausgaben mit den Ergebnissen zusammenhängen • Genaue und effiziente Verwaltung elektronischer Rechnungen	• Legal Spend Software

3.1.5.3.4. Aufbau einer Legal-Ops-Abteilung

Ein Großteil der Lesen wird sich denken, dass eine Legal-Ops-Abteilung nur in großen Konzernen umgesetzt wird und daher für eine Rechtsabteilung in einem KMU nicht geeignet ist. Solch einer Überlegung ist allerdings entgegenzustellen, dass der Digitalisierungsfortschritt auch vor kleineren Einheiten nicht Halt macht und daher auch mit weniger Personal- oder Budgetressourcen Wege gefunden werden müssen, um wettbewerbsfähig zu bleiben. *Wie kann das gelingen?*

- **Für Beginner:** Wenn keine eigene Personalressource zur Verfügung steht, sollte im eigenen Rechtsabteilungsteam nach einem technikaffinen Juristen mit ausgeprägten analytischen Fähigkeiten Ausschau gehalten werden. Dieser kann nämlich gemeinsam mit der IT-Abteilung Projekte im Tandem umsetzen.
- **Für Fortgeschrittene:** Wenn die Rechtsabteilung zwar keine Personalressource zur Verfügung hat, jedoch mit einem großzügigen Digitalisierungsbudget ausgestattet ist, kann ein externer Berater kontaktiert werden. Damit ist das Budget nicht langfristig mit Kosten für eine Legal-Ops-Abteilung belastet, und es besteht dennoch die Möglichkeit, ausgewählte Projekte umzusetzen.
- **Für Profis:** Die Einstellung eines Legal Ops Managers oder die Etablierung einer Legal-Ops-Abteilung ist dann möglich, wenn genügend Ressourcen zur Verfügung stehen. Dabei ist darauf zu achten, dass nicht nur die Personalkosten geplant werden, sondern auch ausreichend Budget für die Umsetzung der Projekte zur Verfügung steht. Da die Legal-Ops-Abteilung maßgeblich mit der Umsetzung der Rechtsabteilungsstrategie im Hinblick auf Standardisierung, Prozessoptimierung und Digitalisierung sowie Wissens- und Ressourcenmanagement betraut ist, bietet sich an, diese Abteilung direkt bei dem Rechtsabteilungsleiter anzusiedeln.

Praxistipp

- Essenziell für den Aufbau eines Legal-Ops-Teams ist zuallererst die Analyse der im Unternehmen und in der Rechtsabteilung bereits vorhandenen Prozesse und Systeme in den einzelnen Funktionsbereichen. Diese Analyse kann durch einen bereits ernannten Legal Ops Manager erfolgen. Gleichzeitig ist es gerade in einem neuen Bereich wie Legal Ops wichtig, sich einen umfassenden Überblick über das Unternehmen selbst zu verschaffen, denn nur so kann der Legal Ops Manager eine zur Rechtsabteilung und dem Unternehmen passende Strategie entwerfen. Dies erreicht der Legal Ops Manager vor allem durch Zuhören und Fragenstellen.
- Wichtig ist es, dass gute Beziehungen mit anderen Abteilungen, wie der IT- und Procurement-Abteilung geknüpft werden, aber insbesondere auch mit den Kollegen der Rechtsabteilung. Gerade Juristen in der Rechtsabteilung könnten Legal Ops als potenzielle Bedrohung ihres Arbeitsplatzes sehen. Umso wichtiger ist es für einen Legal Ops Manager, dass er seine Rolle und den Mehrwert von Legal Ops erklären kann und als „Enabler" wahrgenommen wird.
- Wie bei vielen anderen Neuerungen auch ist es wichtig, dass die Etablierung eines Legal Ops Managers bzw Teams mit Fingerspitzengefühl vollzogen wird. Auch wenn die tägliche Arbeit des Legal Ops Managers weitestgehend von den Legal-Kollegen und den Fachabteilungen vorgegeben wird, so ist es doch wichtig, als Legal Ops Manager selbst aktiv Hilfe anzubieten und eigene Ideen beizutragen. Gerade am Anfang ist dabei eher zu kleinen „Quick Wins" zu raten als dazu, gleich die großen Themen anzugehen. Während schon kleine Änderungen große Auswirkungen haben können, kann Legal Ops so den Weg zu den wirklich großen Themen des Unternehmens ebnen.

3.1.5.4. Künstliche Intelligenz (KI)

Künstliche Intelligenz (KI) bzw Artificial Intelligence (AI) wird seit der öffentlichen Verfügbarkeit von ChatGPT (Generative Pre-trained Transformer) im November 2022 viel diskutiert. Juristen weltweit beschäftigen sich teils besonders intensiv mit rechtlicher Beratung und der Integration der Bandbreite an KI-Technologie (zB Machine Learning, Deep Learning, Natural Language Processing [NLP] und Large Language Models [LLMs]) und teils zurückhaltend, möglicherweise aufgrund der noch unklaren Auswirkungen auf ihren Beruf. Es ist unbestreitbar, dass KI gekommen ist, um zu bleiben. Darüber hinaus wird sich KI in rasantem Tempo weiterentwickeln und immer neue Anwendungsfälle möglich machen. Juristen sollten sich daher aktiv mit diesem Thema auseinandersetzen, anstatt es zu ignorieren. Obwohl KI nicht die gesamte Rechtsabteilung ersetzen wird, werden zukünftige Mitarbeiter gefragt sein, die ein tiefes Verständnis für KI besitzen und auch in der Lage sind, damit umzugehen. Immerhin hat ChatGPT bereits das US-amerikanische Bar Exam erfolgreich abgelegt und gehört zu den Top-Absolventen. Unternehmen und speziell auch Rechtsabteilungen sollten daher spätestens jetzt in Weiterbildungen und Schulungen ihrer Mitarbeiter investieren.

Im Wesentlichen lässt sich unterscheiden zwischen (i) dem Einsatz von KI durch Juristen im Rahmen ihrer eigenen beratenden Tätigkeit und (ii) der rechtlichen Beratung bezüglich der generellen Nutzung von KI im Unternehmen. Dabei ist es in beiden Fällen wichtig, die Chancen, aber auch die rechtlichen und ethischen Risiken im Zusammenhang mit KI zu verstehen.

3.1.5.4.1. Allgemeine Überlegungen

Obwohl KI zweifellos die Effizienz in der täglichen Arbeit steigern kann, gibt es gleichzeitig Bedenken hinsichtlich der möglichen Ersetzung menschlicher Arbeitskräfte durch KI-Systeme. Nachfolgend werden diese und weitere Vor- und Nachteile sowie auch Risiken bei der Nutzung von KI aufgezeigt.

Vor- und Nachteile

Abb 11: Übersicht: KI-Einsatz –Vor- und Nachteile [erstellt mit Canva]

Zu den Vorteilen im Detail

- **Effizienzsteigerung:** KI kann Routineaufgaben schneller und genauer erledigen als Menschen, wodurch diese mehr Zeit für speziellere Aufgaben haben.
- **Kosteneinsparungen:** Durch den Einsatz von KI können Unternehmen Kosten reduzieren, da sie weniger (vor allem nicht hoch spezialisierte) Mitarbeiter und externe Experten benötigen.
- **Konsistenz und objektive Aussagen:** KI-Systeme sind durchgehend konsistent und begehen keine menschlichen Fehler. Zudem erarbeiten sie Lösungen auf Grundlage von Mustern und Daten, die nicht auf persönlich-emotionalen Empfindungen beruhen, was die Qualität der Arbeit verbessert.
- **24/7-Verfügbarkeit:** KI-Systeme sind rund um die Uhr verfügbar und können automatisierte Aufgaben „eigenständig" und jederzeit bearbeiten.

Zu den Nachteilen im Detail

- **Mangelnde Empathie und Urteilsvermögen:** KI-Systeme können (noch) keine Empathie zeigen oder menschliches Urteilsvermögen anwenden, was in bestimmten Situationen aber unerlässlich ist.
- **Arbeitsplatzverluste:** Die Automatisierung von Aufgaben in der Rechtsabteilung könnte zur Reduzierung von Arbeitsplätzen führen.
- **Abhängigkeit von Technologie:** Eine zu starke Abhängigkeit von KI-Systemen birgt Risiken, wenn die Systeme zB ausfallen, gehackt oder manipuliert werden.
- **Umweltschädigung:** Der exorbitante Energieverbrauch von KI-Systemen stellt einen erheblichen Nachteil dar.

Risiken beim Einsatz von KI im Unternehmen

Abgesehen von den zuvor dargelegten Vor- und Nachteilen sind beim Einsatz von KI im Unternehmen auch tatsächliche rechtliche und ethische Risiken zu berücksichtigen.

Datenschutz und Privatsphäre

Bei der Nutzung von KI-Systemen besteht die Gefahr, dass personenbezogene Daten und Geschäftsgeheimnisse in das System eingegeben werden, mit der die KI zum einen trainiert, die aber zum anderen auch an die Öffentlichkeit gelangen könnten. Wird ein KI-System im Unternehmen integriert, wird zudem eine Vielzahl an Daten, in der Regel in einer Cloud, hochgeladen. Hier sind strikte Datenschutzmaßnahmen erforderlich. In der Praxis gestaltet es sich zudem nach wie vor äußerst schwierig, Daten als Ganzes aus der Cloud zu extrahieren oder sie von einem Anbieter zu einem anderen zu übertragen, wenn ein Systemwechsel ansteht. Neben der Einhaltung strenger Datenschutzmaßnahmen muss darum auch das Problem der Abhängigkeit von Anbietern berücksichtigt werden.

Cybersicherheit

KI-Systeme beeinflussen die digitale Sicherheit. Ihr Einsatz erhöht die Geschwindigkeit und Qualität von Angriffen, erleichtert das Auffinden von Schwachstellen und ermöglicht personalisierte Betrugsmethoden in E-Mails. Zudem birgt die Generierung von Softwarecode durch KI das Risiko von Fehlern und Schaffen von leicht zu öffnenden Hintertüren. Frühzeitige Identifizierung von Schwachstellen und transparente Sicherheitspraktiken sind daher entscheidend, um potenzielle Risiken zu minimieren und einen verantwortungsbewussten Einsatz sicherzustellen.

Recht am geistigen Eigentum

Es gibt derzeit ausführliche Diskussionen und Klagen vor Gerichten zu Fragen im Zusammenhang mit den Rechten an geistigem Eigentum. Dies betrifft vor allem die Themen Eigentum und Urheberschaft in Bezug auf die für das Training von KI-Systemen verwendeten Inhalte (Trainingsdaten), Benutzereingaben (Input) und die durch KI generierten Ergebnisse (Output). Weitere Einzelheiten dazu finden sich unten.

Fehlende Genauigkeit und Zuverlässigkeit

Da KI-Systeme mit den Daten arbeiten, mit denen sie trainiert wurden, besteht die Gefahr, dass diskriminierende und voreingenommene Ergebnisse geliefert werden (Stichwort: Bias). Zudem „halluzinieren" sie. Das heißt, sie erachten Ergebnisse als richtig, die es trotz aller überzeugender Aussagen nicht sind. Ungeklärt ist auch noch, wer in diesem Fall haftet. Es bleibt daher nicht aus, KI-generierte Ergebnisse zu überprüfen. Gerade bei einer Nutzung im Rahmen der eigenen rechtlichen Beratung ist das unerlässlich.

3.1.5.4.2. Praktischer Einsatz von KI in der Rechtsabteilung

In den letzten Jahren hat künstliche Intelligenz (KI) die Arbeitsweise von Unternehmen in verschiedenen Branchen transformiert, wobei Rechtsabteilungen keine Ausnahmen bilden. Der Einsatz von KI-Technologien wird auch die Arbeitsweise von Juristen sowie die Erbringung rechtlicher Dienstleistungen generell grundlegend verändern. Dieses Kapitel beschäftigt sich damit, wie KI die rechtliche Beratung von Juristen und anderen Mitarbeitern in Rechtsabteilungen - darunter Paralegals, Assistenten usw - in den unterschiedlichsten Bereichen unterstützt und in einigen Fällen sogar ersetzen wird.

KI-Systeme in der Recherche

Der erste und offensichtlichste Bereich, in dem KI die Arbeit von Juristen unterstützt, ist die juristische Recherche. KI-gestützte Suchalgorithmen können Unmengen von juristischen Dokumenten, Präzedenzfällen und Gesetzestexten in Sekundenschnelle durchsuchen. Dies ermöglicht es Juristen, relevante Informationen schneller zu finden und ihre Rechercheeffizienz zu steigern. Dabei sind KI-Systeme in der Lage, Zusammenhänge und Muster zu erkennen, die einem Juristen entgehen könnten.

KI-Systeme für administrative und nichtjuristische Tätigkeiten

KI kann die erforderliche schriftliche Korrespondenz im Rahmen der Beratungsleistung erstellen. Darüber hinaus finden sich weitere Einsatzgebiete im Housekeeping sowie in administrativen Bereichen (zB Erstellung von Beschlüssen, Protokollierung von Sitzungen). Insbesondere für internationale Unternehmen ist die Übersetzung verschiedener Dokumente durch KI von großem Interesse. Durch die Verarbeitung großer Datenmengen erzielt KI beeindruckende Ergebnisse, nicht nur bei der schriftlichen Übersetzung von Dokumenten, sondern auch bei Simultanübersetzungen.

KI-gestützte Vertragsgestaltung und -prüfung sowie Contract-Life-Cycle-Management

Ein weiterer entscheidender Bereich ist die Vertragsgestaltung. KI-Systeme können bei der Erstellung von Verträgen und anderen rechtlichen Dokumenten unterstützen. Sie analysieren vorhandene Verträge, um Muster sowie Best Practices zu identifizieren, und können Vorschläge für Klauseln unterbreiten. Das spart Zeit und verringert das Risiko menschlicher Fehler bei der Vertragserstellung. Auch während der Vertragsverhandlung kann KI einen erheblichen Zeitgewinn bedeuten.[184] Überarbeitete Verträge mit Kommentaren können in das System eingespeist und vorab geprüft werden. Darüber hinaus kann KI den gesamten operativen Vertragszyklus unterstützen – einschließlich Unterzeichnung, Archivierung und Analyse.

KI in der Dokumentenprüfung

Die Dokumentenprüfung (zB bei einem Großverfahren oder einer Due Diligence) kann ebenfalls von KI profitieren. KI-Systeme können große Mengen von Dokumenten und Informationen in kürzester Zeit analysieren und Unstimmigkeiten oder Risiken aufdecken. Zudem können sie Zusammenfassungen schreiben. Dies ermöglicht es Unternehmen, bessere Entscheidungen zu treffen und potenzielle Probleme frühzeitig zu erkennen.

3.1.5.4.3. Rechtsberatung zur Nutzung von KI im Unternehmen

Doch nicht nur der Einsatz von KI innerhalb der Rechtsabteilung betrifft Juristen. Auch die Verwendung von KI-Systemen in anderen Bereichen des Unternehmens erfordert rechtliche Beratung.

184 Wie KI-Systeme den Vertragsprüfungs- und Verhandlungsprozess nachhaltig beeinflussen werden, wird in Kapitel 5.1.2. Beispiel 2 – Eine durch künstliche Intelligenz unterstütze effiziente Arbeitsweise dargestellt.

Dies umfasst die Beratung verschiedener Fachabteilungen bei der Auswahl von KI-Systemen, die im Unternehmenskontext genutzt werden können, sowie die Schulung der Mitarbeiter im Umgang mit diesen KI-Systemen. Die Anwendungsbereiche reichen von Prozessoptimierung, Qualitätskontrolle, Wertschöpfungserhöhung in Supply Chains, Logistikoptimierung, Software-Programmierung, Betrugserkennung bis hin zu Kundenbindung und Finanzplanung. Bereits heute ist absehbar, dass Inhalte wie Texte, Bilder und Videos (zB für Medien- und Werbeauftritte) in Zukunft mithilfe von KI erstellt werden. Diese Beispiele verdeutlichen, dass KI in sämtliche Bereiche von Unternehmen Einzug hält. Generell wird die Einführung im Unternehmen nur dann funktionieren, wenn die Unternehmenskultur flexibel genug ist. Mitarbeiter müssen sich bei der Arbeit mit KI an eine neue Arbeitsweise gewöhnen. Das gilt nicht nur in Bezug auf den Umgang mit Daten und der Art und Weise, wie Ergebnisse analysiert werden müssen, sondern auch in Bezug auf die gesamte Zusammenarbeit. Der sichere Einsatz von KI bedarf eines offenen Wissens- und Datenaustauschs im Unternehmen. Es gilt, „Silos" aufzubrechen und einheitlich zu denken und handeln, denn nur so werden Unternehmen in Zukunft die Effizienz von KI voll ausschöpfen können.

Die Kooperation insbesondere zwischen der IT- und der Rechtsabteilung stellt einen bedeutenden Mehrwert für eine umfassende Unternehmensberatung dar. Während die IT-Abteilung ihre Expertise in Bezug auf die technischen Aspekte der KI-Systeme einbringt, konzentriert sich der Unternehmensjurist auf die rechtlichen Belange. Diese Zusammenarbeit ermöglicht eine ganzheitliche Beratung im Unternehmen.

Die rasante Entwicklung der Technologie überholt oft die Gesetzgebung, was insbesondere im Bereich Datenschutz, Urheberrecht und Haftung zu zahlreichen offenen rechtlichen Fragen führt. Unternehmensjuristen müssen sich fortlaufend mit aufkommenden rechtlichen Themen auseinandersetzen und bereits jetzt eine Vielzahl von Gesetzen berücksichtigen. Weitere werden zweifellos folgen. In der EU erfolgt dies durch Richtlinien zur Umsetzung in nationales Recht und durch direkt anwendbare Verordnungen.

Für die Umsetzung der direkt anwendbaren Verordnung über künstliche Intelligenz (**„KI-VO"**)[185] haben Unternehmen mit einigen wenigen Ausnahmen zwei Jahre Zeit.[186] Dieses Regelwerk gilt sowohl für Anbieter als auch für Nutzer und folgt einem risikobasierten Ansatz. Das bedeutet, dass die regulatorischen Anforderungen umso strenger sind, je höher die Risiken sind (es gibt vier Risikoklassen), die von KI-Systemen ausgehen. Der Fokus liegt insbesondere auf sog Hoch-

185 Vorschlag für eine Verordnung des Europäischen Parlaments und des Rates zur Festlegung harmonisierter Vorschriften für künstliche Intelligenz (Gesetz über künstliche Intelligenz) und zur Änderung bestimmter Rechtsakte der Union, COM (2021) 2016, final vom 21.4.2021.

186 Art 85 KI-VO.

risiko-KI, wobei der Begriff weit gefasst ist. Zu den Hochrisiko-KI gehören zB biometrische Identifizierungs- und Klassifizierungssysteme oder Systeme zur Personalbeschaffung und Verwaltung von Arbeitnehmern und Personalwesen. Für Anbieter und Händler, aber auch Nutzer von Hochrisiko-KI-Systeme enthält die KI-VO einen umfangreichen Pflichtenkatalog.[187] Um nur eine Pflicht von vielen zu erwähnen: Anbieter müssen ua Gebrauchsanweisungen für Hochrisiko-KI bereitstellen, die zukünftig auch relevante Informationen über die verwendeten Trainingsdaten beinhalten sollen. Dies hat gerade im Hinblick auf die weiter unten näher ausgeführte Diskussion in Bezug auf das Urheberrecht Relevanz. Für KI-Modelle, die neue Inhalte (zB Bilder, Texte, Videos, Audios, Softwarecode) auf Basis von Wahrscheinlichkeiten erzeugt (sog GenAI), sieht die KI-VO für Anbieter und Nutzer Transparenzpflichten vor.[188] Anbieter dieser KI-Modelle müssen Nutzern mitteilen, dass diese es mit einem KI-System zu tun haben. Nutzer solcher KI-Modelle müssen offenlegen, dass Inhalte künstlich erzeugt wurden, wenn diese fälschlicherweise als echt oder wahrhaftig erscheinen würden (sog „Deepfakes").

Praxistipp

Die Vorbereitung auf die KI-VO umfasst:

- Schaffung klarer Verantwortlichkeiten und Synergien durch die Geschäftsleitung zwischen IT, Rechtsabteilung, Compliance und Datenschutz zur Implementierung der Anforderungen der KI-VO.
- Erstellung von Leitlinien und Vorschriften zur Entwicklung, Bereitstellung und Nutzung von KI, inkl Risikomanagementsystem. So können KI-Systeme über deren gesamten Lebenszyklus hinweg hinsichtlich möglicher Risiken überwacht und bewertet werden.
- Evaluierung, Risikoklassifizierung und Kategorisierung im Unternehmen bereits genutzter und zukünftig geplanter KI-Systeme und Umsetzung der jeweiligen in der KI-VO vorgesehenen Anforderungen durch Implementierung der entsprechenden Maßnahmen.

In Bezug auf zukünftige Haftungsfragen im Kontext von KI werden die KI-Haftungsrichtlinie[189] und die überarbeitete Produkthaftungsrichtlinie[190] relevant. Beide Richtlinien liegen derzeit der EU-Kommission als Vorschlag vor. Die KI-Haftungsrichtlinie ist darauf ausgerichtet, die KI-VO zu ergänzen, und stellt einen direkten Bezug zu den darin enthaltenen Richtlinien her.

187 Art 8-29 KI-VO.

188 Art 52 KI-VO.

189 Vorschlag für eine RICHTLINIE DES EUROPÄISCHEN PARLAMENTS UND DES RATES zur Anpassung der Vorschriften über außervertragliche zivilrechtliche Haftung an künstliche Intelligenz (Richtlinie über KI-Haftung), COM/2022/496 final, 28.9.2022

190 Vorschlag für eine RICHTLINIE DES EUROPÄISCHEN PARLAMENTS UND DES RATES über die Haftung für fehlerhafte Produkte, COM (2022) 495 final, 28.9.2022.

Die Datenschutz-Grundverordnung (DSGVO) bleibt weiterhin direkt anwendbar auf KI-Systeme, die KI-VO wird diese ergänzen. Zudem gilt derzeit die in nationales Recht umgesetzte E-Privacy-RL.[191] In Österreich erfolgte die Umsetzung im Telekommunikationsgesetz. Die E-Privacy-RL wird evtl durch die immer noch in Diskussion befindliche E-Privacy-Verordnung[192] abgelöst werden. Wann das der Fall sein wird, ist aber noch nicht bekannt. Der EU Data Act[193] tritt 2025 in Kraft. Ziel des EU Data Acts ist es, den Austausch und die Nutzung nicht personenbezogener Daten zu realisieren und so Daten wirtschaftlich nutzbarer zu machen. Angesichts des aktuellen Hypes um künstliche Intelligenz, die auf große Datenmengen angewiesen ist, wird ein beträchtliches Entwicklungspotenzial für die Datenwirtschaft prognostiziert.

Generative KI und Urheberrecht

Spätestens mit dem Aufkommen von GenAI (ChatGPT, Midjourney, DALL-E und Co) hält KI Einzug in den Arbeitsalltag von Unternehmen. Mit GenAI werden Inhalte, wie Texte, Bilder, Videos, Audio etc von KI erstellt, die auf große Datensätze trainiert wurde. Ein zentrales und heiß diskutiertes Thema in diesem Zusammenhang ist das Urheberrecht, und zwar sowohl in Bezug auf Urheberrechtsverletzungen durch die Nutzung urheberrechtlich geschützter Inhalte zum Training von KI als auch hinsichtlich der Frage, ob Urheberrechte an den von Nutzern eingegebenen Informationen oder an von der KI erstellten Ergebnissen entstehen, und falls ja, bei wem?

Für das Training eines KI-Systems verwendete Inhalte („Trainingsdaten")

Das Training von KI-Systemen ist ein hochkomplexer und in weiten Teilen undurchsichtiger Prozess. Dabei wird eine sehr große Menge an Daten in ein Computersystem eingespeist, um einen Algorithmus zur Lösung eines Problems zu trainieren. Modelle, die auf Deep-Learning basieren, sind so intelligent, dass nicht einmal mehr für die Entwickler nachvollziehbar ist, wie das Modell auf ein Ergebnis kommt. In diesem Zusammenhang spricht man von Black-Box-Modellen.

Die Vorstufe des Trainings ist das sog „Scraping". Darunter versteht man die Auswahl und den Erhalt von Daten. Das Scraping geht dem eigentlichen Training voraus. Dabei werden urheberrechtlich geschützte Werke gesammelt und in

191 Richtlinie 2002/58/EG des Europäischen Parlaments und des Rates vom 12. Juli 2002 über die Verarbeitung personenbezogener Daten und den Schutz der Privatsphäre in der elektronischen Kommunikation (Datenschutzrichtlinie für elektronische Kommunikation).

192 Vorschlag für eine VERORDNUNG DES EUROPÄISCHEN PARLAMENTS UND DES RATES über die Achtung des Privatlebens und den Schutz personenbezogener Daten in der elektronischen Kommunikation und zur Aufhebung der Richtlinie 2002/58/EG (Verordnung über Privatsphäre und elektronische Kommunikation) COM/2017/010 final – 2017/03 (COD).

193 Vorschlag für eine VERORDNUNG DES EUROPÄISCHEN PARLAMENTS UND DES RATES über harmonisierte Vorschriften für einen fairen Datenzugang und eine faire Datennutzung (Datengesetz), COM (2022) 68 final vom 23.2.2022.

Datenbanken gespeichert, um sie später zum Training des KI-Systems zu verwenden. Beim Scraping (und wahrscheinlich auch während des Trainings selbst) kommt es zu Vervielfältigungen im Sinne des Urheberrechts.

In den USA gibt es bereits anhängige Gerichtsverfahren zB von Künstlern und Autoren, die sich mit der Verwendung von urheberrechtlich geschützten Werken für das Training von KI-Systemen befassen. Diese Gerichtsverfahren beleuchten die Frage nach möglichen Urheberrechtsverletzungen im Zusammenhang mit der Nutzung dieser Werke für das KI-Training und die Anwendbarkeit des „Fair-Use"-Prinzips.[194]

In der EU erlaubt Art 4 der Richtlinie über das Urheberrecht im digitalen Binnenmarkt[195] (DSM RL) seit 2019 die Vervielfältigung eines Werks, um damit Texte und Daten in digitaler Form automatisiert auszuwerten (sog Text und Data Mining [„TDM"]).[196] Ein Opt-Out vom Training von KI-Systemen durch TDM kann nur durch einen maschinenlesbaren Nutzungsvorbehalt erfolgen.

Praxistipp

Um zu verhindern, dass Inhalte einer (Unternehmens-)Webseite für das Training von KI-Systemen genutzt werden, ist es erforderlich, einen Nutzungsvorbehalt in maschinenlesbarer Form zu erklären. Theoretisch kann dies durch eine entsprechende maschinenlesbare Eintragung im Impressum oder den Allgemeinen Geschäftsbedingungen (AGB) erfolgen. Allerdings existieren derzeit noch keine verbindlichen technischen Standards für diesen Zweck. In der Praxis werden verschiedene Ansätze diskutiert, darunter robot.txt, das TDM Reservation Protocol und Zugriffskontrollen durch Auswertung des User Agents. Es ist wichtig, die weitere technische und rechtliche Entwicklung in diesem Bereich im Auge zu behalten.

Es sei jedoch darauf hingewiesen, dass ein Nutzungsvorbehalt erst ab dem Zeitpunkt gilt, an dem er ausgesprochen wurde, und nicht rückwirkend. Daher muss berücksichtigt werden, dass KI-Systeme im Zweifelsfall bereits mit dem Inhalt der Webseite trainiert haben könnten, bevor der Nutzungsvorbehalt erklärt wurde.

Von Nutzern in das KI-System eingegebene Informationen („Input")

Benutzereingaben in KI-Systemen in Form von sog „Prompts" – sei es durch Fragen oder textbasierte Anleitungen, Bilder, Töne, Source Codes und ähnliche

194 Siehe https://authorsguild.org/app/uploads/2023/09/Authors-Guild-OpenAI-Class-Action-Complaint-Sep-2023.pdf (abgerufen am 6.1.2024) oder Kapitel 3.1.5.5. – Link 12 sowie https://nytco-assets.nytimes.com/2023/12/NYT_Complaint_Dec2023.pdf (abgerufen am 6.1.2024) oder Kapitel 3.1.5.5. – Link 13.

195 Richtlinie (EU) 2019/790 des Europäischen Parlaments und des Rates vom 17. April 2019 über das Urheberrecht und die verwandten Schutzrechte im digitalen Binnenmarkt und zur Änderung der Richtlinien 96/9/EG und 2001/29/EG.

196 Vgl zur Umsetzung in nationales Recht § 42h Abs 6 UrhG (Ö); § 44b UrhG (D).

Inhalte – werden häufig zur Weiterentwicklung von KI-Systemen genutzt. Ob der Input in dieser Form verwendet wird, ist zumeist den AGB der KI-Systeme zu entnehmen. Einige KI-Systeme bieten die Möglichkeit, der Nutzung der Inputs für die Weiterentwicklung zu widersprechen, was als „Opt-out"-Funktion bezeichnet wird. Dieses Opt-Out gilt ab Abgabe für alle zukünftigen Eingaben.

Von KI-Systemen generierte Ergebnisse („Output")

Urheberrecht an Outputs

Die Frage des Urheberrechts an von KI-Systemen erstellten Outputs wird in naher Zukunft Gegenstand vieler spannender Diskussionen sein. Derzeit ist in den meisten Rechtsordnungen festgelegt, dass nur Menschen Urheber sein können. Aufgrund des Fehlens der Voraussetzung der Menschlichkeit haben KI-Systeme selbst daher kein Urheberrecht an den erzielten Ergebnissen. In den USA betrachten sich dennoch einige Anbieter von KI-Systemen als Urheber, was voraussichtlich ebenfalls zu Debatten führen wird.

Programmierer der KI-Systeme werden jedenfalls nicht als Urheber des Outputs angesehen, da sie zwar die KI programmiert haben, nicht aber die spezifischen Ergebnisse schaffen.

Es bleibt zu klären, ob die Person, die einen Output generiert, dessen Urheber ist. Diese Frage ist umstritten, da der Output nicht das Ergebnis der geistigen Schöpfung eines menschlichen Wesens ist, sondern durch KI generiert wurde. Allerdings lässt sich eine gewisse Tendenz beobachten, dass es darauf ankommt, inwiefern ein durch KI erschaffener Output durch einen Menschen modifiziert wird und somit ein neues (abgeleitetes) Werk entsteht. Die offene Frage lautet also, wie viel menschliches Zutun erforderlich ist, um Urheberrecht zu begründen, und wo die Grenzen dieser Beteiligung liegen. Speziell abzuraten ist davon, Werke von bekannten Künstlern oder Autoren etc „nachzuahmen", soweit ihre Werke noch urheberrechtlich geschützt sind (zB Erzeugung eines Bilds im Stil von *Roy Lichtenstein*), da hier die Gefahr besteht, dass Teile bestehender Werke dieser Künstler in die Outputs integriert werden. Zudem können diese Nachahmungen auch Persönlichkeitsrechte verletzen. Auch auf reine Reproduktionen, Übersetzungen und Umschreibungen von urheberrechtlich geschützten Werken Dritter sollte verzichtet werden.

Urheberrechtsverletzung durch Outputs

Da KI-Systeme, wie eingangs ausgeführt, mit urheberrechtlich geschützten Werken trainieren, kann es vorkommen, dass diese auch ganz oder teilweise im Output der KI enthalten sind. Hier kommt es genau wie in der analogen Welt darauf an, ob der Output einen hinreichenden Abstand zum ursprünglichen Werk aufweist. Dies ist eine Frage des Einzelfalls.

Eine weitere praxisrelevante Frage lautet daher, wer die Verantwortung trägt, wenn ein Output Urheberrechte Dritter an bestehenden Werken verletzt. Um sicherzustellen, dass das Urheberrecht keine Hürde für die Entwicklung von KI darstellt, hat zB Google in den Allgemeinen Geschäftsbedingungen (AGB) bereits Bestimmungen zur Freistellung („Indemnity") für Verletzungen des geistigen Eigentums, einschließlich des Urheberrechts in Bezug auf Trainingsdaten und Outputs vorgesehen. Diese Freistellungen werden allerdings nur unter sehr beschränkenden Bedingungen gewährt. So ist ua Voraussetzung, dass der erzeugte Output unverändert genutzt wird und keine mutmaßlich urheberrechtsverletzenden Werke geschaffen werden. Im Endeffekt wird der Nutzer eines Outputs in den meisten Fällen für Urheberrechtsverletzungen haften.

Praxistipp

Es ist unbedingt ratsam, dass Nutzer jedes Ergebnis, das von KI-Systemen generiert wird, sorgfältig auf evtl bestehende Urheberrechte Dritter prüfen, bevor es verwendet wird (zB vor eigener Nutzung, Veräußerung an Dritte oder Integration in eine Software). Diese Aufgabe kann herausfordernd sein, da es unmöglich ist, sämtliche urheberrechtlich geschützten Werke zu kennen.

Je mehr eigener, bewusster menschlicher Input in einen Text, ein Bild, einen Source Code usw einfließt, desto höher ist die Wahrscheinlichkeit einer eigenständigen geistigen Schöpfung und somit Urheberschaft.

Wird die KI lediglich zur initialen Ideensammlung und das eigentliche Werk selbständig erschaffen oder die KI lediglich zur Fehlersuche für ein bereits erstelltes Werk genutzt, wird das Urheberrecht beim Schöpfer des Werks nicht in Frage zu stellen sein. Jedoch sollte der Urheber des Werks genau prüfen, ob die eigenen Informationen und Daten, die für das Prompting verwendet werden, wiederum für die Weiterentwicklung der KI eingesetzt werden. Wenn ja, sollte sorgfältig überlegt werden, welche Informationen und Daten dem KI-System preisgegeben werden.

Wenn der Nachweis des Urheberrechts erforderlich ist, sollte jeder Schritt, der zur Entstehung des Endprodukts führt, sorgfältig dokumentiert werden.

Beratung der Mitarbeiter in Bezug auf die Nutzung von generativer KI

Für eine für das Unternehmen sichere Nutzung bedarf es (i) eines Auswahlprozesses für generative KI-Tools, (ii) einer Leitlinie zur Nutzung von generativer KI sowie (iii) einer fortlaufenden Sensibilisierung und Aufklärung der Mitarbeiter.

(i) **Auswahlprozess für KI-Tools:** Generative KI-Systeme werden bereits vielfach entweder als Stand-Alone-Lösung oder als Teil einer Software angeboten. Damit ein rechtssicherer Einsatz gewährleistet wird, ist bei der Anschaffung und beim Einsatz derartiger Lösungen darauf zu achten, dass die Unternehmensinteressen (zB Vertraulichkeit, Rechtseinräumung) gewahrt bleiben. Dies kann nur durch einen vorgegebenen Auswahlprozess gewährleistet werden.

Checkliste für die Anschaffung von KI-Tools

- **Anwendungsbereich:** Welche Use Cases können mit der KI abgebildet werden? Stimmen diese mit den gewünschten Anforderungen des Unternehmens überein? Wird das KI-Tool auch mit den zu rechnenden steigernden Anforderungen des Unternehmens mithalten können?
- **Trainingsdaten:** Mit welchen Daten wurde das KI-Tool trainiert und entsprechen die Trainingsdaten der gewünschten Funktionalität (zB KI für Vertragserstellung nach österreichischem Recht wurde nur mit angloamerikanischen Rechtsentscheidungen trainiert)?
- **Input:** Wird der Input des Benutzers der KI zur Weiterentwicklung des KI-Tools verwendet? Stellt das KI-Tool eine technische Lösung bereit, die dies verhindert (zB Opt-Out)?
- **Output:** Welche Nutzungsrechte am Output werden eingeräumt? Erlauben diese die geplante Nutzung?[197]
- **Speicherung:** Werden Input- und Output gespeichert? Und wenn ja, wo?
- **Datenschutz:** Ist das KI-Tool DSGVO-konform?
- **Gewährleistung/Haftung:** Welche Gewährleistungen und Haftungen übernehmen die Anbieter des KI-Systems? Wie hoch ist das (verbleibende) Risiko für das Unternehmen?

Die Antworten auf diese Fragen ermöglichen eine Entscheidung über den Einsatz im Unternehmen generell und in welcher Art und Weise der Einsatz erfolgen soll im Speziellen.

(ii) **Leitlinie zur Nutzung von KI:** Derartige Vorgaben sind wichtig, um den ethischen, rechtskonformen, produktiven und sicheren Umgang mit generativer KI zu regeln und zu gewährleisten, zB in Form von Richtlinien oder eines Code of Conducts für generative KI.

Solche Leitlinien können je nach Branche, Unternehmensgröße und gesetzlichen Anforderungen stark variieren. Die Einbeziehung von Mitarbeitern, die die Leitlinien nutzen und leben sollen, ist von zentraler Bedeutung für deren Erstellung. So werden deren Praxistauglichkeit und Akzeptanz durch die Mitarbeiter sichergestellt. Die Ausarbeitung von KI-Leitlinien ist nur der erste Schritt. Ebenso wichtig sind die Implementierung dieser Leitlinien im Unternehmen und ihre Durchsetzung. Dies umfasst die Schulung der Mitarbeiter, die Einführung von Prozessen für die fortlaufende Überprüfung und Aktualisierung der Leitlinien sowie die Einrichtung von Mechanismen zur Überwachung ihrer Einhaltung.

---

197 Handelt es sich um gemeinfreie Outputs, ist es grundsätzlich rechtlich irrelevant, welche Nutzungsrechte eingeräumt werden. Outputs können per se beliebig verwendet und verwertet werden. Entsteht Urheberrecht direkt beim Nutzer, da die schöpferische Höhe erreicht ist, so kann der Urheber damit nach österreichischem Recht grundsätzlich beliebig verfahren, da dieses keine Übertragung von Urheberrechten kennt, wenn das KI-System sich keinerlei Nutzungsrechte an diesen einräumen lässt. Relevanz können von KI-Systemen an Outputs eingeräumte Nutzungsrechte daher überhaupt nur erlangen, wenn Outputs urheberrechtlich geschützte Inhalte Dritter enthalten. Hat das KI-System allerdings selbst keine Nutzungsrechte an diesen Inhalten Dritter erlangt, so kann dieses auch nicht gutgläubig vom Nutzer erworben werden.

Praxistipp

Folgende Punkte sollten in einer Leitlinie zur Nutzung von KI im Unternehmen behandelt werden:

1. **Prozesse, Verantwortlichkeiten und Zuständigkeiten**
   a) Wer ist verantwortlich für die Entwicklung bzw Auswahl und Implementierung von KI-Tools?
   b) Wer übernimmt die kontinuierliche Überwachung von KI-Projekten?
   c) Wer ist Ansprechpartner für Rechtsfragen?
   d) Wer ist Ansprechpartner für ethische Themen?
   e) Wie wird mit Zwischenfällen und Verstößen umgegangen?
2. **Aufklärung und Umgang im Unternehmen mit**
   a) rechtlichen Themen (zB geistiges Eigentum, Datenschutzrecht, Haftung)
   b) ethischen Themen (zB Diskriminierung, Halluzination)
   c) technischen Themen (zB Cybersecurity)
3. **Allgemeine Regeln zur Nutzung generativer KI-Tools**
   a) Allgemeine Vorgaben in Bezug auf KI-Tools (zB ausschließliche Nutzung von zur Verfügung gestellten beruflichen Accounts, Nutzung starker Passwörter und Nutzen von angebotenen Opt-Out-Funktionen)
   b) Vorgaben in Bezug auf den Umfang der Eingaben (Inputs) (zB keine Eingabe von personenbezogenen oder personenbeziehbaren Daten oder Betriebsgeheimnissen, keine Preisgabe von geheimen Informationen und keine Verletzung von Urheberrechten oder geistigem Eigentum)
   c) Vorgaben in Bezug auf die Nutzung der von KI erstellten Ergebnisse (Outputs) (zB Prüfung aller Ergebnisse auf Richtigkeit und Diskriminierung, Klärung von Rechten Dritter, keine Nutzung von im Ergebnis enthaltenen personenbezogenen Daten und Regelungen, wann eine Kennzeichnung der von KI erstellten Inhalte zu erfolgen hat)
   d) Dokumentationsregeln zu Inputs und Outputs für Urhebernachweise (zB durch Screenshots)
4. **Vom Unternehmen geprüfte KI-Tools**
   Bereitstellung einer Liste mit den von der IT- und der Rechtsabteilung geprüften und im Unternehmen erlaubten (und nicht erlaubten) KI-Tools. Hier bietet sich ein Ampelsystem (grün = erlaubt, gelb = erlaubt, aber mit Bedingungen und rot = nicht erlaubt) mit Erklärungen zur Einstufung an. Es bietet sich zudem an, in dieser Liste etwaige zu beachtende Besonderheiten bei der Nutzung (zB aufgrund der AGB der KI-Tools) abzubilden.

(iii) **Sensibilisierung und Aufklärung:** Folgende Schulungsinhalte bieten sich für die Schaffung von Awareness an:

- **Datenschutz und Geschäftsgeheimnisse:** Datenschutz und Geschäftsgeheimnisse des Unternehmens sind zu wahren. Es soll eine Sensibilisierung zum Umgang mit personenbezogenen Daten und Eingaben von Geschäftsdaten, Finanzdaten, Kundendaten und anderen vertrauliche Informationen, die nicht nach außen gelangen dürfen, erfolgen.
- **Urheberrecht und geistiges Eigentum:** Urheberrechte und geistiges Eigentum an Inhalten sind zu berücksichtigen. Es soll aufgeklärt werden

über Urheberrechte und geistiges Eigentum an Inputs und die Problematik von Urheberrechten an Outputs.

- **Halluzination und Desinformation:** Halluzination von KI und Desinformation können dem Ansehen des Unternehmens schaden. Es sollen Aufklärung über falsche Outputs und die Sensibilisierung im Zusammenhang mit Missbrauch der von KI erzeugten Inhalte (zB Deepfakes, gefälschte Dokumente und Informationen) erfolgen.
- **Diskriminierung:** Auf Vorurteile und Diskriminierung zu achten, ist speziell für Fachbereiche wie die HR wichtig. Es soll dahingehend sensibilisiert werden, dass ein KI-System evtl mit voreingenommenen Daten trainiert wurde und überprüft werden muss.
- **Sicherheit:** Cybersecurity ist ein essenzielles Thema, über das die IT-Abteilung umfangreich aufklären sollte, um bspw Social-Engineering-Angriffe durch KI und große finanzielle Schäden für das Unternehmen zu verhindern.

3.1.5.5. Linksammlung

Link 8

Signatur-Prüfung[198]

Link 9

eIDAS Dashboard[199]

Link 10

The CLOC Core 12[200]

Link 11

LegaltechHUB: Plattform für Legaltech Lösungen[201]

198 Abgerufen am 10.1.2024.
199 Abgerufen am 10.1.2024.
200 Abgerufen am 11.1.2024.
201 Abgerufen am 10.1.2024.

Link 12

Klageschrift der Authors Guild et alia. Vs Open AI[202]

Link 13

US-Klageschrift der NY Times vs Microsoft[203]

3.1.6. Legal Risk Management

Teil der Strategiearbeit innerhalb der Rechtsabteilung ist auch das Risikomanagement. Die Tätigkeit des Unternehmensjuristen beschränkt sich also nicht nur auf die Rechtsberatung per se, sondern umfasst auch die Bewertung und Eindämmung von rechtlichen Risken, die mit der Geschäftstätigkeit des Unternehmens in Verbindung stehen. Dabei ist ein Legal Risk Management auch eine Effizienzmaßnahme, da die oft knappen Kapazitäten der Rechtsabteilung im Wesentlichen auf risikogeneigte Sachverhalte ausgerichtet werden können.

Die Schritte eines effektiven Legal Risk Managements werden im nachfolgenden Kapitel beschrieben und mit Praxistipps abgerundet. Zudem werden zwei bewährte Risikomanagement-Tools für den Vertragsabschluss im Detail vorgestellt, und zwar die Approval Rules sowie der Vertragsmonitor.

3.1.6.1. Allgemeine Grundsätze

Das Legal Risk Management ermöglicht eine Analyse der rechtlichen Risiken im Unternehmen, indem operative Unternehmensaktivitäten mit Rechtsrisiken verknüpft und quantifiziert werden. Ziel ist es, das Unternehmen optimal vor potenziell eintretenden Schäden zu schützen. Ein Legal Risk Management basiert auf folgenden Schritten:

1. **Erhebung der Unternehmensaktivität:** Die wesentlichen Fachabteilungen und deren Geschäftstätigkeit, die eine Rechts- bzw Vertragsbeziehung auslösen, werden erhoben.
2. **Risikoidentifikation:** In weiterer Folge werden die schadensgeneigten und denkmöglichen Sachverhalte ermittelt, die im Rahmen der jeweiligen Unternehmensaktivität auftreten können. Checklisten für die Risikoidentifizierung in den Bereichen Einkauf und Vertrieb finden sich im Folgekapitel.

202 Abgerufen am 6.1.2024.
203 Abgerufen am 6.1.2024.

3. **Risikobewertung:** Anhand der bisherigen Erfahrungen, Expertisen und Daten werden die erwartete Schadenshöhe der einzelnen Risiken und deren Eintrittswahrscheinlichkeit ermittelt.
4. **Kommunikation:** Abhängig vom Ergebnis der Risikobewertung gibt es unterschiedliche Ansprechpersonen. In manchen Fällen wird es ausreichend sein, die Fachabteilung zu informieren. Bei größeren Risiken mit höherer Eintrittswahrscheinlichkeit ist es ratsam, diverse Entscheidungsträger einzubeziehen.
5. **Risikosteuerung:** Auf Basis der Ist-Situation werden Risikohandhabungsmaßnahmen definiert („Soll-Situation"), die auch unter dem Gesichtspunkt der Kosten-Nutzen-Analyse betrachtet werden.
   - Die proaktive Schadenseindämmung umfasst die Implementierung, Evaluierung und Verbesserung von Maßnahmen zur Verhinderung und Reduktion von Schadensfällen (zB Prozesse, Dokumentation, Sicherheitsvorkehrungen, Mitarbeiterschulungen).
   - Die (partielle) Abdeckung des Risikos erfolgt einerseits durch die Überbindung des Risikos auf Dritte (zB Lieferanten und Kunden) und andererseits durch den Abschluss von Versicherungen mit angemessenem Versicherungsumfang und -deckung.
6. **Dokumentation und Überwachung:** Ein einmaliger Durchlauf des Legal Risk Managements ist nicht ausreichend. Risiken und diesbezügliche Entscheidungen sind zu dokumentieren und laufend zu monitoren.

3.1.6.2. Anwendungsbeispiel

Nachstehendes (sehr einfach gehaltenes) Praxisbeispiel zeigt die praktische Umsetzung des Legal Risk Managements und verdeutlicht, dass die Rechtsrisiken je nach Unternehmen, Branche oder sogar Fachabteilung innerhalb des Unternehmens divergieren können.

Praxisbeispiel: Sachverhalt

Die Fachabteilungen des Unternehmens haben von der Rechtsabteilung die generelle Anweisung, nach der ersten Kontaktaufnahme mit dem Geschäftspartner immer eine Geheimhaltungsvereinbarung abzuschließen. Die Fachabteilungen folgen dieser Anweisung, was zur Folge hat, dass sie sich fortwährend an die Rechtsabteilung wenden, weil die Geschäftspartner das zur Verfügung gestellte Muster nicht akzeptieren oder nur mit erheblichen Änderungen unterfertigen wollen. Die Rechtsabteilung ist daher ständig mit derartigen Anfragen konfrontiert und benötigt wertvolle Arbeitszeit für deren Beantwortung. In dieser Zeit ist es den Fachabteilungen aufgrund der fehlenden Geheimhaltungsvereinbarung nicht möglich, den weiteren Geschäftskontakt zielgerichtet zu verfolgen.

Aufgrund erheblicher Zeitverzögerungen beim Abschluss von Geschäften wenden sich der Einkauf und der Vertrieb an die Rechtsabteilung mit dem Ersuchen, zu prüfen, ob der Abschluss einer Geheimhaltungsvereinbarung unbedingt erforderlich ist.

Die nachstehende Tabelle erläutert nun anhand dieses Beispiels die Schritte des Legal Risk Managements:

Die Schritte des Legal Risk Managements	Beispiel 1: Einkauf	Beispiel 2: Vertrieb
1. **Erhebung der Unternehmensaktivität:** Welche Tätigkeiten werden von der jeweiligen Fachabteilung erbracht?	Die Einkaufsabteilung eines Konzerns, der eine Vielzahl von Patenten anmeldet, bestellt für die Erzeugung der eigenen Produkte diverse Komponenten bei Lieferanten. Dafür ist die Übermittlung von Produktskizzen erforderlich.	Das Vertriebsteam nimmt Kontakt mit potenziellen Kunden auf und erläutert in den Erstgesprächen hauptsächlich Konditionen, die auch auf der Unternehmenswebsite verfügbar sind.
2. **Risikoidentifikation:** Was sind die schadensgeneigten Sachverhalte?	Die Einkaufsabteilung gibt vertrauliche Informationen (zB Produktskizzen) an Dritte weiter. Eine Patentanmeldung erfordert das Kriterium der Neuheit, dh, der Patentinhalt muss schriftlich wie mündlich unveröffentlicht sein. Zudem kann nicht ausgeschlossen werden, dass der Lieferant auch andere Konkurrenzunternehmen beliefert, die Interesse an derartigen Informationen haben.	Es werden zum aktuellen Zeitpunkt keine vertraulichen Informationen ausgetauscht, da nur öffentlich bekannte Informationen, die über das Internet verfügbar sind, geteilt werden.

Die Schritte des Legal Risk Managements	Beispiel 1: Einkauf	Beispiel 2: Vertrieb
3. **Risikobewertung:** Was sind die erwartete Schadenshöhe und die Eintrittswahrscheinlichkeit?	Das Kriterium der Neuheit ist nicht erfüllt, wenn vertrauliche Informationen (ohne Abschluss einer Geheimhaltungsvereinbarung) mit Dritten geteilt werden. Dies führt dazu, dass das Unternehmen das entwickelte Produkt nicht (exklusiv) vertreiben kann. Der Wettbewerbsvorteil ist verloren und der Unternehmenserfolg und ggf Arbeitsplätze sind in Gefahr.	Aufgrund der öffentlichen Bekanntheit der Informationen ist kein Risiko für das Unternehmen ersichtlich.
4. **Kommunikation:** An wen ist das Ergebnis der Schritte 1–3 zu kommunizieren?	Das Ergebnis ist mit dem Einkauf zu besprechen.	Das Ergebnis ist mit dem Vertrieb zu besprechen.
5. **Risikosteuerung:** Wie kann das Risiko ausgeschlossen oder reduziert werden?	Aufgrund des Teilens von vertraulichen Informationen ist der Abschluss einer Geheimhaltungsvereinbarung geboten.	Der Abschluss der Geheimhaltungsvereinbarung behindert die Arbeit der Vertriebsmannschaft. Noch bevor der Vertrieb in das Kundengespräch einsteigt, ist ein bürokratischer Akt erforderlich, der den Fortgang der Gespräche verlangsamt. Die Geheimhaltungsvereinbarung ist nicht standardmäßig abzuschließen.

Die Schritte des Legal Risk Managements	Beispiel 1: Einkauf	Beispiel 2: Vertrieb
6. **Dokumentation und Überwachung:** Wie kann das Risiko dokumentiert und überwacht werden?	Gemeinsam mit der Einkaufsabteilung wird ein Prozess zum Abschluss von Geheimhaltungsvereinbarungen erarbeitet, um die Wahrung von vertraulichen Informationen sicherzustellen. Die konkreten Maßnahmen, die die Rechtsabteilung einleiten kann, werden im nachstehenden Praxistipp erläutert. Die Einhaltung des Prozesses sollte von Zeit zu Zeit durch die Rechtsabteilung geprüft werden.	Die Vertriebsmitarbeiter sollen dahingehend sensibilisiert werden, dass eine Geheimhaltungsvereinbarung dann erforderlich ist, wenn vertrauliche Informationen, wie etwas Skizzen, geteilt werden. Durch Schulungen und einen laufenden Austausch wird sichergestellt, dass beim Austausch von geheimen Informationen eine Geheimhaltungsvereinbarung im Einzelfall abgeschlossen wird.

Dieses Anwendungsbeispiel zeigt, dass das Legal Risk Management ein maßgebliches Instrument ist, um eine ganzheitliche Betrachtung der Rechtsrisiken im Unternehmen zu gewährleisten und die Ressourcen der Rechtsabteilung dem Risiko entsprechend einzusetzen. Der Beitrag zum Unternehmenserfolg ist evident. Im Beispiel 1 (Einkauf) wird sichergestellt, dass die geheimen Informationen tatsächlichen Schutz genießen. Im Beispiel 2 (Vertrieb) verhilft die Rechtsabteilung dem Vertriebsteam durch den Verzicht auf eine Geheimhaltungsvereinbarung dazu, dass Prozesse beschleunigt werden, um weitere Geschäftsabschlüsse zu fördern.

Praxistipp

Die nachstehenden Punkte geben eine Idee, wie das Unterfangen „rechtssicherer Prozess zum Abschluss von Geheimhaltungsvereinbarungen" gelingen kann:

- **Legal Coordinator:** Innerhalb der Einkaufsabteilung ist ein Ansprechpartner zu identifiziert, der für das Thema „Schutz von vertraulichen Informationen" hauptverantwortlich zuständig ist.
- **Prozess in der Fachabteilung:** Die Rechtsabteilung unterstützt die Fachabteilung bei der Festlegung des Prozesses vom Vertragsabschluss bis hin zur Fristenverwaltung.
- **Eigenständige Umsetzung:** Geheimhaltungsvereinbarungen für konkrete Projekte werden durch den Einkauf selbständig auf Basis von Vertragsmustern abgeschlossen.
- **Vertragsmuster:** Der Ansprechperson wird ein (laufend optimiertes) Muster zur Verfügung gestellt, welches auch das Feedback der Lieferanten berücksichtigt.

- **Unterstützende Materialien:** Ein Playbook[204] hilft dem Einkauf bei der täglichen Arbeit ohne die Notwendigkeit, die Rechtsabteilung zu kontaktieren.
- **Schulung:** Die Mitarbeiter der Einkaufsabteilung (und jedenfalls der Legal Coordinator) werden geschult, damit wiederholend auftretenden Fragen direkt und ohne Beiziehung der Rechtsabteilung beantwortet werden können.
- **Legal Tech:** Ggf kann das Muster mittels Vertragserstellungssoftware standardisiert und die Einholung der Unterschrift mittels elektronischer Signatur beschleunigt werden.

3.1.6.3. Checklisten: Risikoidentifikation im Einkauf und Vertrieb

Die nachstehenden, nicht abschließenden Checklisten helfen dabei, die Rechtsrisiken im Einkauf und Vertrieb zu identifizieren.

Einkauf

- Gibt es einen Prozess für die Bonitätsprüfung von Lieferanten?
- Werden vertrauliche Informationen an potenzielle Lieferanten schriftlich übermittelt bzw persönlich mitgeteilt?
- Was ist die Rechtsgrundlage der Vertragsbeziehung mit den Lieferanten?
  - Bilden die unternehmensinternen Einkaufsbedingungen die Grundlage für den Vertragsabschluss?
  - Sind die Einkaufsbedingungen noch aktuell?
  - Wie gestaltet sich der Vertragsabschlussprozess (Stichwort: Battle of Forms)?
- Welche Haftungs- und Gewährleistungszusagen werden von Lieferanten eingeräumt? Stehen diese Regelungen im Einklang mit den Verkaufsbedingungen?
- Stellt die Einkaufsabteilung sicher, dass alle relevanten Gesetze, Vorschriften und Unternehmensrichtlinien vom Lieferanten eingehalten werden (zB technische Anforderungen, Lieferkettengesetz, Code of Conduct)?
- Sofern Softwarelizenzen erworben werden: Deckt die Lizenz den geplanten Verwendungszweck ab (zB Verwendung innerhalb des Unternehmens vs Lizenzierung an Kunden)?
- Hat der Lieferant ausreichend Versicherungsdeckung? Welcher Versicherungsumfang und welche Höchstgrenzen bestehen?
- Ist die Einkaufsabteilung hinsichtlich unternehmensinterner Vorgaben und Richtlinien betreffend Vertragsabschluss (zB Approval Rules[205]) sowie Korruption geschult und werden die diesbezüglichen Vorgaben eingehalten?
- Werden die geltenden Wettbewerbsgesetze und das Kartellrecht eingehalten?
  - Werden Vertragsklauseln des Lieferanten akzeptiert, die das Unternehmen gegenüber Kunden oder anderen Geschäftspartnern einschränken (zB Exklusivitätsklausel)?
  - Nimmt der Lieferant Einfluss auf den Wiederverkaufspreis?

---

204 Siehe hierzu im Detail 3.1.7.1. Playbook.
205 Siehe hierzu auch Kapitel 3.1.6.4.1. Approval Rules.

  - Besteht eine markbeherrschende Stellung des Lieferanten, die ggf missbraucht wird (zB Rabattsysteme, Koppelungsverbot, Geschäfts- und Lieferverweigerung)?

Vertrieb

- Gibt es einen Prozess für die Bonitätsprüfung der Kunden?
- Werden vertrauliche Informationen an potenzielle Kunden schriftlich übermittelt bzw mündlich mitgeteilt?
- Was ist die Rechtsgrundlage der Vertragsbeziehung mit den Kunden?
  - Bilden die unternehmensinternen Verkaufsbedingungen die Grundlage für den Vertragsabschluss?
  - Sind die Verkaufsbedingungen noch aktuell?
  - Wie gestaltet sich der Vertragsabschlussprozess (Stichwort: Battle of Forms)?
- Welche Gewährleistungs- und Haftungszusagen werden vom Unternehmen an den Kunden getätigt? Stehen diese Zusagen im Einklang mit den Einkaufsbedingungen der Lieferanten?
- Werden Exportkontroll- und Zollvorschriften eingehalten?
- Besteht intern ausreichend Versicherungsdeckung für die jeweilige Leistungserbringung? Welcher Versicherungsumfang und welche Höchstgrenzen bestehen? Gibt es Melde- oder Freigabepflichten (insbesondere in Bezug auf die Haftungsklausel) durch die Versicherung?
- Ist die Vertriebsabteilung hinsichtlich unternehmensinterner Vorgaben und Richtlinien betreffend Vertragsabschluss (zB Approval Rules[206]) sowie Korruption geschult und werden die diesbezüglichen Vorgaben eingehalten?
- Werden die geltenden Wettbewerbsgesetze und das Kartellrecht eingehalten?
  - Gibt es Vereinbarungen zwischen Wettbewerbern (zB gemeinsame Festsetzung von Verkaufspreisen, Aufteilung von räumlichen Märkten)?
  - Gibt es Vereinbarungen mit Vertragspartnern (zB Einfluss auf Wiederverkaufspreise)?
  - Besteht eine markbeherrschende Stellung, die ggf missbraucht wird (zB Rabattsysteme, Koppelungsverbot, Geschäfts- und Lieferverweigerung)?
  - Gibt es sonstige unlautere geschäftliche Handlungen?
- Werden Vertriebspartner oder Handelsvertreter eingesetzt (Stichwort: Ausgleichsanspruch)?

3.1.6.4. Risikomanagement-Tools für den Vertragsabschlussprozess

Um das Vertragsmanagement im Unternehmen effizient zu gestalten, ohne dabei unnötige Risiken einzugehen oder die Rechtsabteilung zu überlasten, haben sich zwei bewährte Instrumente herauskristallisiert: Die Implementierung sog „Approval Rules" und die Einführung eines Vertragsmonitors.

206 Siehe hierzu auch Kapitel 3.1.6.4.1. Approval Rules.

3.1.6.4.1. Approval Rules

Approval Rules stellen zweierlei sicher: einerseits die Einbindung der Rechtsabteilung in „High-risk"- und „High-volume"-Verträge sowie andererseits die Einholung interner Zustimmungen etwa durch die Geschäftsführung oder Gesellschafter.

Zur Einbindung der Rechtsabteilung

Viele Rechtsabteilungen stehen früher oder später vor der Frage: *„Was sind die Kriterien, um die Rechtsabteilung in den Vertragsprozess einzubinden?"*. Die Antwort auf diese Frage ist keineswegs simpel und hängt maßgeblich von den Anforderungen und Bedürfnissen des Unternehmens ab. Eine mögliche Herangehensweise wäre, der Rechtsabteilung zwangsläufig jeden Vertrag auf den Schreibtisch zu legen. Erfahrungsgemäß ist dies keine effizienzfördernde Maßnahme. Die Rechtsabteilung wird von einer Flut an Verträgen überrollt, sodass kaum mehr Zeit für andere Aufgaben bleibt. Daher ist es entscheidend, Kriterien zu definieren, wann die Rechtsabteilung in den Vertragsprozess einzubinden ist.

Approval Rules (oder auf Deutsch „Genehmigungsrichtlinien") eignen sich dafür hervorragend. Sie sind ein festgelegter Katalog an Vertragstypen oder Vertragsklauseln und -bedingungen, die in jedem Vertragsprozess die verbindliche Einbeziehung der Rechtsabteilung erfordern. Dies gewährleistet, dass die Rechtsabteilung frühzeitig in Vertragsprüfung bzw -verhandlungen einbezogen wird, um potenzielle Risiken zu identifizieren und zu minimieren. Die Rechtsabteilung kann so sicherstellen, dass trotz vom Unternehmensstandard abweichender Vertragsbestandteile die (langfristigen) Interessen des Unternehmens gewahrt werden.

Einholung der erforderlichen Zustimmungen

Derartige Richtlinien dienen jedoch nicht nur dazu, klare Eintrittspunkte für die Rechtsabteilung in den Vertragsprozess zu schaffen. Sie sind auch ein bewährtes Instrument, um sicherzustellen, dass Verträge im Einklang mit der Geschäftsordnung verhandelt und abgeschlossen werden. Dafür wird in den Approval Rules festgelegt, welche Sachverhalte eine Freigabe oder Zustimmung durch die Geschäftsleitung und/oder andere Organe wie etwa Gesellschafter, Aufsichtsrat oder Beirat erfordern. Damit wird gewährleistet, dass Verträge von erheblicher Bedeutung für das Unternehmen die erforderliche Genehmigung erhalten. Dabei ist zu beachten, dass Approval Rules nicht auf rein rechtliche Aspekte beschränkt sein müssen. Vielfach werden auch betriebswirtschaftliche Themen mit Approval Rules abgedeckt. Bspw bedürfen häufig Investitionen, die nicht bereits im Jahresbudget genehmigt wurden und ein gewisses Vertragsvolumen überschreiten, der gesonderten Zustimmung. Auch andere Faktoren, die nicht im Einklang mit den üblichen Standardkonditionen sind, wie Bruttomarge oder Abwicklungsdauer, können als relevante Maßstäbe für die Freigabe herangezogen werden. Dies ermöglicht eine umfassende Betrachtung der Vertragsangelegenheiten und gewährleistet, dass derartige Verträge die notwendige Aufmerksamkeit im Unternehmen erhalten.

Approval Rules stellen daher eine wichtige Maßnahme dar, um das Risikomanagement zu optimieren und die Effizienz im Vertragsgenehmigungsprozess zu steigern. Damit wird sichergestellt, dass kritische rechtliche und geschäftliche Aspekte in Verträgen angemessen berücksichtigt werden, ohne dabei den Prozess unnötig zu verkomplizieren oder die Rechtsabteilung zu überlasten.

Natürlich variieren Approval Rules je nach Unternehmen und Branche und sollten an die spezifischen Anforderungen und Risiken angepasst sein. Typische Punkte, die sich in Approval Rules wiederfinden, sind zB:

- Bestimmte Arten von Verträgen, zB M&A, Fusionen, Handelsvertreterverträge, Entwicklungsverträge, Mietverträge, Immobilienverträge
- Verträge mit erheblichen finanziellen Auswirkungen für das Unternehmen, bspw Projekte, die einen gewissen Projektwert überschreiten
- Verträge, die erhebliche Haftungsfragen aufwerfen, bspw Haftungsausschlüsse oder -begrenzungen, unbegrenzte Haftungen, branchenunübliche Haftungsbestimmungen, Versicherungsverträge
- Verträge mit Wettbewerbsklauseln oder Exklusivitätsvereinbarungen
- Übertragung von geistigem Eigentum, zB Nutzungsrechte, Marken und Patente, Lizenzverträge, die vom Unternehmensstandard abweichen
- Vertragsklauseln, die das Unternehmen unüblich lange binden, zB Dauerschuldverhältnisse, besonders lange Vertragslaufzeiten, unüblich lange Gewährleistungsfristen, keine (Sonder-)Kündigungsmöglichkeiten
- Verträge mit Change-of-Control-Klauseln[207]
- Verträge, die für das Unternehmen unüblichen Rechtsordnungen unterliegen oder besondere Schiedsklauseln enthalten
- Verträge, die aufgrund regulatorischer Vorschriften (zB Bankensektor, Gesundheitswesen) besondere rechtliche Anforderungen erfüllen müssen

Praxistipp

- Approval Rules im Unternehmen einzuführen, kann mitunter auf Ressentiments stoßen. Gerade Fachabteilungen, die es nicht gewöhnt sind, eng mit der Rechtsabteilung zusammenzuarbeiten, könnten sich damit kontrolliert vorkommen. Daher ist bei der Einführung derartiger Approval Rules unerlässlich, die Geschäftsleitung und Führungskräfte vorab ins Boot zu holen. Dabei ist für die erfolgreiche Einführung von Approval Rules vor allem ein gutes Beziehungsmanagement der Rechtsabteilung zu den Fachabteilungen essenziell. Nur wenn es der Rechtsabteilung gelingt, sich als Unterstützer der Fachabteilung und nicht als deren Kontrolleure zu etablieren, ist eine schnelle und erfolgreiche Umsetzung von Approval Rules möglich.

207 Change-of-Control-Klauseln sehen eine Offenlegungspflicht sowie ein Kündigungsrecht für den Fall gewisser Veränderungen bei einem der Vertragspartner vor. Zumeist geht es dabei um eine Veränderung der Gesellschafterstruktur.

- Approval Rules sind von Regelungen betreffend Unterschriftsleistungen (sog „Signature Rules“) zu unterscheiden. Interne Signature Rules legen fest, bis zu welchem Vertragswert der einzelne Mitarbeiter Verträge unterschreiben darf. Im Gegensatz dazu wird in den Approval Rules definiert, ob vorab interne Genehmigungen einzuholen sind.

3.1.6.4.2. Vertragsmonitor

Eine sinnvolle Ergänzung zu den vorstehend beschriebenen Approval Rules ist ein sog Vertragsmonitor,[208] der eine Prüfung des Vertrags und Analyse der damit zusammenhängenden Risiken anhand vorgegebener Faktoren ermöglicht. Der Anwender des Vertragsmonitors wird bei der Vertragsprüfung an die Hand genommen, damit auf einen Blick ersichtlich ist, welche Punkte im Rahmen der Vertragsverhandlung einer Diskussion mit dem Vertragspartner und ggf einer internen Zustimmung bedürfen.

Aufgabenumfang des Vertragsmonitors

- **Vertragsprüfung:** Ein Vertragsmonitor unterstützt den Vertragsprüfungsprozess, da der Vertrag anhand vorgegebener Eckpunkte geprüft wird. Dabei legt der Vertragsmonitor die für das Unternehmen wesentlichen Vertragspunkte (zB Vertragsdauer, Kündigungsfristen, Haftungsklauseln) fest. Über den Vertragsmonitor wird so sofort ersichtlich, wenn wichtige Themengebiete im Vertrag fehlen oder der Geschäftspartner vom Standard abweichende Formulierungen fordert.
- **Vertragsverhandlung:** Wird der Vertragsmonitor von Beginn an in den Vertragsprozess integriert, ermöglicht er eine effizientere, zielgerichtetere Verhandlung. Vielfach ziehen sich Vertragsverhandlungen mitunter deswegen so lange hin, weil die unterschiedlichen Verhandlungspositionen nur stückweise ausgelotet und erst nach und nach die internen Zustimmungen eingeholt werden. Es obliegt immer noch den Verhandlern abzuschätzen, wie weit die Verhandlungspositionen der Geschäftspartner auseinander liegen und wie weit das Verhandlungspouvoir ausgereizt werden muss. Durch die Erstbewertung mithilfe des Vertragsmonitors können erforderliche Zustimmungen frühzeitig eingeholt und so der Verhandlungsspielraum vorab abgesteckt werden. Dies trägt wesentlich zur Effizienz der Verhandlungen bei und ermöglicht den Entscheidungsträgern ein gesamtheitliches Bild von der Sachlage.
- **Risikomanagement:** Der Vertragsmonitor macht ersichtlich, welche Risiken der Vertrag für das Unternehmen potenziell birgt, und gibt bestenfalls an, wie hoch dieses Risiko eingeschätzt wird. Durch diese Darstellung ist eine rasche Risikoeinschätzung möglich. Wird der Vertragsmonitor bereits bei Beginn

208 Der Begriff des „Vertragsmonitors“ wurde von den Autorinnen gewählt, kann allerdings auch anders benannt werden (zB Vertragsampel, Risikotabelle, Contract Cockpit). Einfachere Ausgestaltungen können auch als Freigabeblatt bezeichnet werden.

der Verhandlungsphase erstmalig befüllt, ist diese Risikoeinschätzung in jedem Vertragsstadium möglich.

- **Zusammenfassung und Entscheidungsgrundlage:** Weiters bietet der Vertragsmonitor den Unterzeichnern einen Überblick über die relevanten Vertragsinhalte und deren Risikopotenzial für das Unternehmen. Vielfach werden Verträge von Personen unterfertigt, die nicht aktiv oder nur punktuell in den Verhandlungsprozess eingebunden waren. Ein schneller Blick in den Vertragsmonitor vor Freigabe des Vertrags schafft eine Informationsgrundlage für die Unterschriftsleistung.
- **Vertragsübergabedokument:** Der Vertragsmonitor eignet sich auch für die Projektübergabe an eine andere Abteilung (zB vom Sales an das Projektmanagement oder Projektmanagement an das Claims Management). Zwar befreit es den übernehmenden Projektmanager nicht von der Pflicht, den Vertrag zur Gänze zu lesen, er ermöglicht jedoch einen raschen Überblick über die wichtigsten vertraglichen Eckpunkte.
- **Wissensmanagement, Dokumentation:** Der Vertragsmonitor erfüllt weiters eine wichtige Funktion im Bereich des Wissensmanagements und der Dokumentation. Er fungiert als wertvolles Archiv für die Entscheidungsfindung und bietet eine kompakte Zusammenfassung eines Vertragswerks. Auf diese Weise bewahrt er die entscheidenden Informationen eines Projekts in übersichtlicher Form auf. Dies erleichtert die spätere Wiederverhandlung mit demselben Vertragspartner oder die Vorbereitung von neuen Mitarbeitern auf den Vertragsinhalt.

Umsetzungsschritte eines Vertragsmonitors

Ein klug aufgesetzter Vertragsmonitor ermöglicht es, unterschiedliche Themenbereiche, die im Vertragsprozess aufeinandertreffen, in einem Tool zu vereinen. Dadurch, dass der Vertragsmonitor die Bearbeiter durch die Themen führt, trägt er dazu bei, Rechtssicherheit für das Unternehmen herzustellen und die Fehleranfälligkeit drastisch zu reduzieren. Folgende Schritte sind dabei zu beachten:

1. **Anwendungsbereich:** Um einen Vertragsmonitor im Unternehmen einzuführen, ist vorab eine klare Definition des Anwendungsbereichs erforderlich. Es empfiehlt sich daher, mit den im Unternehmen gebräuchlichsten oder häufigsten Vertragsarten (zB Kauf-, Vertriebs-, oder Einkaufsvertrag) zu starten. „One-fits-all"-Lösungen für verschiedene Vertragsarten funktionieren in diesem Fall nicht. Eine spezifische, auf konkrete Vertragsarten zugeschnittene Variante ist einer generischen Ausgestaltung unbedingt vorzuziehen, da eine Vertragscheckliste epischen Ausmaßes nicht das gewünschte Ergebnis schafft. Ist der Vertragsmonitor zu umfang- und variantenreich, schmälert dies die praktische Handhabe und damit die Akzeptanz in den Fachabteilungen.
2. **Themenfelder:** Der Vertragsmonitor fragt einzelne Vertragsklauseln und Regelungsbereiche der jeweiligen Vertragsart systematisch ab. Eine intensive Be-

schäftigung mit dem aktuellen Vertragsmuster[209] sowie den üblichen von den Geschäftspartnern aufgeworfenen Verhandlungspunkten ist daher für die Erstellung eines Vertragsmonitors unerlässlich. Üblicherweise bildet ein Vertragsmonitor die risikobehafteten Vertragsbestimmungen, wie zB Exklusivitätsklauseln, Kündigungs- und Haftungsbestimmungen, ab. In ausführlicheren Varianten sind auch andere mögliche Risikofaktoren, wie zB Rechtswahl, Gerichtsstand, Zahlungsbedingungen oder Bankgarantien, oft Teil des Vertragsmonitors.

3. **Klassifizierung:** Damit ein Vertragsmonitor auch als Risikomanagement-Tool dient, sind die relevanten Themenfelder über definierte Risikoklassen abgebildet. Ein Ampelsystem bietet sich dafür aufgrund seiner Anschaulichkeit besonders an. Es hat sich bewährt, nicht nur die Ampel für das jeweilige Themenfeld anzuwenden, sondern für die betreffenden Regelungsinhalte Risikoabstufungen auszuformulieren. Dies ist zwar mit Aufwand verbunden, fördert jedoch in der Folge die gewünschte Effizienz, da es die Kollegen aus den Fachabteilungen befähigt, die Risikoeinschätzung anhand dieser definierten Leilinien selbstständig vorzunehmen. Eine Einbindung der verschiedenen Abteilungen und Entscheidungsträger ist bei Festlegung der Risikoklassen jedenfalls erforderlich.

Beispiel

Angenommen, die Haftung wird als Themenfeld in den Allgemeinen Einkaufsbedingungen des Unternehmens definiert, so kann die Risikoabstufung wie folgt aussehen:

Rot: Gänzlicher Haftungsausschluss für leichte Fahrlässigkeit

Orange: Haftungsbeschränkung bei leichter Fahrlässigkeit bis zum halben Bestellwert

Grün: Haftungsbeschränkung bei leichter Fahrlässigkeit bis zum Bestellwert

4. **Ergänzung um Approval Rules:** Eine Kombination aus Vertragsmonitor und Approval Rules ist leicht möglich, indem bei gewissen Risikostufen, die ein Approval notwendig machen, ein entsprechender Hinweis platziert wird. Dies erinnert den verantwortlichen Kollegen an die Notwendigkeit, die Rechtsabteilung jedenfalls einzubinden oder eine gesonderte Zustimmung einzuholen.

Umsetzungsmöglichkeiten

- **Für Beginner:** Sofern der Vertragsmonitor zu komplex erscheint, kann durch Einführung eines sog Freigabeblatts ein ähnlicher Effekt erzielt werden. Das

209 Ein vorhandener Mustervertrag, vornehmlich durch die Rechtsabteilung selbst erstellt, kann dabei eine nützliche Richtschnur sein. Ggf kann es auch erforderlich sein, das Vertragsmuster zunächst zu überarbeiten.

Freigabeblatt kann zB ganz einfach über eine Worddatei mit Kontrollkästchen zum einfachen Anklicken erstellt werden und erfüllt damit die grundlegende Funktion, die Zustimmungspflichten einzuhalten und zu dokumentieren.

- **Für Fortgeschrittene:** Ein Vertragsmonitor, der sämtliche in diesem Kapitel erörterten Funktionen in sich vereint, kann mithilfe von Excel umgesetzt werden. Dabei wird das Ampelsystem mittels formatierten Steuerungselementen hergestellt. Diese aufwändige Programmierung der Excel-Tabelle bedarf je nach Umfang einiges an Zeit und auch fortgeschrittene Excel-Kenntnisse. Allerdings erlaubt das Ergebnis eine Vertragsprüfung mittels einfachen Check-Klicksystems, das eine Risikoampel visualisiert.
- **Für Experten:** Mithilfe spezialisierter Tools ist eine noch benutzer- und vor allem wartungsfreundlichere Ausgestaltung möglich. Ein speziell digitalisierter Vertragsmonitor bietet weitere Möglichkeiten, den Vertragsprozess noch effizienter zu gestalten. Je nach Budgetlage kann entweder ein Projektmanagement-Tool (wie zB Jira) oder ein spezielles CLM[210] etabliert werden. So ist es bspw denkbar, dass über einen im Tool integrierten Workflow Genehmigungen eingeholt oder Berichtspflichten eingehalten werden.

Unabhängig davon, welche Variante der Umsetzung gewählt wird, die entscheidende Anforderung besteht darin, durch eine einfache Darstellung oder sogar Benutzeroberfläche („click and see") eine schnelle Risikobewertung zu ermöglichen. Die User Experience ist dabei entscheidend, denn nur eine einfache Handhabung erhöht die Verständlichkeit des Vertragsmonitors und stellt die Nutzung sicher.

Praxistipp

Um die Überblicks- und Dokumentationsfunktion des Vertragsmonitors zu stärken, empfiehlt es sich, diesen um wichtige allgemeine Informationen zum Vertrag (zB Vertragspartner, Auftragswert, Erfüllungsort) zu ergänzen. Auch eine Kommentarspalte für weitere Informationen und Erklärungen hat sich als durchaus sinnvoll erwiesen. Entweder werden darin die jeweils entsprechenden Klauseln des Vertrags dokumentiert oder auf etwaige Sonderregelungen im Vertragsdokument hingewiesen. Auch eine Erweiterung um etwaige Berichtspflichten an andere Abteilungen (zB die Finanzabteilung) oder Genehmigungspflichten (zB Baugenehmigungen oder Betriebsgenehmigungen) ist denkbar.

3.1.7. Wissensmanagement inkl Checkliste

Die eigene Unentbehrlichkeit vor Augen, scheuen sich viele Unternehmensjuristen, vorhandenes Wissen, das sie im Laufe der oft jahrelangen Rechtsberatung erworben haben, zu dokumentieren und an die Kollegen innerhalb des eigenen Teams und an die Fachabteilungen weiterzugeben. Nach dem Glaubenssatz „Wissen ist

210 Siehe hierzu im Detail Kapitel 3.1.5.2.1. Vertragsmanagement.

Macht und vermehrt sich, wenn man es teilt", sind die Dokumentation und Weitergabe von Fachwissen, sog Wissensmanagement, auf den zweiten Blick allerdings eine Win-win-win-Situation für alle Beteiligten.

- **Win für das Unternehmen:** Der aktuelle Arbeitsmarkt zeigt, dass sich gerade jüngere Mitarbeiter nach kurzer Unternehmenszugehörigkeit anderweitig (außerhalb oder innerhalb des Unternehmens) orientieren. Auch Karenzen infolge Elternschaft oder länger andauernder Weiterbildungen spielen eine Rolle. Zudem können persönliche Umstände eintreten, die nicht planbar sind. All diese Faktoren können dazu führen, dass vorübergehend nicht auf Wissen zugegriffen werden kann oder Wissen ganz verloren geht. Die Einführung eines Wissensmanagements kann dem Verlust von Wissen entgegenwirken. Werden ein bereits etablierter Ablauf und das dazugehörige Fachwissen festgehalten, haben auch andere Kollegen die Möglichkeit, (bestenfalls nahtlos) zu übernehmen. Fehlerhaften Abwicklungen oder Missständen nach Übergabe werden somit vorgebeugt, sodass die bestehende Rechtssicherheit nicht gefährdet wird und Risiken erst gar nicht eintreten. Wissensmanagement stellt also das Sicherheitsnetz im Unternehmen dar. Zudem wird der einzelne Mitarbeiter entlastet, da Rollenwechsel oder Auszeiten einfacher möglich sind.
- **Win 2 für die Fachabteilung:** Die Fachabteilung wird „empowert". Der einzelne Mitarbeiter der Fachabteilung kann durch das Knowledge-Sharing selbständig, sprich weitestgehend ohne Beiziehung der Rechtsabteilung, agieren und Vertragsverhandlungen führen. Dies verbessert den professionellen Auftritt gegenüber (potenziellen) Geschäftspartnern und stärkt das Selbstvertrauen. Zudem können dadurch Vertragsabschlüsse beschleunigt werden.
- **Win 3 für die Rechtsabteilung und den einzelnen Unternehmensjuristen:** Die transparente Dokumentation von Fachwissen und das Knowledge-Sharing zeigen, dass die Rechtsabteilung kompetent und gut organisiert ist. Das schafft Vertrauen im Unternehmen und steigert die Reputation. Bestenfalls werden auch andere Abteilungen zum Wissensmanagement motiviert. Das Teilen von Wissen ermöglicht eine effizientere Zusammenarbeit, da Mitarbeiter auf bereits vorhandenes Know-how zurückgreifen können, anstatt alles erneut selbständig recherchieren zu müssen. Dies führt weiters zu einer Arbeitsentlastung und somit Schonung von Personalressourcen. Unternehmensjuristen können sich auf geschäftskritische Anfragen fokussieren und neue Projekte begleiten. Dies fördert die Zufriedenheit des einzelnen Rechtsabteilungsmitarbeiters. Neue Mitarbeiter arbeiten sich schnell ein, junge Teammitglieder bekommen die Möglichkeit, auch andere Rechtsgebiete zu betreuen, und erweitern so ihr Fachwissen. Wissensmanagement hilft auch dabei, Fehler im Rahmen der Rechtsberatung zu reduzieren. Zudem können externe Kosten eingespart werden, indem wiederkehrende Rechtsfragen nicht mehrfach geprüft werden müssen.

Die nachfolgende Checkliste dient als Leitfaden für die Einführung eines Wissensmanagementsystems.

Planung	Ein effizientes Wissensmanagement beginnt mit der Erhebung des Ist-Stands. Es gilt herauszufinden, ob bereits eine nachvollziehbare und verständliche Dokumentation besteht und wie Know-how an welche Adressaten transferiert wird. In einem nächsten Schritt sind die kurz- und mittelfristigen Ziele zu definieren und ein Projektplan samt Meilensteinen aufzustellen. Zudem ist es wesentlich, innerhalb der Rechtsabteilung die Verantwortlichkeiten für ein derartiges Projekt festzulegen.
Change Management	Jede Veränderung ist eine Herausforderung. Gerade wenn ein Wissensaustausch gefordert wird, haben Mitarbeiter (Existenz-)Ängste, die zu adressieren sind. Ein Wissensaustausch fördert das individuelle Fachwissen, indem Know-how von anderen Kollegen nachlesbar ist. Insofern Tätigkeiten von anderen übernommen werden können, schafft das auch Kapazitäten für neue, spannende Tätigkeiten. Auch innerhalb des gesamten Unternehmens, nicht nur in der Rechtsabteilung, sollte die Implementierung positiv hervorgehoben werden. Wird Wissen an die Fachabteilungen vermittelt, sollte man diese zur aktiven Nutzung auffordern und regelmäßig Feedback einholen.
Methodik und Technologien	Ein 1000-seitiges Manual ohne Punkt und Komma wird meist weder gelesen noch angewandt. Wissensdokumentation ist nur dann sinnvoll, wenn sie einfach abrufbar, schlüssig und verständlich ist. Geeignete Methoden, die sich in der Praxis bewährt haben, werden in den nachfolgenden Kapiteln aufgezeigt. Eine der Schlüsselmethoden für jede Art des innovativen Wissenstransfers ist sog „Legal Design".[211]

211 Siehe hierzu im Detail Kapitel 3.1.7.4. Legal Design.

Methodik und Technologien	Für die Einführung eines Wissensmanagements ist der Einsatz von modernen Technologien sinnvoll. Diese stellen die Auffindbarkeit über Suchfunktionen und Zugriffsrechte im Hinblick auf vertrauliche Informationen sicher. Sowohl Ticketing[212] als auch das Vertragsmanagement[213] können ein erster Schritt für ein Wissensmanagement sein. Auch Kollaborationsplattformen[214] oder andere Medien wie Wiki, Intranet oder auch Newsletter bieten sich für den Wissenstransfer an. Wichtige Kriterien für eine Softwarelösung im Wissensmanagement sind: • Einfache Navigation und ansprechende Benutzeroberfläche für Anwender • Klassifizierung nach Themengebieten/Stichwörtervergabe • Stichwort- und Volltextsuche • Benutzerfreundliches Backend • Möglichkeit, verschiedene Formate widerzugeben (zB Video, Dokumente, Bilder) • Berechtigungskonzept • Möglichkeit, Änderungen nachzuverfolgen
Revisionsmanagement	Das dokumentierte Wissen muss relevant und aktuell sein. Dokumente und Informationen sind daher regelmäßig zu überprüfen und zu aktualisieren.

3.1.7.1. Playbook

Eine Methode, Wissen zu dokumentieren und zu transferieren, ist ein Leitfaden für Vertragsverhandlungen, ein sog „Playbook". Das Playbook wird für das jeweilige Vertragsmuster erstellt. Der Aufbau und der Inhalt sind dem jeweiligen Verfasser überlassen, jedoch bietet es sich an, Erklärungen für gewisse Vertragsklauseln und auch ergänzende und alternative Klauseln, die dem Vertragspartner vorgeschlagen werden können, aufzunehmen. Das nachstehende Beispiel zeigt die mögliche Ausgestaltung eines Playbooks anhand der Bestimmung zur Vertragsdauer und Kündigung.

Vertragsdauer und Kündigung

Der Vertrag tritt mit Datum der Unterfertigung der letztunterzeichnenden Partei in Kraft und wird auf unbestimmte Dauer abgeschlossen.

Jede Partei kann den Vertrag unter Einhaltung einer sechsmonatigen Kündigungsfrist zum Ende des Kalenderjahres schriftlich kündigen.

212 Siehe hierzu im Detail Kapitel 3.1.5.2.2. Ticket-System.
213 Siehe hierzu im Detail Kapitel 3.1.5.2.1. Vertragsmanagement.
214 ZB Confluence.

Vertrags-punkt[215]	**Erläuterung**[216]	**Alternative**[217] **oder ergänzende**[218] **Klausel**
Vertragsdauer und Kündigung	Damit der Vertrag nicht durch Zeitablauf beendet wird, sollte er unbefristet abgeschlossen werden. Dies beugt der Gefahr vor, dass Fristen für die Verlängerung übersehen werden. Der Vertrag kann unter Einhaltung einer Kündigungsfrist von sechs Monaten zum Ende des Kalenderjahres gekündigt werden. Die lange Kündigungsfrist unterstützt die interne Planung. Die Kündigungsfrist kann auch von sechs auf drei Monate reduziert werden, wobei der Kündigungstermin jedenfalls zum Ende des Kalenderjahres bestehen bleiben sollte. Insofern der Vertragspartner Rückfragen zu dieser Klausel hat, kann folgende Erklärung übermittelt werden: *„Es liegt im Interesse beider Parteien, dass das Vertragsverhältnis langfristig Bestand hat. Eine Kürzung der vorgeschlagenen sechsmonatigen Kündigungsfrist ist grundsätzlich möglich, wobei es in Bezug auf den Kündigungstermin zum Jahresende leider keinen Verhandlungsspielraum gibt.“* Insofern der Vertragspartner auf einen befristeten Vertrag besteht, kann anstatt der in der Vertragsvorlage vorgeschlagenen Formulierung die Klausel 1 aufgenommen werden. In diesem Fall ist aber darauf zu achten, dass jedenfalls drei bis fünf Monate vor Ablauf der Befristung eine Verlängerung mit dem Vertragspartner angesprochen und der Vertrag schriftlich verlängert wird. Diese Frist ist zu monitoren. Es gilt zu beachten, dass die Verlängerung vermutlich dazu führen wird, dass der Vertragspartner einzelne Konditionen neu verhandeln wird. Eine Befristung sollte jedenfalls drei bis fünf Jahre vorsehen. Ist für den konkreten Sachverhalt ein einseitiger Kündigungsverzicht zulasten des Vertragspartners gewünscht, kann die Klausel 2 ergänzt werden.	Klausel 1: Der Vertrag wird befristet bis zum [Datum] abgeschlossen. Der Vertrag kann nur außerordentlich gekündigt werden. Klausel 2: Der Vertragspartner verzichtet für einen Zeitraum von [drei] Jahren ab Vertragsabschluss auf die Ausübung seines ordentlichen Kündigungsrechts.

215 Diese Spalte dient der Referenz zur jeweiligen Vertragsklausel in der Vertragsvorlage.

216 Diese Spalte dient der Beschreibung/Erklärung der betreffenden Klausel.

217 Alternative Klauseln (sog „Fallback-Klauseln“) können anstatt der ursprünglichen Vertragsklausel in der Vertragsverhandlung vorgeschlagen werden.

218 Ergänzende Klauseln sind in den Vertrag aufzunehmen, sofern gewisse Sachverhalte nicht im Standard-Muster abgebildet werden, da sie nicht bei jedem Sachverhalt eine Rolle spielen.

Adressaten des Playbooks sind entweder die Mitarbeiter der Rechtsabteilung oder der Fachabteilungen, soweit Letztere Verträge selbständig verhandeln. Ein Playbook sollte unter keinen Umständen zur Gänze an Geschäftspartner übermittelt werden, da dadurch Verhandlungsstrategien offengelegt werden. Der Verfasser kann allerdings einzelne Passagen so gestalten, dass diese an den Vertragspartner (im Wege eines Vertragskommentars als „Copy-Paste") übermittelt werden können:

Eine Abwandlung des Playbooks ist eine Klausel-Bibliothek, die Standardklauseln beinhaltet, welche laufend für die verschiedenen Verträge und Vertragsverhandlungen benötigt werden (zB Haftungsbeschränkungen, Wettbewerbsklausel, Schlussbestimmungen). Eine Klausel-Bibliothek dient auch der Vorbereitung auf ein Vertragsgenerator-Projekt,[219] da es die Möglichkeit bietet, wiederkehrende Klauseln in verschiedenen Vertragsvorlagen zu vereinheitlichen. Eine Klausel-Bibliothek entbindet den Einzelnen aber nicht davon, die konkreten Anwendungsfälle der Vertragsvorlage zu bedenken und ggf entsprechend notwendige Anpassungen vorzunehmen.

Abhängig vom Umfang der Vertragsvorlage ist die Erstellung eines Playbooks mit sehr viel Arbeitsaufwand verbunden. Dieser Aufwand lohnt sich jedoch. Werden Verhandlungen größtenteils standardisiert abgewickelt, trägt dies zum professionellen Außenauftritt bei. Verhandlungen werden zudem beschleunigt, da klar festgelegt ist, welche Fallback-Klauseln angeboten werden können. Dies setzt voraus, dass man bei der Erstellung des Playbooks die relevanten Stakeholder und Entscheidungsträger einbindet. Zudem ist die Arbeit an einem Playbook grundsätzlich nie abgeschlossen, da es im Zuge von Vertragsverhandlungen mit neuen Learnings ergänzt und ggf bei Überarbeitung eines Vertragsmusters auch entsprechend angepasst werden muss. Ein Playbook kann seinerseits auch dazu führen, dass die Vertragsvorlage an sich überarbeitet wird. Zeigen sich im Rahmen von verschiedenen Verhandlungen, dass gewisse Vertragsklauseln fehlen oder laufend durch Vertragspartner bemängelt werden, kann eine Klausel aus dem Playbook direkt als Standard in die Vertragsvorlage aufgenommen werden.

In Bezug auf die Umsetzung sind folgende Varianten, je nach Budget der Rechtsabteilung, möglich:

- **Für Beginner:** Ist die Technologisierung innerhalb der Rechtsabteilung noch nicht so weit vorangeschritten, kann ein Playbook über ein Word-Dokument[220] abgebildet werden.
- **Für Fortgeschrittene:** In einem nächsten Schritt kann im Hinblick auf die UX auch angedacht werden, dass die Inhalte des Playbooks über eine Add-In-Funktion in Microsoft Word an die Anwender ausgespielt werden.[221]

219 Siehe hierzu Kapitel 3.1.5.2.3. Vertragsgenerator.
220 Siehe sogleich das Beispiel unten.
221 Siehe zB Lexoo.

- **Für Profis:** Der Einsatz von KI-basierten Tools für die Vertragsprüfung erfordert auch das Festlegen von Standards. Die Erstellung des Playbooks ist daher der Vorschritt für eine automatisierte Prüfung.

3.1.7.2. Handbuch

Unternehmensjuristen sind geübt darin, Memos oder E-Mails über Rechtsfragen zu verfassen, Verträge zu erstellen und diese zu verhandeln. Bei der Umsetzung von Projekten der Fachabteilungen, wie bspw der Entwicklung von Plattformen, Apps oder sonstigen Tools, spielen Unternehmensjuristen kaum eine aktive Rolle oder werden oft zu einem sehr späten Zeitpunkt des Projekts hinzugezogen, dies obwohl mit der Umsetzung eine Fülle an rechtlichen Implikationen verbunden ist. Im Hinblick auf die Qualität des Projektergebnisses sollten Unternehmensjuristen daher bei der Umsetzung frühzeitig involviert werden oder sich aktiv einbringen, um eine rechtlich richtige und vollständige Implementierung zu gewährleisten. Für größere Projekte empfiehlt sich die Erstellung eines Handbuchs durch den Unternehmensjuristen, das sämtliche rechtlich relevanten Aspekte und damit verbundenen Umsetzungsschritte eines Projekts beschreibt.

Praktische Anwendungsfälle

Aufgrund der unklaren Rechtslage bietet sich gerade bei komplexeren datenschutzrechtlichen Projekten ein Handbuch an. Vielfach ist unklar, ob eine Datenverarbeitung bspw auf ein berechtigtes Interesse gestützt werden kann. Auch die Rollenverteilung zwischen Verantwortlichem und Auftragsdatenverarbeiter ist oft nicht ganz eindeutig, sodass eine Vorbereitung auf allfällige behördliche Überprüfungen oder Rückfragen durch betroffene Personen stattfinden sollte. Ein Handbuch kann hierfür hilfreich sein.

Ein weiteres Beispiel für ein durch ein Handbuch begleitetes Projekt ist die erstmalige Einrichtung eines Webshops, bei welcher eine Vielzahl von Rechtsfragen zu berücksichtigen ist; angefangen vom Impressum und der Datenschutzerklärung bis hin zum Bestellprozess und Allgemeinen Geschäftsbedingungen.

Ein Handbuch sollte die wesentlichen, rechtlichen Überlegungen samt Entscheidungen und erforderlichen Umsetzungsschritten dokumentieren. Dieser Arbeitsumfang mag auf den ersten Blick sehr umfangreich erscheinen. Zieht sich ein Projekt jedoch über mehrere Monate oder gar Jahre und ist eine Vielzahl von Personen involviert, rechnet sich der Aufwand aus verschiedenen Gründen:

- Die rechtlichen Anforderungen an die Projektumsetzung werden zentral zusammenfasst. Somit kann das Handbuch von der Fachabteilung als Handlungsanleitung genutzt werden. Ein solcher Service erspart der Fachabteilung ein ständiges Nachfragen, da klar dokumentiert ist, welche Schritte notwendig sind. Dies stärkt die Bindung zwischen Rechtsabteilung und den Fachabteilungen, da die Rechtsabteilung als „hands-on" wahrgenommen wird.
- Der Wissenstransfer innerhalb der Rechtsabteilung bleibt gewahrt. Kollegen haben die Möglichkeit, Projekte und Entscheidungen von Anfang an zu verstehen und Übergaben im Fall von Zuständigkeitswechseln nahtlos durchzuführen.

- Ein Handbuch ist eine Dokumentation der wesentlichen Projektentscheidungen und der damit einhergehenden Überlegungen. Werden Rückfragen von Entscheidungsträgern gestellt, ist man damit jederzeit in der Lage, Rede und Antwort zu stehen, und verhindert somit eine aufwändige Recherche im eigenen Archiv.

3.1.7.3. Schulungen

Schulungen sollten zum Standardrepertoire jeder Rechtsabteilung gehören und können in vielen Varianten angeboten werden. Mit Onlineschulungen erreicht man heutzutage zahlenmäßig größere Gruppen, überall auf der Welt. Allerdings bietet es sich nach wie vor an, komplexe und wichtige Sachverhalte persönlich zu präsentieren. Die Körpersprache des Schulenden macht einen Großteil der Kommunikation aus. Zudem besteht bei Präsenzveranstaltungen nachweislich eine längere Aufmerksamkeitsspanne als online. Um Ressourcen der Rechtsabteilung bei häufigen Personalzuwächsen oder -wechseln zu schonen, sollten Schulungen für den späteren Abruf entweder über die Aufnahmefunktion in Microsoft Teams oder professionell über Kamera aufgenommen werden.

Der Zukauf von Schulungen über Drittanbieter bietet sich in folgenden Fällen an:

- Eine Vielzahl von Personen ist regelmäßig zu schulen. Ein professionelles Einladungsmanagement mit Erinnerungen per E-Mail kann die Teilnahmequote erhöhen und die eigenen administrativen Aufgaben reduzieren.
- Für Compliance-Zwecke ist ein Nachweis der Teilnahme samt Ablegung eines Wissenstests erforderlich.
- Es bestehen keine personellen und finanziellen Ressourcen, Schulungsinhalte selbständig über ein E-Learning-Tool aufzubereiten. Erfahrungsgemäß ist dies für Standardthemen grundsätzlich auch nicht vonnöten, da Anbieter am Markt gut aufbereitete und interaktive Schulungsprogramme zu gängigen Themen anbieten.

Folgende Schulungsinhalte haben sich standardmäßig bewährt, wobei die Liste selbstverständlich beliebig anhand der Erfordernisse im Unternehmen erweitert werden kann:

- **Geheimhaltung von vertraulichen Informationen:** In jedem Unternehmen gibt es Informationen, die nicht oder nur eingeschränkt mit Dritten geteilt werden dürfen, zB weil es sich um Information handelt, die einen Wettbewerbsvorteil verschaffen, Informationen von einer Vertraulichkeitsvereinbarung geschützt sind oder eine Patentanmeldung geplant ist. Die Schulung dient dazu, Mitarbeiter zu sensibilisieren und ihnen zu vermitteln, in welchen Fällen Geheimhaltungsvereinbarungen abzuschließen sind. Diese Schulung kann auch Teilgebiete der IT-/Informationssicherheit umfassen (Stichwort: Spam und Phishing, Clean-Desk-Policy etc), da neben dem Abschluss einer Geheimhaltungsvereinbarung auch bezüglich der praktischen Weitergabe oder (un-) gewollten Offenlegung von geheimen Informationen geschult werden muss.

- **Datenschutz:** Personenbezogene Daten werden in jedem Unternehmen verarbeitet. Die DSGVO sieht zwar keine konkrete Verpflichtung zur Schulung vor, dennoch kann diese indirekt abgeleitet werden,[222] sodass regelmäßige Schulungen zweckmäßig sind. Der Schulungsumfang hängt maßgeblich von der Rolle der jeweils zu schulenden Mitarbeiter ab. Mitarbeiter, die mit Verbraucher- oder Personaldaten arbeiten, müssen regelmäßiger und umfangreicher geschult werden.
- **Korruptionsprävention:**[223] Als Teil des Compliance-Programms bietet sich an, Awareness zum Umgang mit Geschenken, Zuwendungen und Einladungen zu schaffen, um das Korruptionsrisiko zu reduzieren. Besonders der Einkauf und Vertrieb sind regelmäßig zu schulen.
- **Kartellrecht:** Einschränkungen des Wettbewerbs können zu Verstößen führen. Exklusivitätsvereinbarungen über Preise, Gebiete oder Geschäfte können problematisch sein, so wie Mindestpreise und Handelsverbote. Aber auch bei Preisgestaltungen und Rabatten sowie Lieferkonditionen ist Vorsicht geboten. Handlungsanleitungen für den Fall einer Hausdurchsuchung sollten ebenfalls nicht fehlen.
- **Vertragsabschluss:** Um Mitarbeitern ein generelles Verständnis über Verträge und deren Abschluss zu geben, bietet sich eine Basic-Schulung für Fachabteilungen, die tagtäglich mit Verträgen arbeiten (zB Einkauf), an. Diese Schulung kann auch um einen Fortgeschrittenen-Teil ergänzt werden.
- **Rechtsschulungen:** Neben den Schulungen für die Fachabteilungen sollten auch Schulungen für die Rechtsabteilungsmitarbeiter angeboten werden. Je größer die Abteilung, desto mehr Wert ist auf interne Schulungen zu legen und ein konkretes Programm auszuarbeiten. Um auf dem aktuellen Stand im Hinblick auf Gesetzesänderungen zu bleiben, bieten sich regelmäßige Updatemeetings an. Budget für externe Schulungen sollte einkalkuliert werden, damit Mitarbeiter die Möglichkeit haben, Fachwissen auszubauen und zu vertiefen.[224]

Praxistipp

Abstrakte Themen bleiben bei den Teilnehmern nicht im Gedächtnis. Interaktive Lerninhalte erhöhen den Lerneffekt. Durch „Gamification" kann eine fesselnde Lernerfahrungen geschaffen und die Teilnahmequote erhöht werden. Dabei werden spielähnliche Elemente im Schulungskontext eingesetzt und die Teilnehmer zum Lernen motiviert. Die eingesetzten Methoden sind gekonntes Storytelling zur Schaffung von Awareness, Rollenspiele zur Schärfung der Problemlösungskompetenz, zahlreiche kurze Lernsequenzen oder ein Belohnungssystem (zB Leaderboards, Badgets oder Trophäen).

222 Vgl Art 5 und Art 39 DSGVO.
223 Wenn Compliance ein Teil der Aufgabe der Rechtsabteilung ist.
224 Siehe hierzu Kapitel 4.1.3. Budget.

3.1.7.4. Legal Design

Jede Rechtsabteilung ist mit der Herausforderung konfrontiert, dass Fachabteilungen oft Scheuklappen haben, wenn es um juristische Themen geht. Sie fordern einfache, schnelle und leicht nachvollziehbare Lösungen für rechtliche Probleme. Diese Anforderung erfordert ein „change of mindset“ und ein „out of the box thinking“ eines jeden Unternehmensjuristen im Rahmen seiner Tätigkeit.

Legal Design ist eine innovative Methode, um juristisches Wissen einfach zu kommunizieren und damit jedem Nichtjuristen rechtliche Thematiken einfach begreifbar zu machen. Doch wie funktioniert dieser Ansatz und warum ist er ein echter Wettbewerbsvorteil zur Steigerung des eigenen Unique Selling Point (kurz „USP“)?

Der Begriff Legal Design setzt sich aus zwei Komponenten zusammen: dem Recht und dessen (grafischer) Aufbereitung. Hauptaugenmerk im Rahmen von Legal Design liegt auf dem Empfänger. Dieser Ansatz wird als „usercentric“ bezeichnet. Im Zusammenhang mit Produkten ist den meisten klar, dass die User Experience („UX“) ausschlaggebend ist, um Kunden zu gewinnen und langfristig zu binden. Warum sollte dieser Ansatz nicht auch im Rechtsbereich genutzt werden?

Auch in manchen gesetzlichen Bestimmungen findet sich der Ansatz von einfacher Kommunikation wieder. ZB schlägt das Transparenzgebot des Konsumentenschutzgesetzes in diese Kerbe. Es schützt den Verbraucher vor irreführenden Regelungen und verpflichtet den Verfasser zu durchschaubaren, möglichst klaren und verständlichen Formulierungen.[225] Auch im Datenschutzrecht wurden die Prinzipien *Privacy by Design* und *Privacy by Default* etabliert, wonach der Datenschutzaspekt von Anbeginn zu berücksichtigen ist und datenschutzfreundliche Voreinstellungen für den Anwender verlangt werden.

Legal Design hat viele Anwendungsfelder, angefangen von Verträgen, Guidelines, Rechtsberatung, Prozessen, Systemen und Anwendungen bis hin zur Organisation sowie Schulungen. Die nachfolgenden Seiten stellen keine abschließende Darstellung dar, sollen aber aufzeigen, welche Möglichkeiten mit der Legal-Design-Methode bestehen.

3.1.7.4.1. Legal Design bei Verträgen

Verträge werden oft von juristischen Experten für juristische Experten verfasst und nehmen keine Rücksicht auf die bei Vertragsverhandlungen beteiligten Nichtjuristen. Der Umfang ist häufig viel zu lange und Verträge beinhalten Klauseln, die im schlimmsten Fall aufgrund ihres schwülstigen Schreibstils (sog „Juristendeutsch“ oder im Englischen „legalese“) auch noch schwer oder kaum zu lesen sind. Das führt dazu, dass Unternehmensjuristen als Übersetzer für die Fachabteilungen die-

225 Vgl zB OGH 1.4.2004, 9 Ob 66/08h.

nen müssen. Gerade bei Vertragsverhandlungen kommt es häufig zu Diskussionen zwischen den beteiligten Unternehmensjuristen der Verhandlungsparteien. Derartige „lawyer discussions“ über komplizierte Vertragsformulierungen sollten aber im Lichte der künftigen Partnerschaft tunlichst vermieden werden. Schließlich sind es die Fachabteilungen, die künftig eine Geschäftsbeziehung unterhalten. Im Lichte der Legal-Design-Methode sollten Verträge:

- für Anwender (im Zweifel Nichtjuristen) geschrieben werden, damit Verträge bestenfalls auch ohne juristische Begleitung verstanden werden und Vertragsverhandlungen zu einem zügigen Vertragsabschluss führen.
- der Geschäftstätigkeit angemessen sein. Eine einfache Geheimhaltungsvereinbarung sollte nicht den Umfang einer wissenschaftlichen Abhandlung haben. Demgegenüber kann ein Verschmelzungsvertrag nicht auf drei Seiten abgebildet werden.
- als ein Teil der Verkaufsunterlagen verstanden werden und das Produkt oder den Service sowie die Werte des Unternehmens repräsentieren. Sie sind ein Teil des geschäftlichen Außenauftritts. Ein junges Start-up-Unternehmen in der Technologiebranche, das sein Produkt an die Generation Z verkauft, ist nicht gut mit einem 100-seitigen Vertrag mit juristischem Fachvokabular beraten.[226]

Diese Ziele werden erreicht, indem

- die Sprache dem Adressatenkreis angepasst wird, Schachtelsätze und doppelte Verneinungen vermieden und juristische Fachbegriffe wo möglich entfernt werden;[227]
- der Aufbau des Vertrags und der einzelnen Klauseln gut strukturiert wird (zB zusammengehörige Punkte werden in einer Klausel abgebildet und finden sich nicht an unterschiedlichen Stellen, der Vertrag beinhaltet eine kurze Zusammenfassung der Dealpoints am Anfang und stellt zudem die Business Terms voran, faktische Abläufe werden chronologisch dargestellt[228]); und
- das Format und die Länge richtig gewählt werden (zB Vertragsüberschriften im FAQ-Style[229]) und das Dokument ansprechend gestaltet wird (zB Verwendung von Grafiken für komplexere Zusammenhänge oder Icons zur Schaffung von Übersichtlichkeit oder Darstellung des Kontexts).

226 Besonders das deutsche Unternehmen Flightright GmbH ist Vorreiter bei der Implementierung von Legal Design. Passagiere bekommen durch Beantwortung von einfachen Fragestellungen die Möglichkeit, ihre Rechte durchzusetzen.

227 Siehe hierzu Kapitel 2.2.1.2.2. Vertragserstellung – das KISS-Prinzip.

228 Bspw sollte in einem Mietvertrag der Einzug (Mietgegenstand, Übergabe etc) vor dem Auszug (Rückstellung, Ersatz von Investitionen) geregelt werden.

229 FAQs finden sich oft auf Webseiten oder in Gebrauchsanweisungen und beantworten häufige Fragestellungen. Auch Vertragsüberschriften können in diesem Stil verfasst werden und bieten dem Leser die Möglichkeit, schnell einen Überblick zu erhalten.

Beispiel 1: Datenschutzerklärung für Videoaufzeichnungen

Ein anschauliches Beispiel, wie Legal Design sinnvoll in der Praxis eingesetzt werden kann, ist nachstehender Auszug aus einer Datenschutzerklärung für Videoaufzeichnungen. Die im FAQ-Style erstellte Erklärung enthält lediglich Aufzählungspunkte mit Stichwörtern und ist mit Begleitsymbolen neben dem Text versehen, sodass mit nur einem Blick der Sinn des Textes erfasst werden kann. Diese Methodik verhindert, dass der Leser mit einer Fülle an Informationen in Textform konfrontiert wird, die es schwer macht, den Sinn und die wesentlichen Punkte schnell zu erfassen. Für den interessierten und informierten Leser werden zudem hinter einem Link weiterführende Informationen in einer Langfassung zur Verfügung gestellt.

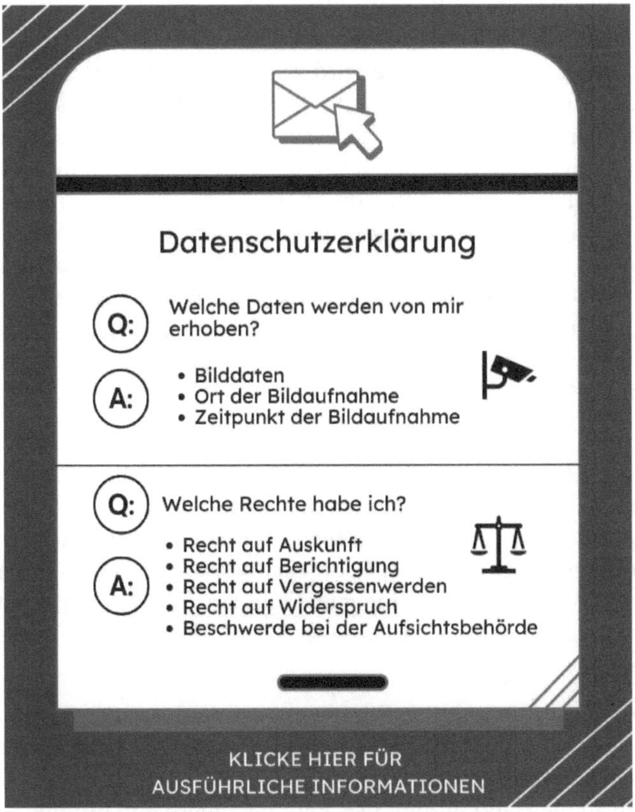

Abb 12: Auszug aus einer Datenschutzerklärung [erstellt mit Canva]

Beispiel 2: Comic-Verträge

Ein noch viel weitreichenderes Beispiel für Legal Design sind Comic-Verträge. Derartige Verträge haben zumeist nur wenig bis kaum Text und arbeiten mit Bildsprache. Das Einsatzgebiet ist zwar grundsätzlich auf wenige Anwendungsfälle beschränkt, jedoch können auch komplexere oder umfassendere Themen mit dieser Methode abgebildet werden. Comic-Verträge werden häufig in Situationen verwendet, in denen die Nutzer möglicherweise nur über geringe Lese- und Schreibkenntnisse verfügen. Sie eignen sich daher zB für gewisse Arbeitsverträge[230] oder auch medizinische Einwilligungen. Ein weiteres Einsatzgebiet für Comic-Verträge findet sich im Bereich des Besuchermanagements für Werksführungen. Aufgrund der Vertraulichkeit werden externe Gäste zunächst gebeten, eine Geheimhaltungsvereinbarung abzuschließen. Doch einmal ehrlich, wer liest dieses Dokument im Detail durch, insbesondere wenn das Dokument erst beim Empfangsbereich vorgelegt wird? Zudem besteht oft eine Sprachbarriere, sodass sich eine Bildsprache bestens anbietet. Dies garantiert die Aufmerksamkeit der Gäste.

3.1.7.4.2. Legal Design bei Guidelines

Guidelines sind ein weiteres Kommunikationstool zwischen der Rechts- und den Fachabteilungen. Häufig werden diese unter dem Motto „wer schreibt, der bleibt" verfasst. Das heißt, eine Guideline wird nur zur Selbstabsicherung der Rechtsabteilung geschrieben, um sich darauf berufen zu können, dass ihre Adressaten ausreichend instruiert wurden, falls etwas schief geht. Vielfach werden sie von den Fachabteilungen allerdings nicht gelesen oder verstanden und können so ihren Zweck, nämlich Schäden im Unternehmen zu verhindern, nicht erfüllen. Man denke etwa an eine umfangreiche Guideline für Korruptionsprävention, Kartell- oder Datenschutzrecht, die nur einen kleinen Prozentsatz im Unternehmen erreicht und somit kaum eingehalten wird. Dies kann zu weitreichenden Folgen für das Unternehmen führen. Nicht nur der finanzielle Schaden kann das Unternehmen in eine missliche Lage bringen, sondern auch die Reputation kann unwiederbringlich geschädigt sein.

Eine Guideline, die keiner liest oder versteht, schadet nicht zuletzt auch der Reputation der Rechtsabteilung. Bei Erstellung von Guidelines ist unbedingt darauf zu achten, den Adressaten, nämlich die jeweiligen Fachabteilungen und/oder Mitarbeiter, in den Mittelpunkt zu stellen. Zumeist wird der Adressat mit konkreten Handlungsanleitungen und Beispielen besser erreicht als mit allgemeinen und abstrakten Ausführungen. Eine gute Guideline, die gelesen, verstanden und daher auch befolgt wird, hebt das Ansehen der Rechtsabteilung und schafft Vertrauen in diese.

Neben der bereits oben erwähnten Bildsprache mit Comics oder grafischen Elementen bietet sich bei komplexeren Sachverhalten auch ein Entscheidungsbaum[231] an, der jedes mögliche Ergebnis darstellt und somit den Anwender bei der Entscheidungsfindung an die Hand nimmt. Der Entscheidungsbaum nimmt dem Lesen die Subsumtion eines Textes ab und kommt mit einfachen Ja- und Nein-Fragen zum finalen Ergebnis.

---

230 Ein Beispiel für einen Anstellungsvertrag im Comic-Stil kann über die Webseite des Unternehmens Creative Contracts kostenlos abgerufen werden. Siehe hierzu https://creative-contracts.com/clemengold/ (abgerufen am 22.1.2024) oder Kapitel 3.1.7.5. – Link 14.

231 Siehe hierzu Kapitel 2.2.9. Außergerichtliche Streitbeilegung oder ein Beispiel abrufbar unter https://www.legaltechdesign.com/visualawlibrary/2014/08/05/can-use-picture-copyright-images-flowchart (abgerufen am 22.1.2024) oder Kapitel 3.1.7.5. – Link 15.

Ebenso bietet sich im Rahmen einer Guideline eine praxisbezogene Dos-and-Don'ts-Gegenüberstellung an, damit der Adressat weiß, welche konkreten Handlungsweisen im Tagesgeschäft ein Rechtsrisiko bergen. Bspw ist in vielen Unternehmen die Frage der Scheinselbständigkeit ein häufiges Thema. Personen werden wie Mitarbeiter in das Unternehmen, welches ihr einziger Auftraggeber ist, eingebunden, sind jedoch am Papier selbständig. Eine Guideline kann bspw darlegen, welche Zusammenarbeit mit diesen Personen in der Praxis möglich ist und welche Handlungsweisen ein Risiko aufwerfen. Die Nennung von konkreten Anwendungsfällen hilft dabei, ein komplexes Thema anschaulich zu vermitteln.

Abb 13: Freelancer Dos and Don'ts [erstellt mit Canva]

Auch Checklisten können den Arbeitsalltag der Fachabteilungen massiv erleichtern und helfen dabei, Anforderungen strukturiert abzuarbeiten. Häufig passieren bei der

Arbeit an Verträgen Flüchtigkeitsfehler. Firmenwortlaute entsprechen nicht der Eintragung im Firmenbuch, Nummerierungen sind nicht fortlaufend oder Beträge entsprechen nicht der Vereinbarung. Die Zeit für Kontrollen ist oft knapp bemessen. Daher bietet es sich an, eine Checkliste für die Unterfertigung zu entwerfen, in der die wichtigsten Punkte für die Überprüfung festgehalten werden.

3.1.7.4.3. Umsetzungsschritte bei Legal-Design-Projekten

Die Umsetzung eines Legal-Design-Projekts unterscheidet sich grundsätzlich nicht von anderen Projekten. Folgende Schritte sind wichtig:

Verstehen und definieren

Von Anfang an ist zu klären, welche Fragestellungen im Raum stehen und gelöst werden sollen. In einem nächsten Schritt ist das damit zusammenhängende Kernproblem herauszuarbeiten. Nutzerumfragen helfen in dieser Projektphase.

Erstellen

Diese Phase stellt Juristen wohl vor die größte Hürde. Über Jahre wird antrainiert, wie man eine Textflut in Gesetzes- oder Vertragsform verarbeitet. Nunmehr ist der Unternehmensjurist gezwungen, komplexe Themen einfach mit Hilfe von Designmethoden aufzubereiten. Wer vor einem Legal-Design-Projekt zurückscheut, weil der Irrglaube besteht, dass man keine geeigneten Kenntnisse hat und Legal Design nur mit externer Hilfe gelingt, dem sei entgegengehalten, dass es online vielfach Vorlagen abrufbar gibt, die als Basis für derartige Projekte verwendet werden können. Verschiedene Unternehmen bieten hier zum Teil kostenlose Vorlagen für verschiedene Anwendungsfälle an.[232] Es stehen auch immer mehr KI-Bildgeneratoren für derartige Projekte unterstützend zur Verfügung. Gerade für die interne Wissensvermittlung können solch kostengünstige Ansätze große Wirkung erzielen. Für größere oder kundenrelevante Projekte kann auch die Marketingabteilung ins Boot geholt werden und so können, ganz nebenbei, interne Synergien geschaffen werden. Bei größeren Budgets besteht ohnehin die Möglichkeit, eine der vielen am Markt verfügbaren Agenturen zu beauftragen. Evtl gibt es auch bereits in der eigenen Rechtsabteilung Kollegen, die sich im Bereich Legal Design auskennen und gerne Hilfe leisten.

Testen, überarbeiten und implementieren

Bevor es zur Ausrollung kommt, sollten neue Dokumente, Prozesse oder Anwendungen vorab in einem kleinen Nutzerkreis getestet werden. Offenes und ehrliches Feedback von kritischen Kollegen beugt Flops vor. Noch kein Meister ist vom Himmel gefallen. Auch wenn man vom eigenen Ergebnis noch so überzeugt ist: Wenn das Anwenderfeedback einhellig ist, sollte diese Kritik immer ernst genommen werden und in das Arbeitsprodukt einfließen. Schlimmstenfalls muss

232 ZB Microsoft und Canva.

nochmals von der grünen Wiese gestartet werden, denn in diesem Fall ist der Kunde König. Im Rahmen der Ausrollung sollte darauf geachtet werden, die Adressaten über die richtigen Kommunikationskanäle über die Neuerung zu informieren.

Aktualisieren

Auch laufende Überarbeitungen sollten nicht vernachlässigt und fix eingeplant werden. Die beste Unterlage ist wertlos, wenn sie nicht aktualisiert wird.

Zum Nachdenken

Die Rechtsbranche verändert sich radikal. Viele von uns müssen aber noch Jahrzehnte arbeiten und sind daher gezwungen, sich mit den veränderten Anforderungen auseinanderzusetzen. Wie Legal Tech bietet auch Legal Design die Möglichkeit, das eigene Profil abzurunden und einen praktischen Mehrwert für das Unternehmen zu liefern. Legal Design ist somit ein Win-Win-Win auf allen Ebenen. Durch Legal Design produziert der einzelne Jurist ein verwertbares Ergebnis für die Fachabteilungen. Diese wiederum verstehen die Message der Rechtsexperten, was wiederum Geschäftsabschlüsse beschleunigt oder Risiken im Unternehmen minimiert. Und: Legal Design macht wirklich Spaß und fordert die Kreativität.

Weiterführende Ideen, wie Verträge noch klarer strukturiert werden können, damit sie gelesen, verstanden und befolgt werden, können kostenlos über die Plattform „Contract Design Pattern Library" von WorldCC Foundation abgerufen werden.[233] The Legal Design Lab der Standford Law School bietet auf ihrer Webseite[234] unzählige weitere Anregungen zum Schmökern für Legal-Design-Projekte.

3.1.7.5. Linksammlung

Link 14

Beispiel eines Comic-Vertrages[235]

Link 15

Beispiel eines Entscheidungsbaums[236]

233 Siehe hierzu https://contract-design.worldcc.com/ (abgerufen am 10.1.2024) oder Kapitel 3.1.7.5. – Link 16.

234 Vgl https://legaltechdesign.com/visualawlibrary/ (abgerufen am 10.1.2024) oder Kapitel 3.1.7.5. – Link 17.

235 Abgerufen am 22.1.2024.

236 Abgerufen am 22.1.2024.

Link 16

Contract Design Pattern Library[237]

Link 17

Visual Law Library[238]

3.1.8. Exkurs: Change Management

Die Transformation einer Rechtsabteilung in eine automatisierte, digitalisierte und innovative Unternehmenseinheit erfordert nicht nur (technologisches) Know-how, sondern vor allem auch ein durchdachtes Change Management. Juristen sind an sich ändernde rechtliche Gegebenheiten gewöhnt, gleichzeitig halten viele an einer gewohnten Arbeitsweise fest. Strukturelle oder prozessbezogene Änderungen sowie die anhaltenden Diskussionen rund um Legal Tech und KI sind vielfach von der Sorge geprägt, der Jurist würde durch die zunehmende Automatisierung und Digitalisierung ersetzt. Eine proaktive Berücksichtigung der Sorgen und Bedenken der von der Veränderung betroffenen Personen und deren Einbindung in einem frühen Stadium des Change-Prozesses ist entscheidend, um eine erfolgreiche Transformation der Rechtsabteilung zu gewährleisten und Widerstände gegen die Veränderung zu vermeiden. Die eigentliche Herausforderung liegt daher nicht nur in der Einführung von neuen Abläufen und Tools, sondern vielmehr im ganzheitlichen Prozess, der damit einhergeht.

Es existieren unterschiedliche Modelle für die Abwicklung von Change-Prozessen[239] sowie ausreichend Literatur dazu, weshalb in diesem Kapitel darauf nicht explizit eingegangen wird. Die Auswahl der Vorgangsweise obliegt jeder Rechtsabteilung individuell. Dabei ist es entscheidend, die gewählte Vorgehensweise an die spezifischen Gegebenheiten und Bedürfnisse der Rechtsabteilung anzupassen, um auf unvorhergesehene Herausforderungen angemessen zu reagieren und den Change-Prozess effektiv zu gestalten.

Trotz der vielzähligen Möglichkeiten, den Prozess zu gestalten, gibt es grundlegende Elemente, die den Erfolg des Change-Prozesses der Rechtsabteilung

237 Abgerufen am 10.1.2024.

238 Abgerufen am 10.1.2024.

239 ZB das 3-Phasen-Modell von J.P. Lewin, das 5-Stufen-Modell von W. Krüger, das Modell der 8-Phasen von J.P. Kotter, das Konzept der lernenden Organisation oder auch das Modell der Komplexität dynamischer Systeme.

maßgeblich beeinflussen. Unabhängig vom gewählten Change-Prozess-Modell sind dies folgende Aspekte, die nicht in einer chronologischen Reihenfolge zu verstehen sind, sondern mehr ein grundlegendes Verständnis für die Thematik schaffen sollen:

Kommunikation schafft Akzeptanz und Commitment

Ein wesentlicher, wenn nicht sogar der wesentlichste Aspekt für ein erfolgreiches Change Management ist die offene Kommunikation sowie die frühzeitige Einbindung der von der Veränderung betroffenen Personen, die entweder in der Rechtsabteilung oder auch in den Fachabteilungen tätig sein können. Die Einbeziehung schafft Transparenz und fördert ein Gefühl der Mitbestimmung. Dies wiederum stärkt die Akzeptanz neuer Arbeitsweisen.

Es ist von grundlegender Bedeutung, die Gründe für die Veränderung, die erwarteten Vorteile und die involvierten Prozesse offen zu kommunizieren. Dies schafft ein Verständnis für die Notwendigkeit der Veränderung und hilft, mögliche Widerstände abzubauen.

Kommunikation ist keine Einbahnstraße. Daher ist es wichtig, sich ausreichend Zeit für die Meinungen der betroffenen Personen zu nehmen und aktiv zuhören. Das jeweilige Projekt sollte auch noch die Möglichkeit bieten, legitime Forderungen, die im Rahmen der Gespräche ans Tageslicht kommen, einfließen zu lassen.

Praxistipp

Wird die geplante Veränderung im Team zur Diskussion gestellt, ist es wichtig, dass der Leiter der Rechtsabteilung oder das Change-Management-Team bereits Klarheit über den Grund und den Bedarf der Veränderung haben. Ein genereller, offener Austausch über eine stattfindende Veränderung ist kontraproduktiv. Mögliche Umsetzungswege, Vorbehalte und Erwartungen der einzelnen Teammitglieder eingehender zu erörtern, kann hingegen sehr fruchtbar für den Change-Prozess sein.

Im Verlauf des Prozesses ist es ebenso entscheidend, kontinuierlich über Fortschritte, Erfolge und auch etwaige Abweichungen vom Plan zu berichten, um die Kollegen weiterhin engagiert und informiert zu halten.

Wirkt sich die geplante Veränderung auch außerhalb der Rechtsabteilung aus, ist die Einbindung von Schlüsselpersonen aus den betroffenen Fachabteilungen essenziell, da ein umfassender Dialog mit allen betroffenen Personen nicht (mehr) möglich sein wird. Diesen Schlüsselpersonen obliegt es, die Notwendigkeit der geplanten Veränderung und den positiven Mindset in die Organisation weiterzutragen.

Im Kontext der Kommunikation spielt die Identifikation von Stakeholdern eine wichtige Rolle. Neben den unmittelbar betroffenen Personen ist eine enge Abstimmung mit Entscheidungsträgern unabdingbar. Ein sog „Sponsor" auf höchster Hierarchieebene ist entscheidend für die Förderung der Akzeptanz und die nachhaltige Implementierung der Veränderung. Diese hochrangige Unterstützung sichert das Engagement der Mitarbeiter und hilft, die gewünschten Veränderungen erfolgreich in der Organisation zu verankern. Durch die Kooperation mit Entscheidungsträgern wird zudem sichergestellt, dass die Veränderungsziele mit den übergeordneten Unternehmenszielen in Einklang stehen.

Bedarfsanalyse

Am Beginn einer Transformation steht eine umfassende Bedarfsanalyse.[240] Es stellt sich die Frage, welche Abläufe zu verändern sind, um Effizienzen zu steigern, Mitarbeiter zu entlasten oder Risiken zu vermeiden. Eine Umfrage unter den Mitarbeitern sowie den Fachabteilungen oder eine Time-Tracking-Übung[241] unterstützen dabei, Engpässe, Verbesserungspotenziale, ineffiziente Prozesse und etwaige Wissenslücken zu identifizieren. Bei der Bedarfsanalyse ist es wichtig, nicht nur die aktuellen, sondern auch bereits die zukünftigen Anforderungen und Herausforderungen der Abteilung zu berücksichtigen.

Die Bedarfsanalyse schafft Klarheit über den notwendigen Inhalt der Änderungsmaßnahmen und liefert gleichzeitig die erforderliche Grundlage für die unternehmens- oder abteilungsinterne Kommunikation.

Receiving End – welche Prozesse sind betroffen?

Neben der Bedarfsanalyse ist eine Untersuchung der bestehenden Prozesse – innerhalb wie auch außerhalb der Rechtsabteilung – ein wichtiger Bestandteil der Vorbereitungshandlungen des Change-Prozesses. Obwohl die Rechtsabteilung in die unterschiedlichen Unternehmensprozesse eingebunden ist, fungiert sie nur selten als Prozesseigentümer. Daher ist es notwendig zu ermitteln, ob und inwiefern eine geplante Veränderung in einen externen Prozess eingreift oder ausschließlich einen internen Prozess betrifft.

Die Erkenntnisse aus dieser Prozessanalyse hat unmittelbare Auswirkung auf den Change-Prozess, da sie den Schwerpunkt und die Ausrichtung des Prozesses maßgeblich beeinflussen. Betrifft die geplante Veränderung externe Prozesse, erfordert dies eine intensivere Zusammenarbeit und Abstimmung mit den relevanten Stakeholdern außerhalb der Rechtsabteilung. Der Adressatenkreis der Veränderung wird wesentlich größer, was eine ausgefeilte Kommunikationsstrategie und sorgfältige Prozesskoordination notwendig macht.

240 Die Notwendigkeit einer Transformation ergibt sich aus der grundlegenden Strategie. Die Bedarfsanalyse konkretisiert die Ziele.

241 Siehe hierzu Kapitel 3.1.5. Legal Tech.

Praxistipp für die Einführung von Legal Tech

Am Markt gibt es eine große Anzahl vielversprechender Tools für Rechtsabteilungen, deren Einsatzmöglichkeiten äußerst vielfältig sind. Um angesichts des riesigen Angebots an innovativen Tools nicht den Überblick zu verlieren, ist die Definition der wesentlichen Funktionen („Must haves") essenziell.[242]

Die Frage in Zusammenhang mit dem Change Management ist: Gibt das Tool den Prozess vor oder beeinflusst der Prozess die Auswahl des Tools?

Bei allen Vorteilen, die die unterschiedlichsten Tools von externen Anbietern liefern, sollte nicht außer Acht gelassen werden, dass es in den Unternehmen bereits etablierte Prozesse gibt. Sofern diese Prozesse funktionieren, ist es daher ratsam, ein Tool nach den Prozessen auszuwählen, um nicht funktionierende Prozesse an ein neues Tool anpassen zu müssen. Das mindert die Akzeptanz unter den Kollegen. Insofern kein Tool am Markt gefunden wird, das den internen Prozess abbildet, stehen folgende Optionen zur Auswahl:

- Anpassung des Prozesses an das Tool
- Entwicklung eines eigenen Tools
- Vorläufiger Verzicht auf die Digitalisierung des Prozesses

Projektmanagement

Change-Prozesse sind generell anspruchsvoll, vor allem dann, wenn die geplanten Änderungen Auswirkungen auf die Gesamtorganisation oder mehrere Organisationsteile des Unternehmens haben. Sie erfordern einen erheblichen Organisationsaufwand, weshalb ein designiertes Projektmanagement maßgeblich für das Gelingen der Transformation ist.

Ein effektives Projektmanagement sorgt dafür, dass die Ziele klar definiert sind, der Zeitplan eingehalten wird und alle relevanten Stakeholder angemessen eingebunden sind. Die enge Zusammenarbeit zwischen der Rechtsabteilung und anderen Unternehmensbereichen wird durch ein effektives Projektmanagement erleichtert, was wiederum die Akzeptanz und den reibungslosen Ablauf der Transformation fördert.

Praxistipp

In vielen Unternehmen ist es nicht üblich, für derartige Teiltransformationen Projektmanagementressourcen bereitzustellen. Stattdessen werden diese (kleineren) Change-Prozesse nebenbei betreut. Dies birgt jedoch Risiken: Die Aufmerksamkeit und Ressourcen können sich aufgrund anderer parallellaufender Projekte oder Tagesgeschäfte leicht aufsplitten, was zu Verzögerungen, mangelnder Fokussierung und Unklarheiten bei der Verantwortlichkeitszuweisung führen kann.

Es ist daher auch bei kleineren Transformationsprojekten innerhalb der Rechtsabteilung, jedenfalls wenn abteilungsfremde Prozesse betroffen sind, ein Projektmanager zu

242 Siehe hierzu Kapitel 3.1.5. Legal Tech.

benennen und diesem sind die notwendigen zeitlichen Ressourcen zur Verfügung zu stellen.

Plant die Rechtsabteilung viele derartiger Projekte, ist die Etablierung eines Legal Ops Managers oder der Aufbau einer eigenen Legal-Ops-Abteilung unerlässlich.[243]

Nachhaltige Verankerung, Schulung und Qualifizierung

Häufig scheitern Change-Prozesse, weil das Projekt nach der Realisierung als abgeschlossen gilt. Dabei ist dieser letzte Schritt genauso wichtig wie die Vorbereitungsarbeit zu Beginn. Nach der Implementierung gilt es, die Nutzer und Prozessbeteiligten mit den neuen Technologien und Prozessen vertraut zu machen, sie gezielt zu schulen und durch die Bereitstellung von Ressourcen niedrigschwelligen Support zu bieten, um Unsicherheiten abzubauen. Es ist essenziell, Nutzerfeedback ernst zu nehmen und daraus zu lernen. In dieser Phase bereits ersichtliche positive Ergebnisse zu kommunizieren, hilft, die Akzeptanz und Motivation der Nutzer aufrechtzuerhalten.

3.2. Performancemessung

Aufgrund ihrer Eigenschaft als Service Unit und der Tatsache, dass sich die Anforderungen aus dem Tagesgeschäft der Fachabteilungen ergeben, sind viele Rechtsabteilungen unschlüssig bei der Festlegung von Abteilungszielen. Vielfach stellt sich die Frage nach deren Messbarkeit. Key Performance Indicators (kurz „KPIs") spielen jedoch auch in der Rechtsabteilung eine wesentliche Rolle. Dadurch wird die Möglichkeit geschaffen, sich als Service Unit selbst in den Fahrersitz zu manövrieren und fakten- und zahlenbasiert zu agieren. Mittels KPIs können Erfolge einfach kommuniziert und Maßnahmenkataloge für identifizierte Schwachstellen frühzeitig präsentiert werden. Die Rechtsabteilung kann so den Erwartungen nach einer vorausschauenden Businessunit gerecht werden.

Für die Festlegung von KPIs für die Rechtsabteilung haben sich der Prozess „PDCA" und die „SMART"-Methodik bewährt.

„Plan – Do – Check – Act" beschreibt den Prozess der Einführung von KPIs. Bekannterweise braucht es vor jeder Umsetzung einen Fahrplan. In einem ersten Schritt „Plan" werden die Herausforderungen, denen die Rechtsabteilung in den vorhergehenden Monaten ausgesetzt war, beleuchtet und analysiert. War die Rechtsabteilung mit einer Flut von Anfragen konfrontiert, die kaum fristgerecht abgearbeitet werden konnten, bietet es sich an, diesen Umstand genauer zu beleuchten. Neben der Messung der operativen Performance im Tagesgeschäft (zB Reaktionszeit) hat man auch die Möglichkeit, die Rechtsabteilungsstrategie bewusst mit strategischen KPIs (zB Kundenzufriedenheit) zu unterstützen.

243 Siehe hierzu Kapitel 3.1.5.3. Legal Operations.

Praxistipp

Die Performancemessung kann dabei helfen, bekannte Defizite mittels KPIs bewusst abzubilden, um Projekte einzuführen oder voranzutreiben. Wenn die Rechtsabteilung etwa die Implementierung von kostenintensiven – aber effizienzsteigernden – Legal-Tech-Projekten beabsichtigt, aber die Freigabe für das erforderliche Budget fehlt, kann mittels KPIs aufgezeigt werden, welche Mankos aktuell bestehen und wie diese mit einer Digitalisierungsstrategie gelöst werden können.

In Schritt „Do" wird die Kennzahl festgelegt. KPIs können die Unternehmens-, Rechtsabteilungs-, Kunden-, Finanz- und sogar die Innovationsperspektive abdecken. Unabhängig davon, welche Sichtweise eingenommen wird, spielt bei dieser Aufgabe die „SMART"-Methodik eine entscheidende Rolle. KPIs sollten „Specific", „Measurable", „Achievable", „Relevant" und „Time-bound" sein. Auf das Einfachste heruntergebrochen, stellt man sich in diesem Schritt die Frage, welche KPIs für die eigene Abteilung Sinn machen, welchen Zweck man damit verfolgen möchte und ob es eine ausreichende Datenquelle dafür gibt. Ob das definierte Ziel wirklich erreichbar ist und wann das Ziel und Zwischenziele erreicht werden können, darf dabei auch nicht außer Acht gelassen werden. Dieser Schritt mag zwar einfach klingen, der Teufel steckt aber bekanntlich im Detail. Hat die Rechtsabteilung noch wenig digital gearbeitet oder gar kein eigenes Matter- und/oder Vertragsmanagement eingeführt, kommen viele Kennzahlen zumeist gar nicht in Betracht. Nachfolgend werden allerdings einige Möglichkeiten aufgezeigt, wie man auch ohne derartige Daten Kennzahlen festlegen kann.

In Schritt „Check" folgt das Benchmarking. Für diesen Schritt kommt entweder ein Vergleich mit den historischen Leistungsdaten der eigenen Abteilung, ein Vergleich mit anderen Abteilungen des Unternehmens oder ein Branchenvergleich in Frage. Gerade beim externen Benchmarking sollte man jedoch auf valide Datenquellen achten. Das Datenmaterial kann entweder von einem Fachverband angefragt oder im Rahmen von eigenen Netzwerken erhoben werden.

Im letzten Schritt „Act" erfolgen die Auswertung der Daten und die Einführung von einzelfallbezogenen Maßnahmen zur Optimierung der IST-Situation. Die konkreten Maßnahmen variieren je nach betreffendem KPI und Ausgangssituation. Viele Lösungsvorschläge finden sich in diesem Buch. Zudem wird nachstehend auch ein Maßnahmenkatalog für einzelne KPIs präsentiert.

Die Festlegung von KPIs ist abhängig von der Rechtsabteilungsgröße und dem vorhandenen Datenmaterial. Die nachfolgenden Beispiele sollen einen Einblick geben, welche Kennzahlen für welchen Zweck erhoben werden könnten und woher die Daten stammen könnten. Zudem wird ein möglicher Maßnahmenkatalog vorgestellt, der natürlich beliebig ergänzt werden kann. Die Darstellung erhebt keinen Anspruch auf Vollständigkeit, sondern bieten einen Denkanstoß für das eigene KPI-Projekt.

KPI	Zweck	Mögliche Datenquelle	Maßnahmenkatalog
Anzahl der Anfragen nach Fachabteilung und Jahr	• Trends erkennen und Schwerpunkte identifizieren • Arbeitsbelastung in der Rechtsabteilung indirekt messen und Kapazitäten planen bzw umverteilen	• Matter- bzw Vertragsmanagement • Sofern dies nicht zur Verfügung steht, könnte auch ein Time Tracking für einige Wochen Daten liefern.[244]	• Auswertungsgespräch mit Fachabteilung • Standardisierung mittels Vorlagen • Wissenstransfer durch Schulungen, Playbooks etc • Arbeitsverteilung in der Abteilung neu bewerten[245]
Verhältnis Rechtsberatung vs Administrativtätigkeiten je Jurist	• Arbeitsbelastung in der Rechtsabteilung messen und Kapazitäten planen • Digitalisierung vorantreiben	• Matter- bzw Vertragsmanagement • Sofern dies nicht zur Verfügung steht, könnte auch ein Time Tracking für einige Wochen Daten liefern.	• Einstellung von Assistenzkräften • Einführung von Legal Tech • Aufgabenverteilung in der Abteilung erneut bewerten • Wissenstransfer durch Schulungen, Playbooks etc
Reaktionszeit pro Anfrage bzw gesamte Bearbeitungszeit pro Akte[246]	• Arbeitsbelastung in der Rechtsabteilung messen und Kapazitäten planen • Kundenzufriedenheit erheben bzw steigern • Geschäftsabschlüsse fördern • Digitalisierung vorantreiben	• Ticket-System[247]	• Standardisierung von wiederkehrenden Sachverhalten • Einführung von Legal Tech • Erhöhung der Headcounts bzw des Budgets • Vergabe an externe Rechtsberater
Anzahl der durch Juristen erstellten Verträge	• Arbeitsbelastung in der Rechtsabteilung messen und Kapazitäten planen • Digitalisierung vorantreiben	• Matter- bzw Vertragsmanagement und/oder ggf Vertragsgenerator	• Standardisierung mittels Vorlagen • Einführung eines Vertragsgenerators

244 Siehe hierzu Kapitel 3.1.5.1. Allgemeine Überlegungen zu Legal-Tech-Projekten.

245 Eine Erhöhung des Budgets kann wohl rein aus der Anzahl der Anfragen noch nicht abgeleitet werden.

246 In diesem Zusammenhang könnte man auch die „Deadline Compliance" messen, indem die von den Fachabteilungen vorgegebene Frist dem Abschlussdatum gegenübergestellt wird.

247 Siehe hierzu Kapitel 3.1.5.2.2. Ticket-System.

KPI	Zweck	Mögliche Datenquelle	Maßnahmenkatalog
			• Einbindung der Fachabteilung und damit verbunden Wissenstransfer durch Schulungen, Playbooks etc
Anzahl der (gewonnen/verlorenen) Rechtsstreitigkeiten[248]	• Qualität der rechtlichen Arbeit messen • Risiken identifizieren • Schwerpunkte identifizieren • Erfolge kommunizieren bzw Misserfolge frühzeitig identifizieren	• Matter- bzw Vertragsmanagement	• Vertragsvorlagen überarbeiten • Prozesse verbessern • Schulungen einführen • Aufgabenverteilung in der Abteilung erneut bewerten
Kundenzufriedenheit	• Erfolge kommunizieren bzw Defizite frühzeitig erkennen	• (Online-)Umfrage • Interviews mit ausgewählten Fachabteilungen	• Abzuleiten vom Ergebnis
Verhältnis von internen und externen Kosten[249]	• Budget optimieren	• Controlling • Legal Spend Software[250]	Abhängig je nach Rechtsabteilungsstrategie: • Insourcing oder Outsourcing • Erhöhung der Headcounts • Stundensätze verhandeln bzw Pauschalen/Caps vereinbaren
Verhältnis der tatsächlichen Fremdkosten im Vergleich zum geplanten Budget	• Budget einhalten bzw optimieren • Erfolge kommunizieren bzw Defizite frühzeitig identifizieren	• Controlling • Legal Spend Software	• Insourcing • Stundensätze verhandeln bzw Pauschalen/Caps vereinbaren

248 Oder Verhältnis der Gerichtsverfahren vs außergerichtliche Einigung.

249 Diese Kennzahl ist grundsätzlich mit der Strategie in der Rechtsabteilung abzugleichen. Besteht die Strategie in der Rechtsabteilung darin, dass ein Jurist die Abwicklung mit sämtlichen externen Beratern übernimmt, werden die Kosten der externen Beratung jene der internen Personalkosten deutlich übersteigen. Hat die Rechtsabteilung eine gewisse Größe erreicht, aber dennoch eine Vielzahl an Tätigkeiten auslagert, sollte der Faktor hinterfragt werden.
Vielfach werden auch die Ausgaben der Rechtsabteilung im Verhältnis zum Gesamtumsatz gemessen. Als Vergleichsgröße könnte in diesem Zusammenhang ein externes Benchmarking dienen.

250 Siehe ergänzend Kapitel 4.1.3. Budget.

3.3. Exkurs: Selbstmarketing

Die Rechtsabteilung ist eine Service Unit der Fachabteilungen. Durch ihre Tätigkeit generiert sie selbst keinen direkten Umsatz und verkauft keine Produkte oder Dienstleistungen an externe Unternehmenskunden. Vielmehr unterstützt sie die Fachabteilungen bei deren Geschäftstätigkeit und ist damit indirekt am Unternehmenserfolg beteiligt. Damit sie ihren Beitrag in effizienter Art und Weise leisten kann und Ressourcen, sprich Personal und Budget, erhält, ist es erforderlich, den Entscheidungsträgern den Mehrwert ihrer Arbeit für das Unternehmen aufzuzeigen und sich effektiv im Unternehmen zu vernetzen.

Wie kann Marketing in eigener Sache erfolgreich betrieben werden?

Unabhängig vom Adressatenkreis sind drei Faktoren für ein wirksames Selbstmarketing entscheiden.

Wie wird kommuniziert?
Was wird kommuniziert?
Wer kommuniziert?

Wie kommuniziere ich?

- **Verständlich:** Der Unternehmensjurist ist ein Fachexperte. Jedoch sollte im Rahmen des Selbstmarketings auf den juristischen Fachjargon verzichtet werden. Die Sprache der Kollegen zu sprechen, knapp und präzise zu sein, ist eine Kunst. *„If you confuse, you lose!"*
- **Transparent:** Entscheidungen sind nur auf Basis bekannter Fakten möglich. Ein klarer Überblick für Entscheidungsträger über aktuelle und zukünftige Aufgaben der Rechtsabteilung, warum bestimmte Ausgaben notwendig sind und wie sie sich auf die Unternehmensziele auswirken, ist daher wesentlich. Diese Transparenz ist nicht binnen kurzer Zeit hergestellt. Ein Reporting (zB über ein Matter- oder Vertragsmanagement) und KPIs helfen dabei, die Daten aufzubereiten. Auch ein Kanban-Board über die wesentlichen Aufgaben, die bisher erledigt wurden bzw in den kommenden Wochen/Monaten anstehen oder aufgrund der Arbeitsbelastung verschoben werden mussten, dient als Kommunikationsgrundlage. Generell empfiehlt es sich, gute Überlegungen laufend mitzunotieren, damit sie bei Strategiegesprächen nicht vergessen werden.

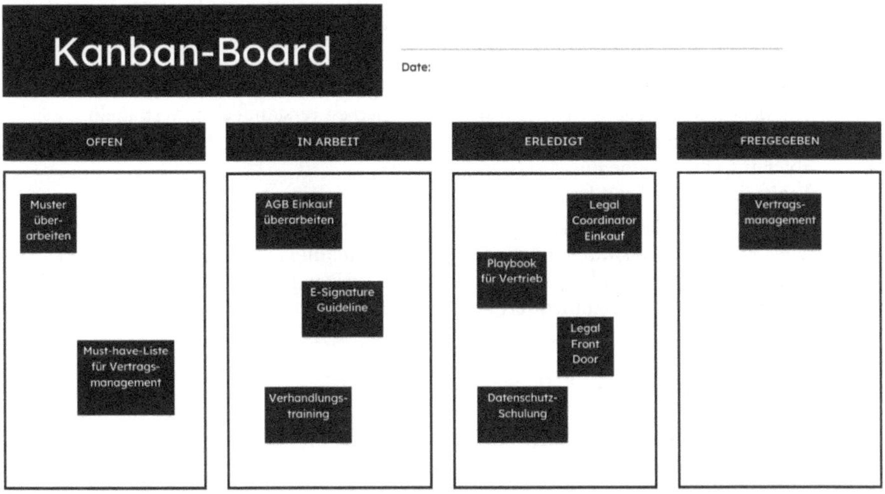

Abb 14: Kanban-Board [erstellt mit Canva]

Eine transparente Kommunikation ist auch im Rahmen des Tagesgeschäfts unerlässlich. Entscheidungsgrundlagen sachlich und verständlich aufzubereiten, stärkt den Ruf der Rechtsabteilung als verlässlicher und kompetenter Partner.

- **Knackig:** Gerade Entscheidungsträger haben vielfach keinen besonders tiefen Einblick in die rechtlichen Angelegenheiten und sind mit einer Flut an Informationen konfrontiert. Es zahlt sich aus, die Themen kurz und knackig auf den Punkt zu bringen. Es gilt aufzuzeigen, wie frühzeitige rechtliche Beratung Zeit und Geld sparen kann. Damit gelingt die Punktlandung. Die Rechtsabteilung wird fortan als Ermöglicher und Problemlöser wahrgenommen.
- **Persönlich:** Gerade im Zusammenspiel mit den Kollegen aus den Fachabteilungen ist der Aufbau von persönlichen Beziehungen unerlässlich. Verständnis für die Herausforderungen der Kollegen zu zeigen und diese ernst zu nehmen, anstatt der Jurist im Elfenbeinturm zu sein, ist wesentlich für den Erfolg und die Akzeptanz als Service Unit.

Praxistipp: Management Summary

Eine sorgfältig formulierte Management Summary kann ein wichtiges Werkzeug für das Selbstmarketing im Unternehmen sein. Indem die fünf wesentlichen Grundsätze beherzigt werden, kann die Rechtsabteilung Entscheidungsträgern auch komplexe Sachverhalte und Lösungen in adäquaten Portionen vermitteln.

- **Die Entscheidungsträger ins Boot holen:** Den Informationsstand des Lesers zu berücksichtigen und eine klare, kurze Sachverhaltsdarstellung voranzustellen, ist essenziell.

- **So viele Details wie nötig und keine mehr:** Informationen sind auf das Wesentliche zu beschränken, sodass nur jene Inhalte aufgenommen werden, die für die Entscheidungsfindung relevant sind.
- **Klare Struktur:** Eine übersichtliche Gliederung, gerne mit Zwischenüberschriften oder fett markierten Schlagworten, hilft, komplexe Themen verständlich zu vermitteln.
- **Lösungen:** Ohne Lösungsvorschläge und Handlungsempfehlungen durch die Rechtsabteilung gibt es keine Entscheidungsgrundlage.
- **Fazit:** Ein kurzes Fazit fasst den Inhalt knapp zusammen.

Ein ordentlich formuliertes und aufgebautes Management Summary hilft nicht nur den Entscheidern, sondern kann die Arbeit der Rechtsabteilung auch erleichtern, da erfahrungsgemäß weniger Rückfragen erfolgen und die Ausgangsbasis für die Entscheidung zudem für die Zukunft dokumentiert wird. Ein Erfolg in jeder Hinsicht!

Was kommuniziere ich?

- **Risikovermeidung:** Prävention von rechtlichen Problemen ist langfristig günstiger als die Bewältigung von Rechtsstreitigkeiten. Kein Unternehmen möchte einem langwierigen Rechtsstreit infolge einer Rechtsverletzung oder einer kartellrechtlichen Verfolgung ausgesetzt sein. Die Rechtsabteilung trägt maßgeblich dazu bei, dass das Unternehmen den gesetzlichen Anforderungen genügt und das Risiko von Rechtsproblemen proaktiv minimiert. Dies ist eine zentrale Botschaft für den langfristigen Unternehmenserfolg. Rechtliche Risiken mit hoher Eintrittswahrscheinlichkeit werden nur durch proaktive Maßnahmen (zB Schulungen, Prozesse) verhindert. Bei diesem Thema spielt jedoch das „Wie" der Kommunikation eine wesentliche Rolle: Risikominimierungspotenziale sind Lösungen für das Unternehmen und keine Auflistung von Problemen oder gar Hürden, die eine Umsetzung vereiteln. Bei einzelnen Sachverhalten kann auch die Situation eintreten, dass die Rechtsabteilung keinen Plan B zur Verfügung hat. Wird die Rechtsabteilung generell als Ermöglicher wahrgenommen, wird auch in diesen konkreten Einzelfällen ein „Nein" respektiert werden.
- **Einsparungspotenziale:** Ressourcenschonung ist vor allem durch Standardisierung und Prozessoptimierung möglich. Durch diese Instrumentarien kann die Rechtsabteilung aufzeigen, dass sie in der Lage ist, die eigenen Kosten zu reduzieren. Je effizienter die Rechtsabteilung wahrgenommen wird, desto eher sind die Entscheidungsträger geneigt, das Budget für andere wichtige Projekte (zB Legal Tech) freizugeben.
- **Innovation:** Die Entwicklung von innovativen Ansätzen für rechtliche Herausforderungen sind Teil der Verkaufsarbeit. Digitalisierungsprojekte sind Teil des Fortschritts. Daher sollte auch die Rechtsabteilung zeigen, dass sie am Puls der Zeit ist. Mit Quick-win-Projekten (wie zB mit der E-Signatur oder dem Ticket-System) kann aufgezeigt werden, dass sie durch die Implementierung von Technologien Effizienzgewinne rasch ermöglicht und sich diese positiv auf die Geschäftstätigkeit und die Kundenzufriedenheit auswirken. In

einem Folgeschritt ist eine Budgetfreigabe für größere Projekte wie ein Vertragsmanagement oder einen Vertragsgenerator denkbar.

- **Erfolgsstorys:** Unabhängig davon, welche Message kommuniziert werden soll, bietet es sich an, Storytelling einzusetzen. Konkrete Beispiele zu präsentieren, bei denen die Rechtsabteilung erfolgreich Herausforderungen bewältigt und somit zum Unternehmenserfolg beigetragen hat, wirkt sich positiv auf den Ruf der Rechtsabteilung aus. Da Entscheidungsträger oft Zahlenmenschen sind, sollten Zahlen und Daten genutzt werden, um den Return on Investment (ROI) rechtlicher Unterstützung zu veranschaulichen. Generell hilft der Verweis auf KPIs, um auf Erfolge hinzuweisen. Selbst wenn ein KPI einmal nicht erreicht werden sollte, kann die Rechtsabteilung durch die Entwicklung von präventiven Maßnahmen, aufzeigen, dass sie einen Plan B in der Tasche hat und somit schnell und proaktiv auf negative Veränderungen eingehen kann.
- **Eskalationsstufe und Rettungsnetz:** Nicht nur die Kommunikation zu den Entscheidungsträgern, auch die Vernetzung in die Fachabteilungen ist essenziell für einen erfolgreichen Beitrag der Rechtsabteilung zum Unternehmenserfolg. Es ist wesentlich, den Kollegen in den Fachabteilungen zu vermitteln, dass die Rechtsabteilung sich als integralen Bestandteil des jeweiligen Prozesses betrachtet. Sie steht als Eskalationsinstanz bereit, um bei Schwierigkeiten mit Geschäftspartnern zu unterstützen und gleichzeitig ein Sicherheitsnetz für die Fachabteilung aufzuspannen.

Wer kommuniziert?

- **Rechtsabteilungsleiter und Führungskräfte:** Die Repräsentanten der Rechtsabteilung möchten nicht nur als juristische Experten, sondern auch als strategische Partner des Unternehmens wahrgenommen werden. Diese Aufgabe als Botschafter erfordert eine starke Kommunikationsfähigkeit, denn berufliche Erfolge und Know-how sprechen nicht immer für sich selbst. Die Repräsentanten sollten stets vorbereitet sein, die Entscheidungsträger über aktuelle Herausforderungen zu informieren und ihnen einen Einblick in die zukünftigen Pläne der Rechtsabteilung zu gewähren. Das erfordert eine klare Strategie.
- **Teammitglieder:** Auch die Teammitglieder der Rechtsabteilung spielen eine große Rolle bei der Positionierung der gesamten Rechtsabteilung im Unternehmen. Indem sie aktiv an Unternehmensprojekten teilnehmen und ihre juristische Expertise einbringen, können sie den Beitrag der Rechtsabteilung zum Gesamterfolg des Unternehmens verdeutlichen. Gerade den Teammitgliedern kommt die wichtige Aufgabe des Netzwerkens zu, da sie oft tiefer in den Themen des Tagesgeschäfts und damit näher an den Fachabteilungen sind. Die einzelnen Unternehmensjuristen schaffen Verbindungen zu den Kollegen und stellen damit sicher, dass sie in die jeweiligen Themen frühzeitig und proaktiv eingebunden werden.

- **Fachabteilungen:** Um positive Erfahrungen aus erster Hand zu vermitteln, ist es hilfreich, die Kollegen über die Arbeitsleistung der Rechtsabteilung sprechen zu lassen. Die Pflege von Beziehungen zu den Fachabteilungen und Kollegen ist daher von immenser Wichtigkeit. Es sollte nicht darauf vergessen werden, regelmäßig Feedback von internen Stakeholdern einzuholen. Diese Rückmeldungen dienen nicht nur dazu, die Zufriedenheit mit den Dienstleistungen der Rechtsabteilung zu messen, sondern bieten auch die Möglichkeit zur ständigen Verbesserung. Konstruktives Feedback sollte aktiv genutzt werden, um Dienstleistungen zu optimieren und die Wertschätzung für die Rechtsabteilung zu steigern.

Einen Ruf aufzubauen, braucht Zeit. Daher ist es nicht ratsam, beim Aufbau eines Images mit der Brechstange zu arbeiten. Zunächst müssen geeignete Gelegenheiten, die als Bühne für das Selbstmarketing dienen, gefunden werden, damit in einem nächsten Schritt eine wirkungsvolle Message transportiert werden kann. Auch das Netzwerken außerhalb des eigenen Unternehmens kann sich vorteilhaft in diesem Zusammenhang auswirken. Gutes Gelingen!

4. Organisation

Die Strategiearbeit[251] der Rechtsabteilung stellt sicher, dass die strategische Ausrichtung der Abteilung in Einklang mit den übergeordneten Unternehmenszielen gebracht wird. Effiziente Abläufe[252] sind das Mittel, um die im Rahmen der Strategie festgelegten Ziele der Rechtsabteilung zu erreichen. Erst im Anschluss wird die Organisation der Rechtsabteilung in Übereinstimmung mit der zuvor festgelegten Strategie festgelegt. Daher gilt einmal mehr der Leitsatz *„Structure follows strategy"*.[253]

Das nachfolgende Kapitel beschäftigt sich mit den Ressourcen der Rechtsabteilung und umfasst die Humanressource „Personal" und die finanziellen Mittel, und zwar das Rechtsabteilungsbudget. Neben Unternehmensjuristen ist auch nicht juristisches Personal Teil der Rechtsabteilung, das sowohl administrative als auch rechtliche Aufgaben übernehmen kann. Das Berufsprofil eines Unternehmensjuristen erfordert neben dem im Studium erworbenen Fachwissen auch weitergehende Fertigkeiten, die oft erst im Laufe der Tätigkeit als Unternehmensjurist erlernt werden. Dazu zählen ausgeprägte Kommunikationsfähigkeiten, Verhandlungsgeschick, strategisches Denken und Risikobewusstsein sowie Pragmatismus. Die Karrierelaufbahn innerhalb der Rechtsabteilung kann verschiedene Stationen mit unterschiedlichen Schwerpunkten und Spezialsierungen umfassen und sich bis hin zu einer Führungsposition weiterentwickeln.

Die Rechtsabteilung wird bei Personalengpässen oder fehlendem Fachwissen von externen Rechtsanwaltskanzleien oder alternativen Rechtsdienstleistern unterstützt. Um das genehmigte Budget nicht zu überschreiten, spielen die Kostenkontrolle und -verfolgung eine wesentliche Rolle, wobei ein Tracking externer Kosten die Rechtsabteilung bei der Budgeteinhaltung unterstützt.

Die Eingliederung der Rechtsabteilung im Unternehmen ist entscheidend, um eine effektive Integration in organisatorische Abläufe des Unternehmens sicherzustellen. In der Praxis haben sich verschiedene Organisationsansätze – abhängig von der Größe des Unternehmens und vielen weiteren Faktoren – bewährt.

4.1. Ressourcen

4.1.1. Interne Personalressourcen

Die wichtigste Ressource in der Rechtsabteilung ist und bleibt, trotz Digitalisierung durch Legal Tech und aufkommender KI-Technologie, immer noch der Mensch.

---

251 Siehe hierzu Kapitel 2.1. Strategiearbeit.

252 Siehe hierzu im Detail Kapitel 3. Effiziente Abläufe und Arbeitsweisen.

253 Dieser Leitsatz aus der Wirtschaftswissenschaft von *Alfred J. Chandler* besagt, dass die Struktur dazu dienen soll, die Ziele einer Organisation zu erreichen. *Chandler* ist auch der Auffassung, dass, wenn die Struktur nicht der Strategie folgt, Ineffizienz das Ergebnis ist.

Gerade die Aufgabe als Unternehmensjurist bietet ein facettenreiches Berufsprofil. Der Unternehmensjurist kann als Allrounder mit breitem juristischem Wissen oder als Experte in einem bestimmten Rechtsgebiet agieren. Darüber hinaus kann er auch die Rolle eines Projektmanagers oder eine Führungsaufgabe übernehmen. Letzteres bedingt die Mitarbeitersuche und -entwicklung. Aber auch Nichtjuristen sind als Assistenten, Paralegals oder Claim Manager Teil der Rechtsabteilung.

4.1.1.1. Berufsprofil

4.1.1.1.1. Anforderungs- und Persönlichkeitsprofil

Grundsätzlich variiert das Anforderungs- und Persönlichkeitsprofil eines qualifizierten Unternehmensjuristen je nach Unternehmen und Position. Folgende grundlegenden Fähigkeiten, Qualifikationen und Charaktereigenschaften sind aber von Vorteil:

- **Ausbildung und Fachwissen:** Eine fundierte juristische Ausbildung und das nötige Fachwissen sind Grundvoraussetzung für einen Unternehmensjuristen.
- **Rechtsempfinden:** Den Unternehmensjuristen zeichnet ein hohes Rechtsempfinden aus. Dieses hilft ihm, fundierte Entscheidungen zu treffen und Unternehmensrisiken zu erkennen und zu minimieren.
- **Verschwiegenheit und Integrität:** Verschwiegenheit und Integrität sind entscheidend, da ein Unternehmensjurist häufig mit vertraulichen und sensiblen Informationen umgehen muss.
- **Kenntnis der Geschäftsziele und -prozesse:** Der Unternehmensjurist muss sich mit den Geschäftszielen und -prozessen beschäftigen und diese kennen, denn nur die Kenntnis dieser Ziele und Prozesse ermöglicht es ihm, maßgeschneiderte rechtliche Beratung zu bieten, die den unternehmerischen Erfolg unterstützt.
- **Flexibilität und Neugierde:** Da sich die Umstände in Unternehmen schnell ändern können, ist es notwendig, als Unternehmensjurist flexibel und neugierig zu sein, um sich neuen geschäftlichen und rechtlichen Situationen schnell anzupassen und ständig dazuzulernen. Diese Fähigkeit, sich schnell auf Veränderungen einzustellen und kreative Ansätze zu entwickeln, ermöglicht es zudem, innovative Lösungen für komplexe rechtliche Anforderungen zu entwickeln.
- **Kommunikationsfähigkeit**: Eine wichtige Anforderung an einen Unternehmensjuristen ist es, die Sprache seiner Kollegen und des Unternehmens zu sprechen (und zu verstehen). Die Fähigkeit, rechtliche Angelegenheiten und Informationen in eine klare, für Laien verständliche Sprache zu übersetzen, ist eine hohe Kunst, zumal sich die Unternehmenssprache von Unternehmen zu Unternehmen unterscheidet.
- **Selbstorganisation:** Der Unternehmensjurist ist täglich mit einer Vielzahl von unterschiedlichsten Anfragen aus den Fachabteilungen konfrontiert (zB

Vertragsprüfungen oder rechtliche Prüfungen einer Vielzahl verschiedener Themen). Dafür ist ein hohes Maß an Selbstorganisation notwendig, um nicht den Überblick zu verlieren und gleichzeitig die Wichtigkeit und Dringlichkeit der Anliegen richtig zu priorisieren.

- **Teamfähigkeit:** Die Vielzahl an Themen, mit welchen sich die Rechtsabteilung eines Unternehmens beschäftigen muss, fordert die Teamfähigkeit eines Unternehmensjuristen. Egal ob Spezialist oder Generalist: Kein Unternehmensjurist kann die gesamte Breite an Rechtsgebieten abdecken. Teamarbeit ist also unerlässlich für eine effektive Zusammenarbeit mit den Fachabteilungen und nicht zuletzt innerhalb der eigenen Abteilung. Zudem hilft es in arbeitsintensiven Zeiten, wenn man eine Anfrage an kompetente Kollegen abgeben oder mit ihnen gemeinsam bearbeiten kann, um so Effizienz und Qualität der Arbeit zu gewährleisten.
- **Pragmatismus:** Ein großer Teil der täglichen Arbeit eines Unternehmensjuristen ist es, schnelle und praxisorientierte Lösungen zu finden. Durch eine pragmatische Herangehensweise werden dabei fundiert recherchierte Antworten und Lösungen erarbeitet, ohne sie mit (für die Fachabteilungen eher selten relevanten) juristischen Fachbegriffen, Paragrafen und Klauseln zu überfrachten, um Unternehmensziele einfach und schnell zu erreichen.

Exkurs: Kanzleierfahrung

Gerade kleine oder mittelständische Unternehmen setzen oft ein gewisses Maß an Berufserfahrung voraus, die bspw durch ein paar Jahre Kanzleitätigkeit erworben wurde. Große (internationale) Unternehmen stellen gerne auch Studienabsolventen ein. Erfahrene Kollegen bringen diesen dann das nötige Fachwissen und Unternehmenskenntnis bei bzw werden diese aus dem vorhandenen, digital bereitgehaltenen, reichen Wissensschatz des Unternehmens sowie durch die Tätigkeit in der Rechtsabteilung schnell selbst erworben. Ob Kanzleierfahrung oder nicht, die unterschiedlichen Karrierewege bringen sowohl Vor- als auch Nachteile mit sich: Unbestritten bringen ehemalige Anwälte oder Rechtsanwaltsanwärter ein breites Spektrum an Fachwissen mit, da sie während ihrer Kanzleizeit mit einer Vielzahl an Rechtsthemen und Unternehmen gearbeitet haben. Zudem zeichnen sich Unternehmensjuristen mit Kanzleierfahrung üblicherweise durch gute Verhandlungsfähigkeiten sowie ein hohes Maß an Stressresistenz und Effizienz aus, da in Kanzleien Zeitmanagement üblicherweise wichtig ist. Im Gegenzug lernen Unternehmensjuristen ohne Kanzleierfahrung das Unternehmen, dessen Strukturen und Prozesse sowie die Arbeit als Unternehmensjurist von Grund auf kennen und können sich dabei unbeeinflusst und dadurch vielfach auch leichter auf die Besonderheiten des Unternehmens einlassen und einstellen. Welche Art der Erfahrung für ein Unternehmen wertvoller ist, hängt von den individuellen Anforderungen, Herausforderungen und Zielen des Unternehmens ab.

4.1.1.1.2. Generalist vs Spezialist

Positioniert sich ein Unternehmensjurist besser als Generalist oder als Spezialist? Was ist sinnvoller? Beides kann Vor- und Nachteile haben und hängt von den Anforderungen und Bedürfnissen des Unternehmens und natürlich auch von der eigenen Karriereplanung ab.

Als Generalist verfügt der Unternehmensjurist einerseits über ein breites Wissen in verschiedenen Rechtsgebieten und ist so in der Lage, eine Vielzahl verschiedener Rechtsfragen zu beantworten. Seine Flexibilität und Anpassungsfähigkeit erlauben es ihm, sich schnell auf wechselnde Herausforderungen und Anforderungen einzustellen und unterschiedliche Aufgaben zu erledigen, was auch in der eigenen Abteilung zur Arbeitsentlastung beitragen kann. Andererseits fehlt dem Generalisten das tiefgreifende Spezialwissen, was die Beantwortung komplexer Fragestellungen schwierig gestalten kann. Der Spezialist wiederum kann durch sein fundiertes Wissen und seine umfangreiche Erfahrung in einem Rechtsgebiet bei komplexen Fragestellungen Risiken minimieren. Der Spezialist fungiert als wertvoller Berater innerhalb der Rechtsabteilung und kann Kollegen bei speziellen Fragen unterstützen. Allerdings trägt er weniger zur Effizienz bei, wenn eine Vielzahl von unterschiedlichen Rechtsfragen anstehen, die nicht in sein Fachgebiet fallen.

Aus Unternehmersicht kann die Einstellung mehrerer Spezialisten teurer sein als die Einstellung eines Generalisten. Als Unternehmensjurist eines kleinen oder mittelständigen Unternehmens ist dieser zwangsläufig als Generalist unterwegs und muss sich neben den gängigen Rechtsgebieten, wie dem Vertrags- und Arbeitsrecht, auch in speziellere Rechtsgebiete, bspw das IT- und Datenschutzrecht, einarbeiten. In Großkonzernen findet man hingegen häufiger eine Mischung aus Spezialisten und Generalisten. Da macht es Sinn, je nach Anforderung und Bedürfnissen des Unternehmens in Rechtsgebieten wie M&A, Presserecht, Gesellschaftsrecht, Medizinrecht, Medienrecht, Markenschutzrecht und IT- und Datenschutzrecht mit Spezialisten zu arbeiten.

Praxistipp für die persönliche Entscheidungsfindung

Vor dem Schritt in eine Spezialisierung empfiehlt es sich, sorgfältig zu überlegen, ob man sich langfristig mit seiner Rolle und dem Themengebiet identifizieren kann. Zudem sollte man sich auch mit der Frage beschäftigen, welche Entwicklungsmöglichkeiten bestehen. Es kann vorkommen, dass eine zu starke Fokussierung auf ein Spezialgebiet die beruflichen Aussichten einschränkt, da dieses möglicherweise nicht in jedem Unternehmen gefragt ist. Allgemein lässt sich festhalten, dass Generalisten oft flexibler in verschiedenen Positionen einsetzbar sind als Spezialisten und daher leichter einen Jobwechsel vollziehen können. Auf der anderen Seite werden Spezialisten häufiger für Führungspositionen in ihren Fachbereichen berücksichtigt. Die Rolle eines General Counsel könnte hingegen eher für einen Generalisten geeignet sein als für einen Spezialisten.

Es ist ratsam, diese Aspekte gründlich abzuwägen, um eine fundierte Entscheidung für den eigenen beruflichen Werdegang zu treffen.

4.1.1.1.3. Gegenüberstellung mit Anwaltsprofil

Nach dem Studium der Rechtswissenschaften schlagen viele Berufsanfänger zunächst die klassische Anwaltslaufbahn ein – um schließlich doch den Schritt in ein Unternehmen zu machen.

Der (externe) Anwalt ist zumeist auf ein Rechtsgebiet spezialisiert und wird, schon aus Gründen der Kostenersparnis, von seinen Auftraggebern eher selten von Anfang bis Ende in ein Projekt einbezogen. Vielmehr berät er punktuell zu risikoreichen Rechtsfragen oder unterstützt die Unternehmensjuristen mit der benötigten Expertise. Dabei hat der Anwalt meist unter hohem Zeitdruck zu beraten, da er häufig erst spät im Projektverlauf hinzugezogen wird. Außerdem kann er das Unternehmen nicht proaktiv im täglichen Geschäft unterstützen und somit auch nicht präventiv zur Verhinderung von Klagen beitragen. Das Unternehmen ist vielmehr eines von vielen Mandanten eines externen Anwalts.

Zu diesen fachlichen Besonderheiten eines externen Anwalts kommen eine kontinuierliche Mandantenakquise und ausgedehnte Arbeitszeiten. Dies führt regelmäßig dazu, dass bei vor allem jungen externen Anwälten der Wunsch nach einer ausgewogenen Work-Life-Balance aufkommt. Dies ist einer der häufigsten Gründe für einen Wechsel zum Unternehmensjuristen.

Entscheidet sich ein Anwalt, als Angestellter für ein Unternehmen in einer Rechtsabteilung tätig zu werden, widmet er seine ganze Aufmerksamkeit den juristischen Angelegenheiten eines Mandanten, also des Unternehmens. Das Unternehmen bietet neben der Möglichkeit, Projekte von Anfang bis Ende zu beraten und mitzugestalten und darüber hinaus die (Aus-)Wirkungen der Entscheidungen langfristig zu beobachten, auch eine große Bandbreite an Aufgaben, die eine Anwaltskanzlei in dieser Form nicht bietet. Verhandelt ein Unternehmensjurist, so geht es seltener um das „Gewinnen" und die Konfrontation, sondern vielmehr darum, Lösungen zu finden und Projekte auf den Weg zu bringen. Neben der klassischen juristischen Tätigkeit, welche inhaltlich oft abwechslungsreicher gestaltet ist (als in einer Fachkanzlei), sind die enge interdisziplinäre Zusammenarbeit, Führungs- und Ausbildungstätigkeiten sowie die Möglichkeit der Mitgestaltung des Unternehmensgeschäfts und -erfolgs durchaus attraktiv. All das steht dem Unternehmensjuristen offen. Es ist auch nicht ungewöhnlich, dass ein Unternehmensjurist nach Durchlauf seiner Karriere in der Rechtsabteilung ins operative Management berufen wird.

4.1.1.1.4. Der Unternehmensjurist als Führungskraft

> „Wenn du ein Schiff bauen willst, dann trommle nicht Männer zusammen, um Holz zu beschaffen, Aufgaben zu vergeben und die Arbeit einzuteilen. Sondern lehre sie die Sehnsucht nach dem weiten, endlosen Meer."[254]

254 *Antoine de Saint-Exupéry*, Die Stadt der Wüste (1940).

Dieses Zitat von *Antoine de Saint-Exupéry* drückt die Idee aus, dass eine gekonnte Führung nicht darin besteht, Menschen einfach nur Aufgaben zu übertragen, sondern sie mit einer Vision und einem Ziel zu inspirieren, so dass sie ihre Talente und Leidenschaften einsetzen, um dieses Ziel zu erreichen. Dieser Ansatz ermutigt dazu, Menschen dazu zu bringen, eine eigene Motivation und Begeisterung zu entwickeln, um die gestellten Aufgaben dann mit Leidenschaft und Engagement zu erfüllen.

Im Studium wird jedem angehenden Juristen beigebracht, wie er sich Fachwissen aneignet, das er im Laufe seiner Karriere durch zahlreiche fachliche Fort- und Weiterbildungsseminare und Kurse vertieft. Im Laufe seiner Karriere wird ein Unternehmensjurist sehr wahrscheinlich irgendwann allerdings auch Führungsaufgaben übernehmen, also „managen", und sich dabei überlegen, was für ein Manager er sein möchte.

Genau wie fachliche Fortbildungen die juristischen Fähigkeiten verbessern, müssen dann auch Leadership-Skills und Führungskompetenzen erlernt und entwickelt werden. Erstmalig in der Position als Manager, steht die ehemalige „juristische Fachkraft" nun plötzlich völlig neuen Herausforderungen gegenüber. Dazu zählen ua das Motivieren von Mitarbeitern, Feedback geben, Leistungen bewerten sowie die Richtung in Form von Zielen und Aufgaben vorzugeben – und dies individuell für jeden einzelnen Mitarbeiter.

Das Managen der Mitarbeiter findet oft zusätzlich zur täglichen, operativen Tätigkeit als Jurist statt, so dass hier eine Doppelfunktion erwartet wird, besonders von Juristen in den Zwischenebenen des Unternehmens. Nach Übernahme der Führungsaufgaben ist der Unternehmensjurist nämlich zumeist nicht von seinen täglichen, operativen Tätigkeiten befreit.

Die Arbeitswelt hat sich zudem auch im Hinblick auf die Anforderungen an Manager in den letzten Jahren stark verändert. Corona hat hier den bereits rollenden Stein lediglich ein wenig schneller laufen lassen und einmal mehr gezeigt, wie Menschen heute geführt werden wollen und müssen. Längst sind die Zeiten vorbei, in denen es geduldet wird, dass der Chef autoritär und als allbestimmende, von oben herab agierende Persönlichkeit auftritt. Die aktuelle und nachfolgende Generation der Arbeitnehmer wollen auf Augenhöhe geführt werden, gleichberechtigt mitsprechen und eigenverantwortlich handeln. Diese Forderungen der Arbeitnehmer stellen nicht nur Manager vor eine Herausforderung, sondern auch all die Unternehmen, in denen noch alte Führungsstrukturen und Hierarchien herrschen.

Anders als noch vor zwanzig Jahren bleiben Arbeitnehmer der Generationen Y und Z heute immer seltener ihr Leben lang bei einem Job und bei einem Unternehmen. Es ist für sie normal, nach einigen Jahren das Unternehmen zu wechseln oder sich sogar komplett neu zu erfinden. Generell ist es nicht ihr oberstes Ziel, dem Unternehmen zu Gewinnen zu verhelfen, sondern sie wollen vielmehr als

Individuen wahrgenommen werden und so durch einen für sie individuell sinnvollen Beitrag zum Gesamterfolg des Unternehmens beitragen. Diese Generationen sind flexibler und erwarten diese Flexibilität auch von ihrem Arbeitgeber. Indem Manager die Leidenschaften ihrer Teammitglieder erkennen, sie individuell führen und ihnen Projekte und Schulungen anbieten, motivieren sie diese jungen Generationen dazu, länger im Unternehmen zu bleiben. Weil die Toleranz, „schlechte“ Manager hinzunehmen, massiv sinkt, ist es essenzieller denn je für ein Unternehmen, gute Manager auszubilden. Jede Kündigung, die aufgrund schlechter Führung erfolgt, kostet das Unternehmen Geld, da es Erfahrung und Know-how verliert.

Gerade für Rechtsabteilungen ist eine langjährige Firmenzugehörigkeit besonders wichtig. Neue Mitarbeiter können zwar immer wieder neue Impulse mitbringen. Doch langjährige Mitarbeiter haben den Vorteil, sich aufgrund ihrer Identifikation mit dem Unternehmen und dessen Kultur mit ihrer rechtlichen Beratung an die DNA des Unternehmens angepasst zu haben. Gerade große Unternehmen mit zahlreichen Mitarbeitern sind nämlich oft wie ein eigener kleiner Kosmos, in dem man sich zunächst zurechtfinden muss. Die Frage nach Zuständigkeiten, wer wann eingebunden werden muss und wer Antworten und Informationen liefern kann, erfordert Zeit. Die Einarbeitungszeit in großen Unternehmen beträgt oft neun bis zwölf Monate. Da der Bewerbungsprozess an sich zudem eine langwierige Angelegenheit sein kann, ist es wichtig, die „richtigen“ Mitarbeiter zu rekrutieren und durch ein entsprechendes Management zu halten und damit der Tendenz der kurzlebigen Arbeitnehmer entgegenzuwirken.

Was macht nun eine gute Führungskraft in einer Rechtsabteilung aus und wie wird man dazu? Eine gute Führungskraft agiert gleichzeitig als fachlicher Experte, Manager, Leader und Coach/Mentor und verfolgt dabei bzw gerade dadurch die Unternehmensziele.

Nachstehend sind einige grundlegende, wichtige Kompetenzen angeführt, die eine gute Führungskraft in der Rechtsabteilung ausmachen, sowie Anregungen, wie man diese erwirbt und ausübt. In der Tabelle sind sie nicht nach Wichtigkeit sortiert, sondern stehen gleichwertig nebeneinander und greifen vielfach ineinander:

Kompetenz	Grund	Tipps zur Aneignung und Ausübung
Fachkompetenz	Fundiertes juristisches Fachwissen und eine umfassende Kenntnis der relevanten Gesetze und Vorschriften, um sachkundige Entscheidungen zu treffen und das Team angemessen zu unterstützen	• Klassische Ausbildung • Selbststudium und Fortbildung (Bücher, [Online-]Kurse, Fachanwalt etc) • Tägliche berufliche Erfahrung

Kompetenz	Grund	Tipps zur Aneignung und Ausübung
Führungsfähigkeiten	Durch das Setzen klarer Ziele ein Team motivieren, inspirieren und leiten, um Teammitglieder zu unterstützen und in ihrer beruflichen Entwicklung zu fördern	• Selbstreflexion • Schulungen • Mentoren • Feedback einholen • Nach Stärken der Teammitglieder suchen • Klein anfangen und ausbauen • Offen und flexibel bleiben
Kommunikation	Um komplexe rechtliche Konzepte verständlich zu erklären und effektiv mit Mitarbeitern, Kollegen und der Geschäftsleitung zu kommunizieren	• Klare und präzise Ausdrucksweise • Emotionen kontrollieren • Aktives Zuhören • Rückfragen stellen • Feedback einholen
Konfliktlösung	Um Streitigkeiten zu bewältigen und produktive Lösungen zu finden, da Rechtsabteilungen oft in komplexen Situationen mit potenziell kontroversen und strittigen Angelegenheiten arbeiten (innerhalb des Teams, der gesamten Rechtsabteilung, mit anderen Abteilungen und externen Partnern)	• Supervision • Coaching • Empathie zeigen • Emotionale Intelligenz entwickeln • Aktiv zuhören • Konflikte frühzeitig ansprechen • Eigene Emotionen kontrollieren • Kompromissbereitschaft • Lösungsorientiert handeln • Ausbildung (Mediator, Konfliktlösungstraining)
Strategisches Denken	Um langfristig Ziele zu entwickeln und strategische Entscheidungen zu treffen, die das Unternehmen unterstützen und schützen	• Vorausschauend Denken • Analysieren von Informationen • Wissen erweitern • Ganzheitlich denken • Neugierig bleiben • Aus Fehlern lernen • Feedback einholen
Mitarbeitermotivation	Um die Bedürfnisse der Mitarbeiter zu verstehen und diese langfristig an das Unternehmen zu binden	• Stärken der Teammitglieder erkennen • Persönlichkeitsprofil erstellen und analysieren • Mitarbeiter nach Stärken und Interessen einsetzen • Mitarbeitern ausreichend Ermessen und Handlungsspielraum einräumen

Kompetenz	Grund	Tipps zur Aneignung und Ausübung
Teamorientierung	Um ein starkes Teamgefühl und Zusammenarbeit in der Rechtsabteilung zu fördern; Ermutigung der Mitarbeiter, ihr Bestes zu geben und sich als Teil eines gemeinsamen Ziels zu sehen	• Gemeinsame Ziele setzen • Klare Kommunikation • Fördern von Teamwork und Zusammenarbeit • Erfolge feiern • Teambuilding • Empowerment der Teammitglieder • Gleichbehandlung • Faire Konfliktbehandlung und Lösung • Nachvollziehbare Fehlerkultur etablieren
Empathie	Um Verständnis für die Belange und Herausforderungen der Mitarbeiter zu zeigen; um eine positive Arbeitskultur zu schaffen und das Wohlbefinden im Team zu fördern	• Aktives Zuhören • Fragen stellen • Ehrliches Interesse • Mitgefühl zeigen • Achten auf nonverbale Zeichen • Perspektivenwechsel • Offen für andere Meinungen • Trainieren, trainieren, trainieren
Flexibilität	Um auf neue Herausforderungen und Entwicklungen in dem sich schnell verändernden Rechtsbereich zu reagieren	• Offenbleiben gegenüber Veränderungen • Stellen von neuen Herausforderungen • Aus Fehlern lernen • Weiterentwicklung (persönlich und beruflich) • Anpassungsfähigkeit • Positives Mindset
Integrität	Um das Vertrauen der Mitarbeiter und des Unternehmens zu gewinnen	• Ehrlichkeit • Vertraulichkeit • Transparenz • Verantwortung übernehmen • Konsequenz • Respekt • Vertrauen • Fairness • Vorbildfunktion
Ergebnisorientierung	Um das Team zu ermutigen, Leistung zu erbringen und effiziente Lösungen zu finden	• Klare Ziele setzen • Priorisieren • Zeitmanagement • Fokussieren auf Ergebnisse • Teamarbeit • Analysieren und lernen aus Erfolg und Misserfolg

Auch eine gute Führungskraft bringt nicht von Beginn an all diese Kompetenzen mit. Vielmehr gilt es, die zu befördernden Mitarbeiter gut vorzubereiten, damit deren erste Mitarbeiter nicht zu „Versuchskaninchen“ werden.

Jemanden in eine Führungsposition zu drängen ist kontraproduktiv. Unternehmensjuristen, die eine Position als Manager anstreben, können ihren Vorgesetzten ihre Fähigkeiten bereits in der täglichen Arbeit beweisen, indem sie mit (kreativen) Lösungen aufwarten und so ihren eigenen Chef unterstützen, anstatt ihren Vorgesetzten vor allem mit Problemen zu konfrontieren. Wer so bereits erste Fähigkeiten beweist und eine Karriere als Manager anstrebt, sollte zunächst die notwendige Ausbildung in Form von Schulungen, begleitendem Coaching und Mentoring erhalten. Nach Abschluss dieser Ausbildung erfolgt im besten Fall die Beförderung zur Führungskraft. Die Durchführung regelmäßiger Coachings und Supervisionen sind für Führungskräfte innerhalb der Ausübung ihrer Position wärmstens anzuraten.

Der Weg zum Manager kann Teil einer Struktur sein, die den Juristen der Rechtsabteilung eine Perspektive bietet. Daneben sollten Rechtsabteilungen klare Leistungsindikatoren für verschiedene Positionen wie „General Counsel“, „Senior Counsel“ oder „Head of Legal“ schaffen. Eine Richtlinie zur Erreichung dieser Positionen kann den Mitarbeitern Klarheit bieten und ihre Karriereentwicklung fördern.

4.1.1.1.5. Der Unternehmensjurist als Projektmanager

Ein Projektmanager plant, koordiniert, steuert und organisiert Projekte sowie das Projektteam. Je nach Rolle obliegt ihm auch die Führungs-, Budget- und Personalverantwortung. Aufgrund ihrer strukturierten Arbeits- und Herangehensweise sind (Unternehmens-)Juristen gut als Projektmanager geeignet. Des Weiteren ist bei Ausübung dieser Rolle vor allem die meist vorhandene Kommunikationsstärke gefragt. Ein Projektmanager hat die im Projekt involvierten Teams auf einen Nenner zu bringen, diese miteinander zu vernetzen, die richtigen Fragen zu stellen und die Erwartungshaltungen der Beteiligten zu managen. Zudem ist es essenziell, den Fokus nicht zu verlieren. Damit es zu keinen Verzögerungen im Projekt kommt, müssen Probleme kurzfristig erkannt und auch gelöst werden, weshalb eine hohe analytische Fähigkeit unerlässlich ist. Zu guter Letzt hat der Projektmanager eine Organisation auf allen Ebenen zu gewährleisten, damit das Projekt termingerecht abgeschlossen wird. Doch wie erwirbt man all diese Fähigkeiten und wo werden diese eingesetzt?

Viele erlernen dieses Handwerk im Rahmen der Konzipientenausbildung vor allem bei M&A-Transaktionen, da eine Vielzahl von Themen[255] und Arbeitsschritten[256] oft unter zeitlichem Druck sehr kurzfristig zu erledigen sind. Doch

255 ZB Arbeits-, Steuer-, Kartell- und Wettbewerbs- und Kapitalmarktrecht.

256 Angefangen bei der Due-Diligence-Prüfung über den Abschluss einer Absichtserklärung sowie eines Kaufvertrags bis hin zum Signing und Closing.

nicht nur in der Anwaltswelt sind derartige Fertigkeiten gefragt. Auch Unternehmensjuristen fungieren immer häufiger als Projektmanager bei größeren und komplexeren Projekten und erlernen notwendige Fähigkeiten bei der Inhouse-Projektabwicklung. Die inhaltliche Ausgestaltung der Projekte ist abhängig von der Branche des jeweiligen Unternehmens. In der Praxis kommt es des Öfteren vor, dass Unternehmensjuristen als Projektmanager für Compliance- oder Datenschutzprojekte auftreten, da die Ausgangsbasis für das Projekt eine (neue) Gesetzgebung ist und daher die Ansiedlung in der Rechtsabteilung naheliegt. Das Projektmanagementgeschick im weiteren Sinne ist aber häufig auch im Rahmen der Vertragserstellung vonnöten. Welcher Unternehmensjurist ist noch nicht vor der Aufgabe gestanden, einen Vertrag zu verfassen, ohne dass die Leistungen/Gegenleistungen der Parteien sowie die jeweiligen Rechte und Pflichten ausverhandelt waren? Gerade in solchen Situationen kann der Unternehmensjurist den Vertragsabschluss als zentrale Schnittstelle vorantreiben und die Fachabteilung(en) dabei unterstützen, die geplante Kooperation zu definieren.

Nicht vergessen werden darf, dass eine derartige Tätigkeit umfangreiche zeitliche Ressourcen beansprucht, die nicht immer leicht verfügbar sind. In den letzten Jahren hat sich daher das Berufsbild des „Legal-Projekt-Managers“ etabliert. Diese Spezialrolle erfordert nicht unbedingt ein Studium der Rechtswissenschaften. Bestenfalls hat der Legal-Projekt-Manager im Laufe seiner Karriere neben seiner Berufserfahrung im Projektmanagement juristisches Grundwissen erworben, um derartige Projekte erfolgreich zum Ziel zu bringen. Ein Legal-Projekt-Manager macht vor allem in größeren Unternehmen mit umfangreichen Projekten, die unter der Leitung der Rechtsabteilung stehen, Sinn. Eine Sonderform des Legal-Projekt-Managers ist der Legal Operations Manager, der vor allem Legal-Tech-Projekte betreut.[257]

4.1.1.2. Weitere Player in der Rechtsabteilung

Rechtsabteilungen bestehen nicht notwendigerweise ausschließlich aus Unternehmensjuristen. Neben diesen gibt es Personen, die kein Studium der Rechtswissenschaften abgeschlossen haben, aber dennoch eine wesentliche Rolle in der Rechtsabteilung spielen und das Rückgrat der Rechtsabteilung bilden.

Diese Player sind einerseits Assistenten und Paralegals. Erstere kümmern sich größtenteils um die Administration und Organisation in der Rechtsabteilung, wobei in der Praxis lediglich größere Rechtsabteilung eine derartige Unterstützung haben. Dagegen wenden sich Paralegals einfachen juristischen Aufgaben zu, die zumeist repetitiv sind. Derartige Paralegal-Stellen haben sich in der Praxis im Vertragsmanagement, Housekeeping, bei Markenrechtsangelegenheiten sowie im Datenschutz etabliert.

257 Siehe hierzu Kapitel 3.1.5.3. Legal Operations.

Zudem gibt es in manchen Rechtsabteilungen auch den sog Claim Manager. Das Claim Management ist ein wesentlicher Teil des Risikomanagements und konzentriert sich darauf, potenzielle Ansprüche und Forderungen in einem Projekt zu identifizieren, zu bewerten, zu verhandeln und zu bearbeiten. Das vorrangige Ziel besteht darin, Konflikte und finanzielle Verluste in Projekten zu minimieren, indem potenzielle Streitpunkte frühzeitig erkannt und effektiv angegangen werden.[258]

Nachfolgend werden die Tätigkeitsprofile der einzelnen Player beschrieben:

Assistenten

Das Tätigkeitsprofil der Assistenten umfasst vor allem die Unterstützung der Rechtsabteilung in sämtlichen organisatorischen und administrativen Angelegenheiten. Darunter fallen folgende Aufgaben:

- **Kommunikation und Korrespondenz:**
  - Verwaltung der Post sowie des E-Mail-Eingangs
  - Entgegennahme von Anfragen und Weiterleitung an die zuständigen Personen
  - Bearbeitung von Standardanfragen
  - ggf Korrespondenz mit Behörden, Anwälten und Notaren
  - Einfache Recherchetätigkeiten
- **Organisation und Koordination:**
  - Sicherstellung des Unterschriftenlaufs samt Nachverfolgung
  - Fristenmanagement
  - Einholung von Firmenauskünften
  - Koordination von Terminen
  - Vorbereitung und Erstellung von Präsentationen
  - Organisation von Besprechungen und internen Veranstaltungen
  - Zentrale Verwaltung und Pflege des Archivs für Vertragsmuster, Guidelines sowie Schulungen
- **Archivierung:**
  - Anlage von neuen Akten in einem Vertrags- oder Mattermanagement
  - Digitale und/oder physische Ablage von E-Mails und Dokumenten
- **Finanz- und Reisemanagement:**
  - Rechnungsmanagement, insbesondere Rechnungskontrolle und Weiterleitung zur Freigabe
  - Überwachung der Einhaltung des Budgets
  - Reiseplanung und -abrechnung

258 Gibt es im Unternehmen keine ausgewiesenen Claim Manager, werden diese Aufgaben üblicherweise vom Projektmanager wahrgenommen.

Praxistipp

Aufgrund des Tätigkeitsprofils können Assistenten einen wertvollen Beitrag zu Legal-Tech-Projekten liefern, da sie oftmals mit der Abwicklung dieser Aufgaben betraut sind. Darüber hinaus werden sie von den Projektverantwortlichen auch zum Automatisierungs- und Standardisierungspotential in der Rechtsabteilung befragt werden. Dabei sollte das Change Management nicht außer Acht gelassen werden. Gerade Assistenzarbeit ist durch Prozessoptimierung, Standardisierung und Digitalisierung betroffen. Die Weiterentwicklungsmöglichkeiten sind sorgfältig zu planen. Dabei bietet es sich an, Assistenten in der Folge zu Paralegals (siehe sogleich unten) weiterzuentwickeln und ihnen, neben den organisatorischen und administrativen Tätigkeiten, einen größeren Aufgabenbereich zu übertragen.

Paralegals

Unter dem Begriff des „*De-Lawyerings*" wird verstanden, dass juristische Tätigkeiten von rechtlich geschulten Fachpersonen übernommen werden. Der Unternehmensjurist wird also von Nichtjuristen mit einem soliden juristischen Basiswissen in vereinzelten Rechts- bzw Aufgabengebieten unterstützt. Die Etablierung einer derartigen Rolle bietet sich vor allem bei standardisierbaren Aufgaben an. Paralegals haben sich vor allem in folgenden Gebieten bewährt:

- **Contract Management:**
  - Bearbeitung von einfachen Anfragen
  - Erstellung von Verträgen und Unternehmensdokumenten auf Basis von Vorlagen
  - Durchführung von Vertragsanpassungen sowie Unterstützung bei Vertragsverhandlungen
  - Einleitung und Monitoring des Unterschriftenlaufs
  - Archivierung (siehe oben) und Datenerfassung
  - Fristenmanagement (zB Überwachung von Kündigungsterminen, Verlängerungen von Verträgen)
  - Reporting der abgeschlossenen Verträge
  - Pflege und Aktualisierung von Vertragsmustern
  - Juristische Recherche zu Rechtsfragen sowie Aufbereitung von Lösungen
  - Unterstützung bei Compliance-Themen (zB Datenschutz, Lieferkettengesetz)
- **Housekeeping:**
  - Vorbereitung von Sitzungen (zB des Aufsichtsrats oder Beirats sowie der Generalversammlung)
  - ggf Protokollierung bei Sitzungen und/oder Nachbearbeitung des Protokolls
  - Aufbereitung von gesellschaftsrechtlichen Dokumenten anhand von Mustern

  - Archivierung von Gründungsdokumenten und sonstigen gesellschaftsrechtlich relevanten Dokumenten
  - Beteiligungsmanagement
  - Unterstützung bei der Gründung von Gesellschaften
  - Terminkoordination und Zusammenarbeit mit Anwälten und Notaren
- **Markenrechtsangelegenheiten:**
  - Vorbereitung von Markenanmeldungen
  - ggf Durchführung der Markenrecherche mit Risikoeinschätzung (sog Clearance)
  - Koordination von Markenverlängerungen
  - Vorbereitung von Widersprüchen und Löschungen bei Markenrechtsverletzungen
  - Datenbankpflege
  - Fristen- und Kostenmanagement
  - Überwachen der Jahresgebühren und deren Einzahlung
- **Datenschutz:**
  - Bearbeitung von einfachen Anfragen zu datenschutzrechtlichen Themen
  - Erstellung und Verhandlung von Auftragsdatenverarbeitungsverträgen auf Basis von Vorlagen
  - Durchführung von Vertragsanpassungen sowie Unterstützung bei Vertragsverhandlungen anhand von Playbooks
  - Unterstützung bei der Erstellung und Wartung des Verarbeitungsverzeichnisses
  - Beantwortung von Betroffenenanfragen bzw Einholung aller notwendigen Informationen
  - Unterstützung bei der Abwicklung von Datenschutzverstößen

Claim Manager

Claim Manager haben üblicherweise einen kaufmännischen Ausbildungshintergrund, bringen jedoch auch ein tiefes Verständnis für Vertragswesen und Risikomanagement mit. Darüber hinaus zeichnen sich Claim Manager durch ausgezeichnete Kommunikations- und Verhandlungsfähigkeiten sowie die Fähigkeit, komplexe Sachverhalte zu analysieren und entsprechende Handlungsmaßnahmen abzuleiten, aus.

Claim Manager sind, sofern sie nicht direkt Teil der Rechtsabteilung sind, oft direkt im Projektmanagement angesiedelt.

Die Hauptaufgaben des Claim Managers sind:

- Identifikation von Abweichungen von vertraglichen Vereinbarungen durch regelmäßiges Monitoring
- Dokumentation dieser Abweichungen und entsprechende Aufbereitung

- Analyse und Beurteilung der aus diesen Abweichungen resultierenden Risiken und Chancen und die Einleitung entsprechender Maßnahmen
- Aufbereitung und Koordination der daraus resultierenden Claims sowie Übermittlung an den Vertragspartner
- Verhandlung und Durchsetzung von Ansprüchen gegenüber Kunden und Lieferanten
- Proaktive Unterstützung der Projektleiter in vertraglichen Belangen während des gesamten Projektzyklus, beginnend in der Angebotsphase bis zum Projektabschluss
- Analyse der abgeschlossenen Projekte, Lessons Learned aus gemachten Erfahrungen und Ableitung von Maßnahmen zur Vorbeugung und Verhinderung künftiger Risiken

4.1.1.3. Hiring & Talent Development

Die Einstellung und Entwicklung von Mitarbeitern sind Eckfeiler erfolgreicher Unternehmen und somit selbstredend auch für eine erfolgreiche Rechtsabteilung. Aufgabe einer Führungskraft in der Rechtsabteilung ist es daher, die richtigen Leute zu finden und ihre Fähigkeiten gezielt zu fördern. Zumeist erfolgt das mit Unterstützung der Personalabteilung.

4.1.1.3.1. Checkliste: Stellenausschreibung

Zunächst sind der Bedarf nach neuem Personal zu bestimmen und die Anforderungen und Qualifikationen für die offene Position zu definieren. In einem nächsten Schritt muss eine präzise Stellenbeschreibung erstellt werden, die die Aufgaben, Verantwortlichkeiten und erforderlichen Fähigkeiten deutlich kommuniziert.

Nachfolgende Checkliste soll bei der Erstellung der Stellenausschreibung eines Unternehmensjuristen helfen und bietet zudem einen Leitfaden für die wichtigsten Informationen.

Stellenbezeichnung	Bezeichnung der Stelle, zB (Senior/Junior) Unternehmensjurist/Justiziar/Legal Counsel (w/m/d)
Anstellungsbedingungen	zB Ort, feste Anstellung in Teil- oder Vollzeit, Homeoffice (ja/nein), befristet für Zeitraum/unbefristet
Firmeninformationen	Name des Unternehmens und eine kurze Beschreibung des Unternehmens (inkl Tätigkeitsbereiche, [inter-]nationale Ausrichtung, Werte sowie Mitarbeiteranzahl)
Aufgabenbereiche	Eine detaillierte Auflistung der Hauptaufgaben und Verantwortlichkeiten des Unternehmensjuristen im Unternehmen

Anforderungsprofil	• Erforderliche Ausbildung: zB: abgeschlossenes Jus-Studium, juristisches 1. und 2. Staatsexamen • Zusatzqualifikationen: zB LL.M., Fachanwalt, CIPP/E und/oder Datenschutzbeauftragter, Mediations- und Konfliktmanagement • Berufserfahrung: zB mindestens *[x]* Jahre in relevanten Bereichen • Kenntnisse in bestimmten Rechtsgebieten, die für die Stelle relevant sind (zB Arbeitsrecht, Vertragsrecht, Gesellschaftsrecht, Datenschutzrecht) • Weitere wichtige Stärken wie zB Entscheidungsfreudigkeit, Verantwortungsbewusstsein, Kommunikationsstärke, Teamfähigkeit, die Fähigkeit, komplexe rechtliche Fragen zu analysieren und pragmatische Lösungen zu finden, sowie die Fähigkeit, rechtliche Informationen klar zu vermitteln • Sprachen: zB Verhandlungssichere englische Sprachkenntnisse, weitere Sprachen
Unternehmenskultur und Benefits	• Informationen über die Unternehmenskultur und den Teamgeist (zB internationales engagiertes Team, Work-Life-Balance, moderne Büroräume, Freizeitangebote) • Hinweise auf zusätzliche Leistungen oder Vergünstigungen (zB betriebliche Altersvorsorge, flexible Arbeitszeiten, Urlaubstage, Fortbildungen)
Bewerbungsverfahren	• Link zum Bewerbungsformular/-portal • evtl Angabe einer Bewerbungsfrist • Kontaktdaten des Ansprechpartners für Rückfragen

Einige Jobportale bieten zudem Vorlagen für Stellenausschreibungen an. Sie sollen dem Arbeitgeber die Angabe von Informationen erleichtern und es dem Arbeitsuchenden ermöglichen, sich durch den immer gleichen Aufbau der Inserate schneller zurechtzufinden.

Praxistipp

Alle Bewerber müssen darüber informiert werden, dass bei jeder Bewerbung personenbezogene Daten verarbeitet werden. Sämtliche diesbezüglichen Informationspflichten können über eine Datenschutzerklärung abgebildet werden, auf welche verlinkt werden kann. Wichtig dabei ist: Dies gilt sowohl bei Bewerbungen auf offene Stellen (zB über die Kontaktmöglichkeit auf der Website) als auch bei Initiativbewerbungen. Die folgenden drei Aspekte sind in jedem Fall zu beachten:

- Bewerberdaten sollten nur innerhalb der HR-Abteilung und auch dort nur an jene Mitarbeiter weitergegeben werden, die aktiv am Bewerbungsverfahren beteiligt sind. Sofern Bewerberdaten auch für weitere Jobangebote verwendet werden sollen, bedarf es hierfür der expliziten Zustimmung durch den Bewerber.
- Zudem ist auch ein Löschkonzept für Bewerberdaten zu implementieren.
- Zur ausschließlichen automatisierten Entscheidungsfindung im Bewerbungsverfahren darf auf Art 22 DSGVO verwiesen werden!

4.1.1.3.2. Entwicklung und Motivation von Mitarbeitern

In einer Ära des anhaltenden demografischen Wandels und Arbeitskräftemangels wird die Bedeutung der Mitarbeiterentwicklung und -motivation für Unternehmen generell und für die Rechtsabteilung im Speziellen immer relevanter. In diesem Kontext erkennen progressive Organisationen zunehmend, dass der Schlüssel zum langfristigen Erfolg nicht nur in der Akquisition, sondern vor allem in der Pflege und Entwicklung ihrer wichtigsten Ressource liegt – dem Menschen. In einer Zeit, in der qualifizierte Fachkräfte rar sind und der Wettbewerb um Talente intensiver wird, wird deutlich, dass Unternehmen, die in die Entwicklung und Motivation ihrer Mitarbeiter investieren, nicht nur ihre Attraktivität als Arbeitgeber steigern, sondern auch die Grundlage für eine langfristige, nachhaltige Erfolgsgeschichte schaffen.

Fehlt es an Initiativen zur Entwicklung und Motivation der Mitarbeiter, droht das Unternehmen in Zukunft den Anschluss an den globalen Markt zu verlieren. Mitarbeiter wechseln im Durchschnitt immer schneller den Arbeitsplatz und der damit einhergehende Wissensverlust ist nicht mehr so einfach zu ersetzen. Neben dem zunehmenden Bedürfnis nach einer ausgewogenen Work-Life-Balance und mehr Flexibilität, wie der Möglichkeit, im Home-Office zu arbeiten, geht es auch immer mehr um die persönliche berufliche Verwirklichung in immer kürzerer Zeit. Entwicklung stellt den Schlüssel zur Motivation der Mitarbeiter dar. Mangelnde Motivation beeinträchtigt die Arbeitsqualität, selbst bei routinemäßigen und eher einfachen Aufgaben. Im Durchschnitt strebt ein Mitarbeiter alle ein bis drei Jahre nach persönlicher Weiterentwicklung. Wenn diese nicht stattfindet, nimmt die Motivation ab. Ein ambitionierter Mitarbeiter wird dann bald nach anderen beruflichen Möglichkeiten Ausschau halten.

Es ist wichtig zu betonen, dass die Mitarbeiterentwicklung nicht allein in den Händen der Personalabteilung liegt, sondern eine persönliche Verantwortung jeder Führungskraft darstellt. Vorgesetzte sollten die Motivationen, Bedürfnisse, Stärken und Schwächen ihrer Mitarbeiter kennen und individuelle Entwicklungen planen.

Vorteile kontinuierlicher Entwicklung

Die Vorteile kontinuierlicher Entwicklung sind vielfältig:

- **Leistungssteigerung:** Mitarbeiter erhalten die Möglichkeit, ihre Fähigkeiten und Kenntnisse zu erweitern. Gut ausgebildete Mitarbeiter sind dadurch in der Lage, anspruchsvollere Aufgaben zu bewältigen, was wiederum eine verbesserte Leistung und Produktivität zur Folge hat.

- **Erhöhte Mitarbeiterzufriedenheit:** Mitarbeiter, die die Möglichkeit zur persönlichen und beruflichen Entwicklung haben, sind in der Regel zufriedener mit ihrer Arbeit. Dies wirkt sich positiv auf die Produktivität und das allgemeine Arbeitsklima aus. Zudem trägt es dazu bei, talentierte Mitarbeiter langfristig zu binden und den Fluktuationsgrad zu verringern.
- **Innovationsförderung:** Motivierte Mitarbeiter sind offener für neue Ideen und Innovationen. Ein kreatives und lernfreudiges Umfeld ermutigt Mitarbeiter dazu, innovative Lösungen für geschäftliche Herausforderungen zu finden.
- **Anpassung an Veränderungen:** Die Geschäftswelt ist ständigen Veränderungen unterworfen. Gut entwickelte Mitarbeiter sind flexibler und können sich besser an neue Herausforderungen, Technologien und Unternehmensziele anpassen.
- **Führungskräfteentwicklung:** Die kontinuierliche Weiterentwicklung von potenziellen Führungskräften aus den eigenen Reihen trägt langfristig zur Stabilität und Führungsfähigkeit des Unternehmens bei. Motivierte Mitarbeiter fordern zudem auch ihre eigenen Führungskräfte und fördern dadurch auch deren eigene Entwicklung.
- **Wettbewerbsvorteil:** Gut ausgebildete und hochmotivierte Mitarbeiter sind ein entscheidender Wettbewerbsvorteil. Sie tragen dazu bei, dass das Unternehmen schnell reagieren und sich gegen Konkurrenten behaupten kann.

Horizontale und vertikale Entwicklung

Die traditionelle berufliche Weiterentwicklung erfolgt oft auf der vertikalen Ebene, durch einen Aufstieg in der Unternehmenshierarchie. In größeren Unternehmen, in denen häufiger Positionen sowohl in der Rechtsabteilung als auch in anderen für Unternehmensjuristen attraktiven Abteilungen (etwa Personal- und Finanzabteilung) zu besetzen sind, ist ein hierarchischer Aufstieg eher möglich als in KMUs. Um Mitarbeiter in kleinen und mittelständischen Unternehmen zu entwickeln, ist eine kreativere Herangehensweise auf der horizontalen Ebene erforderlich.

Klassische fachliche Entwicklungsmöglichkeiten in Form von gezielten Trainingseinheiten und Seminaren stellen solide Grundlagen dar. Beliebt in Deutschland sind zB auch gezielte Fachanwaltslehrgänge. Diese Maßnahmen ermöglichen nicht nur die Vertiefung fachlicher Kompetenzen, sondern fördern auch das Verständnis für strategische Unternehmensziele.

Die Teilnahme an berufsbegleitenden, weiterführenden Studiengängen, Vertiefungs- und Tagungsangeboten oder zielgerichteten Weiterbildungen bietet Mitarbeitern die Möglichkeit, ihre juristischen Kenntnisse zu vertiefen und gleichzeitig auch neue Fachbereiche zu erkunden. Die Studiengänge ausgenommen, sind diese Angebote zumeist auf ein bis zwei Tage beschränkt und damit gut zusätzlich zum Berufsalltag zu bewältigen. Zudem ermöglichen sie durch neue Impulse und den Austausch mit Kollegen aus anderen Rechtsabteilungen einen Blick über den eigenen Tellerrand hinaus. Bspw bildet eine Fortbildung zum Mediator den eigenen Charakter und bringt, ebenso wie zahlreiche andere Fortbildungen zu Spezialgebieten wie dem Datenschutzrecht etc, neues Spezialwissen und -fertigkeiten in die Rechtsabteilung. Die Digitalisierung schafft zB aktuell zahlreiche spannende neue Aus- und Fortbildungsmöglichkeiten im Bereich Legal Tech für technikaffine Kollegen.

Job Enrichment oder Job Enlargement fördern die persönliche Entwicklung und ermöglichen es Mitarbeitern, ihre Fähigkeiten vielseitiger einzusetzen. Ein Job Enrichment beinhaltet die Erweiterung der Aufgaben eines Mitarbeiters um anspruchsvollere Tätigkeiten. Ein Job Enlargement bedeutet die Erweiterung der Aufgabenvielfalt innerhalb des bestehenden Tätigkeitsfelds. Dies kann zudem auch zu einer Entlastung von Führungskräften beitragen, indem diese eigene Aufgaben auf ihre Mitarbeiter übertragen.

Eine weitere bewährte Methode ist die Job Rotation innerhalb der Rechtsabteilung oder sogar zwischen verschiedenen Abteilungen des Unternehmens. Durch diese praxisnahe Erfahrung können Mitarbeiter ihre Fähigkeiten breiter anwenden und ein tieferes Verständnis für die Abläufe im gesamten Unternehmen entwickeln. Die Chance, zeitweise oder dauerhaft außerhalb des eigenen fachlichen Zuständigkeitsbereichs tätig zu werden, besteht auch bei abteilungsübergreifenden Projekten. In internationalen Unternehmen bieten Auslandsaufenthalte eine einzigartige Möglichkeit, den Horizont zu erweitern und interkulturelle Kompetenzen zu stärken. Mitarbeiter mit internationalen Erfahrungen sind aufgrund ihrer kulturellen Sensibilität, Sprachkenntnisse, Anpassungsfähigkeit, Netzwerke, Problem- und Adaptionsfähigkeit und ihres globalen Verständnisses oft vielseitiger einsetzbar.

Auch die Unterstützung und Gewährung persönlicher Freiräume sowie Befugnisse können die Entwicklung und Motivation der Mitarbeiter erheblich fördern:

- Ein effektiver Ansatz hierfür ist die Erlaubnis und Unterstützung externer Tätigkeiten. Dies könnte die Teilnahme an Lehrbeauftragungen, das Halten von bezahlten Vorträgen im Rahmen von Fachseminaren, die Veröffentlichung von Fachliteratur und ähnliche Aktivitäten umfassen. Durch solche externen Engagements haben die Mitarbeiter nicht nur die Möglichkeit, ihre Fachkompetenz zu erweitern, sondern tragen auch zur Sichtbarkeit und Reputation des Unternehmens in relevanten Branchen bei. Die Freiheit, solche externen Möglichkeiten zu nutzen, bestätigt zudem das Vertrauen des Unternehmens in die Fähigkeiten seiner Mitarbeiter und stärkt deren persönliches Engagement für die berufliche Weiterentwicklung.

- Eine neuartige Entwicklungsmöglichkeit besteht darin, Mitarbeiter aktiv an Entscheidungsprozessen teilhaben zu lassen, sowohl innerhalb der Rechtsabteilung als auch im Gesamtkontext des Unternehmens. Dies fördert nicht nur die Eigenverantwortung, sondern stärkt auch die Identifikation der Mitarbeiter mit den Unternehmenszielen.

Flache Hierarchien eröffnen den Mitarbeitern verstärkte Möglichkeiten zur aktiven Kommunikation, zum (Mit-)Treffen von Entscheidungen und zu Interaktionen im Unternehmen. Obwohl in der Rechtsabteilung aufgrund der hohen Vertraulichkeit und Geheimhaltung spezifische Anforderungen gelten, können eine transparente Kommunikation, die Beteiligung an Entscheidungen soweit möglich und die Förderung von Kommunikation und Vernetzung im gesamten Unternehmen, unabhängig von Hierarchieebenen, das Selbstbewusstsein und Verantwortungsgefühl der Mitarbeiter stärken. Interne Meetings in der Rechtsabteilung müssen nicht ausschließlich von Führungskräften geleitet werden; durch eine Rotation können auch Mitarbeiter diese Verantwortung übernehmen und so Führungsfertigkeiten im geschützten Umfeld lernen. Darüber hinaus trägt die Einbindung der Mitarbeiter in Einstellungsentscheidungen für neue Teammitglieder dazu bei, ein offenes und inklusives Arbeitsumfeld zu schaffen.

Die Förderung von Soft Skills wie Kommunikation, Teamarbeit und Problemlösungskompetenzen ist ebenfalls entscheidend. Dies trägt nicht nur zu einer effektiveren Zusammenarbeit innerhalb der Rechtsabteilung bei, sondern hat auch positive Auswirkungen auf die Interaktion mit anderen Abteilungen und externen Partnern.

Coaching und Mentoring spielen eine entscheidende Rolle bei der individuellen Entwicklung von Mitarbeitern. Die gezielte Anleitung durch erfahrene Kollegen oder externe Coaches trägt dazu bei, nicht nur fachliche, sondern auch soziale und kommunikative Fähigkeiten zu stärken.

Insgesamt ist eine vielfältige und ausgewogene Mischung aus klassischen und innovativen Entwicklungsmöglichkeiten entscheidend, um Mitarbeiter in Rechtsabteilungen optimal zu fördern und ihre individuelle sowie kollektive Leistungsfähigkeit zu steigern.

Praxistipp

Durch kontinuierlichen Dialog und gezieltes Einholen von Feedback der eigenen Mitarbeiter erweitert sich das Spektrum der Entwicklungsmöglichkeiten erheblich. Es lohnt sich, den Argumenten und Wünschen der Mitarbeiter aufmerksam zuzuhören und sich auch mit scheinbar unkonventionellen Ideen auseinanderzusetzen. Im Allgemeinen weiß der Mitarbeiter am besten, was ihn motiviert und in welche Richtung er sich entwickeln möchte. Zudem können ungewöhnliche Fähigkeiten und Kenntnisse einen wertvollen Beitrag zum Gesamterfolg des Teams leisten und neue, bisher nicht berücksichtigte Verantwortungsbereiche eröffnen. Natürlich ist dabei stets auch die eigene Unternehmenskultur zu berücksichtigen und sicherzustellen, dass keine unangemessene Bevorzugung stattfindet.

4.1.2. Externe Organisation

Aufgrund ihrer tendenziell breiten fachlichen Aufstellung und der oft intern eingeschränkten Personalressourcen arbeiten Unternehmensjuristen auch laufend mit Rechtsanwaltskanzleien zusammen. Im besten Fall werden diese Vertrauensanwälte als verlängerter Arm der Rechtsabteilung verstanden – und verstehen sich auch selbst so. Ein gutes Einvernehmen sowie eine enge Vernetzung der externen und internen Juristen und ein Verständnis für das Unternehmen sowie die Branche sind für eine erfolgreiche Zusammenarbeit unerlässlich.

4.1.2.1. Zusammenarbeit mit externen Rechtsberatern

Die Zusammenarbeit mit externen Rechtsberatern erfolgt üblicherweise durch Beauftragung einer Rechtsanwaltskanzlei mittels Mandatsvertrag oder über ein Secondment (vorübergehende Entsendung) eines Konzipienten oder Rechtsanwalts in das Unternehmen. Neben diesen Formen der Zusammenarbeit gibt es zudem die in Österreich bisher noch wenig verbreiteten alternativen Rechtsdienstleister.

4.1.2.1.1. Mandatierung einer Rechtsanwaltskanzlei

Rechtsanwälte werden üblicherweise herangezogen, um Fragestellungen zu speziellen Themengebieten, welche die Unternehmensjuristen nicht selbst abdecken können, zu übernehmen. Darüber hinaus erfolgt eine Mandatierung häufig für die Ausarbeitung von Musterdokumenten und für die Begleitung und Vertretung in gerichtlichen Verfahren. Grund für die Beauftragung sind in diesen Fällen mangelndes Fachwissen oder die fehlende Vertretungsbefugnis vor Gerichten bei absolutem Anwaltszwang. Unter Umständen spielt auch die Auslagerung der Haftung eine Rolle, da ein Anwalt für die Richtigkeit seiner Rechtsberatung seinem Mandanten gegenüber haftet.

Hinsichtlich der Wahl von Vertrauensanwälten gibt es üblicherweise zwei Strategien: Viele Unternehmen entscheiden sich aufgrund der Abdeckung eines großen Portfolios an Fachgebieten für eine Großkanzlei nach dem „One-Stop-Shop"-Prinzip. Das Mandat geht immer an dieselbe Kanzlei, wobei die Bearbeitung durch einen der viele Rechtsanwälte oder Konzipienten erfolgt.

Eine andere Möglichkeit besteht darin, ausgewiesene Fachexperten als Vertrauensanwälte zu ernennen. Diese sind auch in Kleinkanzleien (oft auch Boutique-Kanzleien genannt) oder als Einzelanwälte tätig und verfügen über spezifische Expertise in ihren jeweiligen Fachgebieten.

Unabhängig davon, ob man einer Großkanzlei oder mehreren Kanzleien vertraut, je enger die Zusammenarbeit mit den Rechtsanwälten ist, desto mehr Branchenkenntnis und Unternehmensbindung werden aufgebaut. Das wirkt sich positiv auf die Qualität der Beratungsleistung aus, da diese effizienter und besser auf die individuellen Bedürfnisse des Unternehmens zugeschnitten werden kann. Die Kehrseite eines Vertrauensanwalts ist, dass sich aufgrund der stetigen Zusammenarbeit eine gewisse Routine entwickeln kann, die mitunter neue, kreativere Lösungsansätze vermissen lässt. Für gewisse komplexe Themenfelder eine „Second Opinion" einzuholen, sollte daher nicht ausgeschlossen werden. Generell gilt, dass bei (anhaltend) unzufriedenstellender Beratungsleistung durchaus auch der Vertrauensanwalt gewechselt werden darf.

Praxistipp

- **Den Überblick behalten:** Auch wenn es möglicherweise verlockend ist, die an den Rechtsanwalt übergebenen Agenden gänzlich bei diesem zu belassen, ist eine komplette Auslagerung der Verantwortung nicht ratsam. Es hat sich durchaus bewährt, regelmäßig zu bewerten, ob die vereinbarten Ziele erreicht und die erwartete Arbeitsweise und Qualität erfüllt sind. Im besten Fall erwirbt der Unternehmensjurist in der Zusammenarbeit mit dem Anwalt Wissen, das ihn befähigt, zukünftig derartige Agenden selbst wahrzunehmen. So ist das Budget für den externen Berater auch gut investiert.
- **One-Stop-Shop:** Den Vertrauensanwalt direkt oder ohne Involvierung des Unternehmensjuristen mit den Fachabteilungen arbeiten zu lassen, ist tunlichst zu vermeiden. Das anwaltliche Ergebnis sollte nicht ungefiltert und ohne auf Verständlichkeit überprüft worden zu sein, an die Fachabteilungen übergeben werden. Nur so kann sichergestellt werden, dass das Beratungsergebnis auch verständlich in der Fachabteilung ankommt. Ebenso wenig ist es empfehlenswert, die Fachabteilungen eigenständig in Kontakt mit dem Rechtsanwalt treten zu lassen. Ist dies der Fall, geht unter Umständen nicht nur juristisches Fachwissen verloren, sondern jedenfalls die Kostenkontrolle.
- **Verträge selbst verhandeln:** Generell ist es nicht angeraten, Vertragsverhandlungen für Einzelprojekte des Tagesgeschäfts an den Rechtsanwalt zur Gänze auszulagern. Da Rechtsanwälte zumeist stundensatzbasiert abrechnen, sind Vertragsverhandlungen durch den externen Berater mitunter sehr kostspielig. Ausnahmen davon sind jedoch üblicherweise M&A- und Liegenschaftstransaktionen. Den besten Return on Investment bringen die Erstellung von Musterverträgen (oder einzelnen Klauseln) oder die Aufbereitung komplexer Rechtsfragen.

Die Beauftragung eines Anwalts oder einer Rechtsanwaltskanzlei erfolgt üblicherweise mit Vertrag. Mandatsverträge regeln die Eckpunkte der Zusammenarbeit zwischen Unternehmen und Rechtsanwaltskanzlei und weisen jedenfalls folgende Inhalte auf:

- **Transparente Honorarvereinbarung:** Stundensätze, Verwaltungspauschale, Gebühren, Auslagen und Reisekosten, Übersetzungskosten, Abrechnungsmodalitäten (Pauschalen, Staffelung etc) sowie laufende Anpassung des Honorars

- **Substituierbarkeit der Leistungen:** Möglichkeit von Submandatierung, Konkurrenzklauseln, Zusammenarbeit mit Auslandskanzleien, Vollmachten etc
- **Haftungsbestimmungen:** Beschränkung der Haftung des Rechtsanwalts in bestimmten Fällen oder der Höhe nach, ggf Einschränkung auf grobe Fahrlässigkeit oder Vorsatz, Notwendigkeit einer Berufshaftpflichtversicherung und deren Höhe etc
- **Besonderheiten der Kommunikation:** Ansprechpartner, Kommunikationswege, Verschlüsselung, Mitwirkungspflichten des Mandanten etc
- **Laufzeit des Mandats:** Möglichkeiten und Folgen einer Mandatskündigung (beidseitig) und Verlängerungsoptionen
- **Sonstige Bestimmungen:** Verschwiegenheitspflichten, Bewerbung der Zusammenarbeit, ggf Fragen der Abwerbung von Mitarbeitern

Praxistipp zur Abrechnung

In der Rechtsberatung für Unternehmen sind stundensatzbasierte Honorare die Regel. Generell gilt, dass der Stundensatz umso höher ist, je höher der Grad der Spezialisierung des bearbeitenden Rechtsanwalts ist. Bspw wird ein Kartell- oder Vergaberechtsexperte einen wesentlich höheren Stundensatz verlangen als sein Kollege im allgemeinen Vertrags- und Zivilrecht. In Österreich variieren die Nettostundensätze für Konzipienten und Rechtsanwälte im Schnitt zwischen EUR 250 bis EUR 500,[259] wobei die Höhe des Stundensatzes wiederum auch von der Position in der Kanzlei abhängt. Zudem werden am Markt vermehrt auch „Flatrate-Modelle“ angeboten, wonach ein einheitlicher Stundensatz unabhängig von der Rolle vereinbart wird.[260] Stundensätze in Deutschland sind zumeist vergleichbar mit Österreich, wogegen in den USA Honorare von $1.000 pro Stunde keine Seltenheit sind.

Neben der Stundensatzvereinbarung ist es aus Inhouse-Sicht bei der Beauftragung für spezielle, abgrenzbare Projekte (oder Projektetappen) ratsam, Pauschalen zu vereinbaren oder jedenfalls Kostenschätzungen im Vorfeld anzufordern. Bei mandantenfreundlichen Abrechnungsmodellen wird bei Pauschalhonoraren ein Stundenkontingent hinterlegt und bei Stundenunterschreitung nur der geringere Aufwand verrechnet. Sofern keine Pauschalvereinbarung getroffen wurde, sollte, um Überraschungen zu vermeiden, eine frühzeitige Informationspflicht bei drohender Überschreitung vereinbart werden. Nur so ist eine Kostenkontrolle möglich.

Neben diesen Maßnahmen ist generell ein internes Kostentracking notwendig, damit der Überblick über das freigegebene Budget nicht verloren geht.[261]

259 Ausreißer nach unten und nach oben sind natürlich möglich.

260 Der Stundensatz für Konzipienten liegt in diesen Fällen oft über dem Durchschnitt, wogegen der Stundensatz für Rechtsanwälte unter dem Durchschnitt liegt. Ein Flatrate-Modell ist daher nur dann kostengünstiger, wenn die Stunden hauptsächlich vom Rechtsanwalt (und nicht Konzipienten) erbracht werden.

261 Siehe hierzu Kapitel 4.1.3. Budget.

4.1.2.1.2. Secondment

Eine andere Art der Zusammenarbeit mit Kanzleien ist das sog Secondment. Dabei wird ein Jurist für eine bestimmte Dauer in das Unternehmen entsandt, um vor Ort für den Kunden umfassende Beratungsleistungen zu erbringen.

Secondments bieten den Vorteil, dass der entsandte Jurist üblicherweise direkt im Unternehmen tätig wird, also ein gewisses Maß an Eingliederung ins Unternehmen erfolgt. Dadurch lernt der Jurist das Unternehmen sehr gut kennen und kann seine Beratungsleistung entsprechend individualisieren. Darüber hinaus ist der Jurist (üblicherweise) während des Secondments ausschließlich für das Unternehmen tätig, sodass ein direkterer und umfänglicher Zugriff auf die Beratungsleistung möglich ist.

Secondments sind aus Unternehmenssicht vor allem dann empfehlenswert, wenn sich die Rechtsabteilung noch im Aufbau befindet oder zur Abdeckung von Auslastungsspitzen aufgrund spezieller Sonderprojekte. Ebenso kommt ein Secondment als Überbrückung bei schleppender Personalsuche oder Einarbeitungsphasen von neuen Mitarbeitern in Frage.

Praxistipp

Klare Aufgabenbereiche für den Secondee, Übergaberegelung bei Beendigung des Secondments sowie ausführliche Dokumentationspflichten sind wesentlich bei einem Secondment. Da das Secondment meist nur temporär zu Verfügung steht, ist vor allem das juristische Know-how im Unternehmen zu behalten. Dies erfolgt einerseits mittels bereits erwähnter Dokumentationspflichten, andererseits kann eine gewisse Zeit vor Ende dem Secondee ein Unternehmensjurist als Tandem zur Seite gestellt werden. Darüber hinaus empfiehlt es sich vor allem bei kürzeren Secondments, Tätigkeiten des Tagesgeschäfts beim Stammpersonal zu belassen.

Das Secondment erfolgt in vielen Fällen mittels Entsendungsvertrag. Zu beachten ist in diesem Fall, dass es sich bei dieser Art des Secondments um eine Arbeitskräfteüberlassung handelt, auf welche die Bestimmungen des Arbeitskräfteüberlassungsgesetzes (AÜG) anzuwenden sind. Unter Umständen wird der Konzipient oder Rechtsanwalt daher für die Dauer der Entsendung auch direkt im Unternehmen angestellt, während sein Verhältnis zur Rechtsanwaltskanzlei (teilweise) ruhend gestellt wird.

Wie auch immer das Vertragskonstrukt für das Secondment gestaltet ist, die wichtigsten Regelungsinhalte der Vereinbarungen zwischen Kanzlei und Unternehmen sowie Kanzlei und anwaltlichem Secondee sind:

- **Dauer und Umfang:** Definition des Entsendungszeitraums, welcher wenige Wochen bis zu mehreren Jahren umfassen kann. Auch Teilzeit-Secondments sind denkbar.

- **Zweck:** Detaillierte Beschreibung der Aufgaben und Verantwortlichkeiten des Secondees im Unternehmen.
- **Weisungsbefugnisse und Arbeitsbedingungen:** Klarheit darüber, ob die Weisungsbefugnisse gegenüber dem Anwalt beim Unternehmen liegen oder dieser von bspw einem Senior-Partner angeleitet wird. Arbeitszeitregelungen, Urlaub, Dienstreisen und andere arbeitsrechtliche Bedingungen sowie Möglichkeit von Nebenbeschäftigungen.
- **Vergütung und Kosten:** Klare Vereinbarung über die Kostentragung, Abrechnungsmodalitäten mit der Kanzlei, sofern keine direkte Kostentragung durch das Unternehmen erfolgt.
- **Betriebsmittel, Personalkosten:** Weiterführung des anwaltlichen Mandats am Standort des Unternehmens mit eigenen Betriebsmitteln oder Bereitstellung der notwendigen Betriebsmittel für die Dauer des Secondments durch das Unternehmen bei gleichzeitiger Tragung sämtlicher Personalkosten für den anwaltlichen Secondee.
- **Versicherung und Haftung:** Versicherungen während des Secondments einschließlich Haftpflichtversicherungen, Ausgestaltung der Haftungsansprüche gegenüber der Kanzlei, ggf Haftung für Rechtsgebiete, in denen die Kanzlei nicht ausgewiesen spezialisiert ist.
- **Vertraulichkeit und Interessenkonflikte:** Klarheit über den Umgang mit während des Secondments erworbenen Kenntnissen und Informationen, insbesondere nach Rückkehr in die Kanzlei, Maßnahmen zur Sicherstellung der Vertraulichkeit und Vermeidung von Interessenkonflikten.
- **Beendigung und Rückkehrmodalitäten:** Möglichkeiten der vorzeitigen Beendigung des Secondments, Bedingungen für die Rückkehr des Secondees in die Kanzlei.

4.1.2.1.3. Alternative Rechtsdienstleister

In den letzten Jahren werden neben der Beauftragung von externen Kanzleien und „anwaltlichen" Secondments auch teilweise alternative Rechtsdienstleister (auch „Alternative Legal Service Provider", kurz „ALSP") eingesetzt. ALSP bieten die Abwicklung von bestimmten Einzelprojekten für gewisse Rechtsbereiche auf Zeit an und können aufgrund ihrer Spezialisierung sowie vermehrten Einsatzes von Technologien ihre Leistung oft kostengünstiger als herkömmliche Kanzleien anbieten. ALSP bewerben ihre Dienstleistung daher auch mit „more service for less money". Das Leistungsportfolio der ALSP ist überaus vielseitig: Von speziellem Know-how für Banken, Energie- und Pharmaunternehmen bis zur Implementierung von Legal Tech und die Umsetzung von Compliance-Projekten bieten ALSP eine umfassende Expertise und maßgeschneiderte Lösungen. Dabei setzen ALSP nicht nur auf einzelne Projektjuristen, sondern stellen bei Bedarf auch ein gesamtes Projektteam zur Verfügung. In den Vereinigten Staaten sind ALSP-Dienstleistungen vor allem für umfassende Dokumentenprüfungen (zB für M&A-Trans-

aktionen oder im Rahmen der Discovery) zunehmend beliebt, es gibt jedoch auch im DACH-Raum bereits Anbieter (zB Lawyers on Demand, Vario Legal, EQWAL, Flex Suisse oder EY).

Vorteil für die Rechtsabteilung ist, dass Personalbedarf kurzfristig ohne lange Einarbeitungsphase gedeckt, aber auch wieder rasch abgebaut werden kann und aufgrund des Spezialwissens ein qualitatives sowie praxisrelevantes Ergebnis zu möglicherweise sogar besseren Konditionen erwartet werden darf. Inwieweit die Zusammenarbeit mit einem ALSP jener mit dem Vertrauensanwalt vorgezogen wird, hängt natürlich von den Bedürfnissen und Gepflogenheiten im Unternehmen ab.

4.1.2.2. Rechtsanwaltssuche im In- und Ausland

Bei der Suche nach rechtsanwaltlicher Beratung im In- und Ausland gibt es unterschiedliche Herangehensweisen. Für die Beauftragung im Inland bestehen vielfach bereits Kontakte, auf die zurückgegriffen werden kann. In Bezug auf die Suche im Ausland haben inländische (Groß-)Kanzleien oft eigene Niederlassungen oder Partnerkanzleien, welche sie ihren Mandanten im Bedarfsfall weiterempfehlen können.

Sofern keine geeignete Empfehlung vorliegt, gibt es unterschiedliche Internetservices, welche bei der Suche nach geeigneten Rechtsanwälten unterstützen (zB österreichische Rechtsanwaltskammer, anwaltfinden.at). Ähnliche Suchplattformen für Rechtsanwälte gibt es auch im internationalen Kontext (zB E-Justice, GTAI, eurojus.de). Auch die AußenwirtschaftsCenter der Wirtschaftskammer sind oft eine gute Anlaufstelle für die Rechtsanwaltssuche im Ausland. Ohne persönliche Empfehlung gestaltet sich die Auswahl geeigneter Anwälte möglicherweise schwieriger, da eine aufwändige Recherche sowie persönliche Kennenlerngespräche unverzichtbar sind. Auch aus diesem Grund ist eine Vernetzung in den eigenen Reihen dringend empfohlen. Langjährig aufgebaute Kontakte können im Bedarfsfall sehr nützlich sein und die Anwaltssuche mit hilfreichen Empfehlungen unterstützen.

Worauf ist bei der Beauftragung von Anwälten zu achten? Neben der notwendigen fachlichen Qualifikation, der entsprechenden Berufserfahrung eines Anwalts und allenfalls erforderlichen Fremdsprachenkenntnissen gewinnt die Online-Reputation bei der Auswahl zunehmend an Bedeutung. Die Art und Weise, wie ein Anwalt oder eine Kanzlei auf ihrer Webseite oder in den sozialen Medien auftritt, kann bereits viel über seine/ihre Professionalität und Arbeitsweise aussagen. Auch Anwalts-Rankings (zB JUVE, The Legal 500) oder einschlägige Publikationen in namhaften Fachzeitschriften können aussagekräftig sein.

Ein weiteres entscheidendes Kriterium, besonders in internationalen Angelegenheiten, ist sicherzustellen, dass die im jeweiligen Land benötigten Zulassungen und Registrierungen des Anwalts vorliegen. Zusätzlich ist es unerlässlich, dass keine Interessenkonflikte vorliegen, die eine unabhängige Vertretung der Belange des Unternehmens gefährden.

4.1.2.3. Exkurs: Tipps für externe Rechtsberater

Anders als bei der Beratung von Privatpersonen, die in den seltensten Fällen eine juristische Ausbildung besitzen, stellt die Beratung von Unternehmensjuristen Rechtsanwälte mitunter vor besondere Herausforderungen. Obwohl sich dieses Buch in erster Linie an Unternehmensjuristen richtet, wendet sich diese Kapitel an den interessiert schmökernden Anwalt.

Unternehmensjuristen sind aufgrund ihrer Ausbildung und Erfahrung vermutlich eine besonders anspruchsvolle Klientel. Neben hoher Fachkenntnis erwarten Unternehmensjuristen von ihren Anwälten nicht nur Beratungsleistung, sondern oft eine strategische Partnerschaft, welche sich durch ein Verständnis für Branchenspezifika, Unternehmensprozesse und -werte auszeichnet.

Nachstehend folgen sieben Tipps, wie Rechtsanwälte ihre Beratung von Unternehmensjuristen erfolgreich(er) gestalten können:

Bedürfnisse und Erwartungen verstehen

Ein Blick auf die Webseite des Unternehmens vor dem ersten Termin unterstützt oft bereits einen positiven ersten Eindruck. Interesse am Unternehmen, dem Unternehmensgegenstand, der Organisation sowie Aufstellung und der Arbeitsweise der Rechtsabteilung sowie das Erfragen der rechtlichen Herausforderungen, Risiken und Schadenspotenziale schaffen weiter Klarheit. Dies trägt zu einem wohlwollenden Arbeitsklima bei. Sich die „Inhouse-Brille", bspw im Rahmen eines Secondments, einmal aufzusetzen, kann die künftige Beratung durchaus positiv beeinflussen. Zudem ist dies auch ein Verkaufsargument gegenüber den Mandaten.

Pragmatische und maßgeschneiderte Lösungen

Unternehmensjuristen suchen anwaltliche Beratung üblicherweise dann, wenn sie selbst in der Sache nicht mehr weiterkommen. Dies bringt mit sich, dass die Flughöhe in der Beratung üblicherweise ungleich höher ist als bei juristischen Laien. Auf langatmige theoretische Ausführungen, ausführliche rechtliche Analysen ohne konkrete Handlungsempfehlungen oder komplizierte Rechtskonstrukte sollte, soweit nicht explizit gewünscht, verzichtet werden. Praktikable Lösungen („geht nicht, gibt's nicht") sowie verständliche Rechtsgutachten sind gefragt. Dabei bewährt sich auch der Griff zum sinnbildlichen Telefonhörer, um Rechtsmeinungen und Lösungsvorschläge vorab mündlich zu erörtern. Dies hilft, Verwirrung und Unzufriedenheit auf Seiten der Unternehmensjuristen und unnötige Aufwände seitens des Rechtsanwalts zu vermeiden.

Priorisierung

Unternehmensjuristen haben vielfach begrenzt Kontrolle über ihr Zeitmanagement. Zeitliche und inhaltliche Abhängigkeiten der Rechtsabteilung von Fachabteilungen und Entscheidungsträgern führen mitunter zu knappen Bearbeitungszeiträumen bei den Rechtsanwälten. Verständnis dafür und das Einhalten der knappen Frist werden hochgeschätzt.

Gemeinsam mehr wissen

Soll die Zusammenarbeit langfristig erfolgreich sein, versteht sich der Rechtsanwalt als Sparringspartner für die Unternehmensjuristen. Der Unternehmensjurist möchte sich weniger als finanzielle Ressource betrachtet wissen, sondern strebt danach, auf Grundlage der Beratung die eigenen Fähigkeiten zu erweitern, um künftige Sachverhalte eigenständig lösen zu können. Gleichzeitig kann der Rechtsanwalt von der Arbeits- und Sichtweise der Unternehmensjuristen profitieren und diese Erkenntnisse für seine (zukünftige) Beratungspraxis nutzen.

Verlängerter Arm der Rechtsabteilung

Versteht sich der Rechtsanwalt als integraler Bestandteil des Teams, trägt dies immens zur Effizienz und zum Klima der Zusammenarbeit bei.

Klare Rechnung, gute Freunde

Eine Abrechnung auf die Minute, großzügige Aufrundungen, die Weiterverrechnung eines kanzleiinternen 4-Augen-Prinzips oder ausufernde Rechercheaufwände im angepriesenen Spezialgebiet werden verständlicherweise mit wenig Begeisterung aufgenommen. Schwarze Schafe gibt es leider in jedem Berufsfeld, ob man jedoch dazu zählen möchte, sei jedem selbst überlassen. Trotzdem sollten Wünsche in Bezug auf die Honorarabrechnungen (Abrechnungsintervall, Pauschalen, Kostenwarnungen, Rechnungsempfänger etc) ernst genommen und durchgeführt werden. Rechnungen vor dem Versenden an den Mandanten zu kontrollieren, hilft zudem, die doppelte Verrechnung von Leistungen, falsche Rechnungsempfänger (bspw im Unternehmensverbund) zu vermeiden.

Mit der Zeit gehen

Die Rechtsbranche befindet sich im Wandel, der auch vor Unternehmensjuristen und Rechtsanwälten nicht Halt macht. Dies bedeutet, nicht nur rechtlich auf dem neuesten Stand zu sein, sondern auch, sich mit den sich verändernden Technologien und Arbeitsweisen zu beschäftigen, die die moderne Rechtspraxis unterstützen. Legal Tech entwickelt sich in rasantem Tempo und hält Einzug in die Rechtsabteilungen. Diese mitunter sehr teuren IT-Projekte wirken sich auf das Budget der Rechtsabteilungen aus. Sich als Rechtsanwaltskanzlei den (neuen) Arbeitsweisen der Mandanten anzupassen, aber auch selbst durch den Einsatz von Legal Tech effizienter und kostensparender beraten und innovativere Lösungen bieten zu können, bietet einen großen Mehrwert.

4.1.3. Budget

4.1.3.1. Planung

„Wenn du versagst zu planen, planst du zu versagen.“[262]

Benjamin Franklins Ausspruch gilt auch für die Service Unit Rechtsabteilung im Rahmen der jährlichen Budgetplanung.

Eine Grundsatzfrage ist dabei von besonderer Bedeutung: Wird ein Großteil der Aufgaben durch die Unternehmensjuristen selbst, also ohne Beiziehung von externen Rechtsanwaltskanzleien erledigt („Insourcing“) oder werden Tätigkeiten durch externe Rechtsberater erbracht („Outsourcing“)?

Insourcing hat den großen Vorteil, dass das Know-how im Unternehmen verbleibt und Wissen somit einfach und kostengünstig reproduziert werden kann. Zudem sind Unternehmensjuristen zumeist tief in die Unternehmensstrukturen integriert, kennen die Bedürfnisse ihres Unternehmens und haben kontinuierlichen Kontakt mit den verschiedenen Fachabteilungen, sodass eine zielgerichtete Beratung möglich ist. Demgegenüber kann im Rahmen des Outsourcings schnell auf Schwankungen in der Arbeitslast reagiert werden, da Kapazitäten flexibel einsetzbar sind. Somit können Kosten zumeist auch sehr schnell wieder reduziert werden. Externe Rechtsberater bieten oft auch spezielles Fachwissen in verschiedenen Bereichen an, das möglicherweise intern nicht zur Verfügung steht.

Viele Rechtsabteilungen befinden sich im „Do more with less“-Dilemma und sind daher zu einem Insourcing angehalten. Gerade bei steigender Arbeitsbelastung und schrumpfenden Budgets ist ein *De-Lawyering* die Folge. Damit sind eine Übertragung von juristischen Tätigkeiten auf Nichtjuristen (zB Paralegals, Legal Coordinators) oder der Einsatz von Legal Tech gemeint. Diese Maßnahmen zur Effizienzsteigerung wurden bereits in den vorangegangenen Kapiteln ausführlich beschrieben.

Eine Richtschnur für die Höhe des Budgets je Rechtsabteilungsgröße kann nicht zuverlässig bereitgestellt werden, da sich die Ausgaben maßgeblich an der Unternehmenstätigkeit, dem Aufgabenspektrum und der Größe der Rechtsabteilung orientieren. Im Folgenden sind die gängigen Budgetpositionen aufgelistet.

- **Personal:** Die Höhe der Personalkosten ist abhängig von der Abteilungsgröße und der Seniorität im Team. Vielfach sind zusätzlich zu den Kosten für juristisches Personal auch Kosten für Assistenzkräfte und sonstiges nichtjuristisches Personal (zB Legal-Projekt-Manager, Legal Operations Manager) zu berücksichtigen. Wird ein Secondee im Unternehmen angestellt, belasten auch diese Kosten das Personalbudget. Neben den Gehaltssteigerungen für bereits

262 Freie Übersetzung des englischen Zitates: „If you fail to plan, you are planning to fail“ von Benjamin Franklin (1706–1790).

bestehendes Personal ist der Bedarf für neue Head Counts zu eruieren und bekanntzugeben.

- **Reisekosten:** Gerade bei internationaler Ausrichtung sind Reisekosten für Fortbildungen, Projekte und Teamaktivitäten einzuplanen (zB Einschulungen von neuen Mitarbeitern, Notwendigkeit von wiederkehrenden persönlichen Treffen, Vertragsverhandlungen, Behördenkontakte).
- **Teamevents:** Üblicherweise ist auch ein Budget für teambildende Maßnahmen vorzusehen (zB Weihnachtsessen, Ausflüge, jährliche Teamzusammenkunft gerade bei internationalen Teams).
- **Fortbildung:** Damit die Weiterbildung des eigenen Teams gewährleistet ist, empfiehlt es sich, genügend Budget für zumindest eine Fortbildung im Jahr einzuplanen. Dabei gibt es unterschiedliche Optionen, angefangen bei individuellen Schulungen für einzelne Mitarbeiter bis hin zu Gruppenschulungen oder laufenden Onlinetrainings für das gesamte Team.

* **Externe Beratung:** Neben den Personalkosten sind die Kosten für die externe Rechtsberatung eine der größten Budgetpositionen.
  - **Klassische Rechtsberatung:** Diese Position umfasst die Einholung von Rechtsgutachten zu komplexen Rechtsfragen, aber auch die Erstellung und Überprüfung von Vertragsmustern sowie Vertragsverhandlungen. Es können zudem auch sonstige Aufwendungen wie zB Bestellung zum DSGVO-Beauftragten in diese Budgetposition fallen.
  - **Verfahrenskosten:** Gerichtliche Prozesskosten sind abhängig von der Höhe des Streitwerts. Neben den Pauschalgebühren sind auch Gutachterkosten und Kosten der rechtlichen Vertretung zu berücksichtigen. Im Falle des Prozessverlusts sind in vielen Jurisdiktionen auch die Kosten der obsiegenden Partei zu übernehmen. Die Kosten im Schiedsverfahren hängen von den gewählten Schiedsregeln ab. Bei der VIAC fallen bspw neben der Einschreibegebühr auch Verwaltungskosten und Honorare für Schiedsrichter an. Eine erste Kostenschätzung kann über den VIAC-Kostenrechner[263] eingeholt werden. Im Vergleich fällt bei einem Streitwert von EUR 100.000 eine gerichtliche Pauschalgebühr in Höhe von EUR 2.518 an, wogegen sich die Kostenschätzung der VIAC bei einem Schiedsrichter auf EUR 9.000 bis EUR 11.000 beläuft.
  - **Risikovorsorge:** Ein Polster für eventuelle Rechtsstreitigkeiten oder unvorhergesehene rechtliche Probleme sollte ebenfalls inkludiert werden.
  - **Compliance-Programme:** Ausgaben für die Implementierung und Aufrechterhaltung von Programmen zur Einhaltung gesetzlicher Vorschriften sind ebenso Teil dieser Budgetposition.
  - **Schulungen für Fachabteilungen:** Entscheidet sich die Rechtsabteilung für einen externen Anbieter oder entwickelt ein e-Learning selbst, sind derartige Kosten in der Budgetplanung vorzusehen.

---

263 Vgl www.viac.eu/de/schiedsverfahren/kostenrechner (abgerufen am 19.1.2024) oder Kapitel 4.1.3.3. – Link 18.

- **Marken- und Patentportfolio:** Abhängig von der Innovationskraft und Organisation im Unternehmen schlagen vor allem Kosten für das Marken- und Patentportfolio zu Buche. Diese Position umfasst nicht nur die Anmeldegebühren in den verschiedenen Klassen und Ländern, sondern auch die damit zusammenhängenden Beratungsleistungen. Gerade Patentanwälte haben aufgrund der Spezialisierung zumeist einen deutlich höheren Stundensatz als klassische Rechtsberater.

- **Legal Tech:** Abhängig von Projektgröße und -umfang sind derartige Softwarelösungen oft gerade bei Einführung sehr kostspielig und müssen daher frühzeitig geplant werden. Da jedoch auch die laufenden Kosten für Lizenzen zumeist nicht zu unterschätzen sind, ist es gerade bei Projektplanung wichtig, sich einen verlässlichen Überblick über die anfallenden Kosten zu verschaffen.
- **Sonstiges:** Neben diversem Büromaterial fallen auch Ausgaben für Bücher und Rechercheplattformen an. Bei einer internationalen Ausrichtung sind zudem Übersetzungskosten für Rechtsdokumente, Vertragsverhandlungen und Rechtsstreitigkeiten einzuplanen.

Praxistipp

- Es bietet sich an, intern abzuklären, welche Kosten das Rechtsabteilungsbudget betreffen. Aus Sicht der Rechtsabteilung sollten projektspezifische Kosten direkt von der Fachabteilung getragen werden. Gerade bei größeren, abgrenzbaren Projekten (zB Immobilienkauf oder M&A-Transaktionen) sind die Rechtsberatungskosten bereits separat für das Projekt kalkuliert und belasten nicht das Jahresbudget der Rechtsabteilung. Bei der Position Marken- und Patentportfolio ist ebenso intern abzuklären, ob derartige Kosten überhaupt in das Budget der Rechtsabteilung oder nicht doch in jenes der Fachabteilung fallen.
- Sofern Compliance- und Datenschutzthemen in der Rechtsabteilung angesiedelt sind, hilft es, für diese Bereiche separate Budgettöpfe vorzusehen. Gerade in diesen Rechtsgebieten treten oft unvorhersehbare Kosten auf, bspw durch Data Breaches oder sonstige Compliance-Vorfälle. Abgesehen davon, dass es auch für die Geschäftsleitung interessant ist, was in diesen Bereichen für Kosten anfallen, wird durch die Trennung vom Gesamtbudget dieses nicht über Gebühr belastet oder durch ungeplante Vorfälle verfälscht.

4.1.3.2. Tracking externer Kosten

Eine Kostenkontrolle und -verfolgung ist für jede Rechtsabteilung unerlässlich. Dabei bezieht sich die Kostenkontrolle auf proaktive Maßnahmen, die sicherstellen, dass die tatsächlichen Kosten innerhalb des festgelegten Budgets bleiben. Dem gegenüber steht die Kostenverfolgung als retrospektiver Prozess, in dem die tatsächlichen Ausgaben regelmäßig erfasst und analysiert werden. Es liegt in der Verantwortung des Rechtsabteilungsleiters, das geplante Budget und die tatsächlich angefallenen Kosten jederzeit griffbreit zur Verfügung zu haben. Damit können Ressourcen effizient genutzt, Abweichungen frühzeitig erkannt und Maßnahmen zur Gegensteuerung eingeleitet werden.

Kostenkontrolle

In Kapitel 4.1.2.1. „Zusammenarbeit mit externen Rechtsberatern" wurden bereits verschiedene Abrechnungsmodelle mit externen Rechtsanwälten dargestellt und erörtert, welche Vereinbarungen dazu beitragen, die Kosten im Überblick zu behalten (zB Pauschale, Kostenwarnung). Sind mehrere Unternehmensjuristen in der Rechtsabteilung tätig, ist zudem die Entscheidung zu treffen, ob jede Beauftragung über den Tisch des Rechtsabteilungsleiters gehen muss. Eine andere Option ist, vorab ein gewisses Kontigent für den jeweiligen Unternehmensjuristen pauschal freizugeben. Jedenfalls beugt eine zentrale Erfassung der monatlich getätigten Beauftragungen einem bösen Erwachen bei Rechnungsstellung vor und unterstützt die Kostenverfolgung im Nachgang.

Kostenverfolgung

In Bezug auf die Kostenverfolgung sind zwei Aspekte wesentlich:

Rechnungsprüfung

Jede einlangende Rechnung wird dahingehend überprüft, ob die verrechneten Stundensätze bspw dem Mandatsvertrag entsprechen und die aufgelisteten Tätigkeiten mit den beauftragten Leistungen übereinstimmen. Generell bietet sich an, eine Kostenschätzung bei Beauftragung anhand der eigenen Praxiserfahrung zu vermerken. Bei Unklarheiten der Rechnungspositionen oder Zweifeln an dem Stundenausmaß sollte das Gespräch mit dem Rechtsberater gesucht werden.

Erfassung

- **Für Beginner:** Generell wird bei kleineren Rechtsabteilungsbudgets mit nur wenigen Beauftragungen eine Excel-Tabelle zur Nachverfolgung der Kosten ausreichen. In dieser Tabelle werden die Beauftragungen (Datum und Inhalt) erfasst, ggf vereinbarte Abrechnungsmodelle und eigene Kostenschätzungen eingetragen sowie die einlangenden Rechnungsbeträge erfasst. Auch ein Feld für Anmerkungen sollte nicht fehlen.

Datum	Kanzlei	Inhalt	Vereinbartes/ Abrechnung	Schätzung	Verrechnet	Link Rechnung	Anmerkung
15.08.2023	Rechtsanwälte Graz	Prüfung Exklusivitätsklausel für Vertriebsvertrag	Kostenwarnung bei 10 Stunden (Stundensatz: € 350,00)	€ 5500,00	€ 4580,00	Link	Klausel rechtskonform ausgestaltet
23.10.2023	Rechtsanwälte Linz	Überarbeitung der AGB	Pauschale € 5.500,00	€ 5500,00	€ 5500,00	Link	Anpassung an aktuelle Gesetzeslage
15.01.2024	Rechtsanwälte Salzburg	Markenanmeldung	Pauschale € 3.500,00	€ 10000,00	€ 7300,00	Link	Übersteigung der Pauschale aufgrund Widerspruchsverfahren
			GESAMTSUMME		**€ 17380,00**		

Abb 15: Budgettracking

- **Für Fortgeschrittene:** In großen Unternehmen mit vielen Unternehmensjuristen oder mit dezentraler Ausrichtung der Rechtsabteilung wird eine Softwarelösung erforderlich (und auch vorhanden) sein, um eine Zuordnung der Kosten (zB zu Teams, Rechtsfällen oder Projekten) zu gewährleisten. Für die Kostenerfassung wird eine üblicherweise im Unternehmen bereits eingesetzte Softwarelösung (zB für den Einkauf) verwendet und wenn möglich auf die Bedürfnisse der Rechtsabteilung angepasst. Häufig sind die im Unternehmen bereits etablierten Lösungen nicht optimal für die Rechtsabteilung geeignet, da die Beauftragung eines Rechtsberaters nicht immer über ein Bestellformular, sondern auch ad hoc über Telefon oder E-Mail erfolgt. Zudem ist der Auftragswert aufgrund der stundensatzbasierten Abrechnung nicht immer im Vorhinein bestimmbar.
- **Für Profis:** Spezielle Tools für die Rechtsabteilung (sog „Legal Spend Software") bieten ua die Möglichkeit, einen der Rechtsabteilung angepassten End-to-end-Prozess von der Bestellung bis zur Bezahlung zu entwickeln, KPIs inkl Benchmarking[264] zu etablieren oder auch eine automatisierte Rechnungsprüfung anhand von Billing Guidelines einzuführen. Eine Legal Spend Software schafft somit Transparenz und eine schnelle Verfügbarkeit von Rechtsberatungskosten für datenbasierte Entscheidungen. Jedoch hängt die Einführung derartiger Lösungen abermals von den verfügbaren Kapazitäten und dem vorhandenen Budget ab.

4.1.3.3. Link

Link 18

Kostenrechner der VIAC[265]

4.2. Organisatorische Ansiedlung und Positionierung

Die Frage der organisatorischen Ansiedlung der Rechtsabteilung bzw der Unternehmensjuristen im Unternehmen hängt von verschiedenen Faktoren ab. Ua von der Unternehmenskultur, dem Geschäftsmodell, den Branchenanforderungen, der Unternehmensgröße sowie Organisationsform und dem Grad der Internationalisierung. Die Herausforderung besteht darin, die Rechtsabteilung in die Gesamtorganisation zu integrieren, um bestmöglich zur Unternehmensstrategie beizutragen. Die Wahl der Organisationsstruktur hängt demnach immer von den individuellen Anforderungen und Zielen des Unternehmens ab.

264 Siehe hierzu Kapitel 3.2. Performancemessung.
265 Abgerufen am 19.1.2024.

In vielen Unternehmen ist die Rechtsabteilung direkt bei der Geschäftsleitung als eigener Bereich angesiedelt. Je kleiner ein Unternehmen ist, desto eher wird sich eine zentralisierte Rechtsabteilung[266] anbieten. Je internationaler ein Unternehmen ausgerichtet ist und je mehr Branchen umfasst sind, desto eher wird ein dezentraler Ansatz[267] gewählt. Auch das Unternehmenswachstum kann bei der Organisationsstruktur eine Rolle spielen. Sofern ein Unternehmen durch Zukäufe externer (Auslands-)Gesellschaften wächst, können auch in den Tochtergesellschaften bereits bestehende Rechtsabteilungen erhalten bleiben. Eine Mischform, ein hybrider Ansatz[268] zwischen zentraler und dezentraler Struktur ist ebenfalls möglich. Dadurch werden die in der dezentralen Organisation vorherrschenden Vorteile genutzt und die Nachteile ausgeglichen. Ein derartiges hybrides Model macht vor allem in Großkonzernen mit vielen ausländischen Tochtergesellschaften Sinn.

Neben der Organisationsform stellt sich auch die Frage, ob die Rechtsabteilung als eigenständige Unit agiert oder mit anderen Abteilungen (zB Finanzabteilung, HR, IT) zusammen eine Einheit bilden soll. Überlegungen, in welchen Fällen ein derartiges Modell sinnvoll sein kann, werden im Exkurs zu diesem Kapitel erläutert.

Auch in Bezug auf das Ressourcenmanagement[269] spielen die Organisationsform sowie die Zuständigkeiten und Tätigkeitsbereiche der Rechtsabteilung eine wichtige Rolle.

4.2.1. Zentrale Organisation

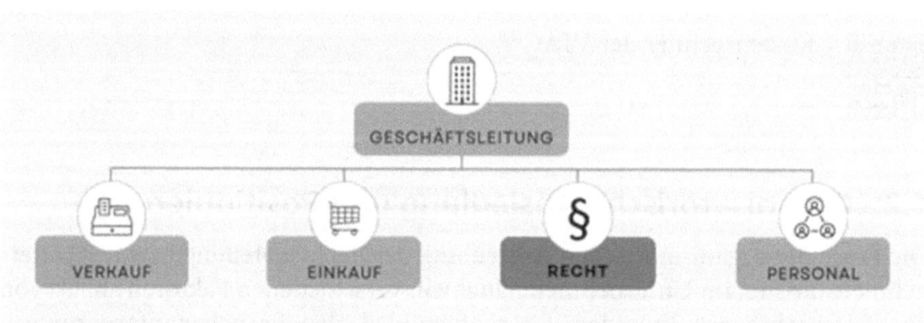

Abb 16: Organigramm: Beispiel einer zentralen Rechtsabteilung [erstellt mit Canva]

266 Eine (zentrale) Rechtsabteilung serviciert das gesamte Unternehmen bzw die Unternehmensgruppe.
267 Die Unternehmensjuristen sind jeweils bei den Fachabteilungen oder Tochterunternehmen angesiedelt. Eine eigene Rechtsabteilung gibt es nicht.
268 Ein dezentraler Ansatz gepaart mit einer zentralen Rechtsabteilung (zumeist in der Konzernmutter angesiedelt), die eine strategische Ausrichtung vorgibt und koordinierend tätig wird.
269 Siehe ausführlicher dazu in Kapitel 2.1. Strategiearbeit.

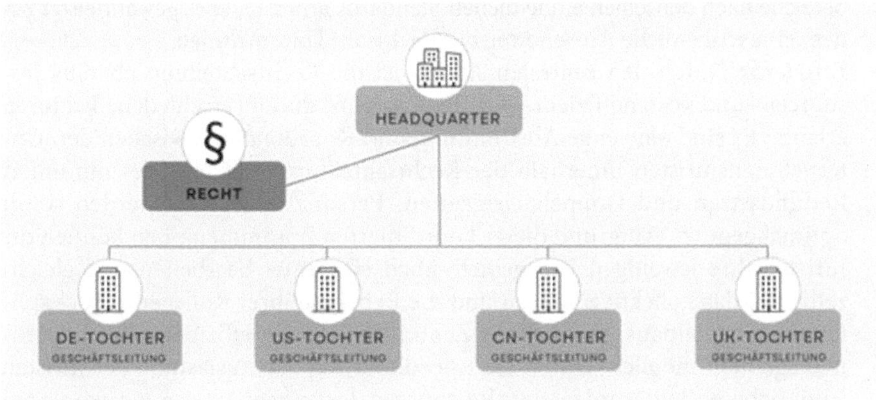

Abb 17: Organigramm: Beispiel einer zentralen Rechtsabteilung im internationalen Kontext [erstellt mit Canva]

Eine zentrale Rechtsabteilung ist üblicherweise direkt unter der Geschäftsleitung angesiedelt.

Vorteile

Diese Organisationsform bietet folgende Vorteile:

- **Strategische Einbindung und Risikomanagement:** Durch die direkte Berichtslinie zur Geschäftsleitung ist eine Integration der Rechtsabteilung in strategische Prozesse üblicherweise gegeben. Die enge Einbindung der zentralen Rechtsabteilung in die Unternehmensstrategie ermöglicht eine bessere Steuerung der rechtlichen Belange im Unternehmen und stärkt die Fähigkeit, zukünftige Herausforderungen zu erkennen und erfolgreich zu bewältigen. Auch ein proaktives Risikomanagement kann dadurch sichergestellt werden. Je früher die Rechtsabteilung Kenntnis von künftig anfallenden Themen erlangt, desto besser ist die Qualität der Beratungsleistung bzw hat die Rechtsabteilung noch die Möglichkeit, risikominimierende Änderungsvorschläge bei neuen Geschäftsmodellen einzubringen.
- **Strategiearbeit:** Im Rahmen eines zentralisierten Ansatzes kann der Rechtsabteilungsleiter eine einheitliche Strategie[270] für den Rechtsbereich vorgeben und auch deren Umsetzung innerhalb seiner Abteilung aktiv einfordern. Gerade im Hinblick auf die Digitalisierung und Standardisierung ist eine einheitliche Vorgangsweise wegweisend für die Weiterentwicklung des Services der Rechtsabteilung. Digitalisierungsprojekte ermöglichen eine massive Reduktion der Arbeitslast innerhalb der Abteilung. Die Schaffung von verbindlichen rechtlichen Richtlinien und Prozessen sowie Standarddokumenten stellt sicher, dass alle Unternehmens-

270 Ausführlich dazu in Kapitel 2.1. Strategiearbeit.

bereiche nach denselben einheitlichen Standards arbeiten. Dies gewährleistet zudem eine einheitliche Anwendung des Rechts im Unternehmen.

- **Effizienz:** Durch den zentralen Ansatz ist die Rechtsabteilung überaus ressourcen- und kosteneffizient. Die Effizienz wird durch verschiedene Faktoren erlangt: Es sind eine enge Abstimmung und Koordination zwischen den Unternehmensjuristen innerhalb der Rechtsabteilung möglich. Dies minimiert Redundanzen und Doppelgleisigkeiten. Personalressourcen werden somit optimal genutzt. Aufgrund dieser koordinierten Zusammenarbeit können die Juristen ihre jeweiligen Fachgebiete noch effizienter bearbeiten und gleichzeitig auf das kollektive Wissen und die Expertise ihrer Kollegen zurückgreifen. Darüber hinaus ist durch die Zentralisierung ein effizientes Ressourcenmanagement möglich. Durch die Koordinierung der Auslastung der Juristen kann sichergestellt werden, dass Ressourcen dort eingesetzt werden, wo sie am dringendsten benötigt werden. Auch Vertretungsregelungen für den Fall der (längeren) Abwesenheit sind möglich.
- **Budgethoheit:** Eine Zentralisierung ermöglicht ein gesamthaftes Bild über sämtlichen Kosten, die in der Rechtsabteilung anfallen. Eine zentrale Rechtsabteilung erarbeitet die Abteilungsstrategie und macht in diesem Zusammenhang einen Budgetvorschlag an die Geschäftsleitung. Das Budget kann somit dem Risiko angemessen und der Reduktion der Arbeitslast (zB durch Digitalisierungsprojekte) entsprechend eingesetzt werden. Nicht nur die Verwendung des Budgets wird durch den zentralen Ansatz definiert, auch eine einheitliche Kostenkontrolle und -verfolgung werden dadurch erst möglich.[271] Weiters können durch die Implementierung eines geschickten Trackings[272] Einsparungspotentiale kurzfristig erkannt und umgesetzt werden.

Nachteile

Eine sehr stark zentralisierte Organisation birgt jedoch, gerade wenn es sich um eine internationale Unternehmensgruppe handelt, mitunter auch Nachteile.

- **Mangelnde Vernetzung:** Als zentrale Organisationseinheit besteht das Risiko, vor allem wenn das Unternehmen besonders groß ist, dass eine Vernetzung in die operativen Abteilungen nicht mehr oder nur mit großem Aufwand möglich ist. Steuert man nicht aktiv gegen, entsteht erfahrungsgemäß schnell der Eindruck vom Juristen im Elfenbeinturm, der von der unternehmerischen Realität keine Ahnung (mehr) hat. Schlimmstenfalls führt dies dazu, dass die Rechtsabteilung nicht oder zu spät bei geschäftskritischen Themen hinzugezogen wird. Ein regelmäßiger Austausch mit den operativen Einheiten ist daher geboten. Ein effizientes Selbstmarketing[273] und ein regelmäßiges Ersuchen um

271 Siehe hierzu Kapitel 4.1.3. Budget.
272 Siehe hierzu Kapitel 3.2. Performancemessung.
273 Ausführlicher dazu siehe Kapitel 3.3. Exkurs: Selbstmarketing.

Feedback der servicierten Einheiten sollten in ihrer Wirkung nicht unterschätzt werden.

- **Weniger Spezialisierung:** In zentralen Rechtsabteilungen kann es schwieriger sein, hochspezialisierte Juristen für bestimmte Fachgebiete einzusetzen, da sie eine breitere Palette von rechtlichen Aufgaben bearbeiten müssen. Dies kann dazu führen, dass komplexe rechtliche Fragen möglicherweise nicht in derselben Tiefe behandelt werden wie in hochspezialisierten dezentralen Einheiten. Die Beiziehung von externen Beratern[274] kann dieses Manko jedoch ausgleichen, wobei hierfür ausreichend Budget zu kalkulieren ist.
- **Begrenzte Länderkenntnisse:** Gerade im internationalen Kontext kann eine rein zentral organisierte Rechtsabteilung schnell an ihre Grenzen stoßen, was die Beratung von Tochtergesellschaften im Ausland anbelangt. Die Berücksichtigung der lokalen Gesetze und Vorschriften wird mitunter schwierig, wenn keine Juristen mit lokalen Rechtswissen im Team sind. In diesem Fall ist die Beiziehung eines externen Rechtsberaters[275] jedenfalls angeraten.
- **Verwaltungsaufwand:** Je nach Größe der Rechtsabteilung erfordert diese mitunter einen höheren Aufwand innerhalb der Abteilung für die Organisation, Koordination und Verwaltung der Ressourcen. Eine abteilungsinterne Festlegung, wie und durch wen die Beratungsleistung effizient erbracht wird,[276] ist daher unerlässlich.

4.2.2. Dezentrale Organisation

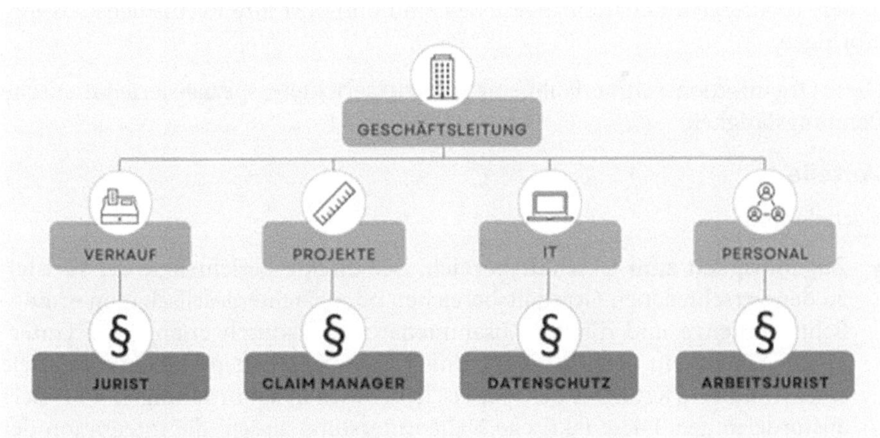

Abb 18: Organigramm: Beispiel einer dezentralen Rechtsabteilung [erstellt mit Canva]

274 Ausführlicher dazu siehe Kapitel 4.1.2. Externe Organisation.
275 Ausführlicher dazu in Kapitel 4.1.2.2. Rechtsanwaltssuche im In- und Ausland.
276 Ausführlicher dazu siehe Kapitel 3.1.2. One-Stop-Shop versus Multi-Stop-Shop.

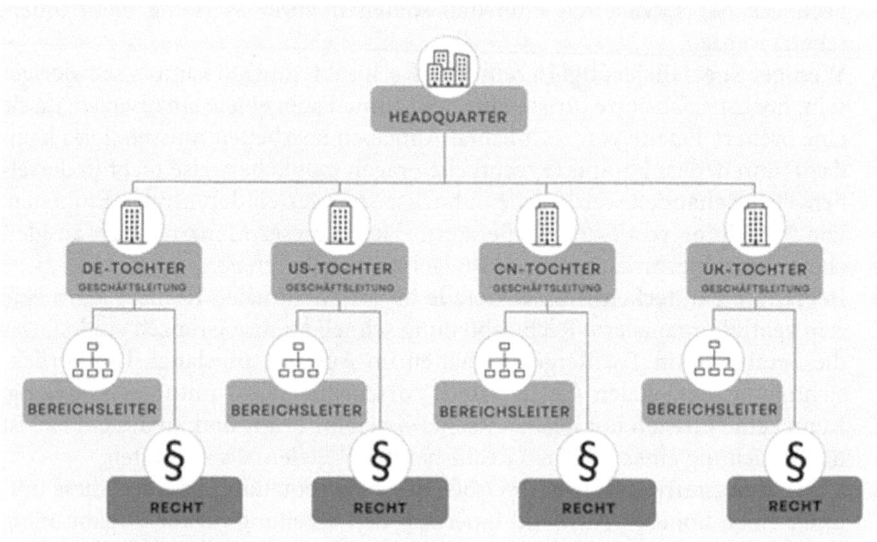

Abb 19: Organigramm: Beispiel einer dezentralen Rechtsabteilung im internationalen Kontext [erstellt mit Canva]

Eine dezentrale Organisation der Rechtsabteilung bedeutet, dass Unternehmensjuristen direkt in den jeweiligen Fachabteilungen bzw bei Unternehmensgruppen in den Tochtergesellschaften angesiedelt sind und dort ihre Rechtsdienstleistung erbringen.

Diese Organisationsform erlaubt eine sehr zielgerichtete, spezialisierte juristische Beratungstätigkeit.

Vorteile

Vorteile sind:

- **Zugehörigkeit zum Geschäftsbereich:** Die direkte Berichtslinie der Juristen zu den verschiedenen Geschäftsbereichen oder Tochtergesellschaften ermöglicht eine enge und direkte Zusammenarbeit. Dadurch erlangt der Unternehmensjurist ein tieferes Verständnis für die Geschäftspraktiken und -ziele sowie fundierte Kenntnis der spezifischen Geschäftsanforderungen und -herausforderungen. Diese faktische Nähe unterstützt zudem die Integration der rechtlichen Belange in die Unternehmensabläufe und unternehmerischen Entscheidungen. Die Kollegen kennen einander, der Jurist ist Teil des Teams, weshalb eine Einbeziehung niederschwelliger möglich ist.
- **Schnellere Reaktionsfähigkeit:** Dezentrale Unternehmensjuristen zeichnen sich nicht nur durch ihre enge Beziehung zu den Kollegen aus Fachabteilungen oder Tochtergesellschaften aus. Durch ihre spezialisierte Expertise und

ihren eingeschränkteren Tätigkeitsbereich sind sie in der Lage, Anfragen und rechtliche Angelegenheiten äußerst zügig zu bearbeiten. Diese thematische Beschränkung erlaubt es ihnen, unmittelbar auf Anfragen der Kollegen zu reagieren, ohne großartige Zeitverzögerungen aufgrund eines breiteren Tätigkeitsfelds in Kauf nehmen zu müssen. Dies fördert die Effizienz und ermöglicht eine zeitnahe Unterstützung bei rechtlichen Angelegenheiten, was insbesondere in zeitkritischen Situationen von Vorteil ist.
- **Anpassung an lokale Gegebenheiten:** Unternehmensjuristen in dezentralen Einheiten haben ihre Ausbildung im jeweils lokalen Recht absolviert. Sie sind daher in der Lage, rechtliche Strategien und Maßnahmen an die spezifischen lokalen Gegebenheiten anzupassen. Dies ist besonders relevant, wenn es um die Einhaltung länderspezifischer Gesetze und Vorschriften geht. Dieses Spezialwissen gewährleistet eine bessere Einhaltung rechtlicher Bestimmungen und minimiert das Risiko von Konflikten oder Verstößen.
- **Rechtliche Expertise:** Juristen in Fachabteilungen oder Tochtergesellschaften haben den Vorteil, dass sie in ihrem jeweiligen Fachgebiet Spezialisten sind. Diese Fachkenntnisse können dazu beitragen, maßgeschneiderte rechtliche Lösungen zu entwickeln, die direkt auf die Bedürfnisse der Fachabteilung zugeschnitten sind.

Nachteile

Neben den genannten Vorteilen weist eine dezentrale Struktur jedoch auch gewisse Nachteile auf, da es keine übergeordnete Instanz zur Koordinierung übergreifender Themen gibt. Generell erfordert eine dezentrale Struktur eine sorgfältige Kommunikation und Koordination zwischen den dezentralen Einheiten und eine klare Definition von Zuständigkeiten und Kompetenzen.

- **Keine Gesamtverantwortung:** Ein Flickenteppich an kleineren Rechtsabteilungseinheiten hat den Nachteil, dass sich übergreifende Projekte für die dezentralen Rechtsabteilungen schwer bis kaum umsetzen lassen, weil es keine federführende Verantwortlichkeit oder gar einheitliche Strategie gibt. So gestaltet es sich bspw schwierig, ein Digitalisierungsprojekt aus einer dezentralen Einheit für alle anderen Rechtsabteilungseinheiten aufzugleisen und voranzutreiben.
- **Unzureichende Vereinheitlichung**: Da die Unternehmensjuristen räumlich und thematisch voneinander getrennt arbeiten, gestaltet sich die Standardisierung von rechtlichen Praktiken und Prozessen oft als Herausforderung. Ohne eine zentrale Koordinationsstelle entwickeln die jeweiligen Unternehmensjuristen mit den von ihnen zu betreuenden Fachabteilungen eigene Praktiken und Herangehensweisen, die nicht zwangsläufig im Einklang miteinander stehen. Dies führt zu einer möglichen Rechtsunsicherheit für das Unternehmen und birgt ein gewisses Risikopotenzial. Die fehlende Standardisierung kann zu Inkonsistenzen in der Anwendung von Rechtsvorschriften führen.

- **Mangelnde Effizienz und Konsistenz**: Beschäftigt jede Fachabteilung oder Tochtergesellschaft eigene Juristen, besteht die Gefahr von Redundanzen und uneinheitlichen Herangehensweisen in verschiedenen Teilen des Unternehmens für ähnlich gelagerte Sachverhalte. Wird das Big Picture des Unternehmens in den dezentralen Einheiten nicht erkannt, agieren die Einheiten im Eigeninteresse und schlimmstenfalls entgegen den Gesamtunternehmensinteressen.
- **Fehlende Budgethoheit**: Ein Gesamtüberblick über die im Rahmen der Rechtsberatung anfallen Kosten ist bei einer dezentralen Struktur kaum zu gewährleisten. Insofern Beauftragungen getrennt voneinander vorgenommen werden, werden Einsparungspotentiale (zB Mengenrabatte) nicht erkannt oder wahrgenommen.
- **Unklare Kompetenzen**: In einer dezentralen Organisation kann es leicht zu Überschneidungen in der Aufgabenverteilung kommen. Fragestellungen von länderübergreifender oder sogar globaler Bedeutung werden in mehreren Fachabteilungen parallel bearbeitet und liefern möglicherweise sogar unterschiedliche Ergebnisse. Die fehlende Klarheit darüber, wer die endgültige Entscheidungsbefugnis oder in bestimmten rechtlichen Angelegenheiten das letzte Wort hat, kann Unklarheiten, Unzufriedenheiten und schlimmstenfalls Konflikte verursachen.

4.2.3. Hybride Organisation

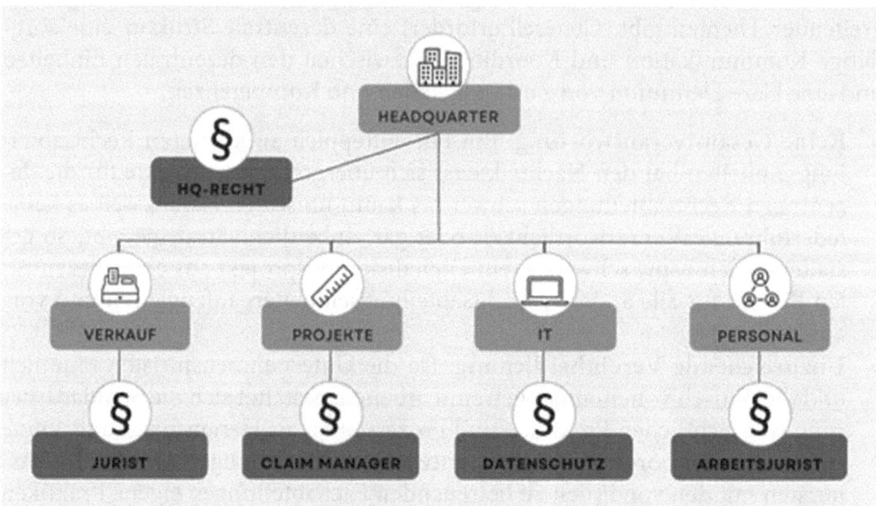

Abb 20: Organigramm: Beispiel einer hybriden Rechtsabteilung [erstellt mit Canva]

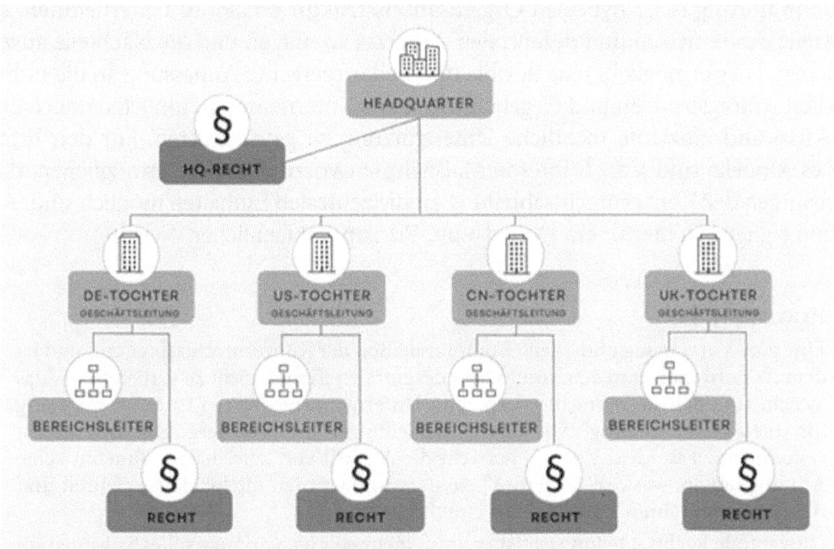

Abb 21: Organigramm: Beispiel einer hybriden Rechtsabteilung im internationalen Kontext [erstellt mit Canva]

Die zuvor erläuterten Vor- und Nachteile einer dezentralen und zentralen Organisationsstruktur können durch eine hybride Organisationsstruktur ausgeglichen werden. Dieser Ansatz kann je nach Unternehmensgröße und der Anzahl der Geschäftsbereiche variieren und kombiniert die Stärken beider Modelle.

In dieser hybriden Struktur wird grundsätzlich ein dezentraler Ansatz verfolgt, der es ermöglicht, die spezialisierte Expertise der Unternehmensjuristen in den einzelnen Fachabteilungen oder Tochtergesellschaften sowie deren physische Nähe optimal zu nutzen. Gleichzeitig wird dieser Ansatz durch eine leistungsstarke zentrale Rechtsabteilung („Konzernrechtsabteilung") ergänzt. Diese übernimmt vor allem strategische Aufgaben, die das gesamte Unternehmen bzw die Unternehmensgruppe betreffen. Dazu gehören die Entwicklung einer übergreifenden strategischen Ausrichtung für die Mitarbeiter der Rechtsabteilung, die Koordination der einzelnen dezentralen Bereiche, um Doppelgleisigkeiten und Ineffizienzen zu vermeiden, sowie die Bearbeitung von strategisch wichtigen Rechtsangelegenheiten, die eine einheitliche Herangehensweise erfordern. Die Konzernrechtsabteilung spielt auch eine Schlüsselrolle bei der Sicherstellung der Konsistenz und Standardisierung von rechtlichen Richtlinien und Prozessen innerhalb des gesamten Unternehmens. Dabei kann sie auch Ressourcen und Fachwissen zentral verwalten und verteilen, um die Effizienz zu steigern und sicherzustellen, dass die dezentralen Einheiten optimal unterstützt werden. Die Konzernrechtsabteilung kann auch als Koordinierungsstelle für jene Gebiete bzw Länder agieren, die keinen eigenen Ansprechpartner haben.

Die Einführung einer hybriden Organisationsstruktur erlaubt es Unternehmen, die Vorteile des zentralen und dezentralen Ansatzes zu nutzen und die Nachteile auszugleichen. Dies ermöglicht eine flexible und bedarfsgerechte Anpassung an die individuellen Anforderungen und Gegebenheiten des Unternehmens, um letztendlich eine effektive und effiziente rechtliche Unterstützung zu gewährleisten. Für den Erfolg dieses Modells sind jedoch interne Maßnahmen vorzusehen, die ermöglichen, dass Weisungen der Konzernrechtsabteilung an die zentralen Einheiten möglich sind. Am besten eignet sich hierfür ein Dotted-Line-Prinzip mit fachlicher Weisung.

Praxistipp

Eine gute Vernetzung und offene Kommunikation der Konzernrechtsabteilung sind jedenfalls notwendig, um den Kontakt zur dezentralen Einheit nicht zu verlieren, was das System zum Scheitern brächte. Gerade in Unternehmensgruppen ist es oft schwierig für „die aus der Holding", von den Fachabteilungen und Tochtergesellschaften ernst genommen zu werden. Vielfach herrscht die Ansicht vor, „die" hätten ohnehin keine Ahnung davon, was „an der Front" passiere und würden die lokale Flexibilität und Autonomie mit ihren Vorgaben nur einschränken.

Die zentrale Rechtsabteilung ist daher umso mehr gefragt, wirkungsvolles Selbstmarketing[277] und aktive Vernetzung in alle Unternehmensbereiche zu betreiben.

4.2.4. Exkurs: Vereinigung der Service Units

In einem Unternehmen gibt es meist unterschiedliche Service Units, wie die IT-, Personal-, Finanz- und Rechtsabteilung. Sie unterstützen die operativen Fachabteilungen im Tagesgeschäft oder übernehmen administrative Aufgaben für das Unternehmen. Allen diesen Abteilungen ist gemein, dass durch ihre Tätigkeit unmittelbar keine Erlöse erzielt werden. Service Units sind reine Kostenstellen im Unternehmen. Die oft Hand in Hand gehenden Tätigkeiten und das „Schicksal" der Kostenstelle ohne Erlöse verbinden die Service Units.

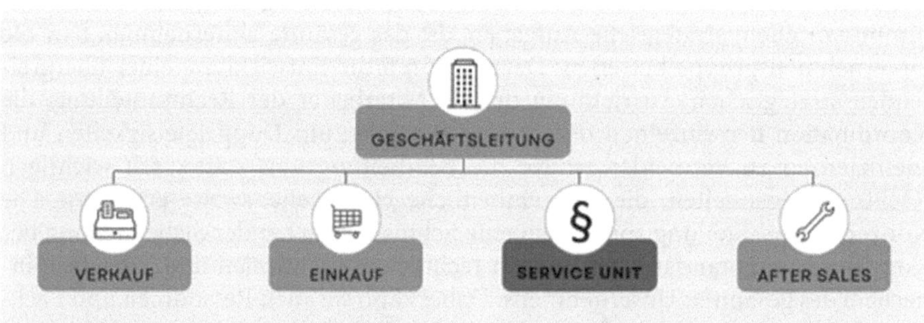

Abb 22: Organigramm: Vereinigung der Service Units [erstellt mit Canva]

277 Ausführlicher dazu siehe Kapitel 3.3. Exkurs: Selbstmarketing.

Gerade der Zusammenschluss der Rechts- und Finanzabteilung unter der Leitung eines Verantwortlichen ist in der Praxis durchaus üblich. Diese Fusion ermöglicht eine Zusammenarbeit zwischen zwei Schlüsselbereichen des Unternehmens, die eng miteinander verbunden sind. Der gemeinsame Verantwortliche kann eine übergreifende Strategie entwickeln und sicherstellen, dass die finanziellen und rechtlichen Aspekte Hand in Hand gehen. Die dadurch entstehenden Synergieeffekte können genutzt werden, indem abteilungsübergreifende Prozesse eingeführt und optimiert werden. Dadurch wird die Gesamtleistung des Unternehmens gesteigert. Bspw kann ein Vertrag, der mit Ausgaben für das Unternehmen verbunden ist, nur dann zum Abschluss gelangen, wenn dieser im Budget freigegeben wurde. Wurde diese Freigabe nicht erteilt, ist ein im Vorhinein definiertes Freigabeprozedere (zB Zustimmung durch Aufsichtsrat oder Gesellschafter) einzuhalten. Auch steuerliche Aspekte, die bei der Vertragsgestaltung eine Rolle spielen, können von Anfang an bei einem Projekt aus einer Hand berücksichtigt werden:

Neben der Vereinigung der Rechts- und Finanzabteilung kann ein Zusammenschluss auch mehrerer Service Units (zB gemeinsam mit der IT- und Personalabteilung) unter einer Führungskraft sinnvoll sein. Zum einen teilen die Service Units – wie oben ausgeführt – das Schicksal, Kostenstelle ohne Erlöse zu sein, und zum anderen haben sie häufig wenige Head Counts und eine hohe Arbeitsbelastung, die sie versuchen mit der Einführung von Service Levels zu reduzieren. Die Entwicklung eines gemeinsamen Verständnisses zur Frage, wie die Service Units im Unternehmen auftreten wollen und welchen Service sie gegenüber dem Unternehmen mit den vorhandenen Personalressourcen erbringen können, hat einen positiven Effekt auf die Service Units im Gesamten und stärkt deren Selbstverständnis. Vor allem wenn die einzelnen Einheiten wenige Mitarbeiter umfassen und ihnen wenig Budget zur Verfügung steht, schafft ein Austausch zwischen Gleichgesinnten und die Entwicklung einer gemeinsamen Strategie Synergien, die nicht unterschätzt werden sollten. Dies führt auch zur erforderlichen Effizienzsteigerung.

4.3. Strategische Überlegungen zur Organisation

Bei der Integration von Unternehmensjuristen in die Organisationsstruktur und um den in den einleitenden Kapiteln beschriebenen Herausforderungen und Erwartungen[278] erfolgreich zu begegnen, ist es von Bedeutung, eine klare Festlegung des Rollenverständnisses[279] sowie der Zuständigkeiten der Rechtsabteilung im Unternehmen zu entwickeln. Dieser Schritt ist nicht nur essenziell, um effektiv arbeiten zu können, sondern auch dafür, dass die Rechtsabteilung einen maßgeblichen Beitrag zur strategischen Ausrichtung des Unternehmens leisten kann.

278 Ausführlicher dazu siehe Kapitel 1.3. Herausforderungen meistern.
279 Ausführlicher dazu siehe Kapitel 1.2.2. Selbstverständnis.

Dabei ist es entscheidend, die Zuständigkeiten und Aufgabenbereiche der Rechtsabteilung mit den Entscheidungsträgern zu klären. Dies erfordert eine sorgfältige Analyse der Anforderungen des Unternehmens an die Rechtsabteilung, um sicherzustellen, dass diese in verschiedenen Abteilungen und Geschäftsbereichen effektiv erfüllt werden können. Es ist wichtig, die Bedürfnisse und Erwartungen inhaltlicher Natur der verschiedenen Stakeholder zu berücksichtigen, damit die Arbeit der Rechtsabteilung zu einer reibungslosen Unternehmensführung beiträgt.

Die daraus resultierende Aufgabenpalette spielt eine zentrale Rolle bei der Ressourcenplanung.[280] Branchenunabhängig sind die Geschäftsleitung sowie Vertrieb und Einkauf typische Klienten der Rechtsabteilung. Oft gehört auch die Beratung der Personalabteilung zu den Aufgaben (insbesondere im Bereich Arbeitsrecht), wobei spezialisierte Arbeitsrechtsexperten ggf direkt in der Personalabteilung eingegliedert sind.[281] Bei produzierenden Unternehmen ist auch die Produktion häufig Teil des Beratungsspektrums, ebenso wie Forschungs- und Entwicklungsabteilungen.

In vielen Branchen ergibt sich aufgrund projektbasierter Aktivitäten darüber hinaus eine Zuständigkeit der Rechtsabteilung für Claim Management und die Betreuung der After-Sales-Organisation. Auch das Marketing und die IT-Abteilung tritt in vielen Unternehmen häufig an die Rechtsabteilung heran. Das Einsatzfeld der Unternehmensjuristen ist so gesehen äußerst vielfältig und die spezifischen Zuständigkeitsbereiche hängen stark von der Unternehmensstruktur und den Geschäftsfeldern des Unternehmens ab.

Weniger üblich ist die Übernahme von zoll- oder exportrechtlichen Angelegenheiten durch die Rechtsabteilung, da diese in der Regel von spezialisierten Fachexperten, welche nicht zwingenderweise eine juristische Ausbildung haben, innerhalb der jeweiligen Abteilung behandelt werden. Gleiches gilt für das Patentwesen und die Einhaltung technischer Vorschriften (wie die Ökodesign-Richtlinie oder die CE-Kennzeichnung), bei denen die Rechtsabteilung in erster Linie beratende Unterstützung bietet, jedoch keine inhaltliche Verantwortung trägt. Dieses Themengebiet übernehmen vielfach spezielle Patentanwälte, die jedoch üblicherweise einen technischen und keinen juristischen Hintergrund haben.

Zusätzlich zu den genannten Bereichen gibt es weitere Themen wie Datenschutz und Compliance, bei denen die Rechtsabteilungen oft keine alleinige Verantwortlichkeit tragen, jedoch eine Schlüsselrolle spielen.[282] Immer mehr sind es jedoch die Rechtsabteilungen, die für diese Themen hauptverantwortlich zeichnen.

---

280 Detaillierter siehe dazu Kapitel 4.1. Ressourcen.

281 Ausführlicheres zur organisatorischen Ansiedlung von Arbeitsjuristen im Unternehmen findet sich in Kapitel 2.2.6.2. Organisatorische Ansiedlung.

282 Ausführlicheres zur organisatorischen Ansiedlung von Compliance Officern findet sich in Kapitel 2.2.3.2. Organisatorische Ansiedlung. Eine Detaillierte Darstellung der organisatorischen Ansiedlung von Datenschutzjuristen erfolgt in Kapitel 2.2.4.2. Organisatorische Ansiedlung.

Praxistipp

Es ist wichtig zu überlegen, welche Rechtsgebiete durch die Rechtsabteilung selbst abgedeckt werden können und welche Bereiche bspw von vorneherein an externe Berater abgegeben werden. Dabei bleibt die Rechtsabteilung jedoch nie außen vor, da eine Koordinierung der externen Berater jedenfalls Aufgabe der Unternehmensjuristen bleibt. Außerdem kann durch eine enge Begleitung der externen Rechtsberater Wissen für die Rechtsabteilung erworben werden.

Parallel zur inhaltlichen Ausrichtung der Rechtsabteilung ist es wichtig, ein klares Rollenverständnis innerhalb der Abteilung zu entwickeln. Jeder Unternehmensjurist sollte genau wissen, welche Zuständigkeiten er hat, welche Kompetenzen und Fachkenntnisse erforderlich sind und wie die Zusammenarbeit innerhalb des Teams gestaltet wird.[283]

Positionierung der Rechtsabteilung

Wie eine erfolgreiche Positionierung der Rechtsabteilung im Unternehmen erfolgen kann, wird in diesem Praxishandbuch an unterschiedlichen Stellen erörtert. Der Vollständigkeit halber kurz zusammengefasst sind dies:

- **Offene Kommunikation und Networking:** Die Rechtsabteilung agiert als Partner und Berater für alle Bereiche des Unternehmens, um sicherzustellen, dass rechtliche Aspekte in unternehmerische Entscheidungen integriert werden. Dies erfordert eine proaktive Kommunikation und den Aufbau von Vertrauen und Respekt in allen Unternehmensbereichen.
- **Klare Ziele und Kennzahlen:** Die Strategiearbeit[284] legt fest, welche Ziele die Rechtsabteilung verfolgt. KPIs[285] ermöglichen es, die Positionierung und Leistung der Rechtsabteilung messbar zu machen. Dadurch wird der Beitrag zum Unternehmenserfolg nachvollziehbar gemacht und können ggf Anpassungen vorgenommen werden, um die Leistung der Rechtsabteilung zu steigern.
- **Kontinuierliche Verbesserung:** Es ist wichtig, die Positionierung der Rechtsabteilung regelmäßig zu überprüfen und an die sich ändernden Anforderungen des Unternehmens anzupassen. Ein System zur Erfassung von Feedback und kontinuierlichen Verbesserung ermöglicht es, auf Veränderungen und Herausforderungen in der Organisationsstruktur zu reagieren und diese anzupassen sowie ihren Mehrwert für die Organisation weiter zu steigern.

Insgesamt ist die klare Positionierung der Rechtsabteilung im Unternehmen hinsichtlich ihrer Zuständigkeiten und ihres Rollenverständnisses von entscheiden-

283 Unterschiedliche Ausgestaltungsmöglichkeiten finden sich in Kapitel 3.1. Effizienzsteigernde Maßnahmen.

284 Ausführlich siehe dazu Kapitel 2.1. Strategiearbeit.

285 Näheres dazu siehe Kapitel 3.2. Performancemessung.

der Bedeutung, um den rechtlichen Herausforderungen und den Unternehmenszielen gerecht zu werden. Dadurch kann die Arbeit zielgerichtet und effizient ausgeführt werden und ein wichtiger Beitrag zum Erfolg des Unternehmens geleistet werden.

5. Einblicke in die Praxis

Im abschließenden Kapitel dieses Buches richtet sich der Fokus nochmals auf die zukunftsfähige Rechtsabteilung, die bereits in der Einleitung dargelegt wurde und Folgendes umfasst:

- den Beitrag zum Unternehmenserfolg,
- den Einsatz von Legal Tech für effiziente Arbeitsweisen und
- die Schaffung eines fruchtbaren Umfelds für die Mitarbeiter.

Der Kreis wird durch in der Praxis erprobte Best-Practice-Beispiele geschlossen. Diese Erfolgsgeschichten geben konkrete Einblicke und Inspirationen, wie Rechtsabteilungen bereits erfolgreich die in diesem Buch beschriebenen Prinzipien und Ideen umgesetzt haben.

Den Abschluss bildet eine Handlungsanleitung für den strukturierten Aufbau der Rechtsabteilung innerhalb der ersten 100 Tage nach Antritt der Rolle. Diese Schritt-für-Schritt-Anleitung dient als wertvolles Werkzeug, um die in diesem Buch vorgestellten Prinzipien effektiv in die eigene Arbeitspraxis zu integrieren.

5.1. Best Practice

5.1.1. Beispiel 1 – Der risikominimierende Geschäftsermöglicher

In Kapitel 1. „Anforderungen" wurde beschrieben, welche Erwartungshaltungen an die Rechtsabteilungen gestellt werden und welches Selbstverständnis diese daraus entwickeln. Das nachfolgende Beispiel soll aufzeigen, wie die Rechtsabteilung kurzfristige und kreative Lösungen zu akuten Problemstellungen liefern kann, um einen Mehrwert im Unternehmen zu schaffen und Rechtsrisiken gezielt zu reduzieren.

> **Sachverhalt**
>
> Ein Unternehmen plant eine rasche Expansion in einen neuen Markt. Das Ergebnis der Abklärung mit einer lokalen Rechtsanwaltskanzlei ist, dass eine Einführung des Produkts mit erheblichen Hürden und Rechtsrisiken mangels Vorliegens öffentlich-rechtlicher Genehmigung verbunden und daher ein kurzfristiger Markteintritt nicht möglich ist. Aus Sicht des Unternehmens stellt sich die Problematik, dass der Markt bereits durch diverse Konkurrenzunternehmen, die diese Genehmigungen nicht einholen, binnen kürzester Zeit gesättigt sein wird, sofern der Markteintritt nicht innerhalb der nächsten Monate erfolgt.

Wie kann die Rechtsabteilung dieser Herausforderung begegnen?

Ist die Rechtsabteilung als Rechtsberater der Gesellschaft vor allem für die Einhaltung von gesetzlichen Anforderungen und somit der Schaffung von Rechtssicherheit innerhalb des Unternehmens zuständig, ist die Arbeit der Rechtsabteilung mit Information an die Geschäftsleitung über die Notwendigkeit der Genehmigungen abgeschlossen. Wenn die Rechtsabteilung aber als risikominimierender Geschäftsermöglicher verstanden werden will, sind folgende Schritte eine mögliche Handlungsalternative:

Schritt 1: Beauftragung der richtigen Anwaltskanzlei und Identifizierung des Rechtsrisikos

Den ersten richtigen Schritt hat die Rechtsabteilung bereits durch Kontaktierung einer lokalen Anwaltskanzlei und der damit verbundenen Identifizierung der gesetzlichen Anforderungen gesetzt. Wichtig ist dabei, dass die beauftragte Kanzlei auf das konkrete Thema spezialisiert ist. Ein ausgewiesener Experte im Zivilverfahrensrecht wird Fragen zum Verwaltungsrecht nicht im benötigten Umfang beurteilen können.

Praxistipp für die Anwaltssuche

Sofern die kontaktierte Kanzlei im betreffenden Rechtsgebiet keine ausgewiesene Spezialisierung hat, sollte das eigene Netzwerk herangezogen werden, um einen Experten ausfindig zu machen. Es sollten jedoch nicht nur eigene Kontakte in Betracht gezogen werden, vielfach bestehen auch nützliche Verbindungen über das (lokale) Management. Je weiter das jeweilige Land vom Heimatmarkt entfernt und je spezieller das Rechtsgebiet ist, desto schwieriger gestaltet sich die Anwaltssuche. Für weiterführende Informationen siehe Kapitel 4.1.2. „Externe Organisation“.

Schritt 2: Analyse von Rechtsrisiko und -folgen und ggf Einholung einer Zweitmeinung

Im nächsten Schritt ist es erforderlich, die aufgezeigten Risiken zu analysieren. Sofern Zweifel an den bestehenden Rechtsmeinungen bestehen und genügend Budget zur Verfügung steht, sollte die Einholung einer Zweitmeinung in Betracht gezogen werden. Je fundamentaler die Rechtsfrage für das Unternehmen ist, desto größer ist die Wahrscheinlichkeit, dass das Budget für die Einholung der Zweitmeinung von der Geschäftsführung außertourlich freigegeben oder direkt von der Fachabteilung zur Verfügung gestellt wird. Es könnte auch in Betracht gezogen werden, die zuerst beauftragte Kanzlei mit den Zweifeln an der Rechtsauffassung zu konfrontieren. Ggf besteht ein Missverständnis bei der Sachverhaltsaufnahme oder eine mögliche Handlungsoption wurde bei der ersten Beantwortung übersehen.

Sofern die generellen Rechtsfragen geklärt sind, sind die damit verbundenen Rechtsfolgen im Detail für eine Risikoabwägung zu bewerten. Die Kernfrage ist im konkreten Fall: Mit welchen Konsequenzen hat die Gesellschaft zu rechnen, sofern die öffentlich-rechtlichen Genehmigungen nicht oder verspätet eingeholt werden? Zudem besteht im konkreten Fall auch die Möglichkeit, bei der Anwaltskanzlei zu hinterfragen, welche Erfahrungen bereits mit den entscheidenden Behörden gemacht wurden. Klar ist, dass die Entscheidung des Managements anders ausfallen wird, wenn die Unterlassung der Einholung mit dem Entzug der Gewerbeberechtigung verbunden ist, als wenn lediglich die Einleitung eines Verwaltungsstrafverfahrens mit geringen Geldstrafen droht. Der Unternehmensjurist verhilft dem Management somit zu einer risikobasierten Entscheidung. In Fällen, die keine klare Entweder-oder-Entscheidung erfordern, ist es zudem ratsam, mögliche Risikominimierungsmaßnahmen darzulegen. Dies wird im nächsten Punkt genauer erläutert.

Schritt 3: Aufbereitung für die Entscheidungsträger

Damit innerhalb des Unternehmens eine profunde und nachvollziehbare Entscheidungsgrundlage geschaffen wird, unterstützt der Unternehmensjurist die Fachabteilungen bei der Aufbereitung. Dabei ist der Unternehmensjurist gut beraten, die Aufklärung auf die wesentlichen Fragen zu beschränken. Eine Wiedergabe sämtlicher Informationen aus einer anwaltlichen Stellungnahme oder sogar die direkte Weiterleitung des Rechtsgutachtens ohne aufbereitete Zusammenfassung schadet zumeist der Reputation der Rechtsabteilung und kann zur Wahrnehmung als Paragraphenreiter führen. Eine verständliche, transparente, knackige und persönliche Kommunikation ist der Schlüssel für effektives Selbstmarketing.[286] Die Rechtsabteilung sollte die Fakten verständlich und ausreichend aufbereiten, sich aber auf mögliche Umsetzungswege samt Risikoabwägung konzentrieren. Eine Übertragung der Entscheidung an die Fachabteilungen oder die Geschäftsleitung unter reiner Darlegung der Risiken schafft keinen Mehrwert für das Unternehmen. Die Erfahrung zeigt, dass sich das Standing der Rechtsabteilung massiv verbessert, wenn die Darlegung von gangbaren Risikominimierungsmaßnahmen nicht vernachlässigt, sondern den Entscheidungsträgern eine Lösung an die Hand gegeben wird, die ein „Fahren auf Sicht" ermöglicht. Im konkreten Fall sind Überlegungen anzustellen, ob das Risiko durch vorübergehende Vertriebspartnerschaften oder Zusammenarbeit mit lokalen Partnern reduziert oder ausgeschlossen werden könnte. Auch proaktive Verhandlungen mit den relevanten Behörden oder die Einbindung von Lobbyisten könnten womöglich dazu führen, den Genehmigungsprozess zu beschleunigen. Ob eine Präsentation durch die Fachabteilung oder durch die Rechtsabteilung sinnvoller ist, sollte im Einzelfall abgewogen werden. Je komplexer das Thema ist, desto eher sollte die Rechtsabteilung zumindest bei der Präsentation an die Entscheidungsträger zugegen sein, um allfällige Fragen direkt zu beantworten.

Schritt 4: Unterstützung bei der Umsetzung

Die Umsetzung nach der Entscheidungsfindung liegt zumeist in der Verantwortung der Fachabteilung. Die Rechtsabteilung sollte sich in diesem Stadium nach

286 Weiterführende Überlegungen zur Kommunikation mit Entscheidungsträgern finden sich in Kapitel 3.3. Exkurs: Selbstmarketing.

wie vor als Sparringspartner der Fachabteilung verstehen und Überlegungen anstellen, welcher Beitrag der Rechtsabteilung zur Zielerreichung (noch) erforderlich ist. Als Hilfestellung bieten sich die verschiedensten Mittel an. Der Kreativität sind keine Grenzen gesetzt, zB:

- Erstellung einer Präsentation über die wesentlichen Punkte, die im Tagesgeschäft von den Fachabteilungen zu berücksichtigen sind
- Bereitstellung eines Prüfschemas, das bei der selbständigen Abwicklung der laufend einzuholenden Genehmigungen zur Risikovermeidung zu beachten ist
- Mitwirkung an einem Prozess, der eine Einbindung der Rechtsabteilung für vom Standard abweichende Fälle vorsieht
- Erarbeitung eines Handbuchs, das die wesentlichen rechtlichen Überlegungen samt Entscheidungs- und Umsetzungsschritte dokumentiert

Alle dargestellten Schritte helfen der Rechtsabteilung nicht nur, Risiken aufzuzeigen, sondern auch, einen Mehrwert im Unternehmen zu generieren, um als wertvoller Teil des Unternehmens wahrgenommen zu werden.

5.1.2. Beispiel 2 – Eine durch künstliche Intelligenz unterstützte effiziente Arbeitsweise

Das nachfolgende fiktive Beispiel zeigt, wie die Arbeit in der Rechtsabteilung bei Vertragsabschlüssen künftig unter Einsatz von verschiedenen Legal-Tech-Anwendungen erleichtert werden kann. Neben einem Ticket-System[287] für Anfragen an die Rechtsabteilung wird auch eine Vertragsverhandlungsplattform sowie ein Contract-Life-Cycle-Management (in der Folge kurz „CLM“) eingesetzt. Alle Tools sind KI-gestützt, was zu erheblichen Zeiteinsparungen und einer effizienteren Arbeitsweise führt.

Die Unternehmensjuristin Caro Clever[288] arbeitet in der Rechtsabteilung des Unternehmens Vision GmbH. Über das seit einiger Zeit im Einsatz befindliche Ticket-System hat Caro Clever eine dringende Anfrage zu einer Vertragsprüfung erhalten. Es geht um die Lizenz einer Reihe von Fotos vom WerbeWunder Verlag zur Nutzung in einer groß angelegten Werbekampagne der Vision GmbH. Für die Vertragsverhandlungen stellt der WerbeWunder Verlag ein Vertragsmuster zur Verfügung. Der Vertrieb des WerbeWunder Verlags hat die Vorlage bereits für den vorliegenden Lizenzerwerb angepasst und nach Verhandlung mit dem Einkauf der Vision GmbH auf eine von der Vision GmbH genutzte Vertragsverhandlungsplattform (in der Folge kurz „Plattform“) hochgeladen.

---

287 Siehe hierzu Kapitel 3.1.5.2.2. Ticket-System.

288 Der Name ist frei erfunden.

Die Plattform wird von einem Dritten als Software-as-a-Service bereitgestellt und enthält eine Fülle an von der Rechtsabteilung der Vision GmbH erstellten Vertragsklauseln, Vorlagen, spezifischen Änderungstexten für Anforderungen und Erklärungen etc. Die Legal-Ops-Abteilung der Vision GmbH hat diese in gemeinsamer Zusammenarbeit mit den Juristen der Rechtsabteilung in die Plattform eingepflegt. Die Inhalte sind ausschließlich für die Vision GmbH auf der Plattform zugänglich. Dieser große Arbeitsaufwand hat sich gelohnt, denn nun können Caro Clever und ihre Kollegen aus der Rechtsabteilung auf eine Fülle an unternehmensspezifischen Klauseln, Daten und Informationen zurückgreifen.

Caro Clever folgt dem bereits im Ticket-System von der Einkaufsabteilung bereitgestellten Link zur Plattform und öffnet das Dokument. Dort sieht sie, dass die KI schon eine automatische Prüfung vorgenommen und die Fremdvorlage mit der passenden eigenen Vorlage des Unternehmens abgeglichen hat. Es wurden bereits die Änderungsvorschläge direkt im Vertragstext und Erklärungen zu den Änderungen mittels Kommentaren eingefügt. Die Plattform zeigt 30 kritische Punkte an, wobei zehn von der KI als inakzeptabel markiert sind.

Caro Clever geht nun die einzelnen Punkte durch und prüft die von der Plattform bereitgestellten Erklärungen und Argumente sowie die bereitgestellten alternativen Klauseln, wobei ihr Hauptaugenmerk auf den als „kritisch" markierten Punkten liegt. Bei den meisten dieser Punkte folgt sie nach einer kurzen Prüfung den Vorschlägen der KI. Bei zehn Punkten schlägt die KI-Ergänzungen vor, die sich allerdings bei nochmaliger Prüfung an anderer Stelle im Dokument finden. Es bedarf demnach keiner Anpassung. Sie kann die Vorschläge für diese Punkte also ablehnen.

Bei einem der als inakzeptabel markierten Klauseln stellt Caro Clever fest, dass die eigene Vorlage, die der KI zum Abgleich diente, aufgrund einer kürzlich ergangenen Gesetzesänderung veraltet ist. Da die Vorlage des WerbeWunder Verlags aktuell und damit richtig ist, lehnt sie daher die von der KI vorgeschlagene Änderung ab und erstellt ein Ticket für ihren Vorgesetzen und das Legal-Ops-Team für eine Besprechung bezüglich einer notwendigen Aktualisierung der eigenen Vorlagen. In der Folge wird das Legal-Ops-Team die von Caro Clever vorbereiteten und von ihrem Chef final frei gegebenen Aktualisierungen in die Plattform einpflegen, so dass die aktuelle Version bei zukünftigen Vertragsprüfungen von der KI automatisch berücksichtigt wird.

Der Einkauf hat Caro Clever darüber hinaus im Ticket bereits mitgeteilt, dass sich drei Punkte, die speziell mit dem WerbeWunder Verlag ausgemacht wurden, noch nicht im Vertrag wiederfinden. Die Plattform stellt ihr zu zwei Punkten Vorschläge für die entsprechenden Klauseln bereit, die sie nach geringfügiger Anpassung in das Dokument aufnimmt. Die dritte Klausel schreibt Caro Clever selbst und fügt auch sie gleich als neue Klausel für künftige Vertragsverhandlungen der Klauselsammlung hinzu.

Durch Erstellung des Tickets über das Ticket-System wurde darüber hinaus eine elektronische Akte für die Anfrage erstellt. Die wesentlichen Informationen des Deals (= Metadaten) wie Vertragspartner, Auftragssumme, Vertragslaufzeit etc werden von der KI ausgelesen und in der Akte direkt hinterlegt. Der Vertrag sowie alle dazu gehörenden E-Mails werden dort ebenfalls automatisch abgelegt. Nach Abschluss der Vertragsverhandlungen wird über den Workflow des CLM die interne Genehmigung der Entscheidungsträger eingeleitet und dokumentiert. Dafür erstellt die KI eine kurze Zusammenfassung mit den wichtigen Eckpunkten des Vertrags für die Entscheidungsträger. Caro Clever wird dabei fortwährend über den administrativen Prozess informiert. Im Anschluss an den Freigabeprozess wird der elektronische Unterschriftenlauf initiiert, wobei die E-Signature-Guideline der Vision GmbH im Workflow hinterlegt ist. So ist sichergestellt, dass eine qualifizierte elektronische Signatur im Falle des Schriftlichkeitserfordernisses eingeholt wird. Die Identitätsprüfung für die QES erfolgt KI-gestützt.

Die gesamte Vertragsprüfung des ohne Anlagen zehnseitigen Vertrags hat Caro Clever zwei Stunden gekostet. Vor Einführung der KI hätte sie den Vertrag Seite für Seite genau prüfen, die entsprechenden Anpassungen machen und selbständig kommentieren müssen (Zeitaufwand pro Seite im Durchschnitt mindestens eine halbe Stunde). Zusätzlich hätte sie Zeit für Korrespondenz und Absprachen mit Kollegen gebraucht sowie für die Abwicklung der administrativen Arbeiten. All dies entfällt nun.

Weitere Beispiele aus der Praxis[289]

Beispiel 2a

Ein Unternehmen hat ein automatisiertes System implementiert, das die Entscheidungsfindung im Bereich von Versicherungsansprüchen optimiert. Die Systemarchitektur gewährleistet eine transparente Rückverfolgbarkeit der Entscheidungsprozesse für die Benutzer. Mit einer Zeitreduktion von einem Drittel im Vergleich zu menschlichen Entscheidern hat das System die Entscheidungsgeschwindigkeit verbessert und damit zu einer signifikanten Senkung der Kosten für die Bearbeitung von Schadensfällen um 77 % geführt.

Beispiel 2b

Eine global agierende Bank hat eine KI-gestützte Compliance-Prüfung für den Verkauf ihrer Finanzprodukte implementiert. Vor der Einführung des Systems beschränkte sich die Prüfung auf maximal 15 % der Transaktionen. Durch die Echtzeitüberprüfung aller Akten bietet das neue System nun eine umfassende Verbesserung der Compliance-Kontrollen und ermöglicht eine präzisere Analyse sämtlicher Transaktionsdetails.

289 Zwei Beispiele aus einem Report der Solicitors Regulation Authority, siehe https://www.sra.org.uk/sra/research-publications/artificial-intelligence-legal-market/ (abgerufen am 22.1.2024) oder Kapitel 5.1.4. – Link 19.

5.1.3. Beispiel 3 – Umstrukturierung

Sachverhalt

Im Unternehmen stehen größere Umstrukturierungsmaßnahmen an, die auch die Rechtsabteilung betreffen. Bisher waren einige Unternehmensjuristen dezentral in den Tochtergesellschaften positioniert. Im Zuge der Transformation werden sie nun zentral in die bestehende Rechtsabteilung der Muttergesellschaft vom Leiter der Rechtsabteilung eingegliedert. Diese Veränderung geht zudem mit einer Erweiterung der Aufgabengebiete einher, weshalb auch Nicht-Juristen das Team verstärken werden.

Neben den langjährig im Unternehmen tätigen Kollegen werden in der bestehenden Rechtsabteilung zudem weitere Juristen unterschiedlicher Seniorität eingestellt. Durch die Umstrukturierung wird die Rechtsabteilung von fünf auf insgesamt 13 Personen anwachsen.

Dieses Best-Practice-Kapitel beleuchtet, wie ein derartiger Transformationsprozess mit Fokus auf die Mitarbeiter und das Teamgefüge erfolgreich gestaltet werden kann.

Wie kann der Leiter der Rechtsabteilung zum Gelingen des Prozesses maßgeblich beitragen?

Kommunikation als Schlüsselelement

Wo (personelle) Veränderungen erfolgen, bilden sich Unsicherheiten, denen es mit offener und klarer Kommunikation entgegenzuwirken gilt. Der Leiter der Rechtsabteilung informiert daher das Team so früh wie möglich über die anstehende Transformation und präsentiert einen groben Plan über die konkreten Veränderungen für die Teammitglieder. Dabei wird über mögliche Auswirkungen für den Einzelnen sowie Vorbehalte und Präferenzen für etwaige fachliche Umstrukturierungen gesprochen. Dies erfolgt je nach Bedarf und Verfügbarkeit im Team oder in Einzelgesprächen.

Neben der Information an die Mitarbeiter bindet der Leiter der Rechtsabteilung diese in den Veränderungsprozess ein und setzt bewusst auf einen Dialog. Die Mitarbeiter werden somit ermutigt, ihre Anliegen und Ideen zu teilen. Sofern Anregungen der Mitarbeiter vom Leiter der Rechtsabteilung schlussendlich nicht berücksichtigt werden, sucht er nochmals das Gespräch mit dem betreffenden Teammitglied, um seine Gründe hierfür zu erläutern.

Diese Offenheit schafft Transparenz und bildet ein gemeinsames Verständnis für die Herausforderungen und Chancen, die mit den Veränderungen einhergehen. Der Fokus liegt darauf, eine Kultur des Vertrauens zu etablieren und den Teamgeist sowie die Identifikation mit der Abteilung zu stärken.

Umverteilung von Zuständigkeiten

Mit der Zentralisierung und dem Wachstum der Abteilung sowie aufgrund der neuen Aufgabengebiete ist es notwendig, Zuständigkeiten im Team zu überdenken, neu zu verteilen und ggf neue Führungsebenen einzuziehen. Der Leiter der Rechtsabteilung kennt die Stärken und Interessen der einzelnen Mitarbeiter und berücksichtigt diese, um ein ausgewogenes und effizientes Team zu formen. Dabei werden die Mitarbeiter in diesen Prozess eingebunden, teilweise sogar durch partizipative Entscheidungsfindung. Die Folgen sind Akzeptanz und Identifikation mit den neuen Strukturen, da die Mitarbeiter sich nicht nur als Empfänger von Veränderungen, sondern als Mitgestalter des eigenen Arbeitsumfelds wahrnehmen. Hier gilt das Vorgesagte: Nicht jeder Wunsch oder jede Anregung kann bei einer Umstrukturierung berücksichtigt werden. Eine gute Gesprächskultur wirkt jedoch Unzufriedenheiten entgegen.

Zudem werden gezielte Schulungen und Fortbildungen angeboten, um die Mitarbeiter bei der Übernahme ihrer neuen Tätigkeitsfelder zu unterstützen. Dadurch wird sichergestellt, dass das Team die erforderlichen Kenntnisse erwirbt und Fähigkeiten entwickelt, um die zusätzlichen Aufgaben erfolgreich zu bewältigen. Der Leiter der Rechtsabteilung berücksichtigt dabei die aktuellen Kompetenzen der Mitarbeiter und fördert gezielt die Entwicklung neuer Fertigkeiten, die im Rahmen der Umverteilung relevant sind.

Diese gezielte Herangehensweise sorgt für Effizienz und Ausgewogenheit im Team und ermöglicht die kontinuierliche Weiterentwicklung der Mitarbeiter, um den neuen Anforderungen gerecht zu werden. Die Umstrukturierung wird dadurch bestenfalls nicht nur als notwendige Veränderung, sondern als Chance für individuelles Wachstum und Teamerfolg wahrgenommen. Zudem besteht infolge der Umstrukturierung die Möglichkeit, die Strategie der Rechtsabteilung auf ein neues Level zu heben und innovative Prozesse und Technologien zu implementieren.

Team-Building-Maßnahmen

Um die Integration der alten und neuen Kollegen zu erleichtern und den Teamzusammenhalt zu stärken, bucht der Abteilungsleiter ein Team-Retreat mit spezialisierten Moderatoren. Bei diesem mehrtägigen Event werden durch gezielte Aktivitäten und Übungen die Dynamik des Teams gestärkt sowie ein Leitbild für die Rechtsabteilung[290] erarbeitet. Dieses Leitbild dient als gemeinsame Grundlage und Orientierung für alle Mitarbeiter hinsichtlich der gemeinsamen Ziele und Werte der Abteilung.

Das Team-Retreat ermöglicht zwischenmenschliche Begegnungen im Team außerhalb des Arbeitsplatzes. Durch erlebnisorientierte Aktivitäten werden Barrieren abgebaut und die Mitarbeiter lernen einander sowohl auf fachlicher als auch auf persönlicher Ebene besser kennen.

290 Siehe hierzu Kapitel 1.2. Leitbild.

Besonders das abendliche, informelle Zusammensein unterstützt den Team-Building-Prozess maßgeblich. In entspannter Atmosphäre können persönliche Gespräche geführt und zwischenmenschliche Beziehungen vertieft werden.

Weitere Team-Building-Maßnahmen sind ein wöchentlicher Team-Tag, an dem alle aus dem Team im Büro anwesend sind, was die Möglichkeit zum persönlichen Kontakt bietet. Regelmäßige Jour Fixes, gemeinsame Kaffeepausen und After-Work-Veranstaltungen sind Angebote, sich in das Team weiter zu integrieren.[291]

Das durch diese Maßnahmen entstehende „Wir-Gefühl" fördert die Zusammenarbeit, stärkt die Identifikation mit der Abteilung und trägt letztlich dazu bei, dass die Mitarbeiter motiviert und mit positiver Energie im transformierten Team arbeiten.

Buddy-System, Tandems und Mentoring

Jedem neuen Teammitglied wird ein Buddy aus dem bestehenden Team zur Seite gestellt, der den Start in der neuen Abteilung und im Unternehmen generell erleichtern soll. Der Buddy ist Ansprechpartner, der sowohl bei fachlichen Fragen unterstützt, aber auch als Vertrauensperson fungiert. Diese Unterstützung fördert die Integration der neuen Mitarbeiter und schafft persönliche Bindungen innerhalb des Teams.

Die Einführung eines Tandem-Systems[292] und Mentoring-Programms trägt dazu bei, dass erfahrene Mitarbeiter ihr Wissen an neue Kollegen weitergeben. Der Wissenstransfer geschieht nicht nur in fachlicher Hinsicht, sondern auch im Hinblick auf die Unternehmenskultur und interne Prozesse. Durch diese gezielte Wissensübertragung können die Kollegen schneller in ihre (neuen) Aufgaben und die Teamdynamik integriert werden.

Die Mentor-Mentee-Beziehung bietet vor allem den jüngeren Kollegen eine fachliche Orientierung, indem der Austausch von Erfahrungen und Ratschlägen ermöglicht wird.

Durch diese persönlichen Verbindungen werden Informationen effektiv übermittelt und es entstehen Beziehungen, die das soziale Gefüge im Team stärken. Dies trägt maßgeblich dazu bei, dass sich die neuen Mitglieder im Team wohlfühlen und aktiv einbringen können.

Ein fruchtbares Umfeld für die Mitarbeiter der Rechtsabteilung zu schaffen, erfordert eine ganzheitliche Herangehensweise. Durch klare und offene Kommunikation, die partizipative Neuverteilung von Zuständigkeiten, Team-Building-

291 Wichtig dabei ist, eine Kultur des „alles kann, nichts muss" zu etablieren, da manche Teammitglieder mitunter eine strenge Trennung von Beruflichem und Privatem befürworten. Solange sich dies nicht auf die generell fachliche Zusammenarbeit im Team auswirkt, ist diese Einstellung zu akzeptieren.

292 Ausführlicher dazu siehe Kapitel 3.1.3. Tandem-System.

Maßnahmen, die Einführung von Tandems und Mentoring sowie eine Feedback-Kultur kann der Leiter der Rechtsabteilung sicherstellen, dass die Abteilung nicht nur wächst, sondern auch gestärkt aus dieser Umstrukturierung hervorgeht, ohne dabei wertvolle Mitarbeiter zu verlieren.

5.1.4. Link

Link 19

Praxisbeispiele aus dem Report der Solicitors Regulation Authority[293]

5.2. Checkliste: 100-Tage-Programm

Der Aufbau einer Rechtsabteilung ist ein kontinuierlicher Prozess, der Zeit und Engagement erfordert. Die Dimension dieser Aufgabe hängt insbesondere davon ab, wie lange das Unternehmen die Geschäftstätigkeit bereits ausübt, wie die rechtliche Betreuung bisher erfolgte und welche Geschäftsfelder betroffen sind. Auch die Größe des Unternehmens sowie die Organisationform[294] und Anzahl der Mitarbeiter in der Rechtsabteilung spielen eine Rolle.

Viele Unternehmen „leisten" sich in der Gründungsphase keinen eigenen Unternehmensjuristen und werden vielfach lange Zeit über die Gründung hinaus ausschließlich von einem externen Vertrauensanwalt betreut. Generell wird bei Start-ups in der Praxis die Auffassung vertreten, dass ein eigener interner Unternehmensjurist jedenfalls nach der ersten großen Investitionsrunde (sog „Series A"), wenn das Unternehmen mehr als 100 Mitarbeiter hat, fünf bis zehn Millionen Euro umsetzt oder eine Expansion in ein anderes Land geplant ist, sinnvoll ist. Hat das Unternehmen aufgrund des Geschäftsmodells erhöhte regulatorische Auflagen (zB Lebensmittel-, Arzneimittel-, Bankenrecht) zu berücksichtigen, kann eine interne Rechtsabteilung bereits vor der Series A erforderlich sein, damit das Unternehmen den gesetzlichen Anforderungen entsprechen kann.

Generell gilt, je früher ein Unternehmensjurist eingestellt wird, desto einfacher können rechtliche Angelegenheiten proaktiv betreut und potenzielle Risiken frühzeitig erkannt werden. Ein Unternehmensjurist kann sich in die Abläufe und die Kultur des Unternehmens integrieren, was zu einem tieferen Verständnis der unternehmensspezifischen Herausforderungen und Bedürfnisse führt. Dadurch ist der Unternehmensjurist in der Lage, maßgeschneiderte Lösungen binnen kürzester Zeit zu entwickeln. Ein betriebswirtschaftlich denkender Unternehmensjurist kann zudem auch maßgeblich zum Geschäftserfolg beitragen, indem er Fachabteilungen proaktiv – auch außerhalb der rechtlichen Expertise – unterstützt.

293 Abgerufen am 22.1.2024.
294 Siehe hierzu im Detail Kapitel 4.2. Organisatorische Ansiedlung und Positionierung.

Die ersten 100 Tage nach Antritt der Rolle entweder als Leiter einer bereits bestehenden Rechtsabteilung oder als einzelner Unternehmensjurist zum Aufbau der Rechtsabteilung sind entscheidend, um eine solide Grundlage für die Zusammenarbeit zu schaffen und das Verständnis für die Rolle der Rechtsabteilung im Unternehmen zu fördern. Nachfolgende Checkliste bietet einen Leitfaden, wie ein solches Unterfangen gelingen kann und gliedert sich in die fünf Phasen:

1. Beobachtungs- und Erhebungsphase
2. Analysephase
3. Strategiephase
4. Umsetzungsphase
5. Evaluierungsphase

Dabei ist es nicht notwendig, alle Phasen starr nacheinander zu durchlaufen, sondern es bietet sich an, gewisse Schritte aus verschiedenen Phasen parallel zueinander zu behandeln. Klarerweise kann die Umsetzungsphase in den ersten drei Monaten nur eingeleitet und nicht vollumfänglich implementiert werden. Erste Erfolge sollten jedoch bereits innerhalb der ersten Wochen und Monate erzielt werden, da sie als wichtiger Indikator dafür dienen, dass die geplanten Maßnahmen positive Auswirkungen haben. Sie stärken das Vertrauen der Geschäftsführung und der Belegschaft in den eingeschlagenen Weg und tragen zur Motivation des Rechtsabteilungsteams bei.

Beobachtungs- und Erhebungsphase	• Erwartungen[295] an den Service der Rechtsabteilung durch Geschäftsführung und höheres Management ermitteln[296] • Organigramm des Unternehmens und Zusammenspiel der einzelnen Fachabteilungen verstehen • Prozesse, die für die rechtliche Beratung wesentlich sind, erfassen • Bestandsaufnahme der eingesetzten rechtlichen Dokumente (insbesondere Vertragsmuster, Guidelines etc) durchführen • Status zur Digitalisierung (insbesondere Legal Tech) und Wissensmanagement in der Rechtsabteilung eruieren • Anstehende strategische Projekte und Anforderungen im Tagesgeschäft erheben • Erwartungen und Tätigkeitsfeld der Mitarbeiter der Rechtsabteilung (sofern vorhanden) sowie Zufriedenheit mit aktuellem Aufgabengebieten ermitteln • Situation der Zusammenarbeit mit externen Beratern klären[297] • Budgetsituation der Rechtsabteilung abfragen

295 Siehe hierzu Kapitel 1.1. Erwartungshaltung.

296 Insofern die Rechtsabteilung als dezentrale Rechtsabteilung in einer Tochtergesellschaft angesiedelt ist und eine HQ-Rechtsabteilung in der Konzernmutter besteht, sind auch die Erwartungen und Anforderungen an die Leistung der dezentralen Rechtsabteilung zu ermitteln.

297 Siehe hierzu Kapitel 4.1.2. Externe Organisation.

Analysephase	• Identifizierung, welche Betreuungsmaßnahmen durch die Rechtsabteilung gewünscht sind und in welche Arbeitsprozesse die Rechtsabteilung einzugliedern ist • Soll-Ist-Abgleich zwischen den Erwartungen und Ressourcen (Personal und Budget) • Handlungsfelder festlegen und priorisieren • Legal Risk Management[298] durchführen • Benötigte Ressourcen (Personal und Budget) zur Erfüllung des Solls erheben
Strategiephase	• Selbstverständnis Rechtsabteilung (Purpose, Identität und Werte, Zusammenarbeit und Arbeitsweise) festlegen[299] • Zuständigkeiten der Rechtsabteilung vordefinieren und mit den Entscheidungsträgern klären • Service Levels[300] definieren und mit den Entscheidungsträgern klären • (Vorläufige) Verantwortlichkeiten innerhalb des Rechtsabteilungsteams definieren • Kurz- und mittelfristige Ziele sowie Meilensteine mit den Mitarbeitern der Rechtsabteilung bestimmen • Kurzfristigen Budgetplan[301] anhand der genehmigten Ressourcen aufstellen und Bedarf für Folgejahre ermitteln • Kurz-, mittel- und langfristige Personalkapazitäten planen und Strategie für Peoplemanagement[302] entwickeln • Performancemessung mit KPIs[303] festlegen • Digitalisierungsstrategie und Konzept für Wissensmanagement[304] entwickeln

298 Siehe hierzu Kapitel 3.1.6. Legal Risk Management.
299 Siehe hierzu Kapitel 1.2. Leitbild.
300 Siehe hierzu Kapitel 3.1.1. Service-Level-Richtlinien.
301 Siehe hierzu Kapitel 4.1.3. Budget.
302 Siehe hierzu Kapitel 4.1.1.3. Hiring & Talent Development.
303 Siehe hierzu Kapitel 3.2. Performancemessung.
304 Siehe hierzu Kapitel 3.1.7. Wissensmanagement inkl Checkliste.

Umsetzungs-phase	• Eingliederung der Rechtsabteilung in relevante Prozesse
	• Umsetzung der definierten Ziele nach den priorisierten Arbeitspaketen, zB
	  – Standardisierungs- und Prozessoptimierungsmaßnahmen[305] im Tagesgeschäft zur Entlastung der Rechtsabteilung einleiten
	  – Überlegungen zu Legal-Tech-Projekte starten und ggf erste Quick Wins implementieren[306]
	• Change Management innerhalb des Rechtsabteilungsteams einleiten, Schulungen abhalten und Mentoring anbieten
	• Personal der Rechtsabteilung rekrutieren und (ein-)schulen
	• Kommunikationskanäle zwischen der Rechtsabteilung und den Fachabteilungen etablieren (zB Legal Front Door[307])
	• Beziehung zu Entscheidungsträgern und internen Stakeholdern aufbauen[308]
	• Externe Netzwerke suchen und pflegen (zB Unternehmensjuristen in ähnlichen Branchen, Anwaltskanzleien mit einschlägigem Fachwissen)
	• ggf Kostenoptimierung bei externen Beratern einleiten
	• Schulungen abhalten[309]
	• Kostentracking implementieren[310]

Praxistipp

Gerade in den ersten Wochen und Monaten sind kurzfristige Erfolge (sog „Quick Wins") der Schlüssel dafür, sich einen Ruf als kompetenter und vertrauenswürdiger Rechtsberater aufzubauen. Diesen Ruf erhält man nicht, indem man komplexe Rechtsprobleme und damit verbundene Risken aufwirft. Schnelle, einfache und kompetente Lösungen sind gefragt. Für Quick Wins bieten sich vor allem effizienzsteigernde Maßnahmen an (zB Einführung einer elektronischen Signatur für einzelne Fachabteilungen oder bestimmte wiederkehrende Sachverhalte, Überarbeitung von wesentlichen Vertragsmustern nach dem KISS-Prinzip und Bereitstellung eines Playbooks, Identifizierung und Mitigierung von Rechtsrisiken mit einem erhöhten finanziellen Risiko).

Um in der Anfangsphase das Unternehmen und die Arbeitsabläufe genau kennenzulernen, ist es ratsam, viel zuzuhören und Fragen zu stellen. Dadurch kann die Rechtsabteilung ein tiefes Verständnis für die Bedürfnisse des Unternehmens entwickeln und rechtliche Probleme frühzeitig erkennen. Schulungen bieten eine hervorragende Möglichkeit, die Leistungen der Rechtsabteilung in den Fokus zu rücken. All diese Maßnahmen fördern eine kooperative Zusammenarbeit. Der Fokus und die eigenen Ziele sollten jedoch nicht aus den Augen verloren werden.

Unter dem Motto „Gutes tun und darüber sprechen!" ist es ratsam, die Geschäftsleitung auch regelmäßig über die Leistung der Rechtsabteilung zu unterrichten. Eine offene und transparente Kommunikation über erzielte Fortschritte und Erfolge trägt dazu bei, das Ansehen der Rechtsabteilung im Unternehmen zu stärken und ihre Bedeutung für den Unternehmenserfolg deutlich zu machen.[311]

305 Siehe hierzu Kapitel 3.1. Effizienzsteigernde Maßnahmen.
306 Siehe hierzu Kapitel 3.1.5. Legal Tech.
307 Siehe hierzu Kapitel 3.1.5.2.2. Ticket-System.
308 Siehe hierzu Kapitel 3.3. Exkurs: Selbstmarketing.
309 Zahlreiche Ideen finden sich in Kapitel 3.1.7.3. Schulungen.
310 Siehe hierzu im Detail Kapitel 4.1.3.2. Tracking externer Kosten.
311 Wie Selbstmarketing gelingt, wird in Kapitel 3.3. Exkurs: Selbstmarketing beschrieben.

Nach Abschluss des 100-Tage-Plans ist es entscheidend, eine Evaluierungsphase einzuleiten, um den Fortschritt und die Ergebnisse zu bewerten.

In dieser Phase werden Auswertungsgespräche mit Mitarbeitern und Stakeholder geführt. Ziel dieser Gespräche ist, ein Feedback zur bisherigen Betreuungsleistung und damit wertvolle Einblicke aus erster Hand zu erhalten. Diese Rückmeldungen können entscheidend sein, um Stärken, Schwächen und Potenziale zu identifizieren. Sind Auswertungsgespräche zeitlich nicht möglich, kann auch mittels einer Online-Umfrage die Kundenzufriedenheit gemessen werden.

Basierend auf dem eingeholten Feedback und den eigenen Beobachtungen werden nochmals ein Soll-ist-Abgleich durchgeführt und ggf die Strategie angepasst, weitere Effizienzmaßnahmen eingeführt und/oder sofern möglich Ressourcen aufgestockt. Die Evaluierungsphase ist eine wichtige Maßnahme, um sicherzustellen, dass die Rechtsabteilung den Erwartungen und Anforderungen des Unternehmens langfristig gerecht wird. Sie bietet die Möglichkeit, Best Practices zu identifizieren und das Leistungsangebot der Abteilung kontinuierlich zu verbessern.

6. Anhang: Roadmap zur Rechtsabteilung 2.0

Abb 23: Roadmap zur Rechtsabteilung 2.0 [erstellt mit Canva]

Stichwortverzeichnis

Abteilungsziele 236
Administrativaufgaben
- Einsatz von Legal Tech 150
Allgemeine Geschäftsbedingungen 20
- Transparenzgebot 21
Alternative Legal Service Provider 269
Anwaltssuche 292
Approval Rules 211
Arbeitsjurist
- Eingliederung in das Unternehmen 111
Arbeitsrecht 110
- Betriebsrat 118
- Betriebsvereinbarung 118
- Einsatz von Legal Tech 122
- Reisen 122
Arbeitsstrafrecht 116
Arbeitsvertrag
- Checkliste 115
- datenschutzrechtliche Einwilligungserklärung 116
- Konkurrenzklausel 115
- Kündigungsfrist 115
- Mehrsprachigkeit 116
- Urlaub 115
- Versetzungsvorbehalt 115
Assistent 255
Auditleitfaden
- Arbeitsrecht 123
- Datenschutz 89
- Wettbewerbs- und Kartellrecht 109
Aufbau der Rechtsabteilung 301

Bearbeitungszeit 158
Berufsprofil Unternehmensjurist 246
Betriebsrat 118
Betriebsvereinbarung 118
- Beendigung 120
Budgetpositionen 273

Change-Prozess 232
ChatGPT 197
Claim Manager 256, 258
Common Law 141
Common-Law-Vertrag 142
Compliance
- Arbeitsrecht 116
Compliance-System
- App 107
Contract-Life-Cycle-Management 174 f, 182, 194, 294

Datenschutz 146
- Auftragsverarbeitung 78
- bei IT-Systemen 67
- Bewerberdaten 261
- Data Breach 82
- Datenschutzerklärung für Videoaufzeichnung 227
- Einsatz von Legal Tech 86
- internationaler 87
- Internet 84
- Joint Controller Agreement 80
- Legal Tech 176
- Need-to-know-Prinzip 85
- privacy by default 75, 146, 225
- privacy by design 75, 146, 225
- Prozessprotokoll Betroffenenrechte 94
- Prozessprotokoll Data Breach 96
- Social Media 79
- Verarbeitungstätigkeit 80
- Verarbeitungsverzeichnis 75
Datenschutzbeauftragter 74
Datenschutzdokumente 86
Datenschutzerklärung
- im Bewerbungsprozess 260
- Legal Design 227
Datenschutzfolgenabschätzung 76
Datenschutzkoordinator 167
Datentransfer
- in die USA 88
Dokumentation 150
- Vertragsmuster 152
Dokumentenmanagement
- Legal Tech 174
DSGVO
- Betroffenenanfragen 81
Due-Diligence-Prüfung 106

Einarbeitungszeit 251
End User License Agreement 67
Entwicklung von Mitarbeitern 261
Escrow 62

Forschungs- und Entwicklungsvereinbarung 133
Freigabeblatt 215
Führungsaufgaben 250
Führungskraft
- Eigenschaften 251
- Kompetenzen 251
Fusion
- mehrerer Service Units 287
- Rechts- und Finanzabteilung 287

Geheimhaltungsvereinbarung 28, 38, 132, 205, 208
Generalist 248
Generation Y/Z
- Erwartung an den Job 250
Geschäftsführer, gewerberechtlicher 126
Geschäftsführerhaftung 152
Geschäftstätigkeit, internationale 139
Gewerbeanmeldung 126
Gewerbeordnung
- Haftung des gesellschaftsrechtlichen Geschäftsführers 129
Gewerberecht 125
Guideline 228
- Checkliste 229
- Dos and Don'ts 229
- Entscheidungsbaum 228

Haftung des gewerberechtlichen Geschäftsführers 127
Handbuch 222
Handelsvertreter 148
Harvard-Konzept 28
Hausdurchsuchung
- Guideline 105
Hierarchie, flache 264
Housekeeping 150, 257
- Corporate 149

Individualvertrag 19
Informationen
- Weitergabe an Fachabteilungen 149
Innovationen
- Rechtsberatung 146
Insourcing 273
IT-Vertrag
- Checkliste 60

Job Enlargement 263
Job Enrichment 263
Job Rotation 263

Kanban-Board 240
Kanzleierfahrung 247
Karriereentwicklung 254
Key Performance Indicators 155, 236
- SMART-Methodik 237
KISS-Prinzip 22
- im Arbeitsrecht 114
Klienten der Rechtsabteilung 288
Kommunikation 233, 240, 252, 289, 297
Konzernrechtsabteilung 285
Kostenkontrolle 275
Kostenverfolgung 275
Künstliche Intelligenz 190
- Anschaffung von KI-Tools 201
- ChatGPT 190
- GenAI 196, 197
- Input 198
- KI-VO 195, 196
- Output 199
- Praxisbeispiel 294
- Risiken 192
- Scraping 197
- Trainingsdaten 197
- Urheberrecht 197
- Vor- und Nachteile 191

Legal Coordinator 165
Legal Design 225
Legal Engineer 187
Legal Operations 186
Legal Ops Manager 186
Legal Tech 14, 167 ff, 294
- Einführung ins Unternehmen 235
- elektronische Signatur 182
- im Arbeitsrecht 122
- im Datenschutz 86
- im IT-Recht 63

- im Vertragsrecht 45
- im Wettbewerbs- und Kartellrecht 107
- in der außergerichtlichen Streitbeilegung 137
- in der Compliance 72
- künstliche Intelligenz 190
- Ticket-System 176
- Vertragsgenerator 170, 179
Legal-Projekt-Manager 255
Legal-Tech-Tool 168, 173
- Anbieterauswahl 173
Leitbild
- Umsetzung 8
Letter of Intent 46

M&A 106
Management Summary 241
Mandatsvertrag 266
Markenanmeldung 130
Markenüberwachung 131
Markenverwaltung 129
Markenverwertung 131
Markteintritt 291
Mediation 137
Memorandum of Understanding 46
Mitarbeiter
- Entwicklung 261
- langjährige 251
- Motivation 261
Mitarbeitermotivation 252
Motivation von Mitarbeitern 261
Multi-Stop-Shop 159

One-Stop-Shop 159
Organisation
- dezentrale 281
- hybride 284
- zentrale 278
OS-Plattform 138
Outsourcing 273

Paralegal 130, 255
Patent
- Einheitspatent 133
- Idee 133
Patentrecht 131
Performancemessung 17, 236
Personalkosten 273
Playbook 219
Positionen in der Rechtsabteilung 254
Positionierung der Rechtsabteilung 289
Pragmatismus 247
Preisanpassungsklausel 58
Profil
- Anwalt 249
- Arbeitsjurist 110
- Assistent 256
- Claim Manager 258
- Compliance Officer 69
- Datenschutzjurist 72
- Inhouse-Jurist 15
- IT-Jurist 47
- Legal Coordinator 166
- Legal Ops Manager 186
- Paralegal 257
- Unternehmensjurist 246
- Vertragsjurist 18
- Wettbewerbs und Kartelljurist 98
Projektmanagement 235
Projektmanager 254

Rahmenvertrag 20, 57
Rechtsabteilung
- unbedingte Involvierung 157
Rechtsanwalt
- Auswahl 270
- Honorar 267
Rechtsanwaltskanzlei
- Mandatierung 265
Rechtsberatung, externe 265
- Kosten 274
Rechtsdienstleister, alternativer 269
Rechtsordnung, ausländische 139
Rechtswahlklausel 140
Reporting
- Legal Tech 174
Request for Proposal 29
Ressourcen 245
Risikomanagement 204
Risk Assessment 103
Rollenverständnis innerhalb der Abteilung 289

Säulen der Rechtsabteilung 12
Scheinselbständigkeit 56

Schiedsverfahren 134
Schiedsvertrag 136
Schlichtungsverfahren 137
Schulung
- Gamification 224
Scrum 55
Secondment 265, 268
Selbstmarketing 240, 293
Service Unit 286
Service-Level-Richtlinien 155
Signatur, elektronische 182
- einfache 183
- Einführung 184
- fortgeschrittene 183
- qualifizierte 183
Softwareentwicklungsvertrag 52
Softwarelizenzvertrag 58
Spezialist 248
Standardvertrag, internationaler 141
Start-up 226, 300
Stellenausschreibung 259
Storytelling 40, 243
Strategiearbeit 13

Tandem-System 162, 299
Tätigkeiten, externe 263
Teamarbeit 247
Team-Building-Maßnahmen 298
Ticket-System 176
Time Tracking 170, 234
Transformation der Rechtsabteilung 232

Umstrukturierung 297
USA
- Datentransfer 88
- Tech-Unternehmen 64
- Vollstreckung 136
- wichtige Vertragsklauseln 65

Veränderung in der Rechtsabteilung 233
- Bedarfsanalyse 234
Verhandlungspartner
- Gleichgewicht 38
Vertragsabschluss 36
Vertragsdauer 219
Vertragsentwurf
- Bereitstellen 29
Vertragserstellung
- fünf Phasen 28
- häufige Flüchtigkeitsfehler 230
- internationales Recht 139
- interne Kommentare 26
- Legal Tech 45, 175
- Word-Dokument 24
Vertragsfinalisierung 158
Vertragsklauseln
- Begriffsdefinitionen 23
- Präambel 22
- Vertragsverletzung 23
Vertragskündigung 219
Vertragsmonitor 213
Vertragsmuster 150
Vertragsprüfung 24
Vertragsverhandlung 27
- Befugnisse 40
- Deal Breaker 33
- faire 27
- Fragetechniken 39
- keine Einigung 41
- Legal Tech 175
- Praxistipps 37
- Rolle der Fachabteilung 44
- Salamitaktik 43
- schwieriger Verhandlungspartner 42
- Verhandlungsstrategie 33
- Vertragsverhandlungsgespräch 35
- Vorbereitung des mündlichen Termins 33
Vertragsverhandlungsplattform 294
Voraussetzungen
- vor Kontaktieren der Rechtsabteilung 157

Wasserfallmodell 52
Wettbewerbs- und Kartellrecht 99
- Beispiele für konkrete Maßnahmen 104
- Hausdurchsuchung 105
- Risiken 100
Wissen teilen 161, 216
Wissensmanagement 217
Work-Life-Balance 249, 261

Zuständigkeit 161
- Umverteilung 297